O cânone republicano II

FUNDAÇÃO UNIVERSIDADE DE BRASÍLIA
Reitor
Lauro Morhy

Vice-Reitor
Timothy Martin Mulholland

EDITORA UNIVERSIDADE DE BRASÍLIA
Diretor
Alexandre Lima

Conselho Editorial

Alexandre Lima,
Clarimar Almeida Valle,
Dione Oliveira Moura,
Henryk Siewierski,
Jader Soares Marinho Filho,
Ricardo Silveira Bernardes,
Suzete Venturelli

Flávio R. Kothe

O cânone republicano

Volume II

Equipe editorial: Rejane de Meneses (Supervisão editorial); Yana Palankof (Acompanhamento editorial); Maria Carla Lisboa Borba (Preparação de originais); Flávio R. Kothe (Revisão final do autor); Eugênio Felix Braga (Editoração eletrônica); Anderson Moreira Lima (Capa)

Nota do autor: quero agradecer mais uma vez às pessoas que me ajudaram na revisão pré-editorial, especialmente à Rúbia Pereira, bem como à Adriana Araújo, Maria Lúcia de Almeida e Mariza Braga.

Copyright © 2004 by Flávio R. Kothe

Impresso no Brasil

Direitos exclusivos para esta edição:

Editora Universidade de Brasília
SCS Q. 02 Bloco C Nº 78
Ed. OK 2º andar
70300-500 – Brasília-DF
Tel: (0xx61) 226-6874
Fax: (0xx61) 225-5611
editora@unb.br

Todos os direitos reservados. Nenhuma parte desta publicação poderá ser armazenada ou reproduzida por qualquer meio sem a autorização por escrito da Editora.

Ficha catalográfica elaborada pela
Biblioteca Central da Universidade de Brasília

K87	Kothe, Flávio R. O cânone republicano II / Flávio R. Kothe. – Brasília : Editora Universidade de Brasília, 2004. 510 p. ISBN 85-230-0670-2 1. Teoria literária. 2. Crítica literária. 3. História da literatura. I. Título. CDU 82.01 82(09)

Sumário

PARTE I
INTERMEZZO

UNIDADE E DIVERSIDADE, 11
Intermezzo recitativo, 11
Dá-lhes Darío, 13
O chão do espadão, 25
Vargas Llosa em Belmonte, 31
Inóspitos lares, 36

A LIMA E O BARRO, 43
Lima, limão e limonada, 43
Imprensando a imprensa, 51
Ninho de cobras, 57
A hierarquia da bicada, 65
Literatura *versus* jornalismo, 68
Lima de barro, 74

PRÉ-MODERNISMO, 85
O pseudo-anticânone: a oposição consentida, 85
Zumbis culturais, 92
Hortus conclusus, 97
Do limão à limonada, 102
O preconceito do pré-modernismo, 109

PARTE II
MODERNISMO

MODERNISMO E CÂNONE, 119

Virada à paulista, **119**
Dependência cultural, **127**
Palhaço, palha e aço, **130**
Surrealidade sem surrealismo, **137**
A grã-diva dos sonhos, **144**
Modernismo e fascismo, **149**
O moderno e o moroso, **153**

O MODERNISMO COMO FASCISMO, **159**
Koch-Grünberg, **159**
Macanudo *Macunaíma,* **161**
Do emblema nacional, **168**
De índio a coroinha, **171**
A mãe dos ricos, **179**
A dança dos vampiros, **184**
Da muiraquitã, **191**
Da paródia e da estilização, **195**

O POETA, O APÁTRIDA, **199**
Do sistema andradino, **199**
Do que é poesia, **202**
Jornalismo e poesia, **210**
Consolo canônico, **216**
O cavador, **221**

QUISTOS E QUIXOTES, **227**
Do racismo e do comunismo, **227**
Bandeiras fraldadas, **232**
Dos quixotes, **236**
Dom Quixote e o dono do chicote, **242**
Esdruxularias, **247**
Tiradentes como Quixote nacional, **250**

PARTE III
DO ENGAJAMENTO

CECÍLIA CEDIÇA, **257**

Santa e satã, **257**
Loucura a cavalo, **261**
Apetrechos do *Romanceiro*, **273**
Do esquerdismo infantil, **276**
Traição e tradição, **284**
Punição, oportunismo e pátria, **290**

A FICÇÃO ESQUERDISTA, **301**
    Espectros, **301**
    A liberdade soterrada, **305**
    Nação e noção, **313**
    Tolerância e tolice, **319**
    Realismo socialista tupiniquim, **322**
    Voluntarismo histórico, **334**
    Exílio e culto da personalidade, **337**

O ENTERRO DA LIBERDADE, **341**
    O diabo também é brasileiro, **341**
    Pedras muradas, **345**
    O intelecto servil, **348**
    A demonização da vítima, **356**
    Miséria e misericórdia, **363**
    A ordem perversa, **372**

DIFERENÇA E INDIFERENÇA, **379**
    Intolerância à divergência, **379**
    Direito à diferença, **386**
    O reino da mediocridade, **394**
    Alternativas do intelecto, **399**
    Da teleologia da história, **402**

PARTE IV
PÓS-MODERNISMO

DAS CONVENIÊNCIAS DO CÂNONE, **409**
    Breves pinceladas, **409**
    Dos "regionalistas", **412**

Guimarães Rosa, **424**
Clarice Lispector, **430**
ARCAICOS MODERNOS, **441**
  Voltaicos modernistas, **441**
  Dos concretos, **447**
  O poetinha Vinicius, **454**

DESCONCLUSÃO: PARA CONCLUIR O INCONCLUSO, **467**
  O nacional *versus* o artístico, **467**
  Critérios da crítica, **475**
  A palavra-mercadoria, **480**
  Cronotopos, **488**
  Norma jurídica e norma estética, **494**
  O dono da bola, **498**
  Vanguarda em vã guarda, **500**

REFERÊNCIAS BIBLIOGRÁFICAS, **507**

Parte I

Intermezzo

Unidade e diversidade

Intermezzo **recitativo**

Há antagonismo absoluto entre a releitura que aqui está sendo feita do cânone e a leitura que a exegese canonizadora costuma fazer. Pode-se perder a noção dessa distância quando se fica mergulhado tanto em um sistema que ele passa a valer por si, como se fosse absoluto. É preciso, então, voltar a vê-lo de fora, discernindo-o como sistema. Nessa abordagem, a distância crítica é provocada pela dominante interna do cânone. A canonização não é apenas um processo exclusivo da literatura, mas parte da mitologia nacional. Os literatos do *establishment* são promovidos na imprensa e na escola, assim como procuram ser reconhecidos no exterior para serem mais reconhecidos dentro do país. Há um conluio dos membros do sistema, com trocas de favores, e que aparenta ser puro reconhecimento do valor, quando é basicamente um partilhar dos mesmos preconceitos e do mesmo espectro político. Quanto menor o talento, mais o sujeito precisa entrar na política do "toma lá, dá cá" para assegurar poder e prestígio.

O que aqui se examina é o "gesto semântico" que, organizando o cânone, usa trechos de autores diversos como fonemas para articular um discurso totalitário. Não apenas a tendência da época aparece em um trecho da obra de um autor: a tendência de várias épocas, o denominador comum da história da dominação de um território repassa pelos trechos selecionados e articula-se no cânone como se fosse o caminho para o paraíso. Assim como na comédia, o espectador, quando ri, coloca-se do lado de quem zomba e contra quem é objeto da zombaria, o leitor modelar do cânone deixa-se envolver pelo discurso dominante e coloca-se dentro da perspectiva da dominação. Isso faz parte do acordo tácito da articulação mútua e de cada um. A desmontagem desse sistema parece o gesto de uma criança que quebra o brinquedo para assim melhor brincar. No entanto, quem ainda brinca a sério com o brinquedo deveria saber que não se trata apenas de brincadeira, pois o cânone constitui um instrumento de pressão e repressão, ainda que se apresente como o Pégasus da salvação. Ampliar a consciência significa perceber o lado assassino desse brinquedo, mas daí se pode vê-lo também como uma brincadeira que não merece ser levada a sério e na qual não vale a pena brigar e ser surrado.

O peso da exegese canônica é tal que um desacordo mais radical com ela pode levar o desafinado a ser soterrado vivo, como se fosse apenas um curto contraponto, para melhor fazer ressoar o coro geral. Se calar é deixar retumbar como absoluta a vitória do vencedor, proferir uma alternativa é preferir ser ferido e, daí, silenciado. De um modo ou de outro, a melancolia decorrente é tanto um reflexo da situação opressiva como uma vitória da repressão. Ela não é, portanto, uma alternativa conveniente, e sim uma preparação para a morte, um adeus a um mundo que, por mais belos momentos que ofereça, quer impor a convicção de que não vale a pena continuar lutando contra o que não tem remédio. Aceitar isso é entregar os pontos.

O cânone demonstra que as obras que nele sobrevivem não perduram necessariamente por suas qualidades artísticas, mas por conveniência ideológica. O caráter dito nacional do texto não é confiável como critério de valor estético. O sufoco imposto pelo poder, pelo intelecto orgânico e pela mídia é tão grande que parece impossível haver, de modo eficaz, alguma coisa em desacordo com a diretriz fixada pela estrutura vigente. É como se o sistema dominante constituísse uma estrutura óssea que obrigasse todo o resto a ficar como um molusco em torno desses ossos do ofício. Fora do poder, a crítica fica desossada, parece um molusco incapaz de outra coisa que não rastejar e que não pode esperar outra coisa senão ser pisado. E, já por isso, não deve aparecer. De qualquer modo, a "crítica" está liquidada: ou diz o que o sistema quer, ou não diz nada a um largo público. Entre repetir o já dito, mentindo mais uma vez, e continuar em silêncio, contemplando o deprimente espetáculo da ilusão diariamente publicada, parece não haver alternativa.

Na releitura das avaliações pretéritas sobre autores da época, surpreendem os enganos. São destacados alguns que não sobrevivem e são esquecidos outros hoje considerados importantes. Se pode parecer importante o que não tem relevância, também pode ser sufocado e esquecido o que é mais interessante e melhor. Os que perduram não o fazem necessariamente por suas qualidades estéticas, assim como pode ter qualidades quem foi olvidado. Pelo contrário, no cânone perdura só o que convém ao poder, por razões outras que não as estéticas. As qualidades mais relevantes podem ser aquelas que o tornam esquecido. Um texto continuar sendo citado, posto em antologias e comentado não significa, por si, qualidade artística: costuma ser apenas a arteirice de caber bem no esquema ideológico vigente.

Diferente é a situação de textos, como os de Homero e Sófocles, que sobrevivem sem que haja uma instituição – Igreja, Estado, Partido – que queira a sua permanência, dentro de um processo de prestigiar para obter autolegitimação. É preciso suspender o julgamento implícito não só nas historiografias, manuais, cartilhas e salas de aula, mas também no senso comum, de que "o que é bom sempre acaba aparecendo" e "o que presta, fica". O cânone nacional obedece a critérios político-ideológicos, não a um critério exclusivo de qualidade artística. Ele não é "justo", mas ajustado ao poder.

Dá-lhes Darío

Ruben Darío, num artigo intitulado "El Brasil intelectual", redigiu um texto sintomático sobre o meio literário carioca: não aparece datado, mas como *Canaã* foi publicado em 1902 e Machado de Assis faleceu em 1908, deve ter sido escrito entre essas datas. Faz, por exemplo, um grande elogio a Elysio Carvalho, autor que não sobreviveu ao século. Darío faz uma farta distribuição de adjetivos e encômios:

> El gran Machado de Assis, en su vivaz y alerta vejez, respetado y querido por todos como glorioso patriarca de la patria literatura; José Veríssimo, el maestro cuya crítica es admirada y señalada entre los labores de valor superior; Graça Aranha, el novelista que ha adquirido por potencia y riqueza ideal y por verbo admirable una de las más puras glorias en las letras portuguesas en general, y que, según opiniones como la del célebre conde Prozor, ha escrito la mejor novela de estos últimos tiempos, su *Canaan*, cuya versión

> castellana es obra de Roberto Payró; Olavo Bilac, el poeta, uno de los nuestros más gentiles poetas latinos, cuya prosa es de los más elevados quilates y cuyo don oratorio cautivó a los que oyeron su musical y fecunda palabra en la Argentina, y tantos otros que forman en la capital fluminense una agrupación de activos y productores cerebros que son la mejor corona de sua patria, cuya tradición de cultura, que viene desde los tiempos imperales, ha formado, al lado de la preeminencia social, una aristocracia de la inteligencia, que en su cohesión y en su intensidad de producción – a pesar de las proprias quejas – lleva la primacía en todo el continente.[1]

Quando se lê algo assim, a primeira reação é pensar: "se o grande Ruben Darío, instância neutra e imparcial juiz por ser estrangeiro, diz tudo isso e reconhece a importância dos "nossos intelectuais", mais uma vez se confirma aquilo que todos já sabem: a grandeza dos nossos escritores". Trata-se de um artigo de divulgação e de política de boa vizinhança, cujo troco era Darío se tornar mais circulável no meio brasileiro: em última instância, um "toma lá, dá cá" em termos latino-americanos.

Essa "aristocracia de la inteligencia" era sobretudo a *inteligenzia* da aristocracia, em que o segundo fator limita o primeiro, ainda que o faça aparecer como se fosse. Nesse festival de confetes, não há lugar sequer para Sousândrade, Augusto dos Anjos ou Lima Barreto, autores ainda marginais e que pareciam demasiado críticos ao *establishment*. Darío não falava tanto de uma "aristocracia do mérito" quanto de um grupo alerta do velho patriarcalismo, sob o comando de um velho patriarca alerta. Era uma "aristocracia da inteligência" em função da baixa densidade cultural do meio e não era por si garantia de qualidade: o resto não contava, não existia. É o espírito totalitário do canônico: para ele, só ele vale. Darío registrou aí queixas dos autores brasileiros que continuam sendo as mesmas um século após: falta de espaço para publicar, não-recebimento de direitos autorais, edições reduzidas, necessidade de o autor financiar a publicação, carência de divulgação, pouco contato com escolas, raras bibliotecas e de acervo muito limitado. Os autores queriam apoio do poder em troca do apoio que lhe davam. O problema é o que se faz com o poder.

---

[1] Rubén Darío. *Obras completas*, v. I, p. 497-498.

Em outras crônicas, Darío faz também a exaltação de Paris e, em especial, decanta a superioridade da influência francesa sobre a alemã, inserindo-se na linha auxiliar do colonialismo que queria fazer da França o país dominante do mundo "latino". Já numa crônica de 2/8/1900, "Mais quelqu'un troubla la fête",[2] aparenta ser aberto, como se a francofilia pudesse servir para exportar espírito revolucionário, ao relatar um evento cultural em Montmartre, no qual foi festejada a Comuna de Paris, criticado o governo, discutida a função social do teatro, louvado Diderot e exaltado Zola. Esse perfil esquerdista era neutralizado pelos intelectuais conservadores sul-americanos, ainda que se apresentassem como "vanguarda", reproduzindo modismos e clichês neutros em uma "obra" feita para encobrir o pungente da realidade.

O que se apresenta e se impõe como "centro" no "mundo das artes" faz com que o "periférico" viva de sua imitação, de seu reflexo. São, então, apenas alguns poucos autores, pintores, escultores ou músicos do "centro" que contam para a história da arte. O resto é como se nunca tivesse existido. Em cada periferia, recria-se um outro "centro" que vive da imitação desse centro metropolitano, apresentando e impondo como história a sua própria imitação neutralizadora do que imagina ser a moda na história do centro. Só que não há centro no universo, pois este último não é sequer um "universo". A história da arte é uma longa montagem de conveniências institucionais, em que o talento só vale quando serve a uma forma de poder. Assim se deforma a apreciação da arte. A mente humana é estreita, precisa de esquemas e resumos, não consegue pensar o infindável. Sempre põe um ponto final, como se ele de fato existisse. Não havendo ponto final, não há ponto central. Se não há centro real, a periferia também não é periferia, embora o centro da periferia acha que ele próprio é o umbigo do universo por ter o poder de se impor em todo um território como se de fato centro fosse.

Em suas "Reflexiones del año nuevo parisiense",[3] de 1/1/1901, Darío prevê o advento da revolução e duvida que, no plano do espírito, o século XX viria a ter a força que teria nas coisas materiais. Diz ainda:

---
[2] *Idem*, p. 483 ss.
[3] *ibidem*, p. 495 ss.

> Como Atenas, como Roma, París cumple su misión de centro de la luz. Pero, actualmente, ¿es París, en verdad, el centro de toda sabiduría y de toda iniciación? Hombres de ciencia extranjeros dicen que no, y muchos artistas son de opinión igual; pero la consagración no puede negarse que la da París, sobre todo, en arte. (...) Lo que en París se alza al comenzar del siglo XX es el aparato de la decadencia. El endiosamiento de la mujer como máquina de goces carnales y (...) el endiosamiento del histrión, en todas las formas y bajo todas sus faces. (...) Pero las ideas de honor, las viejas ideas de generosidad, de grandeza, de virtud, han pasado, o se toman como un pretexto para joviales ejercicios. (...) La enfermidad del dinero ha invadido hasta el corazón de la Francia, y sobre todo de Paris. (...) La literatura ha caído en una absoluta y única finalidad: el asunto sexual.[4]

Esse ataque ao "asunto sexual" era, provavelmente, um ataque ao naturalismo, o qual parecia corporificar o demo para a mente conservadora. O problema básico não era, porém, sexual, mas o fato de o naturalismo ser uma opção revolucionária, marxista. Paris nunca foi o centro científico ou filosófico mais relevante, embora tenha desempenhado o papel de alto-falante do que outros já haviam feito melhor, apresentando isso, porém, como produção original e própria; na literatura teve mais originalidade, embora várias vezes caísse no mesmo paradigma, como se mostra no romantismo, no dadaísmo e no existencialismo. Na periferia, tudo aparece como se fosse produto de Paris, "o centro" por excelência. Após a Segunda Guerra Mundial, os "ianques" derrubaram isso, mas à base de uma cultura superficial e de massas.

Darío queria que Paris fosse "centro de toda iniciación", mas não devia ser um centro de libertação revolucionária e de espírito crítico (a começar por certa liberação dos costumes e pela emancipação feminina): isso indicia o tipo de filtro que os intelectuais latino-americanos francocêntricos acabavam constituindo. Se, por um lado, ele registra essa "decepção" com a imagem idealizada da França, por outro continua a defender a sua influência cultural, especialmente para conseguir mobilizar forças contra a Alemanha. Esta última, regida pelo imperador Guilherme II e marcada pelo militarismo

---

[4] *ibidem*, p. 499-500.

prussiano, conseguiu tornar-se símbolo da barbárie, enquanto a França, como se fosse toda ela democrática e libertária, podia ser colonialista, imperialista e bélica (tendo tido até fortes tendências fascistas e anti-semitas), acabou exercendo uma hegemonia cultural sobre a "América Latina". Os Estados Unidos construíram, com o cinema e a televisão, veículos de divulgação mais eficazes, que suplantaram a influência francesa de base literária e teatral.

Darío, em texto publicado em 1903, pela Editora Garnier, com o título de "La caravana pasa", fazia a apologia do francocentrismo e da germanofobia:

> Después de recorrer casi toda la América española y de haber residido por algún tiempo en varias de las Repúblicas, creo poder afirmar que las ideas alemanas no han encontrado ni puedan encontrar buen terreno en nuestro continente. (...) La América latina, después de la Revolución, en el orden de las ideas, mira en Francia su verdadera madre patria. (...) Comte encontró allá largas simpatías y el positivismo discípulos y seguidores. Si hoy Nietzsche ha obrado en algunas intelectualidades, ha sido después de pasar por Francia. (...) Chile es quizá el único país de la América hispana en donde el espíritu alemán haya logrado alguna conquista. (...) Las victorias alemanas sobre Francia han producido, naturalmente, en aquellos países nuevos un acrecentamiento del militarismo. La divisa chilena cierto es que parece pensada por Bismarck: *Por la razón o la fuerza*. En cada pequeña República no ha faltado un pequeño conquistador que quiere hacer de su país una pequeña Prusia. El progreso ha llegado a la importación del casco de punta y del paso gimnástico marcial. En ciertos Gobiernos una moral a uso de tiranos se ha implantado. Pero esos Gobiernos han caído, caen o presto caerán, al impulso del pensamiento nuevo, de la mayor cultura, de la dignidad humana. Los sudamericanos que meditan en la gradeza de los pueblos, los hombres de buena voluntad y de juicio noble, no se hacen ilusiones sobre la virtud y alteza del alma alemana. (...)
>
> Y sabemos que la libertad de los alemanes es tanta, que casi no hay día en que no haya un proceso de lesa majestad; que el dios de los alemanes no es otro que el bíblico "dios de los ejércitos", que los ayudó en Sedan; que la buena fe sin burla la conoció muy bien Jules Favre por "Canciller de hierro", y Paris sitiado nada menos que por Wagner, y que el acero de los alemanes cuesta muy

caro a las pobres naciones militarizadas de la America española, en donde hay la desgracia de tener a un agente de la casa Krupp.

No; no puede ser simpático para nuestro espíritu abierto y generoso, para nuestro sentir cosmopolita, ese país pesado, duro, ingenuamente opresor, pátria de césares de hierro y de enemigos natos de la gloria y de la tradición latina. (...) Nosotros somos latinos por las ideas, por la lengua, por el soplo ancestral que viene de muy lejos.[5]

Tem-se aí uma confusão primária da Alemanha com o militarismo e da França com a civilização. O sentido básico é garantir que na América dita Latina "las ideas allemanas no han encontrado ni puedan encontrar buen terreno": ele se vê como parte dos donos do continente, os "latinos" ("somos latinos por las ideas, por la lengua, por el soplo ancestral"). Quem não tem direito de existência na "América" dita "Latina" são os não-latinos, a começar pelos indígenas. Ele confunde a Alemanha inteira e todos os alemães com o bélico, assim como reforça o estereótipo de que todos os franceses são finos, cultos e civilizados. Nessa lógica, o imperialismo alemão é ruim, mas o francês não. O intelectual latino-americano torna-se um quinta-coluna do colonialismo francês, gerando uma forma de totalitarismo que quer obrigar os "não-latinos" a se confundirem com a latinidade, adotando a sua ideologia, identificando-se com o agressor e tendo uma existência não-autêntica. Há uma vontade de poder latejando em seu texto, que quer exterminar o diferente para assumir como identidade original e própria essa miragem da identidade francesa.

A propaganda antigermânica fazia parte de um coro orquestrado pelos imperialismos inglês e francês, crescente desde a unificação alemã em 1870, vendo-a como uma ameaça à sua hegemonia nos mercados mundiais. Essa disputa foi uma causa básica das duas guerras mundiais. Não havia nessa "elite latino-americana" a postura de que essa disputa era um problema europeu, havendo outras prioridades na "periferia". O que se pretendia era tomar um partido, de preferência vencedor, para assegurar a própria hegemonia na América dita "Latina". Isso que, em Darío, parece autêntica defesa da "latinoamericanidad", é uma postura da oligarquia sul-americana

---

[5] *Ibidem*, v. II, p. 830-833.

colonizada, a apresentar a França como a pátria da liberdade, da democracia e do antimilitarismo: não critica a tradição autoritária francesa e o colonialismo gaulês no México, na Indochina, na Argélia e assim por diante. A Alemanha não era apenas o militarismo prussiano e milhões de alemães emigraram para a América por não concordarem com essa política.

O leitor de Darío é colocado diante de uma falsa opção: França ou Alemanha. Para a "periferia" que não queira ser o quintal de qualquer metrópole, é um anacronismo colonial escolher uma das metrópoles para servir e reverenciar. Isso não significa não reconhecer valores existentes nos países civilizados. O engano de centenas de milhares de alemães foi ter emigrado para uma "América Latina", cuja elite dominante queria aniquilá-los em nome de uma falsa cultura afrancesada e de uma tradição ibérica autoritária e dogmática. Darío mostra ser um agente interno do imperialismo francês na "América Latina". De acordo com esse conceito, Paris devia ser a capital cultural do mundo, ainda que os artistas franceses mais conscientes não quisessem auratizar tal colonialismo. Também não concordaram com ele os mexicanos que lutaram contra as tropas de Napoleão III.

Se a questão era defender a liberdade, a democracia e o antimilitarismo na "América Central e do Sul", tal defesa também não podia ser feita em nome da colonização ibérica, que sempre foi a negação de tudo isso. Dos séculos XV a XIX, a Alemanha não teve a política de conquistas, dominações, aniquilamento de culturas, escravagismo e colonialismo que foi a tônica de Portugal, Espanha, França e Inglaterra. Qualquer maniqueísmo é superficial, apressado, inconsistente e manipulador. Em vez de a mente colonizada adotar a sua realidade e a sua história como referências primeiras e básicas para pensar e produzir arte, ela confunde pensar com reproduzir modas de sua metrópole predileta: é alienada por formação e natureza. A "cultura nacional" acaba sendo a reprodução malfeita dos cafés de Montmartre, das vitrines do Boulevard Saint-Germain, das salas do Quartier Latin.

Um autor alemão só vale, para Darío, se adotado e abençoado por intelectuais franceses. Esse padrão avaliativo continua vigente na América Latina para a maioria de seus intelectuais. O próprio Nietzsche, referido por ele, havia registrado, por volta de 1882/1883, que: "Ein Talent ist nicht genug: man muß auch die Erlaubniß haben, es zu haben"[6] (Talento não basta: é preciso ter a permissão de tê-lo). O talento só é reconhecido em função de um sistema, ao qual ele serve e para o qual ele serve, ativando respostas positivas, que sempre valem tanto quanto o sistema. Schlegel, Heine, Marx, Nietzsche, Wagner ou Heidegger só passaram a "valer para o mundo americano" à medida que foram endossados e propagados pelos franceses, que sempre constituíram uma refração deformadora e simplificadora. Apenas essa versão costuma chegar à "América Latina", para ser mais uma vez deformada.

Por outro lado, os autores de línguas como guarani, quéchua, japonês ou alemão estão excluídos de antemão na "América Latina", pois esta última define seu paideuma fora deles, para, em primeiro lugar e sobretudo, legitimar a invasão e a conquista. Eles só têm alguma chance de participar dela quando negam a sua própria origem e identidade, submetendo-se ao padrão pretensamente latino. Como "está na cara" que não são parte da latinidade, a maioria fica excluída ou se identifica com o agressor, num amor jamais correspondido. Podem apostar na democracia como a sua única alternativa para disputar espaço: isso é tão ilusório quanto apostar na "assimilação" como caminho para ter vez e voz. O imigrado torna-se a traição do emigrante.

O cânone, como legitimação da conquista e auratização da prepotência, deveria levar o escritor a desconfiar da língua que ele "usa" e da literatura que ele produz. É o que não acontece com os autores. Mais que ingenuidade, é mancomunação com os processos de dominação. O oportunismo torna-se regra de sobrevivência. Por mais que isso seja gritante, não há movimentos literários americanos que desconfiem da literatura como o dadaísmo ousou fazê-lo em função da Primeira Guerra Mundial. Mesmo poemas sobre índios ou negros perseguidos, escritos em português castiço, são ingênuos e fracos por sua hipocrisia radical, pois não conseguem questionar sequer a linguagem em que se dizem: pelo contrário, eles reiteram a dominação pretérita como se fosse humanismo (ou talvez o humanismo não seja mais do que isso). O gesto de erguer um pequeno monumento ao perseguido serve para acalmar a má consciência e para endos-

---

[6] Friedrich Nietzsche, *Sämtliche Werke*, Band X, p. 70.

sar a perversidade geral da história. Por outro lado, também é ingênuo e falso insistir na pureza dos dominados, como se eles representassem o bem diante do mal que lhes foi imposto.

Darío, ao utilizar, sem críticas, o conceito de "América hispânica", implicitamente endossa a Conquista (o que está implícito também na maiúscula inicial) e o colonialismo de Castilla, escamoteando sua opressão, seu totalitarismo e seus genocídios. Da mesma forma, ao usar um conceito como *espíritu alemán*, impõe tal atributo a todos os alemães, de um modo simplório, grosseiro e preconceituoso. Houve tendências autoritárias entre alemães, mas não eram unânimes. Quem não usa corretamente conceitos, reforça preconceitos. Então, em nome do combate à repressão, participa dela; em nome da democracia, aplaude o aniquilamento de minorias; em nome da liberdade, tolera apenas o idêntico a si mesmo. Assim como o Brasil não tem problemas com o negro porque "ele sabe o seu lugar", também não tem com as imigrações porque elas engoliram o totalitarismo que lhes foi imposto, convertendo-se no que não eram e nem podiam plenamente ser.

Darío aventa a hipótese de que o Chile teria sido o único país da América hispânica em que o *espíritu alemán* teria feito uma "conquista". Ora, o exército chileno pode ter copiado o prussiano, mas os imigrantes alemães não foram "conquistar" o Chile. Dentro da lógica da "conquista", o erro dos alemães foi o de, em vez de emigrarem todos para um só país menor, eles diluíram-se por diversos países, facilitando a sua destruição cultural, planejada pelas oligarquias locais. Se tivessem se concentrado em um só país, provavelmente teriam gerado uma cultura nova e única. Essa chance foi perdida na história, o que não impediu os "teutos" de serem acusados de pretender fazer o que deixaram de fazer. Emigrando para países com elites de mentalidade totalitária, encaminharam seus passos como bois para o matadouro. Aquilo que foi perdido, ainda que fosse melhor do que aquilo em nome do qual foi destruído, não tinha garantia da perfeição. Em nome de seu nada, nada se pode construir, mas ao menos se poderia destruir a ilusão da história oficial. Os mortos uivam na noite. Seus gritos perdem-se na escuridão.

Discriminações contra minorias tendem a ser prejuízos para o país do qual elas fazem parte, mas isso pouco importa aos que falam em nome dos valores nacionais. A miragem de que uma minoria representa uma ameaça e uma diferença que constitui algo inferior, em vez de levar à percepção de que uma coisa anula a outra, faz com que se passe a agir como se ela de fato fosse aquilo que se supõe que ela seja e faz com que os membros dela tentem provar que não são nada disso e se tornem inimigos de sua própria origem e identidade. Os imigrantes não tinham chance de ver seus intelectuais serem respeitados numa época em que os latifundiários paulistas ainda tentavam transformá-los em escravos. Tiveram veículos que expunham a sua perspectiva para eles mesmos, mas foram proibidos de continuar e, hoje, o seu aniquilamento é definitivo.

A imigração alemã imprimiu milhões de jornais, revistas e livros no Brasil, mas é como se ela nada tivesse feito e nada tivesse valor. Ao espírito totalitário a supressão e o olvido parecem naturais, necessários e lógicos. O "brasileiro" pensa assim. A decepção dos imigrantes com o preconceito e o atraso nativos não são levados em conta, menos ainda os custos que estes lhes acarretaram: é como se nada de ruim tivesse ocorrido. Supõe-se apenas que as minorias devam ser eternamente gratas por terem sido "aceitas no paraíso". Todo esforço feito por elas no sentido de manter e difundir uma cultura peculiar foi perdido, sem retorno, em uma das tantas tragédias que não encontrou espaço nem no cânone nem na historiografia.

Os autores latino-americanos com aspirações canônicas tendiam a produzir de acordo com a moda vigente em Paris. Havia primeiro uma "fôrma" e uma "fórmula", antes e independente dos conteúdos. Os mais espertos tomavam esses modelos e tratavam de reelaborá-los de maneira a neutralizar seu espírito mais crítico ao adaptá-los à realidade local. A historiografia não tinha por ponto de partida e chegada a produção local, mas o eco do modelo: a periferia só valia como reelaboração da suposta história dos êxitos da metrópole. Assim, a rigor, não se tem história, mas apenas uma miragem de história. A única história que conta é a do centro cultural. A periferia só é como reflexo: uma lua que somente brilha por refletir o sol, mas que não tem calor nem luz própria.

No esquema simplório de que toda influência francesa é boa e toda a alemã é ruim, Darío fazia o elogio ao positivismo de Comte. O mínimo a fazer teria sido avaliar o avanço que ele foi para dar prioridade à razão, bem como avaliar o atraso que essa doutrina constituía diante de Hegel, Marx ou Nietzsche e a maneira autoritária como ela ia sendo lida na América dos militares. A cultura brasileira – e com ela a literatura – não examinou ainda a sua responsabilidade por legitimar uma das sociedades mais iníquas do planeta. Ela não só deixa de se manifestar sobre problemas relevantes, como trata de reproduzir, homologar e auratizar esse desequilíbrio estrutural (que lhe parece natural, pois corresponde ao luso-nazismo estrutural da brasilidade).

A teoria tem de indagar qual é a sua responsabilidade diante de tantos genocídios, e se ela própria não é criminosa (e não só um crime contra a razão). Isso a teoria da literatura brasileira não consegue fazer, pois ela sobretudo legitima o cânone; também não o consegue a teoria literária que não é mais que um prolegômeno ao cânone luso-brasileiro. Só a teoria que tira o pé desse barro e se apóie numa consciência filosófica mais crítica e literária mais consistente é que poderá começar a vislumbrar as dimensões do crime que é cometido como se fosse normalidade. Uma conseqüência seria buscar uma arte que transcenda o horizonte alcançado pelo cânone brasileiro e uma crítica que transcenda o nível da exegese canônica. Tudo se volta, no entanto, contra isso, pois impera a redução ao estabelecido.

Não se pode confiar no apoio da imprensa, da universidade ou dos institutos de pesquisa para essa empreitada desbravadora. Pelo contrário, pode-se, em geral, contar com a hostilidade dos organismos que existem para reproduzir o nazismo estrutural da brasilidade. Quanto mais criminosos eles são, melhores se consideram. Ninguém questiona impunemente estruturas muito sedimentadas: logo sente a reação delas, como desemprego, difamação, desapreço, boicote. Se ele é fiel à verdade, sofre; se não, pode tornar-se famoso. Se aceita sofrer, beira o sadomasoquismo que ele quer evitar. Vale a pena sacrificar-se pela verdade, se ela é um modo de cair naquilo que está sendo questionado? Há, no entanto, alegria e libertação na verdade, por mais desagradável e dolorosa que ela costume ser: a dor não está nela mesma, mas naquilo que a torna acusação.

Um dos problemas centrais da exegese canonizadora é perder-se em detalhes, fingindo estar sendo mais científica quando deixa de discernir questões fundamentais e estruturas fundantes. Quanto mais pretende estar enxergando, mais cega se revela. E ainda tem raiva de quem não vê como ela. O difícil é chegar ao horizonte das poucas grandes obras (que não se reduzem ao cânone ocidental, embora nenhuma delas se encontre no atual cânone brasileiro) e sem reduzi-las ao limitado horizonte deste. Para quem se formou dentro do limitado âmbito do cânone nacional, é quase inevitável, porém, evitar as obras maiores ou reduzi-las ao âmbito do conhecido, sem aceitar a alteridade daquilo que ultrapassa e questiona o seu perfil de percepção. A essa reação dá-se o nome de patriotismo, embora não passe de ignorância.

Por isso, ainda que o percurso pelo cânone brasileiro obrigue a prestar atenção a detalhes, a dar importância ao que não é relevante em si, é preciso não perder a noção daquilo que não se pode propriamente ver, mantendo o esforço de vislumbrar o âmbito mais amplo no qual esse menor está inserto, vendo neste último apenas manifestações do fenômeno literário mundial. Só assim ele pode ser percebido cientificamente, já que não há um centro ou uma língua em que ele se manifeste de modo necessário e universal (embora, na prática, centro seja o lugar em que está o maior poder). Cria-se o paradoxo de não querer perder de vista um horizonte que a literatura ora em exame se esforça em impedir que se veja e que ela mesma não consegue vislumbrar (temendo-o, porém, como ameaça), já que se constitui como um se perder na limitação de entes menores e na absolutização de um ser não-absoluto. Está-se dentro de uma floresta cerrada, onde não há clareira que permita ver amplos horizontes. Adivinha-se, porém, o céu.

A literatura opõe-se ao jornalismo. Este último volta-se para o cotidiano e se basta no dia seguinte, enquanto ela só tem sentido se continuar valendo anos após ser feita, mesmo que não continue valendo só por suas qualidades artísticas. Na briga entre literatos, cada um tende a supor que é o máximo e o outro não vale nada. O cemitério de vaidades das obras é, então, uma tentativa de manter vivas almas que deveriam se saber mortais. Escrever feito um condenado é condenar outros a ler o que nem o autor consegue suportar sozinho, e é levar-se demasiado a sério, sem desconfiar da vaidade da escrita. Quem escreve como quem fala na solidão acaba se negando na escrita, mesmo que tenha para si a desculpa de estar dizendo algo válido. Há sabedoria no autor que abandona toda pretensão de aparecer na mídia para se dedicar a uma obra que ainda consiga dizer algo à posteridade, e isso não por pretender alguma forma de imortalidade, mas por acreditar que (só) esse tipo de obra mereça ser publicada? Mas: não basta recitar biblicamente que tudo é vaidade, nada mais que vaidade, como também não adianta se retirar do mundo feito um anacoreta, achando que, por cuspir em tudo, já se tem, por isso e com isso, uma posição superior. O humilde anacoreta tem uma sensação de poder, conforme observou Nietzsche, pois considera-se mais perto de Deus que qualquer outro; o autor depende concretamente do mundo, ao qual despreza com a atitude de distanciamento inerente à escrita. Sua racionalização da covardia não faz do texto uma mensagem de náufrago em uma garrafa jogada ao mar. O insenso da escrita não a justifica como incenso. Tudo o que se faz contém erro, e sempre há pretextos para desprezar ou elogiar um texto. Não há obra de valor absoluto, mas o "caráter nacional" pretende ter valor absoluto no cânone. Intelecto e nacionalismo são antípodas que se excluem. O que tenta justificar a literatura brasileira como justificação da brasilidade não a justifica como literatura.

O chão do espadão

O período da República Velha também foi, como os demais, carente de bons escritores, embora o cânone faça de conta que nele abundam os talentos. É um momento em que a historiografia, mimetizando a história literária francesa, não acha – ou não quer achar – quem se encaixe em correntes como futurismo, expressionismo, impressionismo, dadaísmo, surrealismo. Ao "encaixar" seus parnasianos e simbolistas, confirma uma lei já vinda do romantismo, do realismo e do naturalismo: a traição dos autores da metrópole através dos discípulos, sob a aparência de máxima fidelidade. Ela fala, então, em "tendências ecléticas" ou em "pré-modernismo", conceitos cômodos para acomodar interesses e não mostrar o que se passa, escamoteando o forte compromisso de autores como Euclides da Cunha e Graça Aranha com o fascismo e o racismo, ignorando a falta de representatividade de linhagens mais sutis de criação, como o expressionismo e o impressionismo, e linhas mais críticas, como o dadaísmo e o surrealismo.

Numa época em que monarquistas como Alencar e Gonçalves Dias já estavam mortos e anacrônicos, Machado de Assis decadente, Raul Pompéia e Aluísio de Azevedo abdicando da escrita, Coelho Neto revelando-se um balão cheio de ar, Augusto dos Anjos tentando fazer uma recuperação tardia de uma caricatura reacionária do satanismo baudelairiano e Lima Barreto tomava atitudes sociais inconvenientes, o cânone precisou inventar autores, pegando-os a laço no esquema do "não tem tu, vai tu mesmo". Poderia ter badalado um Sousândrade, mas este, além de estar fora do circuito carioca, criticava o capitalismo (o "inferno de Wall Street"), pregava um ideário supranacional (o Guesa Errante) e violava a casta pureza da lusitana língua. Mas não só por falta de melhores prosadores é que o cânone teve de adotar Euclides da Cunha e Graça Aranha, e sim por serem convenientes em termos políticos, predispostos a ruflar os tambores da direita e dispostos para anunciar a chegada do astro máximo, o modernismo.

A exegese cita às vezes, e de passagem, o suicídio de Raul Pompéia como um ato tresloucado de um desequilibrado; em contrapartida, costuma lembrar, enfaticamente, como emblemático, o gesto de Euclides da Cunha, que, quando cadete da Academia Militar no período final do Império, jogou o espadim ou o quepe aos pés do ministro do Exército que a visitava. É como se – reduzindo a história a uma estória – a República lançasse a luva contra o Império, e esse gesto fosse por si uma epopéia capaz de proclamar Euclides como "O autor republicano": ele serve para sacralizar, então, a república que o sacraliza. Isso fomenta o espírito golpista. Que a República tenha sido uma ditadura, torna-se mero detalhe; que ela fosse um domínio dos coronéis militares e civis, esconde-se na juvenilidade do gesto; que Euclides tenha sido perdoado pelo Imperador, é visto como sinal de fraqueza; que o gesto tenha lhe rendido altos postos no novo governo, não é lembrado; que houvesse sérios problemas de direitos políticos, é olvidado; que a ditadura tenha fuzilado pessoas e vilas inteiras e que a sua literatura tenha legitimado tais processos, tornam-se "detalhes menores". Neles está, porém, a chave do sistema.

Euclides foi poupado de punições que o governo florianista não teria poupado. Parece haver apenas uma opção em três: a monarquia era muito condescendente com a oposição; o ato não teve relevância no momento; ou o sistema não podia mais submeter-se a desgastes. Se a monarquia estava enfraquecida, não teve a coragem do desespero; se era liberal, então foi derrubada pelo que era pior do que ela; se apenas se tratava de birra de um cadete histérico, não havia por que torná-lo mais relevante. Caso não tivesse havido república, o gesto sequer seria lembrado e nem transformado num conto canônico. A rememoração serve, estrategicamente, para que o cânone possa dizer algo cuja natureza a exegese canônica não está disposta a revelar. A história é apenas a versão dos vencedores, mas é repassada como se fosse relato objetivo. Reduzida à crônica, torna-se doença crônica dos fatos.

Euclides da Cunha, ao deixar a carreira militar ativa, foi enviado, por um jornal da oligarquia paulista, para apoiar a destruição de Canudos. Cumpriu com louvor a tarefa de apresentar a tragédia canudense como a destruição de um centro de resistência reacionária contra a consolidação da idéia de república. Legitimou o genocídio com o argumento primário de que a população era primitiva por ser miscigenada e que, por isso, reagia contra o progresso. Nem a pregação religiosa do Conselheiro deixava de estar eivada de bobagens, nem a população local deixava de ser atrasada e irracional, como também a ação dos oficiais não deixava de servir a interesses dos latifundiários e da Igreja. Ao fazer disso uma luta simples entre bem e mal, fez de tudo para impedir a percepção de que a verdade estava antes do avesso do que dizia. Ele é exemplar para o caráter enganador do cânone e de seus divulgadores.

Os sertões não está à altura do seu tema. Seu *parti pris* faz com que o grotesco desfile que encena não tenha a grandeza de uma tragédia, na qual os dois lados em conflito devem postular valores positivos e defensáveis. A história já começava aí como farsa, em que os dois lados primavam pelos erros: o canudense, pelo fato de o autor não perceber nele qualquer grandeza heróica; o militar, a despeito das tentativas de legitimação do autor, pelo genocídio que praticou. A tragédia do fato não está elaborada nessa obra literária, em que as duas primeiras partes são enfadonhas, e apenas a terceira consegue prender a atenção ao relatar as lutas travadas. Se um autor parte da concepção de que a mistura de raças provoca o surgimento de seres inferiores – quando ele próprio tinha aparência de índio —, devia ter elaborado a contradição, ao invés de endossar os genocídios praticados em nome da superioridade racial. As atrocidades poderiam também ter sido executadas em nome de outro "universal absoluto": um grande escritor teria de desmascará-lo.

Afirmar que *Os sertões* tem força romanesca porque soube elaborar o choque entre a sua concepção racista inicial e a resistência "heróica" dos jagunços é apenas uma racionalização canonizante: a obra não sustenta isso. Usando a figura da sinédoque, ela procura justificar o genocídio de mulheres, crianças e prisioneiros. Escamoteia a vasta gama de problemas raciais e a necessidade de rever a história e os valores vigentes. A lusitanidade formou-se calcada num paradigma racista e religioso totalitário, com a discriminação, perseguição, tortura, morte e expulsão de quem não fosse católico e de pura cepa lusitana; isso foi transplantado para a colônia brasileira, onde quem não fosse de pura e comprovada cepa lusitana, quem não fosse branco e católico não podia ter grandes propriedades, ocupar postos administrativos e nem ter destaque social. Foi assim que a sociedade brasileira se formou: destruindo índios e escravizando negros, numa sucessão de genocídios corpóreos e espirituais. Também as ondas sucessivas de europeus e orientais imigrantes tiveram a sua cultura e a sua identidade encaradas como quistos suspeitos, os quais tinham de ser extirpados pela astúcia da raposa ou pela força do leão.

Enquanto *Os sertões* celebrava o genocídio físico dos mestiços de Canudos, *Canaã* prenunciava a solução de outro "grande problema racial", dentro de um espectro que pregava o genocídio espiritual da "alemoada" das "colônias": ambas as obras foram consolidadas como canônicas, dentro de um espectro que envolveu outras obras como *O triste fim de Policarpo Quaresma, Amar, verbo intransitivo, Macunaíma*. Quanto mais safada a obra, melhor se encaixa no cânone. Essa "ficção" demonstra o que o poder central era capaz de fazer contra quem se voltasse contra ele. Assim como o genocídio dos Muckers havia sido à época do Império uma "lição" para todas as colônias alemãs, Canudos era uma lição para os dissidentes da República Velha. Havia uma "Razão na História", e essa era oligárquica: que ninguém duvidasse disso. Auratizava-se o fascismo, expondo vocação milenar.

Na tradição metafísica de que o espírito vale mais do que o corpo, considera-se redentora a destruição representada pelo fechamento de milhares de escolas e dezenas de jornais e editoras, a prisão e a condenação a trabalhos forçados de todo aquele que falasse outra língua que não a portuguesa, a intervenção em entidades culturais e recreativas, a delação infundada e a prepotência policial, a criação de campos de concentração, a suspensão do direito de ir e vir, etc. O massacre coletivo de uma minoria não-católica, como a dos muckers, serviu de "exemplo" e encontrou na Igreja quem a defendesse. O Estado nunca assumiu como crime tais massacres, como também não assumiu resgatar as seqüelas das discriminações. Os historiadores como "profetas do passado" confirmam tudo o que se impôs, como se fosse produto de uma vontade divina, devendo, portanto, ser aceito e aplaudido. São reacionários profissionais.

A descrição da destruição de Canudos por Euclides está longe do sopro vital e da amplitude dialética que perpassa a *Ilíada*, em que os dois lados são apresentados – tanto na configuração geral quanto em figuras e cenas representativas —, para, mediante situações cruciais, discutir valores básicos como a amizade, o amor filial, a mortalidade, o orgulho, o sacrifício pela pátria, a paixão, o prazer, a dor. A diferença de nível entre essas duas obras é tão grande que parece surpreendente, abusivo e vergonhoso que a pior sirva para impedir o estudo da melhor. Cinicamente, considera-se isso uma forma de patriotismo. Mais que sintoma de uma pobreza mental institucionalizada, que serve ao conservadorismo, *Os sertões* é uma inversão e uma perversão de valores que acaba parecendo normal (pois explicita uma norma): a diferença abissal de classes parece normal, justo o inequânime.

A rigor, *Os sertões* sequer é literatura. Um cânone que aceita, porém, o termo de posse de um escriba de um rei estrangeiro como início de seu sistema, também pode aceitar um relatório militar como literatura. Ainda que a literatura seja prostituída, há algo no artístico que não se entrega a qualquer manipulação. O abuso canônico, mesmo que se disfarce como arte, constitui uma violentação do literário, sem que se explicitem as estratégicas necessidades ideológicas das classes que dominam o Estado para fazer essa deformação. Um "romance", do qual só se aproveita no máximo um terço, tem algo errado em sua composição. Os grandes compositores não têm música ruim, indigna deles: podem ter trechos que ficaram menos célebres, mas em geral são todos escutáveis. Não cometem grandes erros de construção e nem amontoam notas sem uma idéia defensável.

Euclides da Cunha não é um grande escritor como prega o cânone e nem *Os sertões* é uma obra que se salve como ficção, ainda que a exegese canônica procure provar isso, obrigando todos a repeti-lo. Mesmo não sendo arte, trata-se mais que de um documento de época: o afloramento claro de uma estrutura totalitária, que se confirma em todo o sistema. O enigma maior não é o que teria levado sertanejos ao fanatismo religioso, mas a que ou a quem servem tanto a consagração do primitivismo quanto a do massacre perpetrado pelo exército como se fosse grandiosa epopéia. Euclides foi para o Nordeste acreditando na superioridade das raças puras, defendendo a tese de que a miscigenação leva à degradação, enquanto Graça Aranha, em nome de uma raça superior, a brasileira (uma "raça" que é ficção), condenou alemães e ciganos. Os dois nunca abandonaram o racismo. Isso facilita a sua inclusão no cânone, ainda que se queira escamotear o fato. Sob a aparência de apenas reproduzir ideologias européias – nas quais o imperialismo inglês e francês procuravam legitimar-se –, o racismo no cânone e na política brasileira serviu basicamente para afirmar a oligarquia interna, embora também tenha sido eficaz na ação externa, como no genocídio dos paraguaios.[7]

Com Euclides cunhou-se e "lapidou-se" a expressão de que o "sertanejo é sobretudo um forte" como se tal frase fosse uma revolução euclidiana na avaliação antropológica da população brasileira. "Ser forte" significava aí, porém, enfrentar um clima ruim com tecnologia primitiva: ser forte significa ser fraco. Se o fraco já é forte, então ele pode se defender por si, logo: que enfrente a seca e a miséria... Por um lado, é uma variante do narcisismo étnico, e, por outro, uma exaltação da bravura primária do vencido, valorizando o vencedor. Canudos foi uma rebelião importante, mas não única: a história e a literatura calam-se sobre tantos massacres e genocídios na formação do país que causa espanto falarem de um para justificá-lo. Como sua intenção não é a redenção dos oprimidos, a rememoração serve sobretudo para legitimar o ocorrido e para estatuir um exemplo.

---

[7] Nelson Werneck Sodré, *A ideologia do colonialismo*, p. 75-124.

Vargas Llosa em Belmonte

Vargas Llosa retomou o tema de Canudos, pois Euclides não conseguira liquidá-lo bem ao defender a liquidação total.[8] *A guerra do fim do mundo* trava uma luta entre textos: embora seja melhor romance do que o do brasileiro, o relatório do militar-jornalista continua mantendo, incólume, a sua soberania e sacralidade no território nacional. O peruano também falha ao não elaborar, por exemplo, a contradição entre o caráter progressista da separação formal Igreja-Estado e a prática mostrar uma cooperação integral (e até uma subordinação deste àquela). Llosa é mais amplo e complexo do que Euclides, já por inserir debates políticos e filosóficos (como o socialismo utópico) importantes na época.

Embora *A guerra do fim do mundo* tenha tido enorme apoio publicitário em seu lançamento (já por não ser ficção de primeira água), embora supere na forma e no conteúdo *Os sertões*, acabou deixando a obra canônica intacta, pois esta última se encontra institucionalizada, num sistema fechado, impermeável a confrontos com obras oriundas de outras literaturas e, principalmente, tem o respaldo ideológico do *establishment* e do leitor canônico. Não se pratica na escola uma leitura simultânea das duas obras. Parece aos patriotas um crime de lesa-pátria não defender o "nosso Euclides", ainda que este seja quase ilegível, um crime de lesa-leitura. A grande arte literária está além do horizonte dessas duas obras.

Vargas Llosa introduz questões obnubiladas por Euclides: a grande propriedade fundiária, a situação do peonato, o caráter social da propriedade, a socialização dos meios de produção, a distribuição do produto social conforme as necessidades. Não soube elaborar a atualidade permanente desses temas: aparecem antes como ideário longínquo de um intelectual europeu perdido na América do que como expressão de tensões sociais internas. Mostra o arraial como uma invasão dos "sem-terras" que rompiam o sistema do latifúndio, gerando temores entre os latifundiários. Desenvolve figuras interessantes – como Galileu Gall, Barão Canabrava e Leão de Natuba – que representam segmentos significativos, dando uma visão estratégica de correntes políticas e ações práticas. Não gasta muito tempo,

---

[8] Mário Vargas Llosa, *A guerra do fim do mundo.*

como Euclides, com geografia e teorias raciais. Essa "guerra no fim do mundo" mostra, na periferia do sistema, forças que atuavam em todo ele.

Ao contrário do brasileiro, o peruano leva o leitor direto ao protagonista Antônio Conselheiro: ele é a figura em torno da qual gira toda a história, que com ele começa e acaba. Euclides chegou a ter nas mãos manuscritos de Conselheiro, mas pouco os usou, pois poderiam expor muito a "posição do inimigo": não fez como autor o que ele queria que o exército fizesse, ou seja, ir direto ao centro de Canudos. *A guerra do fim do mundo* começa com a descrição de Antônio Conselheiro, mas sem dizer o seu nome. Em *Os sertões*, só após 150 páginas é que se fala do Conselheiro, mas ele é difamado como suspeito de matricídio e uxoricídio, sendo seu carisma qualificado de loucura. Euclides demora demais a chegar ao ponto central de sua história e se perde em suas beiras, sem entender nunca o seu cerne. No início de sua narrativa, Vargas Llosa nem alude à história da família Maciel: importa-lhe mais o carisma como tal, a necessidade de crer numa força superior, a história corporificando-se em um destino.

A guerra do fim do mundo não se perde em descrições supérfluas: só mostra a paisagem em função dos personagens e da ação. Não tem os pruridos positivistas de não confiar no ficcional. Usa a técnica do contraponto, tramando várias estórias ao mesmo tempo, costurando-as entre si, tecendo o enredo de modo que os diversos fios condutores acabam aflorando um painel da época enquanto fluxo entre tensões pretéritas e sua continuidade no presente. Ele trata de "gente primitiva" com uma técnica refinada de construção, seqüenciando diferentes subenredos do mesmo modo que a telenovela (e que é entendida pela "gente simples"). O homem é o centro de atenção: em luta, tenso, buscando o sentido da existência, matando por pouco e deixando-se matar por ilusões. Há uma auratização dos canudenses, como se fossem maravilhosos e o que defendiam fosse o melhor para eles. Uma das variantes do conservadorismo é julgar "o povão" tão maravilhoso, que o melhor é deixá-lo como está, pois qualquer mudança poderia piorá-lo (é o perfil de um Jorge Amado). Llosa acentua a pobreza material, mas compensa a pobreza espiritual com ádvenas que aparentam saber por que se deve matar ou morrer. O romance é uma inversão ampliada do maniqueísmo trivial de *Os sertões*. Tem a estrutura do *best-seller*.

Euclides também confunde verdade artística com jornalismo documental, como se ela não fosse além. Não logra uma fusão de gêneros, mas confunde literatura com geografia humana, em que não faz ciência e nem romance. Seu percurso vai da terra para o homem, como se a descrição da terra, deixando de lado as relações de propriedade e as forças de produção, explicasse o homem. Ao passar da descrição da terra para o homem, pretende passar do geral para o singular, mas, sem examinar as condições de produção nem o *modus vivendi* dos proprietários de terras e dos peões de fazenda: O universal permanece abstrato, o singular não o concretiza e nem se torna particular. Isso atende, no entanto, aos fins do cânone: demonstra o que o poder central é capaz de fazer contra quem não aceita o seu comando. Trata-se de uma obra de intimidação.

As "profecias" de Antônio Conselheiro eram basicamente religiosas, em parte anti-republicanas, a favor da monarquia e da família real, contra o casamento civil e a separação entre Igreja e Estado.[9] Na luta regional contra a oligarquia e a Igreja, ele era progressista e crítico; e, na organização do modo de produção e distribuição dos bens, ele foi um socialista utópico. Por isso teve de ser destruído. O estratagema conservador foi demonizar o líder popular e "de esquerda", destacando nele traços reacionários para desorientar o pensamento crítico e a ação progressista. No começo, o peruano atém-se à denúncia do Barão de Canabrava contra a invasão de suas terras em Canudos, o que ajudou a suscitar o ataque militar e os primeiros choques. Esse conflito entre grande latifundiário e "sem-terra" continua central até hoje no Brasil: ante um cânone que tem escamoteado essa questão, Llosa atrai simpatias para uma solução social-democrata, enquanto Euclides serve como bandeira reacionária contra qualquer tentativa de dividir os latifúndios.[10]

Llosa conta a história de João Grande, um negro que havia sido surrado pela sinhá quando menino e, ao tornar-se adulto, vinga-se, matando-a, para depois se tornar um dos grandes defensores de Canudos. Essa história – que não existe em Euclides, embora exista o

---
[9] Ataliba Nogueira, *Antônio Conselheiro e Canudos*, p. 175-182.
[10] Mário Vargas Llosa, *op. cit.*, p. 35 e 37.

personagem – tem caráter emblemático na obra: encena e justifica a ação dos negros que se rebelaram contra a escravidão. Corporifica a revolução e, ao mesmo tempo, funciona como alerta sobre o perigo que o rancor negro poderia representar para o senhorio branco. A justiça histórica é confundida com vingança pessoal, piora geral. A versão correta de Canudos ainda não foi escrita. As versões de cinema e tevê não estão à altura do tema, reduzindo-o a dramalhão amoroso.

Llosa denuncia o governo federal e o exército da República Velha como instrumentos dos grandes latifundiários: deixa claro o que Euclides não deixou. Isso esclarece de quem é o interesse em promover Euclides como "clássico": texto de classe a ser usado em classe. Em vez da intervenção bélica, o problema de Canudos poderia ter sido enfrentado com reforma agrária, construção de açudes e estradas, implantação de escolas, permissão de partidos alternativos, incentivo a cooperativas, escolha direta dos governantes locais, liberdade religiosa. Canudos era uma solução, não um problema. O problema não estava em Canudos, mas na mentalidade autoritária da Igreja, da imprensa, do exército e do governo central. Se a questão era livrar o país de mestiços e raças que não prestavam, então seria desperdício fazer investimentos sociais. Nada fazer era o melhor a fazer. Só devia ser feito o que foi feito: acabar com os canudenses, como ensaio para um genocídio ainda maior. Em nome da pátria brasileira, a *Endlösung*. Ela foi feita no plano espiritual.

O adendo de Graça Aranha ao cânone é que os alemães também não prestavam como raça (ainda que "pura"), e que os ciganos eram brutais: deveriam ser todos extintos como alma ou como corpo, mas ainda em nome da "raça brasileira", para preparar um povo perfeito e um futuro melhor. Como, nessa lógica, a maior parte do exército era formada por mestiços e, por isso, só podia perder batalhas, seria preciso também acabar com ele. Quem faria, porém, esse serviço de limpeza pública? Só poderia ser o exército, o que constituía um círculo vicioso ou uma "guerra interna". Em 1964, o exército preferiu atacar a sociedade civil.

A ficção da "identidade nacional" foi inserta no cânone de uma forma que faz com que se sinta mal todo aquele que não está dentro do seu parâmetro. Ele passa a querer negar a si mesmo, torna-se inimigo de sua origem e até de si próprio. Há, então, a hiperidentificação com o agressor, o qual é visto como benfeitor. O que não se tem no cânone é a sátira disso, uma comédia que tire as conseqüências de tais deformações. Não basta apontar como alternativa um conto de Machado, em que o médico supõe que todos devem ser internados no sanatório (para provar que apenas ele deveria sê-lo e concluir que o *status quo* é o império da normalidade). Não é também alternativa um personagem nacionalista criado por Lima Barreto ser ridicularizado por excesso de patriotismo. Há uma fricção mais séria aí e que não se tornou ficção. E, caso tivesse sido, não seria admitida no cânone. É ingênuo buscar nesta um espírito popular e humanitário, ou de louvor ao herói trágico como alguém perseguido pelo poder vigente por ter chegado "cedo demais" na história. A canonização não corre à revelia do poder central, e nem contra ele.

Vargas Llosa avançou a consciência crítica ao introduzir figuras como o jornalista míope (uma caricatura do próprio Euclides, que testemunhou a guerra sem enxergá-la direito), que no fim acaba conquistando a mulher mais cobiçada na região (o que inverte a história do escriba, abandonado pela esposa); o Barão de Canabrava, que é dono de terras e do jornal *Diário da Bahia*, agindo na política; Galileu Gall, um europeu adepto das teorias de Proudhon e Bakunin. Desenvolveu ainda a figura de Maria Quadrado, que foi estuprada quatro vezes (o que é emblemático da opressão feminina e da violência da região), mas que, na última chega a sentir pena de quem a viola; depois ela corta para sempre os cabelos, como em luto permanente pelos homens. O relato das ciladas preparadas para quem levasse armas para Canudos, a atitude dos advogados do capital ou do jornalista Epaminondas são ações que mostram o perfil de instituições como o exército, a justiça e a imprensa. Em vista disso, não interessa à exegese canonizante brasileira divulgar nas escolas uma obra que fere o parâmetro do cânone: não só por mostrar a limitação de uma obra, mas também por desvendar o perfil do gesto semântico que estrutura todo o cânone.

Embora Llosa não o declare, sua obra é uma crítica a Euclides, mostrando como este deveria ter escrito. Não basta alegar que queria fazer outra coisa, e fez. A diferença não é ocasional e nem apenas fruto do talento. Vargas Llosa mostra-se mais hábil que Euclides da Cunha, ainda que também seja bastante limitado em seu demagogismo.

Sendo um político de centro direita, fica à esquerda do brasileiro, o qual é um nazista explícito (no sentido de conjugar autoritarismo de direita com racismo, ação militar e genocídio). Não se pode alegar que Euclides não podia ter naquela época outra consciência política, pois já eram de conhecimento público doutrinas como o marxismo, o anarquismo e o liberalismo. O peruano nada acrescentou que não fosse plausível para a época. O que se revela é mais que a omissão de Euclides sobre correntes filosóficas e movimentos políticos mais críticos de sua época: revela-se a estrutura profunda da luso-brasilidade.

Inóspitos lares

De Graça Aranha tem-se dito que, por ter lido (e mal) a *Origem da tragédia*, de Nietzsche, era "muito dado às idéias alemãs", como se ele realmente tivesse sido fiel ao espírito desse filósofo, como se essa obra da juventude do filósofo fosse a sua principal elaboração teórica e pudesse ser bem entendida sem textos posteriores e as revisões propostas pelo autor. Nietzsche teria dado voltas no túmulo, pois revoltava-o a nacionalização das idéias, o racismo e o estreitamento nacionalista, embora ainda hoje seja corrente dizer que Nietzsche foi um pensador nazista. Sempre é difamado um pensador que questiona dogmas e tabus fundamentais. Quer-se neutralizá-lo. Como a maioria dos intelectuais não lê os originais, isso tem eficácia.

Quando se toma o cânone como instância privilegiada de interpretação (ainda que errônea) da história (ainda que falsa), não se está falando de algo distante ou externo. Quando se reconstituem passos de antepassados sangüíneos ou espirituais, desejados ou indesejados, está-se interrogando a própria experiência e o próprio modo de ser. Tenta-se com a verdade evitar maiores prejuízos. Quando o membro de uma minoria entra em contato com outros grupos, já o tipo do corpo, a cor dos olhos e cabelos, o modo de andar e pensar, tudo o faz diferente, estranho. Cria-se uma pressão interna no sujeito para que ele se adeqúe plenamente, negando a si mesmo. Dificilmente ele assume a sua diferença como uma orgulhosa identidade. A estranheza e a exclusão podem tornar-se, todavia, princípios de conhecimento, redescoberta da identidade, reavaliação de pessoas, atos e lugares.

Não há consolo nisso, mas apenas a construção de um abrigo nas nuvens. A ilusão de voar para o universal, para o plano das idéias e ser um "fazendeiro do ar" é uma ilusão como outra qualquer, menos para aqueles que conseguem ficar no alto expressando uma perspectiva conveniente a grandes fazendeiros. Há uma estranha tragédia nisso tudo, que não precisaria ser apenas uma tragédia e não costuma ser expressa como tal. Uma das tragédias do trágico é ele não poder se assumir e ser dito como tal; outra, considerá-lo privativo dos antigos. As seqüelas disso são piores do que quando ele consegue formular-se, pois é possível conscientizar e elaborar o irracionalismo da situação. Poucos, porém, estão dispostos a isso.

O "tipo bem brasileiro" tem uma definição institucionalizada no cânone e que é, assim, imposta em todo o país por meio da escola, obrigando os jovens a sentirem-se adequados ou inadequados segundo a sua coincidência ou incoincidência com esse modelo: a partir das epopéias ditas nativistas do século XVIII, *O Caramuru* e *O Uraguai*, institui-se, no romantismo, o produto do cruzamento do aventureiro português com a indígena como protótipo da brasilidade. Isso serviu para excluir o negro e o mulato, e logo o imigrante e o seu descendente. Na República Velha, o mulato passou também a funcionar como modelo de brasilidade, mas ele foi usado só para excluir o imigrante e seus descendentes.

Há, nesse paradigma, dois tipos de gente: os que são bem brasileiros, e os que não são embora vivam no país. Todos sabem que "bem brasileiro" são, em última instância, as pessoas de bens, os membros da oligarquia tradicional. A alternativa que resta é se tornar um "meu bem" para os "donos de bens". Para passar de "não bem brasileiro" a "não pessoa de bem", basta incomodar os donos dos bens ou trocar o "meu bem" por "meus bens". O "diferente" sente-se mal por ser diferente, pois sente-se pressionado, como se tivesse nascido com um pecado original, que só pode ser apagado mediante uma hiperconversão, tentando provar que é mais brasileiro do que os "brasileiros da gema". Em vez de ele ter orgulho de sua identidade, por estar convencido de que ela tem a dignidade de cidadão (pois não tem), ele acha que não vale nada em seu modo de ser, já que de fato é pisoteado a qualquer momento por qualquer arrogante "sinhô" ou "sinhá" ou, pior ainda, por qualquer hiperconverso que queira provar a sua conversão à custa dele. Com a definição estreita do "nacional", em um país de invasão, escravidão e imigração, exclui-se da cidadania não-formal a maioria da população, ou seja, todo aquele que é não-idêntico a essa estreita pseudo-identidade: cria-se, então, a tendência à hiperidentificação, gerando uma série de comportamentos ridículos. O nazismo estrutural da brasilidade explica muitas peculiaridades do país. O cânone é racista pela raiz.

A exposição desse ridículo não é tolerada pelo cânone nem pelo *establishment*. O ridículo não é percebido pelo ridículo e nem por quem sofre a angústia de ser posto a todo momento contra a parede, com a ponta da espada no pescoço, empunhada pela identidade dominante. Levado a querer o que ele não pode alcançar, é em geral incapaz de questionar a validade daquilo que o exclui (e que, quanto mais o exclui, tanto mais o faz querer ser seu membro). Logo ele passa a querer essa pressão, pois ela é assumida como identidade: dispõe-se a defendê-la, acabando com quem a questione. Tudo aquilo que o ente diferente faz, e é, parece, então, errôneo. E, como erro, precisa ser "corrigido". O discriminado pode até esforçar-se, mas o seu esforço não é recompensado e só serve para discriminá-lo ainda mais. A sua diferença não tem a validade de uma "identidade positiva", algo que tenha valor por si: tanto mais ele tenta, então, provar o contrário. Quanto mais há a suspeita de que ele tenha valor, tanto mais ele é negado. A errância existencial é reduzida apenas a erro, e não se torna um aprendizado que possa valer para outros. O que ele gera não é valorizado, não entra no centro dessa periferia que é o país.

O ridículo da dominante não costuma ser percebido por quem faz parte dela ou a assume como valor absoluto e trata de se identificar com ela. Lá vai, então, o "japonês" reformar no bisturi o formato dos olhos, lá vai a negra esticar o cabelo, lá vai o italiano achando que é dono de tudo, lá vai o intelectual orgânico recitar bobagens como se fosse a pitonisa ressurrecta. A tradição autoritária e a falta de respaldo iluminista e democracia efetiva fazem com que o cânone seja superficial e anêmico, incapaz de ir a fundo nas contradições sociais, mas impedindo também que as tragédias do real se transformem em boa arte. Os pequenos dramas privados da oligarquia – o pior deles sendo a perda da fortuna – são confundidos com catástrofes nacionais, com a morte do próprio universal. O cômico não consegue ser forte quando o trágico não é assumido e elaborado. O que pode aparecer publicamente é aquilo que não toca nos pontos cruciais da dominação. Tudo se faz, então, para que não apareça a tragicomédia nacional.

Se o Brasil real não conseguiu ser a utopia prometida pelo cânone e procurada pela imigração, se a oligarquia tratou de abortar a utopia que ela mesma nele havia projetado e o labor de escravos, peões e imigrantes tentara tornar viável, então há um fosso entre o ideal e o real que os movimentos romântico e naturalista brasileiros não quiseram elaborar, como todo o cânone não quis (pois fazia de conta que o real era o ideal ou se encaminhava para ele). Quanto maior a pressão contra uma minoria, tanto maior a tendência inicial de ela elaborar uma fantasia compensatória que lhe permita afirmar a própria identidade como válida e tanto maior a tendência, em geração posterior, a haver uma hiperidentificação com o agressor visto como redentor. A alienação nesse sistema não é melhor do que o canudense fantasiar a salvação celestial em meio à guerra, o imigrante imaginar que o Brasil era o paraíso, ou o descendente do imigrante supor que o seu lugar ideal é a pátria abandonada pelos antepassados. O retorno ao paraíso da pátria perdida para aquele que encontra na "pátria de adoção" uma não-pátria se torna, com a globalização, menos impossível do que parecia: fez com que aquele que não era considerado "brasileiro" no Brasil, passe a sê-lo fora. A alienação torna-se global.

Há implícito, no questionamento da alienação, um julgamento dos antepassados: por que teriam eles abandonado uma região bela e fértil, um país mais avançado? Há também implícito um julgamento do país escolhido pelos avós. Como podiam os antepassados ter tomado por paraíso um lugar onde sofreram tantas e tão variadas formas de discriminação, repressão e perda? Os descendentes dos emigrantes serem bem-vindos à terra dos antepassados tem dependido, basicamente, do fato de serem ou não necessários como mão-de-obra, mais ainda quando os contatos familiares já estão quebrados por muitos decênios de afastamento. Os parentes temem a chegada dos mendigos transatlânticos. Podem ser, portanto, substituídos por não-parentes, que aceitem vender a força bruta de trabalho, abdicando de valerem pelo sangue ou pelo intelecto.

O perdido, então, perdido está, e para sempre estará. Isso leva o sujeito a fazer o "jogo do contente". Tentar um retorno, refazendo os passos pretéritos, recomeçando tudo e desistindo do esforço dos antepassados, ou então alimentar a ilusão de que, na era da globalização, o conceito de pátria está perdendo-se (e cada um passa a ser um regionalista mundial), faz com que a estranheza se torne geral: o nenhures é a pátria do apátrida. A estranheza de não ter lar nem pátria pode tornar-se um princípio de conhecimento e um novo "humanismo", que tem por face reversa o afastamento de tudo e de todos, um não se deixar dominar por grupos locais e políticas imediatas. Alguém precisa, no entanto, sustentar essa situação heurística: e, quem paga, costuma cobrar mais do que ele paga.

Ante qualquer opção concreta feita, outra sempre parecerá melhor, pois não terá o ônus da concretude. Descendentes de italianos, japoneses, alemães e outros foram poupados das frentes de guerras, embora tenham sido discriminados e perseguidos no Brasil, salvaram o corpo ao preço de perderem a alma dos antepassados. Tanto mais se orgulham da nova alma adquirida quanto mais assombrados estão por aquela que o diabo levou consigo. Perderam o seu *daimon* e entregaram-se ao demônio da alienação e da falsa analogia. As sombras que os assombram não deixam que seu astro brilhe como poderia caso tivessem podido conjugar a herança cultural dos antepassados com as propostas do novo meio. Devido ao totalitarismo estrutural da brasilidade, não há lugar próprio para eles na terra em que nasceram, como não há na terra de onde vieram seus antepassados. Nenhures é, então, o único lugar em que ainda podem morar: o vazio da circunstância como instância para produzir arte e teoria. Ser estrangeiro em todo lugar em que se está é um modo de não ser estrangeiro em lugar algum.

É corrente a tese de que os emigrantes eram a escória da sociedade da qual escorreram, assim como se tenta fazer deles a escória da sociedade de sua "escolha". Naufragam no meio do oceano, ainda que pareçam ter conseguido "se fazer na vida". Eles não servem mais para a sociedade de origem e não cabem na sociedade de chegada: são sempre escória, algo que deveria escorrer para fora de onde está. O seu lugar é sempre um outro lugar que não aquele em que estão. Se nenhures é o seu lugar, só na ficção, como abrigo dos desabrigados, parece que poderiam ter lugar certo, predestinados a existirem no avesso do real: mas a estrutura do cânone nacional os expulsa, sem lhes dar a menor chance de um terreno próprio, sem mostrar qualquer sensibilidade ou compreensão quanto ao que eles possam ter a dizer. Assim como estão expulsos do cânone, estão como tais da mídia e da universidade. Precisam fazer da alienação a sua profissão (não só de fé). Fazendeiro do ar só pode ser quem provenha de famílias com grandes fazendas na terra ou quem adira à sua lógica. Os banidos *a priori* também não podem alimentar qualquer esperança de ser entendidos no futuro, pois a projeção do passado no presente não prenuncia que o amanhã possa vir a ser diferente do que determina a estrutura que os vê como bandidos e que, ao não se reconhecer como estrutura de dominação, também é incapaz de se superar, dar a volta por cima de si mesma, abrindo-se para uma pluralidade mais democrática.

Toda fala e toda ação contrárias a esse esquema repressivo se tornam, então, documentos da ingenuidade e perda de tempo. O silêncio e a inação confirmam, no entanto, a dominação vigente, deixando-a inconteste. Se ficar, o bicho come; se correr, o bicho pega. A vítima é domesticada, portanto, no sentido de aceitar o seu sacrifício como se fosse redenção coletiva. O cristianismo é uma ideologia conveniente a esse processo de extirpação e extinção. Sublima a dor como se isso fosse vitória, finge que a morte é uma ressurreição do espírito, promete a salvação enquanto perpetua o aniquilamento, torna *happies* os infelizes, faz com que os últimos acreditem ser os primeiros, ensina a gostar de apanhar como se fosse uma forma de purificação, perdoa a maldade e castiga a coragem.

Como pode, "em meio a tudo isso", a periferia da periferia tornar-se centro de algo, ter uma voz que realmente venha a ser ouvida, e não só pelas matas cerradas que a cercam e que usam outras linguagens que não a sua? – O que prepondera é a história e a voz do centro. Da periferia, apenas resplandece o que repete em tom menor o brilho do que o centro apresenta como o seu centro. Não se garante, de início, que no centro seja central o que depois é instituído como vera história da arte. Pelo contrário, a história do romantismo, do realismo, do parnasianismo e assim por diante, na França, por exemplo, é uma história de proibição de livros, de processos contra autores, de exílios e difamações, rejeições e olvidos, que é "passada a limpo", higienizada para servir de modelo da periferia. Só depois de na metrópole se cristalizar uma versão oficial é que as periferias passam a imitar as suas produções e a adotar essa história como modelo de sua historiografia. As imitações, feitas com maior ou menor atraso, facilitam o preenchimento das vagas, a inserção de textos e autores, tensões e pseudo-inovações.

A periferia não percebe o seu estado de alienação permanente. É um satélite sem luz própria, mas que supõe que tanto mais brilha quanto mais luz reflete. O que nela reflete é apenas reflexo sem reflexão. Ela adota como sua a suposta história do centro, mas passa a acreditar que essa é realmente a sua história efetiva, embora não passe de uma adaptação da história de outro lugar às condições de seu meio, de acordo com a refração das classes dominantes. Essa "adaptação" quebra os dentes dos autores europeus inovadores e arranca as garras críticas das obras tomadas como modelos. Quanto maior a refração deformadora, mais original a periferia finge estar sendo, escamoteando que tudo é determinado pela fonte emissora da luz. Ela mensura como luz própria o que é apenas reflexo apagado, e extingue a reflexão capaz de refletir de modo próprio a sua realidade. Nada vale o que não siga o modelo do centro selecionado, segundo a refração imposta.

O heliotropismo cultural é uma forma de repressão sob a aparência de culto à arte e ao saber. Ele é a periferia que torna marginal, excluído e maldito o que muitas vezes está mais próximo do centro do que ele próprio. Pratica o banimento do outro com a ditadura de suas "reflexões", fazendo de conta que isso é o mais normal, acadêmico e civilizado. Ele não assume a sua ditadura como ditadura, mas a apresenta como história da arte e da civilização; não assume o banimento como algo executado por ele, mas dispõe-se e propõe-se como coroamento do saber, enquanto ostenta a sua rima de arrogância com ignorância.

Não se trata de endossar o desprezo acadêmico pela superficialidade, pelo sensacionalismo e pelo estilo apressado do jornalístico, que não consegue vislumbrar o ser no ente, perdido que está entre anões e miragens da pseudocultura, mas de ver o caráter suplementar de ambos, dentro de um sistema que não consegue vislumbrar seus limites e, por isso, trata de aniquilar a quem possa questionar as suas limitações. Não é possível mais falar, então, de uma pura história da cultura, quando ela é sobretudo a história de múltiplas e continuadas repressões, que não se assumem como tais. Não há esperança no silêncio e nem na fala. Apenas se assume a exclusão como vantagem heurística, sem querer convencer o *establishment* de suas próprias limitações, para que ele possa se reforçar.

A lima e o barro

Lima, limão e limonada

Lima Barreto nasceu com três azares frente ao paradigma senhorial branco: pobre, mulato e filho de maluco. A esses ele acrescentou outros três: alcoolismo, crítica ao poder (governo e mídia) e neurose grave. O preço foi meio século de olvido, até o *establishment* descobrir como ele podia ser útil. Para ser lembrado, teve de servir, porém, a alguns propósitos do cânone: provar que o cânone é democrático por abrigar mais um mulato, para que melhor possa ser repassado o discurso senhorial branco; fingir que ele é contrário ao autoritarismo, fazendo algumas críticas punctuais a uma ditadura militar pretérita e a certos usos antigos da mídia, para melhor ser antidemocrático; legitimar a destruição das línguas e culturas não-idênticas à oligarquia luso-brasileira, ridicularizando os vencidos mediante a descabida proposta de retransformar o tupi-guarani em língua-geral do país; defender os interesses dos latifundiários; combater os imigrantes.

Mesmo que tivesse sido um autor mais inteligente, sensível e talentoso, poderia ter passado em brancas nuvens, se não tivesse sido e continuasse sendo útil ao senhorio. Este último não é bonzinho e nem reconhece o mérito pelo mérito: seleciona o que serve a seus propósitos políticos, sob a aparência de eles serem apenas artísticos. Quanto mais acirrada a luta ideológica, tanto mais a perspectiva dominante precisa disfarçar-se como representação da dominada. Quanto maior a distância entre a figura externa do autor e a do senhorio branco, tanto mais o marginal pode ser conveniente para funcionar como máscara, porta-voz daquilo que o *establishment* gostaria que fosse dito. Lima Barreto, nascido em meio à desgraça como Cruz e Souza, aparenta não ter sabido sair dela e nem se deixado vender por um bom preço, conforme Machado de Assis, Mário de Andrade, Carlos Drummond de Andrade e outros fizeram. Embora com o atraso decorrente da falta de perspicácia da elite mais reacionária, ele tem sido, todavia, provido de espaço de badalação; consagrado após a morte, é um dos santos mártires da Igreja Literária do Brasil. A direita não promove quem não a favoreça. E ela continua controlando os espaços públicos e sacros, usando até intuições da esquerda.

Lima Barreto está nos altares dos manuais escolares e seu nome passa de boca em boca, como se fosse o próprio espírito-santo a redemoinhar chamas da sabedoria. Não confundiu o romance com um processo judicial, em que uma tese era provada sem repassar, contudo, por sua antítese; seguiu, no entanto, o caminho já trilhado por Aluísio de Azevedo, Euclides da Cunha e outros, nos quais está institucionalizada a confusão entre literatura e jornalismo. Ao fazer algo próximo à crônica jornalística ampliada, não estava tentando propriamente escapar ao nefelibatismo: a busca do sublime e a reflexão filosófica não eram do seu feitio. O século XX continua marcado por autores sem densa formação literária: munidos de diploma de advogado, médico ou engenheiro, metem-se a fazer literatura como se alinhavar frases e versos já fosse saber escrever.

Um autor ser canônico não significa que toda a sua obra esteja enquadrada no cânone. Pelo contrário, a seleção sempre é mínima. Resta a alguns críticos, a partir disso, a esperança de reformar o cânone mantendo os mesmos autores e modificando apenas alguns títulos seus. Eles têm aí a pretensão de um técnico de futebol, que quer reciclar um time mudando as posições e as funções do mesmo elenco. Outros, "mais radicais", julgam que tudo se resolve com a troca de alguns jogadores: defende-se, no entanto, o mesmo time. De qualquer modo, o "técnico" deve servir às cores nacionais: mais vale o patriotismo do que a arte. Nesse sentido, a literatura nem é propriamente necessária: ela apenas disfarça o gesto de uma parada cívica ou de um hino oficial. Confunde-se arte com "patriotismo", mesmo que o país fosse melhor servido com o crescimento interior proporcionado pela arte do que com catequese, racismo, propaganda e xenofobismo. Nas escolas desperdiça-se tempo demais com obras menores, e não se dedica tempo algum às obras maiores. O poder teme a arte; por isso ele a repele ou a instrumentaliza, servindo-se dela para traí-la: finge que é arte o que arte não é, substituindo obras maiores por menores.

Lima Barreto conseguiu, em 1905, entrar para a redação do jornal *Correio da Manhã*. Teve a sorte de nascer no Rio de Janeiro, capital do país e centro editorial; caso contrário, dificilmente veria sua obra publicada. Enuncia o fracasso do intelectual, a sua impotência e o seu delírio. Não consegue ser conseqüente em examinar o país como hospício, invertendo a visão oficial: tal inversão não seria incorporada ao cânone. Faltou-lhe força para elaborar obras de maior fôlego e melhor polidas. Fracassou no projeto de escrever o *Germinal* negro. Seus insucessos não foram ocasionais: suas obras não correspondiam às expectativas das estruturas de superfície então vigentes. Por outro lado, tem páginas críticas que poderiam ter sido adotadas na escola, mas, por suas denúncias, são relegadas ao olvido. Ele é um sintoma.

A segunda obra de Lima Barreto, *Recordações do escrivão Isaías Caminha* é de 1909, reflete a sua experiência de jornalista e ainda é lida nas escolas, embora, junto com *Clara dos Anjos*, com menos freqüência que *Policarpo Quaresma* (publicado em 1911 como folhetim). Trata da função da imprensa e do intelectual na formação da opinião pública, da relação entre literatura e jornalismo. Só a partir de 1952, com a Editora Mérito, e em 1956 com a Editora Brasiliense (segunda edição em 1961), a obra completa de Lima Barreto tornou-se acessível ao público, ocupando o vácuo deixado pela evaporação de Coelho Neto. Ele costuma ser comparado a Machado de Assis por serem ambos mulatos, mas principalmente para que este último resplandeça com a auréola de autor perfeito. Após ficar perdido por meio século em meio a listas de autores menores, Lima Barreto chegou à canonização na década de 1960. Isso pareceu ser uma grande abertura do cânone. Cabe mostrar como mais uma vez a estrutura básica dele reaflorou.

A questão colocada por Aristóteles, no início da *Arte retórica* – de que a verdade por si é fraca, precisando do instrumento da retórica para repercutir e ser eficaz, a fim de realizar o bem comum –, foi pervertida quando se passou a entender a retórica apenas como um modo de manipular pessoas: isso tem assumido dimensões gigantescas com a publicidade, a grande imprensa e a mídia eletrônica. Nunca houve tanto engodo quanto hoje: com o avanço da civilização, aumenta a regressão mental. Restam apenas pequenas ilhas de espíritos mais lúcidos. A tecnologia não garante por si o progresso do espírito; pelo contrário, ela tem ampliado a sua regressão. Se a verdade por si não basta, sendo necessário torná-la efetiva, quando a retórica se torna sinônimo de manipulação sígnica, passa-se a apresentar como verdade o que é engano e engodo. A própria verdade fragiliza-se. Tanto mais é preciso insistir nela. A publicidade é uma retórica ampliada para o espaço transverbal. Até fotografias são manipuláveis. O espaço na imprensa é proporcional ao dinheiro investido e ao poder apoiado. Pouco ainda tem a ver com a verdade: esta última é apenas um condimento eventual para repassar a manipulação e o jogo de influências.

Lima Barreto – que nem sequer podia prever até que ponto se ampliaria a manipulação do público através da imprensa – foi criticado por José Veríssimo por ser considerado demasiado idiossincrático e retratista do real: essa contradição mal resolvida foi respondida pelo ficcionista com uma caricatura do crítico oficial. O problema estava não tanto em "copiar", mas no "copiado". A realidade soube ultrapassar a ficção menor. A crítica literária, como juízo autônomo de um leitor independente e bem formado, nunca conseguiu se desenvolver de modo próprio, pois o que aparecia em seu nome tinha de estar sob o signo da exegese canônica. Os "críticos" eram porta-vozes da oligarquia: badalavam, xingavam ou esqueciam autores conforme o seu esquadro mental. Eram geralmente autodidatas que ensinavam o que não sabiam. Os jornais pertenciam à oligarquia e eram influenciados pelo governo, o qual investia dinheiro na imprensa para obter apoio, como continua acontecendo. A rigor, só era badalado o que convinha à oligarquia. Não se constituía uma voz alternativa. No máximo havia grupos dentro da própria oligarquia, uns mais tradicionais, outros mais "modernos", mas sempre dentro das limitações da classe. Querer afirmar os ramos mais pobres das famílias nobres como sendo uma "visão popular" faz parte do espírito totalitário do cânone.

Sem ter chegado a se tornar uma instituição madura, a crítica literária foi – com o desenvolvimento do capitalismo na área editorial – substituída pela resenha publicitária, segundo "critérios" que não são repassados ao público. A imprensa faz a propaganda dos lançamentos de três ou quatro editoras determinadas, excluindo ou difamando o resto. O "crítico" não tem autonomia de julgamento:

ele próprio é escolhido segundo a opinião que, *a priori*, a editora e a editoria do jornal querem que se forme em torno do livro. Este último não é julgado como produto do espírito, mas alardeado como mercadoria: apenas se escolhe o "juiz", de acordo com a opinião previamente encomendada. Focas de carteirinha substituem a competência crítica pela propaganda conveniente e que não passa de palpite.

Como os formados em cursos de jornalismo passaram a ter uma reserva de mercado na imprensa, puseram-se a opinar sobre o que não conhecem, pois em geral sequer têm a formação para tanto: literatura, teatro, pintura, economia, etc. São deixados de lado os profissionais especializados, ou só se lhes encomendam trabalhos conforme as conveniências internas do órgão. Prefere-se, então, o escândalo à seriedade: institucionaliza-se dia a dia a superficialidade, para manter a mesma estrutura. O que diverge desse totalitarismo é sufocado: o melhor que pode fazer é excluir-se do horizonte da brasilidade. Quem perde são a ciência e a arte, ainda que tudo seja feito em nome delas. A mídia torna-se instrumento do neocolonialismo cultural. Quem perde ainda é o escritor, cujo texto foge aos esquadros do cânone e da indústria da cultura.

Em *Isaías Caminha*, há, por exemplo, um "retrato" da Assembléia dos Deputados:

> Em resumo, o discurso de um deputado afirmava que o chefe de polícia de Santa Catarina era um homem honesto e o jornalista que o insultara, um verme asqueroso e um réptil nojento. O deputado sentou-se; a desordem aumentou. Encostado à primeira bancada, um rapaz lia um folheto; ao longo da mesa presidencial, na frente, atrás, dos lados, havia um vaivém continuado. Num momento dado, por entre aquela mó de gente, surgiu toda de branco a híbrida figura de Raul Gusmão, com a sua fisionomia de porco Yorkshire e o seu corpo alentado de elefante indiano, tendo sempre nos lábios aquele sorriso afetado, um horroroso ríctus, decerto o jeito de sorrir do *Pithecanthropus erectus*.
>
> Um tímpano soou forte e rouco; fez-se um pouco de silêncio. O presidente disse algumas palavras, das quais as últimas davam a palavra ao deputado Jerônimo Fagot. O miúdo deputado subiu à tribuna, limpou o suor, arrumou os livros ao lado e preparou-se para falar. Fez-se o silêncio, depois de uma infernal contradança

> no recinto. Fagot começou: "É sabido que a moeda boa expele a má. Desde 1842, pela Lei nº 1.425 de 30 de setembro, desse ano, que o meio circulante nacional..."
> Durante cinco minutos, a Câmara ouviu-o atenciosamente, dentro em breve, porém, o zumzum recomeçou. Não havia o ruído do começo, mas a desatenção era geral. Para a mesa da presidência enxameava uma multidão; o presidente já não era mais o mesmo; era um moço louro e magro.[1]

Ao contrário do que afirma Fagot, a moeda má costuma expulsar a boa: esse tema precisaria ser discutido, não bastando dizer que os deputados não o faziam. Onde se quer chegar quando se procura mostrar o parlamento como uma bagunça, um enxame de irresponsáveis e ridículos monstrengos? Só se pode propor "que se feche essa porcaria". Isso é totalitarismo. Não se trata aí de dizer que há alguns ou vários deputados indignos ou que não se presta atenção ao discurso mais competente de um Rui Barbosa. Tudo e todos não prestam. Não se está propondo aí um modo de aperfeiçoar a instituição democrática, e sim acabar com ela. Isso favorece a extrema direita e a mais ninguém. Não é sequer, em termos práticos, uma posição de esquerda extremada, pois esta última não tinha nenhuma chance de chegar ao poder. Quem a tinha era, porém, a linha dura dos florianistas.

O moço louro (Lauro Müller?) é considerado incompetente até para assegurar a ordem: pode-se perceber, aí, o preconceito racial. O autor não apenas desmistifica o legislativo, mas, ao fazê-lo, mostrando que ele é apenas um caótico bazar, abre-se caminho para a ditadura do executivo. O argumento não é novo: está na *República* de Platão, e propõe a aristocracia do mérito como a melhor forma de governo: a conseqüência seria que os mais competentes teriam de ser escutados e obedecidos (o que não ocorre). No Brasil, o argumento tem sido usado para justificar reiterados golpes militares e ditaduras, períodos em que aflora com mais clareza a estrutura profunda da brasilidade (onde uma estrela comanda todas, como está assinalado na bandeira). Se "a desatenção era geral", não quer dizer que o tema tratado, a diferença entre moeda fraca e forte, não fosse importante, e nem que os deputados nunca prestassem atenção a coisa alguma.

---
[1] Lima Barreto, *Recordações do escrivão Isaías Caminha*, p. 35-36.

As deformações e os erros no sistema representativo ainda não justificam a sua extinção, mas o texto de Lima Barreto tende a levar o leitor ao autoritarismo, o qual foi apoiado, na prática, por autores como Olavo Bilac, Euclides da Cunha, Mário de Andrade, Drummond de Andrade. Tanto o chefe de polícia podia ser "um homem honesto e o jornalista que o insultara, um verme asqueroso e um réptil nojento", como a verdade podia ser o inverso disso: supõe-se que a acusação pública permita a réplica, para que, pesando-se os argumentos, a verdade aflore. Tudo não passa de conversa. Nada é provado, nada ocorre de fato. Pode haver a difamação e a falta de representação dos oprimidos, mas a alternativa apresentada é a prepotência arbitrária e inconteste. Defender um policial de Santa Catarina, para acusar um jornalista, tende a legitimar a prepotência das armas contra a liberdade de expressão e contra uma minoria racial: em vez de aprofundar o assunto, ele é deixado de lado, diluído entre mil outros e propício para mostrar que a "caixa de ressonância" do povo é uma bagunça, em que ninguém se entende e que não serve para nada... Esse é um argumento autoritário. O parlamento pode ser péssimo; pior é sem ele. Pode ser a farsa de uma plutocracia que se apresenta como democracia, mas a função da arte é ampliar o espaço de expressão e liberdade, não reforçar prejuízos.

Um pressuposto da democracia é o conceito de "logos" significando, ao mesmo tempo, pensamento e discurso: supõe-se que a palavra proferida publicamente possa ser a voz da razão, pois permite a contestação e a manifestação dos diversos interesses. Ainda que não seja aristocrática, a verdade também não é, no entanto, "democrática": não se decide por maioria o que é verdadeiro, justo ou correto. Por maioria toma-se uma decisão, de acordo com o espírito de rebanho. A maioria pode estar errada; a verdade pode estar preservada em um grupo social, em um só sujeito ou até em nenhum (e todos estarem errados). A "democracia" é testada quando surge uma alternativa real de poder, alterando o percurso da sociedade. Regimes centralizadores suicidam-se a médio prazo por não permitirem alteração de curso.

Apenas se supõe que, estando representadas as diversas correntes doutrinárias e classes sociais, seja possível, pelo debate, chegar mais próximo à verdade e, portanto, ao bem comum. Em uma sociedade de classes, os mais ricos conseguem maior representação e sufocam quem se contrapõe aos seus interesses. Não há uma distribuição igualitária do poder decisório: a democracia burguesa é, de fato, uma plutocracia. Interessa aos ricos, no entanto, chamá-la de democracia, ao invés de lhe dar o nome correto. Rosa Luxemburgo já dizia, à época de Lima Barreto, que só poderia haver democracia com socialismo, mas também que só deveria haver socialismo com democracia. O autor brasileiro está longe de colocar no papel essa questão (que se complica na prática, pois a maioria das pessoas não está disposta a trabalhar pelo bem comum, já que isso se contrapõe ao seu egoísmo natural). Caso o tivesse feito, não estaria no cânone. Se está, é exatamente por não fazer. Como sua crítica à incipiente democracia representativa mais serve ao autoritarismo direitista que ao aperfeiçoamento dela, pode ser promovido. Se esse Lima Barreto é a "esquerda do cânone", deve ser o lado esquerdo de um círculo fechado que fica rodando em torno do mesmo. Há uma contradição entre a constituição brasileira declarar que todos são iguais perante a lei, não devendo ser discriminados por motivos de crença, raça ou convicção política, e o cânone brasileiro, que prega a visão católica, a discriminação das minorias, o racismo, a eliminação da diferença.

Dizer que um deputado é um misto de porco com elefante, que outro parece um rato e o terceiro um fagote, etc. não leva a um reforço das instituições democráticas. Se Fagot deve ser a máscara de um Rui Barbosa (que era miúdo de corpo e se preocupou com a moeda, tendo sido Ministro da Fazenda), e nem a ele se concede atenção, o problema não está em quem fala, mas no público. Rui Barbosa – apesar de seus arrevesamentos estilísticos e formalismos jurídicos, de uma política que passou a gerar inflação e do gesto obscurantista de mandar destruir documentos relativos à escravidão – foi uma liderança progressista e alternativa em relação à linha dura militar e à aristocracia do café-com-leite: ridicularizá-lo serve ao reacionarismo. Sugerir pela caricatura que o povo está mal representado, ainda não diz como superar a oligarquia. Essa não é sequer sua intenção. Ao dizer que o congresso é malformado e funciona tão mal, fica sugerido que é melhor ele não existir: propicia-se, assim, o princípio autoritário, ditatorial.

Isaías pertence à linhagem dos romances que, como *Casa de pensão* ou *A hora da estrela*, tratam de migrantes e imigrantes no Rio de Janeiro, da gente do interior que vai para a capital. A postura canônica não é de efetiva simpatia por essa gente, ainda que pareça: Clarice Lispector só consegue propor como representativa do migrante nordestino uma ingênua jovem, quase débil mental e feia total, quando, em geral, só os mais corajosos e espertos é que se dispõem a enfrentar o desconhecido, migrando para novas regiões.

Imprensando a imprensa

Por outro lado, sem reelaborar a linha temática do *Bel Ami*, de Gui de Maupassant, ou de bons trechos de *A comédia humana*, de Honoré de Balzac, Lima Barreto também trata da imprensa e da relação entre o intelectual e o poder:

– A imprensa! Que quadrilha! (...) Nada tão parecido como o pirata e o jornalista moderno: a mesma fraqueza de meios, servida por uma coragem de salteador; conhecimentos elementares do instrumento de que lançam mão e um olhar seguro, uma adivinhação, um faro para achar a presa e uma insensibilidade, uma ausência de senso moral a toda a prova... E assim dominam tudo, aterram, fazem que todas as manifestações de nossa vida coletiva dependam do assentimento e da sua aprovação... Todos nós temos que nos submeter a eles, adulá-los, chamá-los gênios, embora intimamente nos sintamos ignorantes, parvos, imorais e bestas... Só se é geômetra com o seu *placet*, só se é calculista com a sua confirmação e se o sol nasce é porque eles afirmam tal cousa... E como eles aproveitam esse poder que lhes dá a fatal estupidez das multidões! Fazem de imbecis gênios, de gênios imbecis; trabalham para a seleção das mediocridades, de modo que...

– Você exagera, objetou Léiva. O jornal já prestou serviços.

– Decerto... não nego... mas quando era manifestação individual, quando não era cousa que desse lucro; hoje é a mais tirânica manifestação do capitalismo e a mais terrível também... É um poder vago, sutil, impessoal, que só poucas inteligências podem colher-lhe a força e a essencial ausência da mais elementar moralidade, dos mais elementares sentimentos de justiça e honestidade! São grandes empresas, propriedade de venturosos donos, destinadas a lhes dar o domínio sobre as massas, em cuja linguagem falam, e a cuja inferioridade mental vão ao encontro, conduzindo os governos, os caracteres para os seus desejos inferiores, para os seus atrozes lucros burgueses... Não é fácil a um indivíduo qualquer, pobre, cheio de grandes idéias, fundar um que os combata... Há necessidade de dinheiro; são precisos, portanto, capitalistas que determinem e imponham o que se deve fazer num jornal...[2]

Esse trecho – que a prática atual só fez atualizar – não costuma ser, justamente por isso, colocado em livros didáticos e nem é tipicamente canônico (tanto que, a rigor, não está nele, pois Lima Barreto é reduzido a trechos do *Policarpo Quaresma*), ainda que seja de um autor que tem sido colocado no cânone. Não se trata de uma fala ocasional, mas de uma avaliação sintomática que, ainda que continue válida, anula-se por seu extremismo sem fundamentação. Reduz-se à opinião de uma personagem, não se tornando a demonstração consistente de um sistema. A imprensa, como quarto poder, poderia ser uma alternativa diante de um executivo dominado pela oligarquia, um legislativo bagunçado e um judiciário dominado pela conivência para constituir a opinião pública e a democratização paulatina. Ela não é, porém, um "quarto poder, alternativo", e sim uma suplementação dos poderes vigentes, harmonizados pelos interesses de classe que representam, só que isso não é elaborado propriamente nas entranhas do poder. Seria difícil esperar que a imprensa fosse melhor que o seu meio: parece que nada tem jeito. O pessimismo absoluto é uma forma de conformismo. Já que nada tem jeito, o melhor é, então, deixar tudo como está. A alternativa às limitações da imprensa não é a redução da literatura às características do jornalismo.

A vocação do *roman à clef* é ser jornalismo, e não passa disso na medida em que se consegue fazer a sua leitura perfeita, que é a retransposição das personagens às figuras reais que estão escondidas sob as máscaras dos nomes falsos (mas sempre capazes de deixar pistas para atenderem à sua vocação enunciativa). Esse tipo de "romance" gostaria de ser uma boa reportagem jornalística. Como tal, sua vocação é a singularidade de um evento e de uma personalidade, não a universalidade que por meio de ambos possa aflorar e se configurar. Um escritor parte de sua circunstância, transformando-a em

---

[2] *Idem*, p. 69-70.

instância na qual configura tendências, paixões, caracteres, conflitos e situações que são "universais" à medida que também ocorrem em outros tempos e lugares, por semelhança, por contraste ou até por ausência, permitindo a outros *cronotópoi* lerem a si mesmos naquilo que não foi dito diretamente sobre eles.

Lima Barreto é antes um jornalista frustrado do que um romancista realizado. A sua vocação era a imprensa panfletária, não a literatura como arte. O que, porém, falta-lhe – embora apareça esboçado na objeção de Léiva – é desenvolver o caráter contraditório da imprensa como instrumento de manipulação do público, legitimação da riqueza e do poder, julgamento superficial e onipotente por um lado e, por outro, ela como um órgão "prestador de serviços à comunidade" e um "formador de opinião". Esse "aspecto" é logo reduzido a um fenômeno pretérito, quando o jornal "era manifestação individual, quando não era cousa que desse lucro". Ora, nunca houve uma grande imprensa livre no Brasil. Foi antes esse xingado capitalismo que propiciou a diversificação das opiniões, na medida em que introduziu a livre concorrência no plano das idéias e no das crenças (desde que não ultrapassem o horizonte do sistema). A "tirânica manifestação do capitalismo" é uma simplificação. Se a salvação estava no passado, nada haveria a fazer no presente, exceto voltar ao pretérito: isso é reacionarismo. O passado brasileiro mais próximo era a ditadura militar e a escravidão. Voltar a isso?

O espaço que as relações e forças de produção na imprensa não permite poderia ser procurado na literatura, mas não como imprensa frustrada, e sim como uma outra linguagem, superior à linguagem unívoca, singularizada, clara, simples, datada e localizada do jornalismo. O cânone brasileiro confunde literatura com jornalismo, assim como confunde retórica com poesia. A literatura, para tornar-se um espaço público e não apenas deleite privado do autor, pode precisar da imprensa, mas seguramente precisa dela quando tem a pretensão de ser cânone. Isso é mais que um círculo vicioso: é uma gargantilha inquisitorial que sufoca pensamento e escrita. Quando esses se deixam, porém, sufocar, demonstram com isso uma falta de vigor que torna um favor a repressão não tê-los deixado aparecer.

O romance poderia e deveria, no entanto, levar avante essa contradição: deixa, porém, de fazê-lo. O problema de Lima Barreto não é apenas o de elaborar mal a forma: isso acontece porque não elabora bem o conteúdo. O que o marca também não é o "maximalismo" como um exacerbado espírito progressista, mas um reacionarismo maior do que tem sido suposto. Ele era contra o progresso, a ponto de ser contra qualquer pessoa que subisse na vida, contra a industrialização, contra a imigração e até contra São Paulo. Estava mais para totalitário de direita do que para progressista de esquerda. Mais lhe convém, no entanto, apresentar-se como "seleção de qualidade", para que a "república das letras" não apareça como ditado da direita.

Um trecho como o citado poderia permitir aos leitores, mediante observações e perguntas pertinentes, desenvolver uma avaliação crítica do capitalismo e da imprensa. Não é isso o que faz o manual escolar. Prefere pôr panos quentes, não citando tais passagens, quando não desqualifica o autor como um bêbado desequilibrado, um mulato ressentido, incapaz de resolver suas contradições existenciais. Não é poupando críticas à imprensa e ao parlamento que se salva a democracia, mas também não é fazendo uma caricatura de ambos que se vai ajudá-la. O problema é exatamente a falta de democracia, até mesmo dentro desses órgãos.

Algo que enfraquece a crítica é o exagero, reduzindo-a à caricatura e ao ressentimento: ao querer dizer mais, diz-se menos. Se a imprensa é enfocada apenas como desonesta e corrupta, sem que a verdade disso seja mostrada num enredo em que as instâncias "corruptoras" e aquelas que não se vendem também compõem o quadro, fica parecendo rancor pessoal, mera opinião de um personagem. Vários grandes personagens são um traço marcante de personalidade levado ao absoluto (não ao absurdo), de um modo como uma pessoa só pode ser por alguns momentos ou em algumas situações especiais: esse "exagero" torna-se um estudo desse traço em termos concretos, não a redução de uma instituição a um traço em que lhe fica fácil rebater que ela não é aquilo. Se a imprensa é apresentada como sendo somente manipulativa, isso ela pode desmentir pela objetividade de muitas notícias.

Se a caricatura apresenta de modo crasso, por um lado, traços mais ou menos recônditos de um personagem de *roman à clef* permite, por outro, que seu objeto não se confunda com a deformação feita, ao afirmar que ele não é aquilo que a caricatura apregoa. Ela funciona, então, como propaganda: "falem mal de mim, mas falem", eis a divisa. Para quem quer vender a sua força de trabalho como artista ou político no mercado, melhor aparecer mal, mas aparecer sempre, do que nem ser lembrado: daí ele pode vender a sua imagem. A caricatura é a redução do ente à sua singularidade, enquanto o traço exacerbado do grande personagem é a busca do caráter universal mediante um indivíduo.

A imprensa capitalista quer o escândalo, aquilo que atrai momentaneamente a atenção. Não exige profundidade e nem seriedade. Tudo sendo fugaz, pouco importa o que seja dito ou mostrado: importa apenas a audiência e, para obtê-la, vale fazer qualquer alarde. É o sensacionalismo do signo reduzido à mercadoria. Lima Barreto não está à altura desse tema. A televisão é a tecnologia que coroa o escândalo fugaz. Pela lógica estrita do sistema, não adianta ficar à sombra, no olvido, pois, assim, ainda que se detenha verdade e arte, elas simplesmente "não vão existir", não vão aparecer. Se, porém, para aparecerem, precisam ser deformadas pelo exagero escandaloso, neutralizam-se em si. A redução da arte à mercadoria acaba por coroá-la no fetiche, omitindo sua verdade e justiça. Uma verdade científica pode ser divulgada à medida que afeta a vida de muitas pessoas: sempre é, porém, simplificada; a verdade artística realiza-se em consonância com o justo e o belo, constituindo uma unidade intrínseca na obra. A arte não se isenta do mal, mas também não se reduz a um antídoto. No mundo da publicidade, até a doença serve para fazer propaganda dos astros que ajudam a fazer propaganda. Embora esta seja deformante por natureza, ela não aparece como inveraz num mundo acostumado a ela. O público acostuma-se à mentira e passa a aceitá-la como normal.

No Estado plutocrático, a imprensa é tão controlada e tão manipuladora quanto no Estado totalitário: apenas os meios usados são diferentes. A liberdade, sendo proporcional à impotência, é mera aparência. Ainda que a vocação do controle seja totalitária, como não consegue controlar tudo de antemão, ele concentra-se naquilo que lhe parece mais relevante. A repressão torna-se proporcional ao público virtual. A liberdade torna-se, então, proporcional à impotência. Da indiferença de quem pode e da diferença de quem não tem poder surgem guetos literários: imprensa alternativa e guerrilha cultural são tentativas de achar saída onde saída não há. Lima Barreto não desenvolve tais contradições: ao ficar aquém de seu tema, revela-se um autor menor. Ele é valorizado como grande autor, porém, exatamente por ser menor. Se chegasse a elaborar a fundo as contradições e alternativas nos temas que aflora, se saísse do maniqueísmo das declarações simplórias, ele desencobriria a natureza do sistema: e é "justamente" isso o que o *establishment* não quer.

A "liberdade de imprensa" não se confunde com a ditadura de editores servilizados por agentes do capital, assim como os jornalistas não são sempre apenas oportunistas em busca do benefício próprio a pretexto de fazer uma prestação de serviços. Também não se mantém bastante baixo o nível do público, menosprezando o potencial iluminista da imprensa, só para multiplicar a fortuna dos manipuladores de opinião, cujo êxito se mede pela capacidade de confundir o público com macacas de auditório a guinchar o descoroamento de toda dignidade. A crítica de Lima Barreto à imprensa apresenta como alternativa não um projeto viável, a ser construído, mas uma proposta de regressão ao "jornalismo personalizado" do passado. Ao invés de progressista, quer retornar ao passado, como se este realmente tivesse sido exemplar. Ele é, portanto, um reacionário.

Parece claro o que o leitor gostaria que ele almejasse: o jornalismo como espaço de formação da consciência crítica nacional, instância pública da verdade para o bem comum. Se em 1900 não era assim, um século depois a negatividade não foi superada, mas também não apenas se multiplicou. O progresso não é proporcional ao avanço tecnológico, pois este permite a multiplicação dos procedimentos regressivos. Em vez de haver uma população cada vez mais esclarecida, tem-se cada vez mais gente manipulada e dominada pelas sombras, com horror a quem possa pensar diferente. Se Lima Barreto, embora não estivesse à altura de seus temas, teve o mérito de começar a expô-los no Brasil, é preciso levar em conta o modo como o fez e o que outras literaturas souberam fazer. Isso é, afinal, o que importa.

Ninho de cobras

Também em relação ao ambiente interno do jornal Lima Barreto se mostrava desiludido:

> Pelos longos anos em que estive na redação do *O Globo*, tive ocasião de verificar que o respeito, que a submissão dos subalternos ao diretor de um jornal só deve ter equivalente na administração turca. É de santo o que ele faz, é de sábio o que ele diz. Ninguém mais sábio e poderoso do que ele na Terra. Todos têm por ele um santo terror e medo de cair da sua graça, e isto dá-se desde o contínuo até o redator competente em literatura e cousas internacionais.[3]

No final do *Isaías*, o autor faz uma descrição que corresponde à que costuma ser feita do sistema fascista. A divinização do diretor é possível porque cada um dos que trabalham reproduz, tanto na interiorização da hierarquia interna como na postura externa, a mesma estrutura autoritária. Repete-se a figura do ciclista que curva a cabeça aos superiores e pisa em quem está em baixo, ou a hierarquia da bicada presente em qualquer galinheiro:

> O redator despreza o repórter; o repórter, o revisor; este, por sua vez, o tipógrafo, o impressor, os caixeiros do balcão. A separação é a mais nítida possível e o sentimento de superioridade, de uns para os outros, é palpável, perfeitamente palpável. O diretor é um deus inacessível, caprichoso, espécie de Tupã ou Júpiter Tonante, cujo menor gesto faz todo o jornal tremer. Para ciência dos povos, porém, aquilo é "uma tenda de trabalho onde mourejam irmãos".[4]

O que aí se descreve não se reduz ao espaço da redação de um jornal. Ora, mais ou menos o mesmo ocorreria também em uma universidade, fazenda, empresa comercial, indústria ou faculdade particular. O que sabia Lima Barreto da "administração turca"? O patriarcalismo autoritário continua no direito trabalhista, por exemplo, sob a figura da demissão sem justa causa, que é a legalização da prepotência sob o argumento da necessidade financeira. Embo-

---

[3] *Idem, ibidem*, p. 74.
[4] *Idem, ibidem*, p. 111.

ra revoltado, Lima Barreto escreve como jornalista: perde-se no caso singular, sem ver nele o universal e a mediação com sistemas similares. Não vê, no caso, a lei geral, a condição humana. Por isso, é menor como autor. O cânone o abriga porque não sabe o que é literatura, reduzindo-a a instrumento de doutrinação.

No citado não se tem somente a internalização do espírito oligárquico autoritário dentro do jornal, a fazer com que o "diretor" seja bajulado e temido. Será que o problema aí não é apenas o de não estar na posição de "diretor"? O que faria o "eu-narrador" se tivesse acesso a esse posto? Ele não está reclamando tanto contra o sistema de poder como contra o fato de não ter todo o poder. Esse "ressentimento" poderia tê-lo motivado a produzir uma obra grandiosa, na qual a vingança fosse servida fria, sob o véu da transubstanciação dos impactos, impulsos e choques mais primários. Não é, porém, o que ocorre. Nietzsche já havia observado que essa "vontade de poder" não se restringe ao âmbito humano, pois caracteriza todo ser vivo, o que complica ainda mais a questão ética. Barreto estava aquém da filosofia do seu tempo e, por isso, não tinha nada a acrescentar. Ninguém tem um "direito natural" à fama e à riqueza. A situação "marginal" pode propiciar a percepção dos limites do sistema social e cultural, permitindo elaborar uma obra que o transcenda. Se o autor quer os píncaros dentro desse sistema, ele não discerne os seus limites e não consegue ser escritor.

Quem dirige também é dirigido, o capitalista é um servo do capital. Se sempre há alguém disponível para escrever aquilo que se quer que seja escrito, o mais decisivo na edição moderna não é inteligência, formação, sensibilidade ou talento, mas o poder de decidir sobre o que será publicado, o que será promovido e o que será difamado. Na "crítica de arte" sempre se pode encontrar alguém que escreva de modo favorável ou negativo sobre qualquer obra: o importante é o jogo de interesses e a estrutura que decidem encomendar uma opinião e não outra. O problema está em selecionar quem dê a opinião que se queira, e não o julgamento em si. O juízo estético não costuma ser proferido por quem é mais competente, mas por quem é mais conveniente à editora e à editoria. O Estado tem o poder de manter consagrado quem não tem talento e gênio. A maioria dos leitores, sendo mediana por natureza e mediocrizada pelo ensino, não consegue perceber tais limitações e não aceita o que as supere.

Entre o sistema antigo, de um "crítico oficial", e o sistema "moderno", de um resenhador publicitário, a solução é nenhum deles. Há diferenças de superfície, mas ambos servem substancialmente aos interesses dominantes e não são uma instância judicativa autônoma, na qual o público possa confiar. Este é sempre manipulado, quer em termos ideológicos quer mercadológicos. A "conveniência" pode não ser percebida como "política", assim como as normas estéticas também não são percebidas como normas. A percepção só é possível à medida que se duvida delas. A dúvida pode fundar-se no trânsito pela diversidade de sistemas normativos, no discernimento de que a arte gera uma utopia além do horizonte de cada obra individual, na crítica a erros e insuficiências de obras, etc.

O diretor do jornal não é simplesmente arbitrário e prepotente, mas obedece a normas: do mercado, de partidos, de grupos de pressão, etc. Se não se submete aos interesses do dinheiro e do poder, arrisca o cargo. Ele não precisa ser, porém, apenas um marionete. A todo momento, de modo mais ou menos agudo, surgem conflitos entre princípios éticos e vantagens financeiras, entre interesse coletivo e grupos de pressão, etc. Reduzir tudo à prepotência do diretor e à bajulação dos jornalistas, conforme faz Lima Barreto, é superficial. Que a superfície seja assim e mesmo que sua descrição já pareça demasiada, isso convém ao sistema e é aceito: parece haver denúncia grave para acabar não denunciando coisa alguma, já que tudo parece não passar de birra de insatisfeito. O sistema pode tolerar muito mais do que tem sido publicado, sem que ele próprio precise se alterar na substância.

Literatura e jornalismo aparentam ser similares – por operarem palavras, por escreverem, por publicarem, por procurarem público, etc. –, mas são antitéticos, e não só porque, em geral, o jornalismo é pago, e a literatura, não. As duas áreas parecem próximas e são até confundidas por ter a mesma matéria-prima – a palavra escrita –, e por ter a mesma intenção – serem publicadas e lidas –, quando de fato são cada vez mais antagônicas. O jornalístico aproxima-se da retórica, assim como a poesia surge de sua superação. O jornalista está para a ode assim como o escritor está para o poema hermético.

No Brasil tem preponderado essa confusão porque a "literatura" tem sido grandemente produzida para jornal e não ter ido além do jornalístico, embora seja perpetuada por força do cânone. O jornalístico tornou-se um fator de repressão – e não só de divulgação – do especificamente literário, a ponto de impedir o correto entendimento do que este seja. O jornalista escreve para o dia seguinte, com a pretensão de ser entendido por todos; o literato escreve para poucos, mas para poder ainda ser lido por muito tempo. Se um remexe o lixo do cotidiano para mergulhar na lixeira do dia seguinte, o outro, na melhor das hipóteses, quando consegue fixar a transcendência na lixeira da prosa do dia, passa a acumular poeira em alguma estante remota. O genuíno impulso criativo nada tem a ver com o uso da literatura para a promoção pessoal e para a doutrinação.

O jornalismo tem origem e fim no aqui e no agora, é exercido para ser recebido uma vez em um determinado lugar, estando em geral ultrapassado no fim do dia seguinte: é apenas documento de um *hic et nunc*, a singularização de um singular. A literatura começa onde acaba o documental e o folhetinesco, ainda que ela também tenha certo caráter engajado e atestativo (que não a definem). Toda grande obra de arte é "engajada", já por transformar o receptor, mas ela nunca é presa apenas a um aqui e agora. A literatura, embora se origine em uma finitude e seja sempre atualizada em outra, somente se descobre como arte – assim como a filosofia se revela como filosofia – a partir da morte das circunstâncias que a geraram: ela gestualiza sua infinitude.

Um texto revela-se como arte quando, lido em outro momento e lugar, ainda tem algo a dizer com frescor e impacto, como um mistério vivo, não é plenamente apreensível de imediato; vale quando resiste à releitura, pois esta permite discernir novos níveis de significação contidos no texto, que resguarda um certo enigma e mistério. Sua circunstância é a instância de sua gestação, não sua única justificação. Um clássico pode ser lido como um contemporâneo, mas raramente um contemporâneo pode ser lido como um clássico. Todo candidato a "poeta" supõe ser a própria voz da pitonisa, um eleito megafone dos deuses: o que supõe ser "mistério" não passa, em geral, de banalidade ou bobagem, não reconhecidos como abusos. "Liberdade poética" não se confunde com licença de dizer asneira, licença para matar metáforas, pois esta é uma forma de megalomania infantil.

No jornalismo escreve-se para ser lido só uma vez; a literatura apresenta-se com a releitura. Na prática, os jornalistas têm espaço para divulgar suas palavras e são pagos por elas, enquanto os autores somente valem na proporção em que vendem, sufocando o espaço daqueles raros que realmente são escritores, isto é, daqueles que dizem algo além do horizonte do conhecimento já alcançado e formulado. Como a divulgação é fundamental para a existência do livro como mercadoria, jornalistas acabam tendo mais chance de aparecer como autores. Isso torna-os convencidos, tão arrogantes quão ignorantes. O autor, para ter êxito comercial, precisa operar no nível médio de consciência do público: ele é a consagração da banalidade. O autor como que existe para esconder o escritor. Os jornalistas precisam usar uma linguagem direta, clara e simples para atingir o público médio, enquanto os escritores só começam a operar onde acaba esse tipo de comunicação que repete o já sabido: elaboram filigranas formais e questionamentos existenciais que a grande maioria não consegue ou não quer perceber. Pseudo-escritores confundem isso com vocabulário arrevesado, rigidez métrica, abismos da mente e mentiras abissais: eles têm apenas o talento suficiente para esconder a sua falta de real talento (o que não os impede de se tornarem famosos).

A maior parte do que aparece como literatura não é arte; a maioria dos autores não é escritor. Aflora como literatura o que não passa de jornalismo. Acaba-se lendo literatura como se fosse jornalismo, sem perceber a diferença que a faz começar além dele e até contra ele. Enquanto o texto jornalístico vai para o arquivo morto, o bom texto literário ressuscita a cada bom leitor: isso é imperdoável para o autor menor que gostaria de fazer o mesmo, mas não consegue fazê-lo por mais que tente. Em geral se torna um ressentido contra o talento. Prefere até fazer de conta que é grande literatura o que é apenas mercadoria de uma editora grande e que dispõe de espaço na imprensa para divulgar seus produtos. Sob a aparência de crítica literária, tem-se a manipulação do público para induzi-lo a comprar os livros de algumas poucas editoras, que são grandes porque a propaganda faz com que os livros delas sejam comprados. É o círculo vicioso da não-hermenêutica. A manipulação pelo mercado equivale à manipulação ideológica pelo totalitarismo. Quem sempre perde é a arte. O espírito esclarecido é sufocado.

A "liberdade de imprensa" não acarreta, necessariamente, liberdade de publicação. Pode haver apenas internalização do controle: ao invés da censura externa, controle interno. Nada se corta no boneco do jornal porque o censurado nem chega a fazer parte dele. Uma ditadura induz ao surgimento de uma frente de resistência, dando espaço aos mais ousados para que tentem colocar o guizo no pescoço do gato. Participam disso grupos que normalmente não se reuniriam. Quando a ditadura formal e externa parece evolar, ela já está internalizada na prepotência dos chefes e na mente dos subalternos, já que corresponde ao totalitarismo estrutural: daí há ainda menos espaço para se dizer o que se pensa, já porque também quase nem se pensa. Quem pensa e tem o que dizer fica sem ter espaço para dizer. Se quer ter opinião, precisa ter um jornal. Não tendo capital, não tem jornal. Pode produzir um texto privado, mas não tem público amplo: é inútil o seu gesto, apenas descarrego da má consciência. A escrita reduz-se à catarse, podendo ser substituída por outras formas de terapia e *relax*.

A tradição preponderante não é democrática e o povo brasileiro não é cordial senão na superfície. Assim que privilégios são feridos, o furor aflora. Com a "queda" da ditadura militar e sua conversão em uma forma mais aberta de governo, o pensamento crítico continuou com espaço reduzido, enquanto o intelecto orgânico acumulava privilégios. As estruturas básicas do ensino da literatura continuaram as mesmas. Se uma frente de resistência permitiu a alguns pendurarem o guizo no gato (como se este não pudesse ficar mais lindo e à espreita com ele), com a interiorização da censura e com o aumento das verbas de governo para publicidade ficou diminuto o espaço para o pensamento crítico e para alternativas ao cânone. Acumulam-se palavras inúteis, enquanto sombras se avolumam. À imprensa não interessa questionar sua vinculação a editoras e a grupos literários. Com a tecnologia não há progresso automático: em geral há ampliação da regressão.

Os suplementos literários foram aniquilados e, com isso, diminuiu ainda mais a circulação de idéias e do imaginário. Como a crítica literária foi destruída pela resenha publicitária, a ponto de a seção de literatura de grandes órgãos da imprensa não ser mais que uma espécie de *press release* de algumas editoras, reduziu-se o espaço para pensar publicamente. Não há um grande jornal de debates, revistas literárias não perduram: o país, já pobre em idéias, torna-se miserável no espírito enquanto cresce materialmente. A televisão é uma técnica de estrutura autoritária: uma fonte geradora para milhões de receptores (quase sempre de bobagens). Só não há total decadência da consciência crítica porque esta nunca foi desenvolvida.

Há jornalistas e editores que procuram criar espaço para a crítica, mas ela só aparece quando inócua, quando auxilia um grupo a atacar outros, quando não tem público ou já é tarde demais. A "democratização" torna-se ampliação da venda de palavras no mercado: o valor delas não é proporcional à sua verdade ou arte, mas à necessidade de ilusão dos compradores. O seu valor econômico é inversamente proporcional ao valor artístico ou/e filosófico. O que tem valor se torna marginal; não tem preço, porque é impagável, e porque ninguém paga nada mesmo.

O valor de mercado não é proporcional ao tempo de trabalho social médio investido na produção do bem artístico ou filosófico. O mercado foge às obras de qualidade, assim como os alunos fogem dos professores de melhor nível e mais exigentes. A mediocridade atrai a mediocridade na razão direta das massas e sem razão inversa do quadrado das distâncias. A globalização universaliza o trivial. O que tem melhor qualidade não irradia mais: é posto em cápsulas e isolado, como se fosse radioativo. O cerne da questão reside no critério decisório interno quanto ao espaço a ser dado a determinada matéria, enquanto assunto que vai ser tornado público ou silenciado. Esse processo decisório é tabu, desvelamento do poder. Se houvesse gênio e talento com algo a dizer e sem espaço para publicar, haveria esperança, mesmo que esteja ocupando todo espaço quem nada novo tem para dizer.

A exegese canonizante pretende ser analítica: apenas desdobra o que foi dito pela exegese canônica sobre o texto canônico, como se a palavra de ambos fosse absoluta. Ela pretende, assim, estar predicando o sujeito, enquanto nem sequer percebe bem o que ele é. Um juízo analítico é produto de juízos sintéticos, mas – como já observou Hegel –, para saber os limites do sujeito que se pretende predicar é preciso ir além deles, saindo, portanto, do âmbito do sujeito. Assim, esse tipo de "análise canônica" deixa de ser, a rigor, um juízo analítico para ser apenas uma forma de ideologia, na qual o leitor não questione o texto canônico, não vá além do seu horizonte e assuma a sua ideologia como palavra final. O que se aventou anteriormente sobre a relação entre imprensa e literatura serve para indiciar a complexa temática que Lima Barreto evoca, sem desenvolver.

Quando há mais empresas jornalísticas e o movimento sindical se torna mais forte, o profissional competente diminui a ditadura do chefe. A aparência da redação poder ser de uma irmandade de esforçados trabalhadores; a essência, uma hierarquia de menosprezo e prepotência; a substância, um ninho de cobras a destilar veneno em forma de sacanagens e rancor. O jornalista que pensa assim já está incompatibilizado com o emprego. Se a sua alternativa é a literatura, ele pode não ser uma alternativa para ela. Ela não paga como o jornal, pois é vestal do segredo de que a escrita não se reduz ao venal. A lei brônzea dos salários leva a substituir salários maiores por menores, profissionais birrentos por vaquinhas de presépio. A descrição da redação do jornal feita por Lima Barreto pode ser encarada como idiossincrasia pessoal, não uma análise objetiva das relações de trabalho, e também como um momento em que a literatura é uma linguagem que permitiria dizer o que a própria mídia não divulga (ainda que verdadeiro).

Hierarquia profissional envolve respeito pela competência. As instituições de cultura e de pesquisa só podem ser democráticas na medida em que são hierárquicas de acordo com o saber. A prática habitual do desprezo mútuo, do passar rasteiras em quem tenha mais produtividade e de sacanear quem tenha mais talento acaba reduzindo a produtividade, sem que as direções façam algo contra isso, pois em geral expressam a média e não o topo. Com isso, muita energia é desperdiçada em defesas e ataques pessoais. Lima Barreto parece não perceber que isso que ele focaliza na empresa jornalística também ocorre em fábricas, repartições públicas, conventos, prostíbulos e casas comerciais, ou seja, que é apenas um modelo miniatural, a maquete de algo maior. Ele escreve como um repórter, não como um escritor. Perde-se no singular, sem ver nele o afloramento do universal. Com isso, acha que a parte é o todo, sem ver o todo na parte. O cânone não está preocupado em estudar isso, resgatando textos do mesmo autor sobre o mesmo tema. Uma sociedade não pode ter, por centenas de anos, um sistema patriarcal, espoliador e autoritário, sem que isso deixe de se tornar constitutivo de sua cultura.

Existe uma contradição entre o jornal servir, por um lado, de instrumento de propaganda de algumas editoras, de alguns agrupamentos de intelectuais ou órgãos do poder e, por outro, ser um órgão prestador de serviços públicos, por meio do qual a comunidade busca uma informação objetiva sobre o que existe disponível no mercado editorial e o que deixa de existir. Se ele funciona como extensão do departamento de publicidade de duas ou três editoras, ele deixa de ser confiável. O público pode até demorar a perceber isso, já que a dominante do sistema fica disfarçada em meio a textos supostamente neutros, mas o cânone só deixará de funcionar como propaganda se for percebido como tal. Além disso, com o crescimento dos serviços de informação públicos e privados, o jornalismo é um meio conveniente para obter elementos cuja destinação imediata não é a publicação. O cânone brasileiro não abrigou essa temática, nem sequer quando foi esboçada por Lima Barreto, embora ele também não tenha tido fôlego para desenvolvê-la.

A hierarquia da bicada

Uma das hipocrisias canônicas é a concepção de o brasileiro ser, por natureza, um homem cordial. Ele só é cordial enquanto consegue se impor sem resistência. O estereótipo esconde a prepotência em sua história e a espoliação em sua economia. Há muitos brasileiros cordiais e todos já foram alguma vez incordiais. Gestos como o de prestar informações ou o de eventuais favores ocorrem em todos os povos e classes. Converter isso em "definição da nacionalidade" é narcisista e falso, criando uma imagem enganosa, cuja verdade tende a ser o seu avesso. Quem é cordial, não precisa alardear que o é. Ao fazê-lo, procura-se evitar o enfrentamento do oposto, o que é mais um sinal de que ele impera, apesar de negado com hipocrisia e cinismo.

O rapapé ante o poder também se espraia como cordialidade, mas é ingênuo crer que o sorriso não possa conter o canino, que o abraço não possa levar a adaga, que o elogio seja incompatível com a traição. Se tal registro fosse total paranóia, bastaria internar o louco. Shakespeare entendeu mais e melhor os brasileiros do que todo o cânone brasileiro, ao encenar tipos, paixões e situações com caráter universal e que se repetem a todo o momento no Brasil. Há mais da política brasileira em sua obra do que em todo o cânone brasileiro. Dizer que o cânone deve ser amado porque expressa os brasileiros é parte da imposição ideológica da oligarquia tradicional, mediante uma redução da literatura ao mimético. Nenhum povo tem o monopólio da bondade ou o da maldade; está é delirando quando pretende ter o primeiro e atribuir o segundo a outros. Desde 1964 impera o totalitarismo do cânone no Brasil.

Uma "cordialidade" pode ser não informar à vítima que já está decidida a sua execução: não é mera herança índia tratar bem os inimigos durante meses para devorá-los depois, numa grande festa. Trata-se de uma camuflagem, de um não-assumir a maldade praticada contra alguém. Isso leva à impunidade dos ricos e poderosos. Dizer que "o bom cabrito não berra" sugere que a vítima deve aceitar o seu sacrifício sem reclamar: nem Cristo foi "bom cabrito". Sua divinização é uma vingança máxima. O cristianismo faz, contudo, com que pareça divino apanhar e ser sacrificado. A exemplo das "filhas do vampiro", espera-se que o cabrito aguarde calado, estendendo o pescoço aos dentes do alado. Enquanto não for superado o cristianismo e a miragem de que "humano" significa bondoso, gentil e cordial, não será superada a hipocrisia e a deslavada espoliação do outro.

No sistema fascista, a hierarquia interna da bicada não impede que, para fora, ostente-se um *"esprit du corps"*, cultivando uma mitologia de altos valores, com elogios mútuos, para criar uma unidade capaz de defender e ampliar os próprios interesses. Segundo Lima Barreto, que trabalhou na imprensa:

> O pensamento comum dos empregados em jornais é que eles constituem, formam o pensamento do nosso país, e não só o formam, mas «são a mais alta expressão dele». Fora deles, ninguém pode ter talento e escrever, e, por pensarem assim, hostilizam a todos que não querem aderir à sua grei, impedem com a sua crítica hostil o advento de talentos e obras, açambarcam as livrarias, os teatros, as revistas, desacreditando a nossa provável capacidade de fazer alguma coisa digna, com as suas obras ligeiras e mercantis. Por acaso, se o trabalho consegue vencer a hostilidade de semelhante gente, sempre cheia de preconceitos, eles ficam a matutar,

pois não admitem esforço e honestidade intelectual em ninguém: de quem o autor copiou?[5]

Se ele sabia do que falava e se isso continua até hoje do mesmo modo, a maldade não é individual e nem apenas de uma equipe. Ela é estrutural. Há uma conspiração universal contra o talento e a qualidade. Ela não é posta nos livros didáticos para também não ser questionada. Na época de Lima Barreto, havia falta de espaços alternativos para a sobrevivência dos intelectuais: nem a universidade havia sido criada no Brasil. Esta não é, contudo, muito diferente: nela repetem-se os mesmos fenômenos, refazendo complôs contra o que supere o meio. Lima escreve como antijornalista dentro de uma vocação para o jornalismo. Não percebe que o que tentava descrever não era um fenômeno restrito ao jornal, mas algo típico da natureza humana. Se o problema fosse restrito a um meio, restaria muita esperança (ainda que só fora dele). Daí a literatura pode parecer um meio mais puro, uma tábua de salvação. Isso seria, porém, tão ingênuo quanto crer que o homem nasce bom, bastando reorganizar a sociedade, ou que, nascendo com o pecado, este possa ser suprimido com palavras e água benta. Escrever é inscrever palavras n'água; se ela pode cristalizar-se em gelo, a inveja sopra rabiscos para conseguir apagar tudo. De um país sem um bom sistema de ensino não é de esperar uma grande literatura. Fingir que o cânone é grande serve para manter a mediocridade no poder. O predomínio do absolutismo católico, o uso da literatura para fins de propaganda, o caráter conservador das elites, o baixo nível do público e a influência do jornalismo são fatores que determinam a mediocridade da literatura brasileira.

Se o papel tudo suporta, não significa que o leitor deve aceitar o escrito. A página impressa é uma responsabilidade tornada pública e deixa de ser algo privativo do autor. Excluir e selecionar textos segundo os interesses de uma curriola é o mesmo que, na universidade, selecionar professores de acordo com os interesses do grupo dominante, visando a reforçar a sua dominação, ao invés de respeitar os critérios da qualidade acadêmica e da competência profissional. Jornal e universidade fazem parte do sistema de poder e, como tais, devem ser decifrados os seus mecanismos: não apenas como arbítrio

---

[5] *Idem, ibidem*, p. 118.

pessoal e grupal, hipocrisia humana, aliança defensiva e agressiva dos medíocres, e sim como dominação de classe. Contudo, esta não é a única chave exegética. Mesmo numa sociedade sem classes a maldade não acabaria. Não adianta supor que o homem é bom por natureza: essa é uma aposta perdida. Ser mau é de sua natureza. E ele ser reconhecido como um erro da natureza – como uma catástrofe que só na catástrofe pode se reconhecer a fundo – nada corrige, assim como a esperança de que toda vida há de acabar também nada resolve.

O jornalismo, enquanto metamorfose da palavra em mercadoria, tende ao sensacionalismo: quer chamar a atenção para vender. Na medicina, no ensino, nas editoras, nos pareceres técnicos, etc., as palavras também são mercadorias, sendo possível calcular o preço médio de cada uma. Com a ampliação da mídia, não houve aumento proporcional da liberdade, e sim reforço da manipulação e do controle. Um engano de Lima Barreto foi achar que a crítica básica à crítica literária seria mostrar como ela era dominada por pavões prepotentes e arbitrários. A literatura pode garantir, como linguagem específica, liberdade para dizer o que a imprensa não permite, mas isso apenas em termos abstratos; como instituição social ela não o permite, pois ela faz parte do sistema do poder, conforme se revela no cânone.

Literatura *versus* jornalismo

O texto literário precisa ser reescrito várias vezes para que possa ser lido mais vezes; o texto jornalístico, embora muitas vezes escrito de uma só vez, precisa ser revisto para que seja lido uma vez só. O jornalista tem um público garantido, a cujo horizonte ele procura se adequar; o escritor não tem público certo, precisa tratar de transcender o horizonte virtual, criando um novo público. Embora o texto literário exija mais tempo de trabalho para ser produzido, ele vale menos que o texto jornalístico, o parecer do advogado, a receita do médico, o despacho do juiz. O talento de escritor é um dom mais raro que o dos profissionais liberais e exige esforço e cultivo. Com alguma inteligência e esforço, qualquer um pode-se tornar advogado, jornalista, médico, juiz ou professor, porém não escritor. Embora a maioria dos autores tenha de pagar os seus livros, o escritor tem menos chance de ser pago do que o autor adequado ao mercado. Quem menos proveito costuma ter de seu produto é o escritor. Ele é um anjo generoso que aparenta ser um demônio. Assim como se confunde literatura com jornalismo, a maior parte dos que aparecem como escritores são apenas autores, ainda que fabriquem *best-sellers*. O jornalista escreve com pressa e sob pressão, já porque o seu texto tem prazo de entrega; o escritor escreve sob pressão interior e sem pressa, pois ninguém exige o seu texto, o qual tem a natureza do *iceberg*, em que o que aflora é um índice do submerso. O escritor elabora um texto que tem as dimensões do *iceberg*, mas do qual só a ponta aflora como escrito visível: o resto fica inscrito como ausência, cujas dimensões se escondem na névoa do que é sugerido. O texto literário tem na dimensão virtual o substancial daquilo que dele aflora. No âmbito da práxis, o jornalismo é superior à literatura: tem público certo, é lido, pago e difundido. A literatura está para o jornalismo assim como a pintura está para a fotografia. O jornalístico volta-se para o singular, enquanto o literário busca o universal concretamente no singular; o bom (e raro) jornalismo consegue discernir tendências gerais no caso singular, mas não faz dele a expressão do universal e nem trata de elaborá-las como tais.

O jornalismo tem ressonância pública imediata, o que leva a não se escrever o que possa desagradar os donos do poder, sendo a coluna social a mais clara expressão do princípio bajulatório; a literatura no Brasil tem sido cultivada em círculos próximos ao poder, o que facilita a divulgação enquanto restringe a liberdade de expressão. O que o jornalismo não tem em qualidade artística, ele tem em quantidade de público e de palavras; o que o literário não tem em quantidade, precisa ter em densidade textual. Para ter quantidade, o texto literário precisa sacrificar a qualidade: o sucesso é, então, a medida do seu suicídio, sendo isso, porém, o que lhe permite, no império da mercadoria, aparecer como (se fosse) literatura. Ainda que o jornalismo se caracterize, em geral, pela superficialidade, enquanto o literário artístico deve caracterizar-se pela profundidade, a literatura dominada pelo espírito jornalístico tende a ser o documento de um aqui e agora fácil e apelativo, perdido entre pequenos entes, sem capacidade para discernir e elaborar os fundamentos do ser e da existência. A maior parte do que aparece como literatura não é arte, mas a permanência dos textos também não é proporcional à sua artisticidade. Um público medíocre precisa de um cânone medíocre, assim como este precisa daquele. O jornalista trata de adaptar-se ao nível médio do público, em geral mediano; o literário precisa estar acima desse nível para poder ser arte, só que, já por isso, quase não tem consumidores. O *bestseller* faz tanta concessão aos clichês do público e tanta simplificação de descobertas teóricas, que acaba abdicando da arte, embora apareça como arte única no império da mercadoria. O nível do público corresponde ao nível médio de desenvolvimento do país: quanto mais atrasado este é, tanto mais primário é o que ele considera arte, e tanto menor a sua capacidade de reconhecer o que possui maior qualidade artística. O jornalista não é pago apenas pelo que escreve, mas também pelo que deixa de escrever. Já por causa das verbas de publicidade, ele costuma submeter-se às diretrizes do poder e fazer a auratização da dominação. Ele tem o perfil do cânone. Procura badalar lançamentos conforme a "influência" das editoras, e não apenas de acordo com a qualidade literária dos textos. As exceções confirmam a regra.

Quanto mais o texto literário procura ser mera diversão, tanto mais tende a ser jornalístico, escrito para ser lido só uma vez. Na "poesia", isso transforma-se em ode ou em crônica rimada. Quanto mais procura ser conhecimento, tanto mais tende a ser lido nenhuma vez. Para fazer parte do cânone literário, ele tem de inclinar-se para o jornalístico e estar dentro dos parâmetros do gesto semântico do cânone. Como este não contém a grande arte literária, mas forma o inconsciente estético da população e, assim, o gosto do público, dos jornalistas, editores, professores e resenhistas, sacraliza-se como arte o que não é arte, apresenta-se como coroamento do poético aquilo que não tem poesia (mas exclui o que possa tê-la). O destino da produção artística inovadora é, então, o olvido, a impossibilidade de publicar, o não-reconhecimento. Como ela morre em estado fetal, o aborto não será visto como extinção do possível, e sim como não-existência; e, o que não existe, não é. Ou o autor se enquadra no parâmetro canônico e, portanto, nada novo tem a acrescentar, ou ele rompe esse esquema e, sem barco, acaba sendo um náufrago de si mesmo.

Para compensar esse recôndito naufrágio e aborto da esperança, o *establishment* inventa as suas "vanguardas", as quais fingem inovar a forma para melhor manter os mesmíssimos conteúdos antigos. Tudo se faz para que nada se faça. A vanguarda existe para que não haja vanguarda. A inovação é apenas uma forma de re-submissão às metrópoles. Sob a aparência de novidade, repete-se o antigo. Não se tem história própria, sob a aparência de tê-la. Cultua-se o fantasma do novo para melhor exorcizá-lo. Apenas se é satélite da mesma dominação, mas faz-se de conta que se é iluminado e se tem luz própria. Quer o movimento se chame romantismo, realismo, naturalismo, parnasianismo, simbolismo, modernismo ou outro "-ismo" qualquer, no Brasil ele sempre foi uma neutralização dos conteúdos mais críticos existentes nos movimentos originais, geradores deles. A periferia é mais reacionária do que o centro: como forma, ela própria é apenas reação; e, como conteúdo, trata de abafar a crítica mais radical de alguns inovadores metropolitanos. Faz de conta que tem história para melhor não tê-la. É apenas o rabo do cachorro que abana a vaidade nacional para festejar a chegada do patrão.

Lima Barreto apresenta o jornalista como um tipo arrogante e hostil ao talento literário. Vê nele apenas o oportunista que escreve para agradar aos poderosos e obter algumas migalhas, e não para garimpar valores. As produções do "crítico de jornal" seriam "ligeiras e mercantis", e a inveja o faria reagir contra novos talentos, capazes de, com sua produção, contrapor um outro nível, de maior profundidade e moral. Nesse esquema, só jornalistas é que prestariam para redigir, com rancor profissional, contra quem se supõe que realmente saiba escrever bem. Isso levaria também a badalar autores segundo sua limitada perspectiva e as conveniências do sistema. Não é todo dia, porém, que um gênio desconhecido bate às portas do jornal, mesmo que a cada dia apareça um autor se julgando um gênio ainda não reconhecido (se não o próprio deus desconhecido em pessoa). Nem sempre há também gratidão quanto à ajuda prestada.

O que Lima Barreto parece não perceber, além do sufoco do talento, é o preço da fama dentro de um sistema como o que ele critica; também simplifica ao dizer que todos os jornalistas têm apenas má vontade e são medíocres. O capitalismo ainda não estava, então, desenvolvido na área editorial e jornalística: a concorrência poderia permitir mais chances para a diversidade aflorar, caso não houvesse a ditadura de pressupostos normativos inconscientes, os quais excluem o diferente e aquilo que foge ao seu parâmetro. Isso forçaria a reexaminar a ligação entre imprensa e editoras, críticos e divulgação editorial, poder e espaço na mídia, etc. A lacuna, que ainda perdura, não é ocasional. O *best-seller* conseguiu ir mais longe nesse tema do que o cânone, mas Lima Barreto ao menos tocou no assunto com uma coragem que outros autores, como Machado de Assis e Aluísio de Azevedo, não tiveram.

No início do capítulo XII, um jovem poeta traz à redação do jornal um exemplar do seu primeiro livro de poemas. Espera que a crítica jornalística ajude a avaliar objetivamente o que ele produziu para, talvez, poder avançar:

> O senhor sabe: ninguém pode nunca estar certo de ter ou não habilidade. Escreve-se, os amigos gostam; mas, se não se tem coragem para sujeitar um volume à crítica, fica-se na dúvida se é a simples amizade dos camaradas que louva as nossas produções, ou se há mérito, de fato, nelas... Sou muito moço, tenho vinte e dois anos, faço versos desde os dezoito; agora, fiz uma escolha e publiquei este volume... Queria que os senhores dissessem alguma cousa, que notassem os defeitos, para eu me corrigir, caso fosse possível.[6]

O pretenso poeta parece um *agnus dei* que vem oferecer-se ao lobo; e o autor, a mão divina que protege o pobre Daniel na cova dos leões. A expectativa do poeta quando jovem não é apenas se aperfeiçoar, como declara, mas sobretudo aparecer, pois deve ter aprendido com Hegel que "a aparência é essencial à essência" e que "aparência" é o que aparece (e só "é" o que "aparece", pois, tudo o que é, acaba aparecendo). Ora, a tarefa do jornal não é corrigir textos de principiantes: isso seria função de uma oficina literária, pública ou privada. A cena é, no entanto, representativa. O jornal surge como tribunal do talento para ser a tribuna da ambição. O escritor só é sujeito ao arbítrio do jornalista, do crítico sem talento ou da "tchurma" acadêmica como produtor de uma mercadoria em busca de comprador. Ninguém pode ser proibido, no entanto, de escrever uma obra

---

[6] *Idem, ibidem*, p. 116.

genial (mas pode ser impedido). O testemunho de Lima Barreto nega a visão corrente de que aquele período teria sido uma fase dourada da crítica jornalística. A crítica não foi apenas substituída pela resenha publicitária, feita de acordo com diretrizes de grandes casas editoriais: como juízo autônomo e competente, ela sempre foi mais uma esperança do que um fato. Nem o passado foi tão bom ou tão mau quanto se quer acreditar, nem os jornais e as editoras são apenas instâncias repressivas ou permissivas do talento. Lima Barreto aponta a contradição entre o que o jornal aparenta ser e o que ele costuma ser, mas só em termos de antinomia, sem nuances, sem alternativas e sem brechas. Se tudo fosse como ele diz ter sido, nem o seu dizer teria sido possível.

Os jornalistas de carteirinha fizeram do jornal uma reserva legal de mercado, passando a invadir o território de outras profissões, como o do economista e do crítico de arte. Nada garante, no entanto, que o crítico literário exerceria o trabalho com maior isenção, imparcialidade e objetividade do que aquele. Seja o jornalista fazendo a resenha, seja entregando-a a alguém desvinculado da redação, o resultado tende a ser o mesmo, já que a editoria pode pré-selecionar o tipo de avaliação, conforme a escolha que fizer do crítico. Caso o crítico escreva o que ela não deseja, ela simplesmente não publica (pode até pagar e não publicar). Básico não é o juízo correto ou arbitrário do "crítico", mas o sistema de normas estéticas subjacentes, os grupos de pressão, a imposição de interesses, o oportunismo. O difícil mesmo é produzir um texto de qualidade duradoura (e conseguir torná-lo realmente público, ou seja, divulgá-lo por uma casa com distribuição nacional).

O jovem poeta ainda procura convencer o seu interlocutor, Floc, de que tinha altos propósitos:

> Para mim, a verdadeira Arte é aquela que consorcia o ideal com o real; é aquela que, não desprezando os elementos representativos da realidade, sabe pelo ideal arrebatar as almas aos páramos do incognoscível.[7]

Embora pretenda impressionar o leitor, essa banalização de românticos alemães e simbolistas franceses quer dizer tudo e acaba por não dizer nada. Usa palavras rebuscadas (consorcia, arrebatar, páramos,

---

[7] *Idem, ibidem*, p. 117.

incognoscível), inadequadas ao tom oral e ao diálogo, como se pudessem demonstrar melhor domínio do assunto, tapando com a peneira o vazio do que propõem. Procura impressionar, tentando compensar com o inchaço da forma a falta de conteúdo: sendo isso um traço recorrente do cânone, era candidato apto a preencher uma vaga. "Crítico" e "poeta" acabam por merecer-se.

Lima de barro

Alfredo Bosi cita com entusiasmo o comentário de José Veríssimo, que foi crítico literário de jornal, sobre o seu contemporâneo Lima Barreto:

> Há nele, porém, um defeito grave, julgo-o ao menos, e para o qual chamo a sua atenção, o seu excessivo personalismo. É pessoalíssimo e, o que é pior, sente-se demais que o é. Perdoe-me o pedantismo, mas a arte, a arte que o senhor tem capacidade de fazer, é representação, é síntese e, mesmo realista, idealização. Não há um só fato literário que me desminta. A cópia, a reprodução mais ou menos exata, mais ou menos caricatural, mas em que não se chega a fazer a síntese de tipos, situações, estados d'alma, a fotografia literária da vida, pode agradar à malícia dos contemporâneos, que põem um nome sobre cada pseudônimo, mas, escapando à posteridade, não a interessando, fazem efêmero e ocasional o valor das obras.[8]

A crítica pode estar correta, sem que o seu fundamento teórico o esteja. Uma obra pode basear-se em figuras e situações reais e, mesmo assim, ser mais do que isso. Escultores e pintores usaram pessoas reais como modelos, mas os artistas conseguiram fazer mais do que uma cópia de seu exterior. Mimetizar elementos externos ou sentimentos internos é um passo primário, anterior à elaboração artística propriamente dita. É falho, contudo, o argumento de que a obra não pode ser artística por ter modelos (pessoas, lugares, eventos, obras, etc.) discerníveis para os contemporâneos. O pseudo-argumento esconde o ressentimento de alguém que se sentiu atingido, um ódio que é escondido sob a hipocrisia do louvor infundado ("a arte que o senhor

---

[8] Alfredo Bosi, *História concisa da literetura brasileira*, p. 358.

tem capacidade de fazer"). Ao contrário do alemão médio, o brasileiro nem sempre leva promessas e convites a sério: promete e, muitas vezes, não cumpre, como se o falado fosse apenas vento. Por mais "estético" que o citado argumento pretende ser, não constitui um raciocíno, e sim uma racionalização, que, como um piolho, vive daquilo que ele ataca. O cânone alimenta-se do louvor e do ataque, do confete e do tacape: tudo serve para confirmá-lo e lhe dar vida. Por isso, pode-se premiar a crítica, já que esta suga o sangue do criticado.

O tom de "não há um só fato literário que me desminta" é autoritário e prepotente, como se fosse possível ao crítico se dar conta de todos os fatos literários do planeta, quando nem sequer sabe ao certo o que "é" literatura. Até hoje, toda definição de literatura e arte sempre englobou outros elementos, exigindo outras definições adicionais, todas elas vagas. Uma assertiva dessa ordem só é possível ante um público que a aceite. Veríssimo é tão dogmático quanto prepotente: o que ele não quer é que se desmascare a aura das classes altas. Não é original nisso. Acha que apenas "é" aquilo que ele próprio acha que sabe; e o que ele não sabe, também não é... Ora, a conclusão é que tudo só pode ser como ele acha que deve ser. Esse autoritarismo do autor faz parte do processo de repressão, do qual a exegese canônica faz parte, mesmo sem reconhecer e nem admitir.

Afirmar que toda arte contém "idealização" é uma banalidade ou um erro. Que todo artista tenha de ultrapassar a singularidade de uma situação, figura ou evento, para ir além, tornando-a "exemplar", manifestação de leis e tendências universais, isso não é novidade e nem sequer caracteriza de modo único a arte (uma experiência científica, uma piada, uma exemplificação didática e uma formulação matemática fazem o mesmo). A fotografia só aparenta reproduzir a realidade, pois sobretudo a transforma: de tridimensional em bidimensional, de móvel em imóvel, de percepção biocular em monocular, etc. Demonstra o fracasso da "estética da mímese". A "cópia", a reprodução mais ou menos caricatural, pode chegar a fazer a síntese de tipos, situações, estados d'alma, uma fotografia da vida literária. Ela tanto pode "agradar à malícia" como desagradar à vaidade de "contemporâneos". Ao permitir ler um nome sob cada pseudônimo, pode desenvolver, sobretudo, a consciência crítica em relação à cultura dominante e à elite oligárquica. A reação é, portanto, reacionária.

Dispondo-se Lima Barreto a dizer o que disse sobre o veríssimo crítico de jornal, não podia esperar outra coisa do crítico criticado que não essa tentativa de encontrar o ponto mais vulnerável de sua couraça para lhe enfiar a faca. O "crítico", ou melhor, o exegeta canônico sugere que a obra de Lima Barreto não perduraria por consistir em cópia caricata. Enganou-se. Por ser apenas caricatura, podia perdurar. Veríssimo é veramente cego para a mudança que, com o tempo, ocorre no modo de ler um *roman à clef*. Morrem as pessoas e situações, já não se sabe mais a quem e a que a ficção se refere. Feito borboleta, a obra despe-se do casulo de seu cronotopos genético e passa a esvoaçar como se arte fosse, mas não consegue desprender o pé de sua origem. O que realmente incomoda ao crítico ele não confessa: ter sido ele próprio caricaturado. O que ele condena como "excessivo personalismo" é o que garante alguma sobrevivência a essa obra: fuga amena ao rapapé dominante da literatura como "sorriso da sociedade", denúncia da podridão do sistema.

Lima Barreto sempre é comparado a Machado de Assis (que ele próprio não queria ser). À sua rejeição de Machado, a exegese canonizadora tem preparado um sorriso irônico para dizer que ele não queria porque não podia, já que este é "inigualável". Ele serve para glorificar mais uma vez o "mestre dos mestres". Desaparece o argumento que o considerava um traidor da raça negra (mesmo que Lima não tenha conseguido ser o seu porta-voz literário). Machado tratou de rejeitar o naturalismo, dizendo que, embora tivesse pernas e sexo, *j'use des culottes* (como se tivesse resolvido a questão com uma *boutade* – não por acaso em francês –, todo francês fosse "fino" e o naturalismo não fosse de origem francesa), sob a alegação de ficar, assim, do lado da decência e da civilização (como se o "processo civilizatório" não fosse uma imensa indecência). Rejeitava, assim, a perspectiva social dos pobres e deserdados da terra. Barreto pretendeu expressar os subúrbios; acabou, porém, servindo de outros modos à oligarquia. Na cabeça de nenhum dos dois entrava a assertiva de Lênin de que a revolução proletária não era voltada apenas contra a burguesia, mas também contra o proletariado. Ela deveria propiciar condições para que este superasse as limitações impostas pela burguesia.

O conservadorismo estético de Machado ecoa o seu reacionarismo político para evitar o marxismo de Zola e a perspectiva das classes trabalhadoras (com os quais ele não tinha e nem queria ter qualquer compromisso). O que era feito em nome da decência, repousava na indecência do escravagismo, da divisão absoluta da sociedade em classes e na complacência com o atraso social. O que parece novo em Lima Barreto é basicamente um olhar de baixo para cima, de fora para dentro, em relação à oligarquia: a caricatura e o viés crítico resultam dessa perspectiva diferenciada. Em vez do namorado da "Moreninha", quem ora escreve é o moreninho enamorado da cultura da elite carioca. Por não conseguir ser um "Moço loiro", Lima Barreto desespera-se e bebe até morrer. Ele convém à *mauvaise conscience bourgeois* para conservadores se apresentarem como progressistas. De acordo com a lógica reacionária, Machado de Assis é o Lima Barreto que deu certo porque soube optar pela classe certa, enquanto Lima Barreto é o Machado de Assis que não deu certo porque não quis logo reconhecer a superioridade do senhorio branco. De qualquer modo, convém que Lima fique no cânone para provar que Machado é melhor, o maioral de todos.

Será que há uma diferença básica entre a intencionalidade de obras incorporadas ao cânone e a intencionalidade fundante deste, longe do que poderia ter sido a intenção do autor? É difícil admitir isso. *Isaías Caminha* não foi tão incorporado ao cânone quanto *Policarpo Quaresma*, a pretexto de esta ser uma obra de maturidade do autor. Os trechos de crítica à imprensa e ao parlamento não costumam ser incorporados aos textos escolares. Quem está tão preocupado em ser admitido nos círculos da classe dominante a ponto de precisar caricaturá-lo na figura do jovem poeta que busca o crítico de jornal, esperando deles, sobretudo, compreensão e apoio. Se eles tivessem dado logo esse apoio, tudo estaria bem. A chateação era, portanto, não pertencer logo ao círculo dos eleitos, e não tanto o próprio círculo do intelecto orgânico como extensão de um processo de concentração de renda mediante a espoliação do trabalho. O autor gostaria de bater, e ser aplaudido por bater, abrindo caminho para o seu *genius*.

Já o fato de Lima retratar a vida da capital, com o acento nos intelectuais e no poder, faz dele um instrumento de divulgação e de prestígio daqueles que ele pretende criticar. Está obcecado por aquilo que ele pretende negar. Destarte, acaba por reafirmá-lo mais uma vez. É, portanto, mais útil do que destrutivo. "Falem mal, mas falem", eis o mote que o preserva (desde que a sua crítica mais pertinente seja escamoteada também). Ele é o caricaturista que, pelo exagero do traço simplificado, ajuda a fazer a propaganda de quem ele aparenta estar negando. O caricaturado está seguro do seu prestígio e pode sempre negar que seja idêntico à caricatura que dele é feita. Cria-se uma aparência de democracia para que tudo continue como sempre esteve. É a reafirmação do mesmo, sob a aparência de sua negação.

O sistema não admite e nem promove alguém que não lhe seja útil. Se algum aparenta ser uma exceção crítica, é porque não se percebeu ainda como ele é útil, e essa não-percepção decorre, em geral, do envolvimento do leitor pelo sistema. Este, ainda que seja débil, deformado e limitado, é mais amplo, envolvente e esperto do que se pensa (pois não se costuma pensar, e sim aceitar o que esteve e está aí). Não há uma visão do sistema a partir do seu horror, uma visão horrorizada: ela é evitada como se fosse a peste, o demo. Tudo é aceito, tudo é assumido, tudo fica bem porque foi o que se impôs e continua se impondo: tudo se faz para neutralizar ou domesticar o *daimon*. Qualquer visão fora do esquadro parece anômala, erro de visão, carecendo, portanto, ser enquadrada ou esquecida para que o incômodo não tome conta, o lar não se mostre inóspito (mesmo sendo miragem).

Assim como a teoria em sua abstratização procura matar as circunstâncias imediatas, para não ser prisioneira delas e para poder abrir as suas asas para horizontes mais abrangentes, também a arte precisa da morte das circunstâncias que inspiraram e motivaram sua elaboração, para que a natureza delas aflore paulatinamente a partir dos escombros do que um dia foi a realidade que a gerou. Arte e teoria produzem-se a partir do horror absoluto à imposta circunstância, como imposição e impostura: não podendo aniquilá-la, por ela ser mais forte, faz a sua destruição *in effigie*, o seu esvaimento conceitual, transformando-a em instância de criação de um mundo alternativo, domado, organizado e harmônico.

O que irrita José Veríssimo – um mentor da exegese canônica, com a medalha de ter corrigido o *faux pas* de Sílvio Romero por ter promovido de imediato a ascensão de Machado ao topo da pirâmide do cânone – é que Lima Barreto tenha feito uma fotografia em preto e branco do Rio da *belle époque*, mostrando que ela estava longe de ser a "bela época" que os escritores da classe dominante projetavam. Não percebeu que o negativo do retrato era um modo de preservar o retratado, permitindo de imediato a correção de ter feito uma reprodução maniqueísta e falsa, longe do multicolorido e das nuances do real. Na escultura romana, estátuas de atletas recebiam a cabeça de imperadores para que estes fossem admirados como deuses. A pintura da realeza e da aristocracia, nos séculos XVII, XVIII e XIX, sempre tratou (com a exceção parcial de Goya) de fazer uma apresentação que deixasse seus representantes mais imponentes e mais belos do que realmente eram. A imagem corrente de Beethoven tem a beleza e a imponência de sua música, embora pessoalmente ele fosse feio e baixo. O naturalismo de Zola rompeu com a "idealização" – que Veríssimo supunha "universal" na arte – e procurou fazer uma "fotografia" das condições proletárias de existência. O "mulato genial" estava não apenas atrasado em seu tempo, mas continuava a linha para a qual o naturalismo era a amostra de uma postura crítica (não redutível a ele), a ponto de se ter inventado o naturalismo no Brasil grandemente para neutralizar e matar o que tal escola poderia e deveria ter sido.

A "idealização" foi um processo muito usado para auratizar figuras, enredos e situações como parte do processo de legitimação e de propaganda das classes dominantes e das Igrejas, assim como a publicidade procura fazer da mercadoria uma fração do paraíso, ainda que à base da infração da verdade. Enquanto os artistas dependiam do mecenato para trabalhar e sobreviver, só podiam produzir de acordo com a perspectiva de quem os patrocinava, seja a Igreja Católica ou Evangélica, o rei de Espanha ou um lorde inglês. Eles saíram da tirania do mecenato para cair na tirania do mercado, passando da bajulação dos poderosos à submissão ao gosto dos compradores, da sobranceria *snob* ao apelo da mediocridade, da limitação temática à busca desesperada de agrado ao ignoto.

As comparações de Veríssimo acabam por contradizê-lo, mostrando a limitação de seu argumento. Ao combater a cópia do real, fala em "fotografia literária da vida". A fotografia não é uma "cópia exata do real", mas um recorte bidimensional imobilizador de um ângulo: acaba sendo uma recriação e uma descoberta da realidade (e esta é a dimensão de sua artisticidade). Sob a empáfia condenatória se esconde o horror ao engajamento político. O crítico não percebia que Lima Barreto perenizava, a seu modo, um limitado grupo carioca, para o qual o resto do país nada valia. Se hoje a crítica foi aniquilada pela resenha publicitária, não há razão para guardar maiores saudades do arbítrio grupal outrora instituído.

Lima Barreto registra o que poderia acontecer com o livro do jovem candidato a poeta, que encaminha pessoalmente um livro à redação:

> Folheei (*sic*) um instante o livro; era uma *plaquette* (*sic*) de cento e tantas páginas, povoadas de sonetos e outras poesias soltas. Depositei-o sobre a mesa do secretário. De antemão, sabia que Floc não se deteria na sua leitura. Os livros nas redações têm a mais desgraçada sorte se não são recomendados e apadrinhados convenientemente. Ao receber-se um, lê-se-lhe o título e o nome do autor. Se é de autor consagrado e da facção do jornal, o crítico apressa-se em repetir aquelas frases vagas, muito bordadas, aqueles elogios em *cliché* que nada dizem da obra e de seus intuitos; se é de outro consagrado mas com antipatias na redação, o *cliché* é outro, elogioso sempre mas não afetuoso nem entusiástico. Há casos em que absolutamente não se diz uma palavra do livro. Acontecia isso com três ou quatro autores.[9]

O que quer dizer "apadrinhamento conveniente"? – Pode ser, eventualmente, o reconhecimento honesto de um talento promissor. Seria a exceção, não a regra. Esta é a troca de favores no regime patriarcal: toma lá, dá cá. A elite favorece quem a defende e aniquila quem esteja do outro lado da trincheira na luta ideológica. Aí já está decidido, de antemão, quem "tem talento" e quem "não vale nada". Isso acaba cristalizando-se no cânone. Se um autor, que se supõe ser "de esquerda", passa a ser muito promovido e divulgado por um cânone que é "da direita, de direita e de direito", deve-se desconfiar de que há algo errado, pois a intenção do cânone não funciona em sentido contrário às intenções das obras. O cânone não é magnânimo e nem bobo a ponto de dar força a seu inimigo. Se ele promove alguém para ele ser reconhecido, não o faz por reconhecer o mérito, e sim por se fortificar.

---

[9] Lima Barreto, *op. cit.*, p. 117.

O sistema da troca de favores mantém-se como associação de interesses no desenvolvimento capitalista. O cânone não abrigou uma única obra que mostre como a grande imprensa prestigia determinadas editoras, ignorando ou esculhambando publicações dos concorrentes, e, em contrapartida, como são, no jornal, recebidos serviços bem pagos de revisão redacional, espaço para publicação na editora ou presentes natalinos, como são escolhidos e distribuídos os livros para as escolas, etc. É estranho tamanho silêncio, se há uma obra como *Isaías Caminha* que, no começo do século, já registrava algo que só tem feito crescer e que é central na vida literária. Nesse sentido, não há apenas a morte da crítica literária e sua substituição pela resenha publicitária: esta sempre foi a verdade prática daquela.

Qual é a esperança de um talento ser reconhecido como tal? – Trata-se sobretudo de uma ilusão, máscara da serventia ideológica e do potencial de ser transformado em mercadoria vendável, adaptada ao gosto e ao interesse de determinado público. O apadrinhamento não é obra do acaso nem arbítrio de um crítico, mas obedece a leis do mercado e a estratagemas ideológicos. Lima Barreto não consegue, mais uma vez, estar à altura do seu tema. Apenas se refere à arrogância do jornalista como se esperasse dele um reconhecimento maior para si próprio. Em nome dessa baixa cultura tem sido destruídas as culturas das imigrações do Brasil. E Lima Barreto era inimigo dos imigrantes. Portanto, a sua obra ajudou a realizar o que ele queria.

O *alter-ego* do autor poderia ter tentado, por exemplo, escrever ele próprio uma resenha: tanto poderia fazer um ato de "justiça", quanto sofrer os ciúmes e interditos do crítico oficial. Lima Barreto não cita outras alternativas, como a dos autores de outros lugares, os malditos em todos os lugares ou os gêneros silenciados. A situação do escritor piorou, e o que se apresenta como melhor faz parte dessa piora. Ele duvida mesmo é de um entendimento e de uma apreciação séria do livro. Tudo, porém, sob a ótica do jornalista, para o qual o centro do universo e a balança de Deus estão na mão do editor-chefe. Lima Barreto não passa de jornalista metido a escritor, tendo de escrever ficção para poder dizer o que o jornal não publicaria.

O jornal serve para propagar a perspectiva e os interesses dos grupos que dominam a política, a economia, as editoras e as academias, mas, como o seu horizonte em relação à obra literária não vai além da dimensão desta como instrumento de propaganda e mercadoria (o que sempre passa longe do cerne artístico e filosófico da obra), o que ele diz ou deixa de dizer pode influenciar a venda inicial da obra, porém não garante a qualidade nem a permanência dela. Como a apreciação da qualidade depende, no entanto, do mesmo sistema de normas vigente no jornal, não há um refúgio seguro para a arte ou para a reflexão que lhe sirva de proteção: nem universidade, academias, sindicatos de autores e nem círculos informais de intelectuais. As obras canônicas não perduram por valor artístico, mas por conveniência ideológica, assim como os *best-sellers* são badalados por sua conveniência mercadológica.

A arte e a filosofia – cuja característica é se definirem como tais mediante a morte de seu cronotopos genético – só podem chegar a esse gesto se contiverem em sua gênese a morte dessas circunstâncias, como uma espécie de abdicação de presença, reconhecimento e influência imediatos. Um jornalista não abdica disso. Ele vive do dia a dia, assim como vivem o político, o chefe de gabinete e o promotor de eventos culturais. Estes conseguem ser reconhecidos na mídia como intelectuais e autores, exatamente porque não são artistas e/ou filósofos, não são o que se diz que são. Em compensação, não se reconhece que são artistas ou filósofos aqueles que mais o são. Marx, Nietzsche e Heidegger deixaram a maior parte de sua obra inédita. Ainda que um autor esteja, justamente, preocupado com a publicação de sua obra, esta, se for de fato artística ou/e filosófica, continuará valendo depois da morte dele. Isso não quer dizer que ela venha a valer. Se o autor não tomar cuidado, ela pode vir a não ser publicada. É até mais provável que isso aconteça do que deixe de acontecer. Preferem-se os monumentos debaixo da terra, e não em praça pública. Mesmo que formalmente publicada, ela tende a não ser apreciada e nem reconhecida: só o será se reforçar de algum modo o sistema vigente, o qual não tem por prioridade nem o artístico e nem o filosófico.

A guerra entre facções literárias ligadas a academias, universidades, editoras e redações de jornais expressam a luta de classes, no estágio em que ela chega a se delinear. O que realmente é arte ou filosofia, ocorre, no entanto, em um horizonte que transcende as limitações de qualquer escola, corrente, grupo ou classe. O que parece apenas arbítrio e facciosidade contém leis que, mesmo sofrendo uma série de distorções até se tornarem silêncios ou fatos públicos, podem ser entendidas pela política de mercado e partidária. A questão do "apadrinhamento conveniente" ou da "facção do jornal" é determinante na seleção e apreciação de autores e obras. O cânone, como extensão do jornal (e este, do cânone), silencia sobre isso, pois não quer ver desvelado o gesto semântico que o constitui. Mais obras poderiam ser escritas em torno dessa temática, mas isso tem sido evitado, pois há fortes interesses em aparecer como autor enquanto se faz a condenação de quem é escritor. Os reais escritores precisam ser sufocados para que os autores possam aparecer.

A preservação da obra não depende do artista ou do filósofo. Os pósteros podem apenas ser gratos a eles pelo esforço que fizeram para gerar algo que só eles poderiam ter gerado. Qualquer recompensa que possam ter tido em vida sempre será bem menor do que o valor de sua obra. Esta contém, portanto, a gratuidade de um presente, de uma dádiva (que não precisaria ter sido dada). O mundo sempre é ingrato com seus gênios. Sempre há um desacerto entre receptor e autor, quando este produz algo que faça dele um artista ou pensador maior. Filósofos e artistas vivem (d)a morte do seu cotidiano: preservam-no não *sub specie aeternitatis* e sim como algo que em outros tempos e lugares terá uma surpreendente força, verdade e validade.

Como a periferia não tem história própria (pois apenas o centro faz história à medida que atua), ela faz de conta que tem história refletindo o centro, também os artistas e pensadores periféricos não precisam se preocupar com a sua vida *post-mortem*, já que estão todos mortos em vida. Não importa o que escrevam ou pensem, são abortos, que procuram se salvar nos hospitais das universidades, mas sempre padecem do mal de terem nascido no lugar e no tempo errado. Que Lima Barreto tenha tido de esperar quatro décadas para ter a sua obra publicada integralmente, como se fosse ela a negação do sistema, é apenas um sintoma, como também são o gesto de classificá-lo como "pré-modernista" ou dizer que não foi um grande romancista por ter "copiado" a realidade. Ele é, nesse aspecto, um continuador do naturalismo brasileiro que não houve, como também um precursor de toda a literatura engajada e de denúncia que vem aqui e ali aflorando e, em geral, tem sido ignorada e boicotada.

Pré-modernismo

O pseudo-anticânone: a oposição consentida

A pressão e a opressão da pobreza, da discriminação e do preconceito tendem a repassar para a produção literária um desequilíbrio que pode fazer dela, ao mesmo tempo, uma busca de equilíbrio e uma terapia; no caso do cânone, no entanto, a literatura é usada para legitimar a opressão e auratizar o desequilíbrio social. A preocupação com a justiça provém do injustiçado, enquanto o injustiçante faz de conta que tudo é normal ou então, quando pressionado, procura justificar a injustiça fazendo com que ela pareça justa, e pode levar a projetar aspirações em um detetive, mocinho de faroeste, carateca, espaçonauta, etc. Os oprimidos do Brasil ainda precisam descobrir a literatura como uma arma de combate, em vez de ser apenas vítimas dela. Na prática vigente, a literatura tende a enaltecer o opressor e destruir quem ousa se levantar. A prática silenciadora é diferente da ficção em que, se o sujeito consegue vencer, torna-se herói épico e, se é destruído, trágico. A grande obra surge do impulso de negação, mas não se esgota nele.

Saber que a justiça jamais será plenamente alcançada, embora sua busca seja cada vez mais necessária, leva a permear os esforços do herói com o filtro do riso. Isto se cristalizou em um modelo: Dom Quixote. Lima Barreto imitou-o na figura de Policarpo Quaresma, enfatizando um aspecto já retomado por Flaubert na figura de Ema Bovary: o excesso de leitura leva a crer em miragens. Em linguagem popular: "estudar demais faz mal pra cabeça". É uma contradição estabelecer tal denúncia em um texto literário. O espanhol e o francês queriam, por meio disso, fazer uma crítica à cultura letrada dominante, a qual colocava a aristocracia como defensora da justiça e como corporificação do bem social.

Essa vertente iluminista fica invertida na recepção de que "ler muito faz mal pra cabeça": num país de analfabetos, de analfabetizados e de analfabetizadores, torna-se uma defesa do atraso e da regressão. Não se tem mais, então, um testemunho da impotência do intelecto iluminista (lutando, no entanto, contra ela), mas uma forma de agressão conservadora ao espírito crítico. Essa é a inversão feita pela exegese brasileira, que evita, como se fosse a peste, o confronto com o clássico que lhe serviu de modelo, para que não se descubra que a versão local é menor, falseadora do sentido original de uma busca universal e concreta de justiça e perfeição. O cânone é tacanho e quer que se creia que só existe aquilo que ele mesmo mal consegue vislumbrar.

O triste fim de Policarpo Quaresma enuncia no longo título (encurtado na prática) o "trágico" destino do protagonista, camuflando um segundo sentido da palavra "fim": não término, mas finalidade. Qual é a finalidade do *Policarpo*? A que triste finalidade serve essa obra dentro do cânone? – Policarpo não pode dizer a que veio, não só porque desde o começo já está acabado e sem futuro, mas porque a sua finalidade está além da sua compreensão: se estivesse aquém, ele não poderia ser o que é, pois teria compreendido a sua finitude e ido além dela. Não basta decifrar intenções manifestas do personagem, e sim examinar o que o cânone intenciona ao admitir essa paródia de uma paródia em seu *corpus*. Qual é a sua "triste finalidade" além da mera gozação?

A obra faz parte de uma linhagem de textos canônicos preocupados em definir a "brasilidade", um conceito fundamental para o luso-nazismo da elite e da formação brasileira. Por cultuarem o tema e darem uma resposta conveniente ao poder, são insertos no cânone. O tom de paródia não existe tanto para questionar o conceito e superar uma obra antiga, mas para afirmar algo que não se assume plenamente em sua intenção de ser "o correto". Serve também para descartar uma perspectiva que aparenta ser nativista, e não é. Policarpo é marcado por dois episódios básicos: ele propõe o tupi-guarani como língua oficial do país e com lágrimas recebe os amigos sob a alegação (obviamente falsa) de que o modo indígena de expressar alegria teria sido o choro. Policarpo não pode ser levado a sério: tudo o que ele diz, faz e propõe serve, basicamente, para desconstruir o que ele diz, faz e propõe. É diferente de Quixote, de Ema ou do capitão Ahab. Essa diferença – camuflada no cânone – é fundamental para entender a obra. O nativismo pregado pelo cânone brasileiro nunca foi uma defesa do índio, mas sempre uma legitimação da invasão portuguesa (camuflada sob o termo "descobrimento"). A índia entrava nisso apenas para, casando com um português, fingir que se fazia a entrega de todo o território como se este fosse um dote (em *O Caramuru*) ou para apresentar como um suicídio o que foi um genocídio intencional organizado pelas cortes ibéricas (em *O Uraguai*). Na vertente romântica, reafirma-se a entrega do território pelos índios – de mão e boca beijada – com o "casamento" de Iracema com Martim, absurdo que um Alencar duplicou ao "casar" um índio com uma fidalga portuguesa (em *O Guarani*), como se o "selvagem" tivesse tido qualquer chance de casar com fidalgas de pura cepa lusitana. O desejo oligárquico é o pai da mentira; a astúcia, sua mãe. Dos dois nasce o cânone, cujo verdadeiro nome eles não permitem seja revelado. O nativismo é um discurso senhorial branco que usou o índio para discriminar o negro e para que nem o negro, nem o índio, nem o mulato e nem o cafuzo pudessem expressar sua própria perspectiva, vivência e errância.

Na paródia do nativismo, em Policarpo, não se tem a utilização da perspectiva indígena para estranhar e criticar a cultura branca. Tem-se a reafirmação da conquista portuguesa, descartando, já com isso, todo e qualquer compromisso com a herança indígena (a pretexto, porém, de cultuá-la). A safadeza desse movimento, em que astutamente se ataca aquilo que se aparenta defender, propiciou a ascensão da obra ao cânone, tendo sido admitido como serviçal da oligarquia um autor que, por sua origem, tinha tudo para ser inimigo dela. Quanto mais ele aparentava ser um elemento externo e inimigo dela, tanto melhor ele podia servi-la. José Veríssimo, literato com todo espaço público da época, percebeu isso. Monteiro Lobato, herdeiro da oligarquia latifundiária em transição para a indústria urbana, também percebeu essa conveniência, ainda que o *establishment* tenha demorado a chegar a um consenso, tendo a obra completa de Lima Barreto sido publicada só em 1956, como se fosse uma "descoberta comunista" e "oposição radical ao sistema".

Policarpo é a inversão reacionária e a anulação do espírito crítico de *Quixote* e de *Madame Bovary*. Se Policarpo enlouquece com os livros como se alega que teria acontecido com Dom Quixote (de fato enlouquece por viver num mundo de prepotência, dogmatismo e farisaísmo), não tem, no entanto, a mesma graça, a busca desesperada de justiça e de sublimação do amor, a capacidade de vislumbrar na realidade uma grandeza que, por si, ela não costuma ter. O que lhe sobra em ridículo falta-lhe em sublime. Falta-lhe piedade pela mediocridade geral, a capacidade de embalar o sonho, transformando a sátira, como caricatura do errôneo no poder, em tragicomédia: não no sentido antigo, de uma comédia na qual há a presença de deuses, mas no sentido subjacente, de valores elevados permearem a dança do ridículo e o jogo do errôneo: a capacidade de desvelar a errância do homem, como busca reiterada, permeada de enganos e erros.

Ainda que seja corajoso desvelar a alienação de quem tem o poder, uma grandeza de Cervantes residiu em validar o sublime, mesmo sabendo ser apenas um sonho: fazer com que da "quaresma" brotasse um perfil plurifacetado, feito de espinhos e de esperanças. Policarpo não tem nada disso, brota apenas falsas esperanças na estreiteza de um nacionalismo reacionário. Considera-se glorioso, quando é apenas limitado e ridículo, sem traço de grandeza. Ele existe para destruir o quixotesco, para ridicularizar todos os idealistas, para esculhambar com todos os sonhadores que pretendem mudar a ordem vigente. Ele completa o trabalho da Inquisição: não é a defesa do ideal e do sonho diante do cruel dogmatismo, mas apenas a propagação do ideário reacionário. Não está preocupado com a justiça, com o combate à opressão, com a defesa dos fracos e desamparados: se tivesse êxito e pudesse ser levado a sério, seria apenas um Mussolini tupiniquim (ou seja, um misto de Floriano, Getúlio, Médici, etc.).

Isso não configura um resgate das minorias discriminadas, mas uma regressão que é útil para ridicularizar as culturas em processo de destruição. Sob a "proposta nativista" de transformar o tupi-guarani em língua oficial do país, é enfatizado que "naturalmente" a língua portuguesa "é" a língua oficial (e, em seu nome, devem ser extintas as línguas das minorias). Além de servir ao autoritarismo, isso é uma forma de luso-nazismo que não é vista nem combatida como tal, mas cujo insucesso é lamentado. O mínimo a perguntar é o que se faz em um país assim, qual é a atitude a tomar diante de sua intelectualidade e crendice nacional. Lima Barreto não aprofunda o que propõe e não elabora as contradições e conseqüências de suas proposições (mas nem por isso deixa de fazê-las). O nacionalismo não é criticado. Apenas é corrigida uma vertente já inviável, abrindo caminho para uma linha mais moderna (que foi seguida pelo Estado Novo e pelo regime militar do pós-1964).

No sistema de ensino brasileiro que promoveu – embora com certo atraso – Lima Barreto à condição de "clássico", calhou bem uma obra que proclamava o império absoluto da língua portuguesa e, ao mesmo tempo, fazia a destruição da figura do idealista. Num cânone que se proclama dono total do que é literatura no país, *Policarpo Quaresma* tem servido também para eliminar o *Dom Quixote*, tanto em termos práticos como em termos de efígie. A obra serve para liquidar o sonhador, completando, destarte, o papel da Inquisição. É óbvio que, no plano mundial, não fica extinta a obra de Cervantes e nem ela é substituída pela obra do mulato carioca. Esse sonho do cânone transforma o país em pesadelo. Nele a literatura não serve para despertar a consciência, mas para gostar do intragável.

Maior que a tragédia de um personagem ou de minorias é a tragédia sistemática de um território, cuja literatura não permitiu expressar as tragédias de sua história e de sua sociedade. Tratar tais temas em tom de sátira serve para tirar tragicidade ao sujeito e à situação. Para poder tornar-se trágico, um personagem precisa ser considerado portador de valores positivos: não é o que acontece com o objeto da sátira. Se na dramática busca de uma língua própria aparece como ridículo propor o tupi-guarani como língua oficial brasileira, subjaz como correta a opção da língua do conquistador português como indubitável língua natural, mas não se enfrenta aí a questão de a língua de sua certeza servir de repressão tanto das culturas indígenas e negras quanto de todos os imigrantes e seus descendentes. Cada palavra portuguesa carrega em si a opressão. O mínimo a sentir é mal-estar. Prepondera, porém, a atitude do missionário que fazia a "conversão dos gentios". O cânone é o endosso da repressão pretérita, como se tivesse sido a salvação, e da repressão presente, como se fosse o caminho da civilização.

O ridículo da proposta de Policarpo é tão notório que acaba servindo apenas para justificar a repressão pretérita e presente como caminho civilizatório. Sendo essa a passagem de Lima Barreto que realmente fica no cânone, ela convém à direita totalitária. Ele não é, portanto, como autor canônico, nem mulato, nem marginal e nem crítico. Por isso e para isso, convém que Lima Barreto seja colocado no cânone. Não tanto por suas passagens de sátira à grande imprensa ou a políticos de seu tempo – essa parte fica relegada ao olvido –, mas no que ele serve ao sistema estabelecido. Em suma, o cânone consegue fazer um "autor de esquerda" servir à direita, e não porque precise violentá-lo, mas porque ele já estava predisposto a isso. Por essa razão, ele está no *establishment* (que gosta de usar máscaras em seu rosto), faz parte dele, mais do que se tem admitido. É preciso pôr na cabeça de Barreto o barrete que lhe cabe. Ele não seria promovido pelo *establishment* se não servisse a ele. Ele não é e nunca foi um "autor de esquerda". Pelo contrário, é um sintoma de uma atitude freqüente. fingir-se progressista para melhor ser reacionário.

Fazer de conta que Lima Barreto constitui uma pura crítica é um modo de desviar a crítica: uma oposição consentida, que visa apenas a reforçar de outro modo o mesmo sistema. Ele não pretende criar a consciência de que a língua portuguesa no Brasil deriva de uma conquista e de um longo processo de repressão e opressão, embora haja grilhões sangrentos em cada uma de suas palavras. Serve, porém, para reprimir essa consciência, mostrando como ridícula qualquer outra alternativa que não a que historicamente conseguiu se impor. Essa é uma perspectiva senhorial. Gera-se, portanto, o sofisma de que, devendo ser aquilo que já é, também é porque deve ser, pois deve ser aquilo que é. É o círculo vicioso do conservadorismo. A "garantia de sua autenticidade" está no fato mesmo de ser formulado e entendido em língua portuguesa.

A cultura dos índios – como a dos negros – já havia sido em grande parte aniquilada e posta de lado em 1900: tratava-se – caso assim queira o olvido da má consciência – de uma "questão historicamente resolvida". O que não estava resolvido, naquela época, era "o problema" das línguas dos imigrantes, especialmente as dos colonos alemães e italianos no Sul, as quais eram faladas e lidas por crescentes milhões de pessoas. *O triste fim de Policarpo Quaresma* abre caminho para a repressão que, ensaiada em 1917, foi desencadeada, com todo o rigor, em 1938, pelo Estado Novo, com o fechamento de milhares de escolas e a proibição do ensino, e, logo, da fala e da escrita, da língua dos antepassados de milhões de brasileiros. Essa repressão é mantida até hoje: não foi um estado de exceção. Todos tiveram e têm de fazer de conta que eram e são descendentes de portugueses e adotar como sua uma história, uma cultura e uma identidade que lhes eram e são estranhas. *Policarpo Quaresma* é uma obra pré-modernista, enquanto prenúncio e anúncio do fascismo, mas não propriamente uma denúncia crítica.

A lógica autoritária decreta que saia do país quem não aceita o *status quo*, pois este é como é, porque é como deve ser: Brasil, ame-o ou deixe-o (como está...). Nessa atitude, estão juntos pensadores brasileiros de direita e de "esquerda": pertencem todos ao mesmo sistema, obedecem todos a um ditado, a uma ditadura que vem do "Descobrimento", passa pelos donatários e governadores gerais, pelo aniquilamento das culturas e dos povos indígenas mediante a "conversão dos gentios", pelo governo imperial, pela república dos coronéis, pela ditadura Vargas, e assim por diante, sem que, substancialmente, nada tenha sido alterado. Não há, nesse sentido, um *establishment* acadêmico e intelectual que não seja "de direita". Pintar índios a olharem, fascinados, a cena da "Primeira Missa" é um ato ideológico que considera ter sido a salvação deles o que foi o seu aniquilamento.

A pressuposição de Policarpo de que, em 1500, "nós já estávamos aqui" quando os portugueses chegaram, contradiz a si mesma já por ser dita em português: ela é feita para contradizer-se e torna-se, então, ridícula. É um fazer de conta que se é índio, sem "o" ser, aceitando-se como única contraposição a entre lusitano e indígena (só o fato de este ser reduzido a uma só nação já é uma absurda simplificação para os povos indígenas). O poder da forma é tal que a opção pelo lado português se torna inerente a tudo o que é dito (inclusive ao fato de se usar uma língua escrita que pretende ser de Portugal e nega a correção da gramática das ruas): o conteúdo que contradiga a forma nega a si mesmo. Mesmo na definição nativista do brasileiro como caboclo, mestiço de português com índia (que exclui, aliás, da brasilidade todos aqueles que não são fruto da "correta mestiçagem") o brasileiro não aparece propriamente como um *tertius*, como algo diferente. A fábrica matrimonial que o produz só serve para legitimar a "herança da terra": não vale em sua diferença. O "mestiço" torna-se "raça pura". Policarpo é incapaz de ir além desse horizonte restrito. Propondo como ideal um *status quo ante*, leva o leitor a afirmar como natural o *statu quo* vigente. Isso não é progressista, mas reacionário.

Quando se satiriza alguém, parte-se de uma convicção própria, inquestionável. Essa certeza está em Lima Barreto, e é respaldo e expressão do autoritarismo nacional, ainda que o autor não tenha tido consciência disso: como mulato, entre sua porção negra e sua porção branca, ele optou pela branca (já pelo simples fato de escrever na língua do português) preterindo sua parcela de descendente de escravos, e com tanto mais raiva dela quanto mais a tinha dentro de si. Isso é mais forte do que a sua origem ter-lhe possibilitado alguma consciência crítica.

É enganosa uma "identidade nacional" como interiorização da dependência e constituída à custa dos oprimidos de todos os tempos, bem como da exclusão de sua diferença. Enganosa é essa identidade livrescamente afirmada. Ela é a alienação instituída como falsa identidade. Por não ter conseguido elaborar isso, o autor fracassou também no projeto de escrever um *Germinal* negro. Lima Barreto não conclui o romance *Cemitério dos vivos*, que trataria da loucura e da vida nos sanatórios. Ele teve condições de produção, mas é um fracasso como escritor, porque foi incapaz de explorar e elaborar até o fim os temas que ele mesmo se propôs. Não há desculpa de bebedeira, loucura ou pobreza que cubra e encubra esse fracasso, pondo a culpa na sociedade para que a ideologia que ele repassa possa ser mais uma vez repassada aos leitores como doutrina. Para o escritor não há desculpa: ou ele faz ou não faz. Ele é julgado por seus frutos, não por suas intenções.

Zumbis culturais

Forçando semelhanças e olvidando diferenças críticas, o alemão Brisemeister observava que, como Dom Quixote, Policarpo falece no momento em que recobra a sanidade, quando se recupera das fantasias decorrentes da leitura. A ambos falta "juízo", ambos têm suas manias e buscam a justiça. A sagrada loucura desempenha nos dois um papel importante:

> Ambos os heróis, que passam estranhamente ao longo da realidade, não têm interesse em dinheiro, fama, êxito. Vivem em uma reserva de sonho, têm candura e pureza d'alma, vivem uma idéia fixa, são "ideólogos" e visionários. (...) Assim como Don Quijote alimenta o pensamento missionário de ser o último dos cavalheiros andantes, assim Policarpo Quaresma persegue a obsessão do patriota que pretende melhorar o mundo. Don Quijote se torna vítima das quimeras das antigas novelas de cavalaria, Policarpo se torna vítima da filosofia social da época, que é celebrada por fanáticos do poder e seus pregadores como uma religião. Torna-se mártir de uma sociedade que não o entende, porque ele, como Don Quijote, defende "coisas antigas", que estão na contramão de um novo mundo.[1]

Ao contrário do que aí se afirma, Dom Quixote queria a fama sim – vivia e morria por ela e para ela – enquanto Policarpo não era apenas um sonhador, mas representava, pelo avesso, forças políticas concretas com sua simpatia pela ditadura de Floriano. Ele não era apenas a reminiscência idealizada de um passado cada vez mais remoto. Policarpo não é o índice de um belo passado, que poderia voltar de novo, mas de uma ditadura presente, a qual não soube aproveitar o apoio que ele representava. Não se deve confundir o personagem com a obra a que ele dá o nome. A Policarpo falta um Sancho Pança que destaque a sua loucura mediante o bom senso popular. Enquanto o romance *Dom Quixote* é uma extensão irônica da figura de Dom Quixote, *Policarpo Quaresma* tem em Policarpo uma figura sem grandeza. Falta-lhe mais que o sonho de Quixote: falta-lhe a diversidade de suas aventuras, a capacidade de contemplar a si mesmo em contraste com a sabedoria popular de Sancho Pança, o talento de encenar de muitas formas o riso que o supera.

---

[1] Dietrich Brisemeister. "Der scheiternde Held als Leser", p. 443. "Beide Romanhelden, die an der Wirklichkeit seltsam vorbeigehen, haben kein Interesse an Geld, Ruhm, Erfolg. Sie leben in einer 'reserva de sonho', haben candura und pureza d'alma, leben einer fixen Idee, sind "Ideologen" und Seher. (...) So wie Don Quijote der missionarische Gedanke beseelt der letzte fahrende Ritter zu sein, so verfolgt Policarpo Quaresma die Obsession des weltverbessernden Patrioten. Don Quijote wird das Opfer der Chimären aus den alten Ritterromanen, Policarpo fällt der "filosofia social da época" zum Opfer, die von Fanatikern der Macht und ihren Hilfspredigen wie eine Religion zelebriert wird. Er wird zum Märtyrer einer Gesellschaft, die ihn nicht mehr versteht, weil er, wie Don Quijote, die zu einer neuen Welt verquer stehenden 'alten Dingen' verteidigt."

Esse paralelo com Cervantes, já anunciado por Manuel de Oliveira Lima e em geral silenciado pela exegese canônica (pois não lhe interessa denunciar a menoridade do cânone), falha quando não revela por que Quixote é superior a Policarpo. A exegese canonizadora tem horror a isso. Daí não ser possível também entender por que essa preocupação em definir a brasilidade não é capaz de esgotar o horizonte do *Dom Quixote*, cujo protagonista estava preocupado em defender os oprimidos, mas não estava interessado em definir a hispanidade (ainda que seja usado para isso), pois seu horizonte transcendia um território, um momento e uma nação. Euclides da Cunha, Graça Aranha, Lima Barreto, Mário de Andrade e outros ficam presos a um aqui e agora: só vão além por força do Estado, que os usa para promover sua ideologia. Como literatura morrem pela boca de seu nacionalismo. Exatamente por isso são ótimos para o cânone, que os decanta como se fossem as próprias sereias ressurrectas. O leitor canônico proposto pela ditadura militar em 1964 continua mantido quinze anos após o término oficial dela. Quem defende e ensina o cânone é um *colaborateur* e agente do totalitarismo e do racismo luso-brasileiro.

Dom Quixote não é somente "vítima das quimeras das antigas novelas de cavalaria", ele não apenas "defende coisas antigas, que estão na contramão de um novo mundo". Essa leitura é incapaz de perceber o cansaço com os livros e que o passado nunca foi ideal. As novelas de cavalaria representavam a busca de um ideal de justiça e pureza que a aristocracia feudal jamais concretizou e nem podia concretizar: ela própria era a causa primária de injustiças sociais. Cervantes desconstrói sua ideologia. São histórias de viagens anteriores às versões cristãs correntes. As versões católicas são redutoras do que se entende aí como busca de perfeição, como ideal a ser concretizado.

Já se tem hoje, pela *science fiction*, a superação da versão cristã sem que a estrutura fundamental desse tipo de narrativa tenha sido superada, embora tenham sido alteradas quase todas as estruturas de superfície. Obras cinematográficas como "Guerra nas estrelas", "Alien" ou "O quinto elemento", são exemplos de como se repete, sob a capa tecnológica, a mentalidade feudal, a busca cristã do Santo Graal, as histórias da Távola Redonda, o ciclo do Rei Artur e assim por diante, sem alcançar a complexidade interna de *Don Quijote de la Mancha*, cujo herói não é apenas um *chevalier sans peur et sans reproche* (ainda que também o seja). A peregrinação de Quixote e Sancho Pança é ridicularizada sem que a própria busca e o ideal de justiça e de pureza sejam considerados ridículos. A Ilha de Barataria é cercada de terra por todos os lados, ridícula portanto, mas nem por isso Sancho Pança deixa de se revelar um bom governante e nem deixa de largar tudo para seguir o Cavaleiro da Triste Figura. A peregrinação deste pode ser lida como uma paródia das peregrinações cristãs, assim como a ridicularização do sonhador pode ser lida como uma interiorização da repressão católica. O que faz a grandeza da obra é sua irredutibilidade a uma explicação simples.

Em Policarpo resta apenas o ridículo, sem que uma grandeza a perpasse e transcenda: ele é trivial e é menor a obra em que ele está. Na escola brasileira, ele substitui o *Dom Quixote* sem que se permita o acesso ao que o supera há séculos. O cânone é a vitória da mediocridade sobre o talento. A situação nas escolas brasileiras é tão perversa que nelas se estuda o menor como se fosse maior para evitar estudar o maior. O interesse ideológico de um nacionalismo estreito e feroz é maior do que o respeito pela arte (que, aliás, não existe e nem é cultivado). Assim, mantém-se como natural uma sociedade perversa em sua espoliação do trabalho social, no luxo e desperdício de uma minoria de espertalhões sustentada à custa da miséria e da opressão da maioria. A literatura não é inocente, não é mera brincadeira. Há sangue em cada palavra da língua portuguesa. Barreto serve para limpar as sangrias históricas e apresentá-las como seiva nacional. Isso torna-o conveniente ao cânone, cujo padrão e patrão é a língua do conquistador luso, como se fosse algo heróico e sublime. *Dom Quixote* afirma o sonho diante da realidade; *Policarpo*, a realidade como sonho.

Tornou-se marcante – por ser a parte de sua obra mais reiterada no cânone – a cena em que Policarpo, caricatura do nativista, recebe os amigos chorando por ter ouvido dizer que os índios recebiam com lágrimas os amigos, como sinal de alegria. Isso não é verdadeiro quanto aos índios, mas serve para legitimar a invasão lusa. Por que tal inversão? É conveniente fazer uma caricatura que não atinge a questão subjacente ao engodo nativista. O nativismo nunca foi uma defesa do nativo, e sim uma legitimação do conquistador e uma discriminação do negro e do mulato. Até o seu nome é falso. Qual é a verdade, porém, do que não é verdadeiro? A que constelação de forças esta cena dá uma resposta, a ponto de figurar no discurso oficial? A que ódio corresponde o riso que ela quer provocar?

Lima Barreto questiona o nativismo sem superar sua proposição, questiona a visão idealizadora do país sem ir além de seu horizonte. Como o cânone partiu de uma visão do Brasil como paraíso, insistindo nela durante o período colonial e imperial, resta saber se ele poderia absorver uma visão aparentemente antitética, sem abandonar o seu sistema. Uma resposta fácil, e freqüente, é a inversão do esquema: em vista dos flagrantes problemas, em vez de se projetar o paraíso no passado, ele é jogado no futuro. O passo, contido em Caminha, "em se plantando, tudo dá", é reproposto como "em se plantando, tudo dará", para significar deveras "em se plantando nas minhas terras, tudo me dão" (porque tudo tomo).

Pode-se até interpor um "em se capinando, tudo dará", ou assertivas emblemáticas como "ou o Brasil acaba com a saúva, ou a saúva acaba com o Brasil" e "muita saúva e pouca saúde, os males do Brasil são" (nas quais a saúva também é o emblema de quem vive em colônias, ou seja, o colono), contidas em *Policarpo* e *Macunaíma*. Isso tudo não se contrapõe, mas se suplementa: no máximo são antíteses dentro de um mesmo sistema, uma com a esperança jogada no passado e, a outra, no futuro. Todas se unem na alienação do presente e no combate daqueles que vivem em colônias como as saúvas (os colonos). O hino nacional pode dizer que o país tem mais flores, mais verdores e mais amores, para logo afirmar que ele é um "gigante adormecido" (onde tudo está por fazer): ou o paraíso é perfeito como leito ou ele se tornará perfeito com o gigante acordado (como se esse despertar não destruísse o meio ambiente). A historiografia costuma dar uma visão do país como paraíso; a crítica pode levantar problemas objetivos, com o objetivo de resolvê-los: mas seu horizonte não vai além da nação e da noção cristã de paraíso, formas de danação da arte, da ciência e da vida que sempre estão além disso. Essas alternativas limitadas e falsas são impostas pela tradição metafísica.

Policarpo pode participar de uma busca apaixonada de uma definição do país como paraíso, com uma perspectiva otimista do futuro. Embora sempre seja de novo desmontada, como se desenvolvesse um panorama pessimista, não é abandonada a crença no paraíso e no país como paraíso: o simples gesto de escrever e publicar faz parte do projeto otimista.[2] Nesse prisma, não "otimistas" parecem ser apenas o suicida, aquele que pára de escrever ou que emigra. A rigor, só teria algo a dizer quem estivesse convencido da inutilidade da escrita. Esta seria a ponte construída desde o abandono de toda esperança, mas como se não tivesse mais nenhuma razão real de ser. A mera insistência em um projeto salvacionista decorre de uma problemática social sem solucionática política. O cânone promete esperança porque decorre do desespero. Declara o contrário do que sente. Faz parte da tradição metafísica. Não há sociedade sem problemas, mas as civilizadas conseguiram resolver questões primárias como saúde, alimentação, moradia, emprego. Elas não precisam insistir que são paraísos. Só quem não tem paraíso sonha com ele; só quem não é, diz que é. A insistência na exaltação, sem qualquer senso crítico, é sinal de fraqueza. Quem é forte, sobrepõe-se à crítica; quem é fraco e inconsistente, precisa ser autoritário.

Policarpo é um visionário que quer fazer reformas, como a reforma da língua e a reforma agrária. Ele é ridicularizado, considerado um louco. A quem interessa que seja considerado maluco todo aquele que quer fazer reformas radicais? Ora, interessa a quem tem algo a perder com elas. E quem teria? A oligarquia fundiária. Tão simples é a resposta. O Lima Barreto que está no cânone não é um autor de esquerda, e sim um autor conveniente à oligarquia que o promove, para que seja considerada loucura toda tentativa de fazer reformas radicais no país.

Hortus conclusus

Com sua coleção de obras da literatura brasileira, Policarpo Quaresma indicia, quase sem querer, uma crítica ao cânone: ele não sabe o que faz, porque não faz. Acredita tanto no gesto semântico do cânone que este acaba por não conseguir sustentar tanta crença. O leitor não é induzido, porém, a duvidar dessa crença. O autor não leva até o fim essa revisão. A biblioteca da loucura de Policarpo inicia

---
[2] *Idem, ibidem*, p. 444.

com a *Prosopopéia*, de Bento Teixeira, sem se dar conta de que se trata da obra de um português relativa ao território brasileiro: assume o ditado alheio como sendo a sua identidade, num processo típico de alienação. O português "é", então, brasileiro.

A rigor, não há questionamento nenhum, e sim apenas a reafirmação da antiga dominação. Essa obra está pedindo para entrar no cânone. Ela "redescobre" Gregório de Matos como satírico, como se este tivesse sido um patriota brasileiro, a criticar portugueses a partir de uma perspectiva popular e nacionalista. Recai no engano nativista e machadiano de postular o *Uraguai* e *O Caramuru* como obras pioneiras na determinação da identidade brasileira. São citados ainda Alencar, Macedo, Gonçalves Dias, Castro Alves, Aluísio de Azevedo, Machado de Assis, Inglês de Sousa. Em suma: repete o cânone, sem demonstrar saber o que ele é.

Brisemeister comentou:

> A biblioteca é um *hortus conclusus*, um refúgio da identidade nacional, em meio a uma situação que, no plano político, social, cultural e econômico, tem uma aparência completamente diversa do que a quintessência ou projeção da realidade nos livros. Livros e biblioteca são parte e expressão do patriotismo que Policarpo Quaresma cultiva de modo hipertrofiado, até que ele, em grotesca inversão, acaba como traidor da pátria. Livros encenam para ele o *laus Brasiliae*, o elogio da pátria, segundo antigos modelos retóricos, colocando-a acima de todos os outros países. O Brasil aparece como paraíso na terra.[3]

Nesse sentido, a biblioteca gostaria de ser um espaço fechado, sem interferências externas, mônada a sustentar o santo espírito (e sendo por ele sustentado). Ela depende, no entanto, de verbas para sustentar-se e desenvolver-se. Já por isso não consegue ser um *hortus conclusus* e, menos ainda, servir de "refúgio da identidade nacional".

---

[3] *Idem, ibidem*, p. 439: "Die Bibliothek ist ein hortus conclusus, ein Hort nationaler Identität, inmitten einer Umwelt, die politisch, sozial, kulturell und wirtschaftlich ganz anders aussieht als die Quintessenz oder Projektion der Realität in Büchern. Bücher und Bibliothek sind Bestandteil und Ausdruck des Patriotismus, den Policarpo Quaresma in übersteigerte Weise kultiviert, bis er schließlich in grotesker Verkehrung als Vaterlandsverräter endet. Bücher stellen ihm die 'laus Brasiliae', das Länderlob nach altem rhetorischen Muster im überbietenden Vergleich mit allern Ländern vor. Brasilien erscheint als Paradies auf Erden."

Esta – expressão antes do irracional – tem sido definida em detrimento da diferença e à custa da extinção da multiplicidade da vida cultural e das raças humanas. Policarpo faz parte desse processo de extinção, e não como alguém que é morto por engano, mas como ativo agente cultural da repressão. Lido corretamente, ele se prestaria para mostrar que a identidade nacional não é como ele supõe que ela deve ser. Ele não se presta para dizer, todavia, que ela contém em si mesma um erro, já que reduz tudo a um único modelo étnico e cultural. Como ele desperta a simpatia do leitor, antes o conduz ao nazismo brasileiro do que dele o afasta.

Uma leitura simples da loucura de Policarpo – mas não arbitrária – conclui que ler muito faz mal para os miolos. Melhor seria, então, ser ignorante. Isso corresponde à mentalidade de um país cheio de analfabetos, em que os governos não precisariam cuidar de educação, bibliotecas e museus (mas cuidando, assim, da saúde mental do povo, dentro do princípio de que o reino dos céus pertence aos pobres de espírito). Corresponde ao provérbio segundo o qual "manda quem pode, obedece quem tem juízo", no qual se consagra o princípio autoritário, bloqueando qualquer questionamento. Pensar não é, então, assumir a si mesmo como sujeito capaz de raciocinar por si: é repetir o que "disseram", o que os chefes locais querem que seja dito. Não se faz nenhuma diferenciação quanto à qualidade dos livros, mas duvida-se dos "fatos" quando estes não são como o senhorio diz que eles devem ser. Mediante o cânone, o senhorio diz, porém, como tudo foi e tudo é.

A "estética da mímese" prepondera, para fazer de conta que a realidade foi e é como o cânone diz, mas não para "copiar" a história social e a estrutura de classes como de fato foram e são. Sua ficção é mentira institucionalizada. O intelectual orgânico acredita nessas mentiras, mas, nem por isso, chega à verdade, pois não sabe que se mente. O erro "mimético" estaria apenas, portanto, em não acreditar no que os livros dizem: o princípio do "pior para os fatos" serviria para corrigir qualquer "malversação". A pressuposição de que há uma verdade absoluta leva à crença de que há uma justiça absoluta: se assim é, ela deve ser imposta a todos. Então, em nome de uma sociedade mais justa, de uma nação superior ou de um ser humano melhor são feitos também processos, difamações, prisões, torturas, mortes. Isso já aconteceu, fora e dentro do Brasil. Nesse sentido, foi até bom que Policarpo morresse, ainda que pelas razões erradas: dos males, este seria o menor. Se ele tivesse chegado ao poder, não teria sido apenas engraçado, mas terrível e atroz. O cânone brasileiro realizou o que o zdanovista russo quis fazer: usar a literatura para dar uma versão dos fatos conveniente ao poder.

Lima Barreto ajuda a legitimar o nacionalismo de direita que dominou a ditadura militar da República Velha, pois sequer vê alternativas a ele. Embora Policarpo leve à contradição de acabar morrendo, fuzilado, pela causa florianista, em que mais acreditava, o que resta daí é que Floriano não entendeu bem a quem o apoiava, a ponto de mandar matá-lo, ou que a sua ditadura devia ser um pouco mais "civilizada", tratando bem os prisioneiros e tendo tolerância quanto aos "bolsões fanáticos mas bem intencionados". A preferência do intelecto é, então, uma ditadura *soft*, com as garras aparadas, em que o peso do sistema se desloca mais para a propaganda ideológica do que para a repressão policial. Esse é todo o seu "esquerdismo". O nacionalismo exacerbado tende a ser uma forma de narcisismo étnico e xenofobia: ele não apenas é cultivado pelo cânone brasileiro, como também constitui sua espinha dorsal. Quanto maior a idealização, maior o choque potencial com a realidade. Tratando-se de uma crença irracional, que existe porque a realidade é o avesso disso (ainda que esta seja citada como fundamento), tende a encapsular-se, e, tanto mais, quanto mais a negatividade real vem bater à sua porta.

Mostrar o ridículo de alguém traz implícita a sua condenação: o efeito disso no receptor pode não ser idêntico ao que motivou seu autor e seu ator. Pode levar apenas a corrigir alguns elementos externos e secundários do caricaturado para acabar reforçando a sua estrutura fundamental. Em vez de uma demolição crítica, o riso pode tornar-se um reforço corretivo. Nada há de que não se possa rir, mas "o que dá para rir, também dá para chorar". O riso grandioso é aquele que aflora através da lágrima, jorrando a esperança de superação. Daí a importância da exegese, que pode levar o leitor em uma direção ou outra, pró ou contra o autor.

Policarpo Quaresma pode levar a crer, por exemplo, que não adianta ser consciente e engajado, meter-se em política, lutar por mudanças sociais e enfiar a cara nos livros. Essa leitura é conveniente ao espectro conservador e incentiva a inserção no cânone. A sátira a uma versão simplória do nativismo não o atinge e serve para fazer com que seja aceita sem críticas a economia globalizada. Não se podendo mais reiterar a identificação romântica com o índio e nem com o drama indígena setecentista, requenta-se o nativismo para que cada um se assuma como "índio", como excluído do mundo rico, achando engraçado "não ter o que comer". Essa obra abre também espaço para uma série de vertentes "nativistas" que se tornaram centrais no modernismo: anta, antropofagia, verde-amarelo. Quando se busca uma unidade ideal para o que se caracteriza pela diversidade, tende-se a impor um modelo à totalidade, desfazendo todas as diferenças, e se desfazendo de todas elas: é o totalitarismo.

Que Isaías Caminha seja filho bastardo de padre e de uma doméstica, sendo não mais a raça e sim o meio que faz gorar o mulato no meio do caminho da vida, acaba tendo pouca importância em termos canônicos na medida em que só *Policarpo Quaresma* (publicado como folhetim em 1911) é considerado obra relevante, "de maturidade". Desta obra ficam no cânone apenas alguns "instantâneos". Policarpo é a caricatura de quem quer fazer reformas, mas não para resgatar o espírito revolucionário de Quixote. Prepondera nele o reacionário. Se propõe o resgate da dívida com os índios, isso é proposto como oficialização do tupi-guarani, uma proposição que não pode ser levada a sério e que só serve para afirmar o seu contrário. Criticar Floriano quando ele já estava longe do poder era fácil; defender presos, quando o episódio da revolta já estava encerrado há anos, também não era nada. O que Policarpo propõe é uma reforma no campo, exigindo apoio do governo para comercializar o produto agrícola e combater as pragas: exatamente o que a oligarquia latifundiária pleiteava. O simpático Ricardo Coração dos Outros é contra o cinema, contra o futebol, contra o arranha-céu, contra a ascenção profissional da mulher: um atraso de homem proposto como herói positivo. Ismênia é criada para casar e, quando perde o noivo, acaba morrendo pois não tem mais sentido para a existência: não é possível aí outro horizonte à mulher. Em suma: um universo tacanho e reacionário. Esse é o "esquerdismo" do cânone.

Policarpo Quaresma esboça o conflito entre "modelo europeu" e "cultura nacional", sem conhecer, contudo, a realidade européia e nem reconhecer a brasileira. Critica o que não conhece. Teria tido na figura do imigrante um elemento estratégico para fazer a mediação entre os dois mundos, mas não tinha a menor boa vontade nesse sentido. Pelo contrário, cheia de rancor a obra reage contra o imigrante, num paradigma típico do cânone, como se mostra em obras diversas: *O cortiço, Canaã, Amar, verbo intranstitivo, Macunaíma, Vidas secas, O tempo e o vento, A hora da estrela,* etc. O próprio imigrante nada pôde se dizer no cânone: falaram por ele, e mal. A descendente do imigrante aparece como fascinada pelo nativista, sendo protegida por ele, como se não fosse da lógica do nativismo a exclusão do imigrante. Quem teria melhores condições para nuançar a questão não teve, porém, espaço para discuti-la. Quando o imigrante passou a ser evocado no cânone, foi apenas para afirmar o preconceito, nunca para elaborar o conceito.

Do limão à limonada

Se um mundo sem riso é cruel, cruel também sabe ser o riso como grito de vitória: momento de degradação do vencido e de autoafirmação do vencedor. Escárnio e tripudiação são sempre um aniquilamento *in effigie*. Como esse grito, dentro do processo dito civilizatório, sempre é feito, como na selva, à custa da destruição e do aniquilamento de quem se revelou mais fraco ou menos hábil, a historiografia costuma encenar a criminalização do vencido e a auratização do vencedor. O darwinismo cultural, que costuma ser ingenuamente endossado pelos professores do cânone brasileiro, pelos professores de gramática normativa, pelos "puristas" e tantos outros, tende a não levar em conta a qualidade da cultura aniquilada e a não ver as limitações da "identidade cultural" do opressor.

Ainda que a cultura dos índios e dos negros fosse considerada primitiva e atrasada, carente de técnicas mais refinadas de agricultura e da tecnologia industrial, sem artes mais complexas e sem espírito científico, o mesmo não se pode afirmar de grupos de imigrantes – como alemães, italianos e japoneses –, embora tenham sofrido o mesmo destino. O problema não está na qualidade da cultura oprimida e sim na vontade de poder do dominador. Além de não se reconhecer a decisiva importância dos imigrantes para o desenvolvimento agrícola, a industrialização e a urbanização, em nada se lamenta a morte de seus fortes segmentos culturais causada pela política de assimilação. Para todos eles foi imposto o mesmo problema dos negros e dos índios, que o cânone faz de conta que resolve mediante falsas vozes e falaciosas interpretações da história. Há mais oprimidos na cultura brasileira do que os próprios oprimidos ousam supor. Eles preferem não se reconhecer, aliás, como oprimidos: até isso a longa opressão conseguiu fazer com eles. A identificação com o opressor faz do oprimido um novo opressor. A "independência" é, então, apenas a interiorização da dependência.

O mestiço suburbano Lima Barreto entrou para o cânone por sua adequação ao cânone branco, por defender posições caras à oligarquia, e não porque o cânone seja democrático, aberto à arte ou procure dar espaço às minorias. Na mesma época em que ele escrevia, havia centenas de jornais e revistas em língua alemã sendo publicados do Rio de Janeiro a São Leopoldo, com edições cujas tiragens ainda estão para ser levantadas, e nessas publicações encontram-se contos, poemas, novelas em língua alemã que, embora produzidos, divulgados e consumidos no Brasil, estão, de antemão, excluídos do "canonizável", como se jamais tivessem existido no território brasileiro. Estão excluídos da literatura brasileira. É uma cultura que nada vale para a brasilidade. Isaías Caminha, Policarpo Quaresma e outras figuras foram uma ajuda estratégica para reprimir e enterrar essa cultura, sob a aparência de nada terem a ver com isso: não foi deixado sequer um sinal na cova rasa coletiva. Em seu ódio às minorias, "esquerda" e direita brasileiras dão-se as mãos, são o mesmo.

Culturas inteiras – com suas línguas, danças, vestimentas, usos, costumes, músicas, associações, literaturas, etc. – foram aniquiladas quase sem deixar rastro: só o seu avesso aparece no cânone, em um discurso que proclama uma só e única "identidade e cultura nacional". Nesse "crê ou morre", quem não proclama sua adesão às crendices oficiais já está morto para a (in)cultura do país. Os descendentes dos índios, dos negros e dos imigrantes tiveram de se "assimilar", isto é, "esquecer" a língua, a identidade e a cultura dos antepassados para "adotar" a língua, a história e a identidade oficiais como se suas fossem. Foram obrigados a fazer o haraquiri de sua identidade. Reclamou-se especialmente dos "alemães" por "não se adaptarem": foram, então, "adaptados" à força. Nos Estados Unidos, os imigrantes alemães adotaram espontaneamente a cultura dominante por considerá-la elevada. Nem a cultura luso-brasileira e nem os usos e costumes vigentes na política brasileira foram, no entanto, considerados superiores por várias gerações de teuto-brasileiros. Essa "aberração" foi, então, aniquilada à força pelo usual nazismo brasileiro.

Leonardo, Policarpo, Macunaíma – pícaros da busca da identidade nacional – são ridículos, figuras carnavalizadas: sob a sua emblemática graça há, no entanto, uma imposição séria, por darem uma resposta conveniente ao sistema: um modelo de "brasilidade". A rigor, eles não são nem um pouco engraçados. Quem sofre a opressão deles não consegue julgá-los engraçados. O que esses bonecos encenam é triste e sem grandeza. Achá-los apenas engraçados faz parte da perversidade nacional. Dom Quixote, embora contenha o risível e seja ridículo, revesa isso com momentos de grandeza, os quais não se reduzem apenas à sugestão de que é lamentável que o mundo não seja sublime como o sonhado. Dom Quixote seria menor se, como os brasileiros, reduzisse o seu horizonte à perquirição do que é "espanhol", mesmo que, em leituras deformantes, haja tentativas de transformá-lo em símbolo da Espanha (de cuja história o seu percurso é antes uma caricatura crítica do que um *pladoyer*). Ele não estava preocupado em concretizar e defender a hispanidade, e o que ele expressa é mais do que apenas espanhol: é universal.

Macunaíma, ao evocar o mito do mutum para explicar a constelação do "Cruzeiro do Sul", não tem mais a propor do que a regressão a uma explicação mitológica indígena: não ousa levar avante o raciocínio, para questionar uma denominação que tratou de coagir todo o hemisfério sul ao catolicismo (o que foi consagrado na bandeira brasileira). Aliás, ele não pensa nada, como também é primário, e reacionário, o raciocínio constitutivo da obra: após contemplar a industrialização, o latifundiário, travestido de primitivo, retira-se, decepcionado, para morrer de tristeza no meio do mato por não mais dominar o mundo moderno. A atribuição de um sentido à constelação decorre de uma ilusão ótica, determinada pelo ângulo terráqueo de visão, em que são reunidas estrelas muito distantes entre si e que nem sequer pertencem ao mesmo "agrupamento".

O nome "Cruzeiro do Sul" tem por pressuposto que Deus é um escritor, o qual teria deixado signos na natureza (como se esta fosse um imenso livro) a serem decifrados pelos homens para eles encontrarem os seus caminhos. O mito do mutum, registrado por Koch-Grünberg, já não mais apenas contado por um índio para outro índio, evocado na obra, envolveria uma revisão da "conversão dos gentios" e da imposição da ideologia e dos interesses da Igreja Católica. Nada disso é feito. A readoção da "identidade indígena" torna-se aí, porém, uma regressão, não uma alternativa crítica. O oligarca Mário de Andrade, obcecado por prestígio e postos governamentais, não ousou enfrentar nem a questão do domínio exercido pela Igreja e nem a duplicação metafísica do mundo. A novela é rasteira, mas considerada suprema pelo *establishment* paulista, o qual não quer discernir o que nela deixou de ser elaborado: endossa-se, assim, como "modernista" o seu reacionarismo antimoderno e o seu arrogante preconceito – de origem latifundiária – contra os imigrantes. O "brasileiro" ser considerado aí como preguiçoso expressa a perspectiva das classes dominantes, para as quais escravos, peões e operários nunca trabalham o suficiente, já que elas enriquecem à custa do esforço deles.

Embora não tenha também sabido enfrentar a questão filosófica, Lima Barreto tinha, ao menos, ridicularizado a tentativa de regressão ao primitivismo indígena: não sem uma ponta de nostalgia, era mais avançado que seu sucessor. Já por isso é ridículo classificá-lo como "pré-modernista", uma terminologia adequada à vontade paulistana de dominar culturalmente o país. Falta coragem à crítica e à historiografia literária para discutir a questão da falta de ousadia dos escritores em proporem questões com espírito mais avançado. Quando Baudelaire, Flaubert, Mallarmé, Zola, Nietzsche, Sartre e outros autores de ponta tiveram alguma influência na literatura brasileira, sempre ocorreu uma neutralização de seu espírito mais crítico, não apenas no sentido de apresentar deles uma versão mais *soft*, e sim por configurar-se uma castração e até uma reversão dos sentidos originais, alterando-os para o contrário do que eram. Por isso, são mentiras e falsidades terminologias aplicadas ao cânone brasileiro como realismo, naturalismo, parnasianismo, simbolismo e modernismo.

Na *Antígone*, encena-se o conflito entre normas antitéticas: a de que os traidores do Estado devem ser punidos e a de que os mortos devem ser enterrados. Hegel viu nesse conflito a realização da dialética, os opostos que mutuamente se dilaceram para ser superados por um estágio superior. Para Sófocles (que foi sacerdote e político), como para o espectador grego, só havia uma norma certa: com os serviços fúnebres as "sombras" deviam poder repousar no Hades. Era um conflito entre a bela e a fera, entre mocinha e tirano. Tendia a ser reduzido a uma narrativa trivial pelo espectador. A obra é, porém, mais do que isso. Ela encena o conflito entre razão de Estado e consciência individual de um modo que o cânone brasileiro nunca soube fazer (já porque isso é contra sua natureza).

Na primeira leitura, a peça quer demonstrar a superioridade da norma religiosa sobre a civil, dentro do princípio teocrático que regia o poder grego. Propõe a inviolabilidade de princípios morais diante das conveniências pessoais, mas, ao fazer o espectador identificar-se com quem seria destroçado (porém não derrotado), inverte o esquema do trivial. Demonstra a necessidade de limitar o poder do governante, a fim de evitar a prepotência e o descaso do bem comum (conferindo mais poder à casta religiosa?...), sem saber bem como fazê-lo, a não ser propor uma instância moral ou religiosa como poder moderador. Continha destarte, em forma embrionária, a proposta da divisão dos poderes e a contenção e equilíbrio deles entre si, o que demorou mais de vinte séculos para ser formulado.

Para os mortos, não faz diferença se são enterrados, cremados ou comidos pelos urubus. Para uma consciência ecológica, poderia até parecer melhor que o cadáver fosse alimento de lobos e de urubus do que desperdiçado no fogo ou na podridão. Isso superaria o drama imediato, que levou Antígone à morte. É uma crendice religiosa grega supor que, sem homenagens fúnebres, a "sombra" não iria literalmente para o "Hades". Que os vivos precisem elaborar o luto como consciência da perda do ente amado e projetem isso no "descanso dos mortos" é uma confusão de duas instâncias separadas e distintas. A confusão, sendo absoluta para quem é envolvido por ela, leva à tragédia, que pretende, então, ser absoluta. Do ponto de vista político, mais importa, em geral, sobreviver e continuar lutando do que morrer como "herói olvidado" (a não ser que o gesto suicida desperte mais reação do que o sujeito sozinho poderia promover). Se a moral é relativa, toda tragédia é uma ilusão de um momento e lugar. Então não há trágico, mas apenas errância e erro, ignorância de quem não percebe os limites de suas crenças e ambições. Como o sujeito vive, no entanto, sujeito às determinantes de um *hic et nunc*, o peso de sua circunstância costuma ser o seu destino, com o peso do absoluto. Pode tentar compensá-lo pela fantasia ou fugir mediante a emigração, mas isso não tira o peso dos fatos.[4] Sófocles era um sofista: a profecia dos deuses cumpre-se em Édipo porque este acreditava nela; se não acreditasse, nada teria acontecido.[5] Acontece porque ele crê, para que se creia porque aconteceu. A obra descola-se, portanto, do seu *background* religioso, pois propicia inclusive uma leitura contrária a ele. Ao invés de apenas propagar a religião grega, pode ser lida como uma advertência contra suas crendices (como oráculos, profetas e visionários). Nas tragédias, há sempre a ruptura de uma situação de normalidade – e esta revela ser estranha, inóspita, ameaçadora – para ser demonstrada uma estrutura normativa antitética. O trágico acredita no valor dessas normas: por elas se morre e se mata. O que lhe dá força é também sua fraqueza. Elas são mais importantes do que a própria vida. Quando se consegue perceber que esta é mais ampla e importante, devendo ser preservada mesmo à custa da dignidade, chega-se à picaresca, uma variante do tragicômico, o qual é, por sua vez, superior à simples comédia, pois mantém em cena o conflito trágico, a discussão do sentido da existência e a suspeita de que há valores sem os quais a própria vida não teria sentido (como pode ser superior à tragédia quando percebe o ridículo desta).

Policarpo e Macunaíma, cada um a seu modo, ambos porém dentro da estreiteza do nacionalismo, tentam provar cada qual a sua própria perspectiva, combatendo aquela que lhe parece antitética. Uma diferença, em relação a escritores como Homero, Cervantes ou Tolstói, é que os autores brasileiros não dão chance para que a outra voz, a voz do outro, se manifeste, dizendo a sua diferença e identidade. Estão marcados pelo autoritarismo autocrático, que gera a incapacidade de discernirem com clareza qual é a efetiva antítese. Montar uma pseudo-alternativa como antítese, para daí atacá-la, não permite que a tensão do trágico se manifeste em sua grandeza: as obras esvaem-se na caricatura, no ataque ou na defesa fácil a um nativismo já superado, cuja mentira não é decifrada, e sem que uma alternativa

---
[4] Jorge Luis Borges, "El milagro secreto", *Ficciones*, p. 149 ss.
[5] Friedrich Nietzsche, *Sämtliche Werke–Kritische Studienausgabe*, Band 9, "Thukydides und Sopocles Vertreter der sophistischen Cultur" (Ende 1880), p. 345.

válida se exponha e manifeste. Há um desvio para o menor e secundário, deixando de aflorar o importante e que de fato faria diferença. Essa deformação é consagrada como correta.

Embora já tenha sido dito e redito que Lima Barreto é um "mau escritor" (a rigor não existe isso, pois ou se é escritor ou não se é), ele tem se mantido no cânone: isso, que deveria propiciar chegar à sua verdade, tem servido para evitá-la, pois a exegese canonizadora não está realmente preocupada em discernir a qualidade artística (embora finja estar). Sob a aparência de reserva quanto à qualidade artística desse autor, ela escondia um temor e um horror reacionários diante da ousadia de Lima dizer coisas "que não convém serem ditas", como criticar a empáfia e a superficialidade do jornalista, a venalidade da imprensa e a bagunça no legislativo, caricaturar políticos representativos como o Marechal Floriano e Rui Barbosa, propor temas subversivos como a corrupção da imprensa, o Germinal Negro, etc. A parte mais esperta da exegese canonizante percebeu, no entanto, como ele poderia ser útil para a política conservadora. A "esquerda" acabou colaborando com a direita, a pretexto de lutar por um espaço próprio. A própria oligarquia gera, endossa e sustenta a oposição que mais lhe convém. Não há mais nada a conversar com ela, pois, embora fale e escreva muito, nada mais tem a dizer. Não há bibliografia a citar.

A República recém-fundada precisava de uma contraposição à ideologia literária do Império. Se esta se fundou no indianismo, aquela fez uma crítica ao nativismo indianista via Policarpo, assim como fez a defesa da política autoritária através de obras como *Os sertões* e *Canaã*. Em nada disso há humanismo, bondade, piedade ou iluminismo; há autoritarismo, preconceito, repressão, prepotência, discriminação. O atraso celebra, arrogante, a sua vitória. O cânone é a barbárie que pretende ser civilização por ser e encenar o desfile triunfal do vencedor, que arrasta os vencidos no cortejo como testemunho de sua glória.

Lima Barreto mais serve ao sistema do que o critica. Se caricaturou o Marechal de Ferro, fez o mesmo com Rui Barbosa (que representava a oposição civilista). A sua vocação é o jornalismo, não a literatura. Embora possa ser acusado de "documentarismo jornalístico", deixa passar quase em branco questões centrais da imprensa da época, como Canudos, o compromisso do Estado com a Igreja, a política de imigração, o processo de industrialização, etc. Quando diz algo, diz mal. A crítica social e política embutida em sua ficção contém a crença jornalística na imprensa como "quarto poder" (que não consegue perceber como o poder da palavra se dá no silêncio). A palavra de protesto é ingênua; a palavra silenciada faz, porém, o jogo do poder ao internalizar a sua repressão. Lima Barreto tornou-se um autor importante para o cânone, ainda que não tenha sido grande escritor: não tem a grandeza épica de Tolstói, a dramaticidade de Dostoiévski, a sutileza de Proust, etc.

O preconceito do pré-modernismo

Atribuir ao "interregno" do pseudoparnasianismo/simbolismo ao assim chamado modernismo o conceito de "pré-modernismo" significa dizer que ele só vale e se justifica em função do modernismo. Nenhuma obra desse período foi escrita, porém, para que fosse promovida a propalada Semana de Arte Moderna, esse golpe de Estado para São Paulo assumir o poder intelectual sobre o país. Nenhuma produção literária ocorre em função de outra que a sucederá. Se São João Batista é lembrado entre os cristãos como anunciador de Cristo, trata-se de uma escrita *ex-post*, para legitimar o que adveio: ele só valia por "ter afirmado" que Jesus era divino. Se afirmou ou não, se batizou ou não, pouco importa: importa apenas que seja dito que fez, e que se acredite no que alguém escreveu. A ficção torna-se realidade, para que a realidade se torne ficção.

Trata-se de uma visão paulistana de "evolução literária", que puxa as brasas para a sardinha local, como se ela fosse algo supremo, cerne de toda a história, a multiplicar-se para todos como se Cristo estivesse vivo e só se devesse comer pão com sardinha: é a periferia, que quer ser centro, à medida que reproduz em si a história do centro, que é o único a realmente ter uma história que conta. Nesse esquema, "pré-modernismo" está para "modernismo" assim como Graça Aranha, Euclides da Cunha e Lima Barreto estariam para Mário, Oswald e Drummond de Andrade. Tomando o modernismo como vanguarda absoluta, deixa-se de examinar, por exemplo, o seu caráter reacionário, a sua antimodernidade: formas novas para conteúdos antigos, em que o "novo" é apenas a adaptação local da moda oriunda de Paris (mas castrado do "anarquismo" dadaísta, do "comunismo" surrealista, etc.). Sob a aparência de inovação, tem-se a renovação do antigo: formas novas para conteúdos arcaicos.

Como pode ser "pré" uma literatura que foi tão "avançada" quanto aquela que a sucedeu? O pressuposto do "pré-" é o que vem depois dele. Então ele é posterior ao posterior, e não anterior a ele: é um antes que vem depois. Ele serve para fazer de conta que o que vem depois é superior, mais evoluído, e para fazer de conta que o anterior só tem validade em função do que lhe é posterior. Um endossa o outro. E como falar de "pós-modernidade" se nem modernidade houve, especialmente se ela deve ser social, estética *e* filosófica? Se não houve ruptura com a tradição metafísica, não houve modernidade. Então não há "pós-modernidade". Um teísta ou místico não pode ser moderno nem pós-moderno. Ele só pode fingir que é, como quem sonda e espiona os passos do inimigo, para usar as armas dele a fim de melhor acabar com ele.

Assim se elimina uma consciência crítica mais efetiva e ampla em relação a ambos, pois tudo se torna apenas um jogo interno, com horizontes pré-determinados, em que o lembrado é automaticamente auratizado. Isso corresponde à crença de que há progresso linear na história. Não se percebe que a história da arte não é necessariamente evolutiva. As grandes obras como que "suspendem o tempo", pois o seu cerne não é destruído pelo correr dos anos. A história da arte não é a história das obras de arte. Há uma historicidade no conceito de arte e de obra que ela também não costuma levar em conta.

São Paulo teve tal industrialização e concentração urbana, que era inevitável a cidade tratar de desbancar a capital federal, o Rio de Janeiro, como centro maior da cultura do país. Para isso, foi estratégico posicionar a Semana como o evento mais importante na história da arte nacional. Ela é o golpe do Estado de São Paulo para tomar o poder nas artes. É uma literatura regionalista que não é reconhecida assim, mas reduz as demais a regionalismos. Poderia ter passado despercebida, ser difamada como mera macaqueação dos eventos dadaístas, ser questionada como um evento que não trouxe uma única obra memorável e de qualidade artística. Como tomou o poder, é santificada. Impera um colonialismo interno, que reduz a secundário e supérfluo tudo o que não seja do eixo Rio–São Paulo. Quando há uma necessidade ideológica a ser atendida, ela sobrepõe-se aos fatos. Nem a produção "pré-modernista" é tão pior que o ruim do resto do cânone, nem a produção "modernista" é tão excelente que a primeira só se justifique em função da segunda. Não existe uma predestinação e uma finalidade na história, com uma divina providência a guiar os passos dos homens: é esse, porém, o pressuposto do cômodo conceito de "pré-", como se, neste período, tudo já tivesse sido feito em função do advento do que nem sequer se sabia que adviria. É como se todos os "prés-" fossem profetas, tendo uma bola de cristal para ver exatamente o que depois ainda iria acontecer. Até os seus "erros" eles teriam de cometer calculadamente, para que pudessem ser corrigidos e superados depois. Eles viveriam não em função de seu passado e nem escreveriam em função do seu presente: tudo seria feito em função do que nem sequer havia acontecido e que eles nem podiam saber que iria acontecer. O conceito de pré-modernismo exacerba e leva a sério a séria brincadeira de Hegel, de que os historiadores são os profetas do passado: servem para legitimar a dominação presente. Não há ciência de uma literatura nacional, pois não há ciência do particular. O comunismo foi uma forma de cristianismo radical, tendo por Santíssima Trindade os princípios de Liberdade, Igualdade e Fraternidade.

Já em 1998, jornalistas brasileiros rememoram os "30 anos da revolta estudantil de 1968" como algo desencadeado em maio de 1968, em Paris, e que teria sido imitado por estudantes do mundo inteiro. Que em março de 1966, os estudantes universitários já estivessem fazendo demonstrações nas ruas de Porto Alegre, que em 1967 já houvesse, em diversas capitais brasileiras, demonstrações estudantis contra a ditadura militar, contra o Acordo Mec-Usaid, contra a Lei 477, contra a censura e assim por diante, tudo isso não importa mais. A única história que conta é a história da metrópole. A história da periferia só vale, então, como reflexo dela. Por si e em si, ela não emite luz nenhuma. O evento só passa a valer como "fato histórico" à medida que é iluminado pelas luzes do centro.

Do mesmo modo, a história da literatura brasileira não é a história da literatura no território brasileiro, mas apenas um "reflexo" da história literária francesa: inventa-se primeiro o esquema historiográfico para, depois, preencher as vagas criadas nas escolas e nos períodos literários com textos supostamente adequados. Passa a ser próprio o que não é próprio, tornando-se impróprio o que é próprio. Faz-se a contraposição entre autores locais (como Mário e Oswald de Andrade) para não perceber a profunda identidade existente entre eles e para fazer de conta que toda a diferença que importa é a existente entre eles. Não se percebe a pequenez do pequeno, porque se está bloqueado em perceber a grandeza do grande. Toda a literatura brasileira é, nesse sentido, a substituição do maior pelo menor, do substancial pelo supérfluo, do central pelo acessório. A teoria literária e a literatura comparada existem, no Brasil, para que não se perceba isso. Não vale a pena perder muito tempo com a exegese corrente, pois é cansativo constatar suas limitações e repetições, tanto mais reiteradas quanto mais limitadas são. Ela nada tem a dizer.

Lima Barreto tira proveito dos naturalistas, sem que se enquadre como tal, já que também não quis ter substrato no proletariado e nem o impulso revolucionário do marxismo. O impulso documental de Euclides da Cunha, voltado para mazelas sociais, é o mesmo dos naturalistas, só que em sentido contrário: enquanto Zola defendia os pobres, Euclides defendia o aniquilamento deles pelos senhores. Nesse sentido, o "futurista" é um antinaturalista. É menos inviável classificar os "pré-modernistas" como futuristas do que como "pré-modernistas", uma categoria que, por si, não diz nada e, no que pretende dizer, diz com erro intencional.

A diferenciação, proposta por Emil Staiger, entre o lírico e a lírica, o dramático e o drama, o trágico e a tragédia, pode ser transposta para o âmbito das escolas e correntes literárias, distinguindo-se entre o gesto semântico naturalista e a escola naturalista *strictu sensu*. Apesar de isso ser feito em relação ao romantismo, não se costuma fazê-lo em relação ao naturalismo, pois este continha, em Zola, um gesto crítico em relação à espoliação do trabalho e uma clara opção pelo proletariado.

Textos como certos contos ou trechos do *Diário* de Lima Barreto poderiam figurar nas antologias, mas em geral se adotam *Os bruzundangas*, *Clara dos Anjos*, *Isaías Caminha* e *Policarpo Quaresma*, ou melhor, a rigor apenas o último é adotado. De Euclides da Cunha foram inseridos no cânone fragmentos de *Os sertões*. Embora diversos professores e livros didáticos repassem textos de Lima

Barreto nas escolas, em muitas ocasiões ele é suspenso, deixado de lado, preferindo-se colocar o exotismo pseudobrasileiro de Jorge Amado, ou o *Canaã*, de Graça Aranha, enquanto a obra de Euclides figura como melhor. De Graciliano Ramos costuma-se adotar *Vidas secas* e *São Bernardo*, mas não *Infância, Angústia* ou *Memórias do cárcere*. Tais opções têm sua razão de ser no gesto semântico que estrutura o cânone e que está em todos os seus textos e em nenhum deles.

Não adianta argumentar que "o autor também disse isso ou aquilo, em tal ou tal texto": o que não faz parte do cânone praticamente não existe. A exegese canônica procura fazer distinções entre os autores, em função do seu limitado horizonte de leitura e opções, como se ele não fosse limitado. Assume, por exemplo, queixas de autores que se sentiram marginalizados ou pouco aproveitados, quando a aspiração primordial deles era se tornarem intelectuais orgânicos do poder. Não há, em geral, um mau aproveitamento dos autores, sua malversação pelo cânone, mudando e traindo o sentido das obras selecionadas: estas servem para o papel a elas reservado, contêm em si os "pré-requisitos" para a "malversação" que delas é feita.

O espírito (ou pior, o espectro) que sustenta o cânone é astuto e safado, embora às vezes demore a perceber quem melhor pode servi-lo. Como ele não tem a preocupação em selecionar segundo critérios estritos de qualidade (mas sim de acordo com suas conveniências ideológicas), comete às vezes o erro de selecionar o que não tem o mínimo suficiente de qualidade para disfarçar que não tem propriamente quase nenhuma, e precisa, então, apressar as suas reformas. Ao fazer isso, acaba, porém, lucrando, pois demonstra ao público que é aberto e inovador (embora continue tão fechado quanto antes de fazer essa atualização).

Quando dois instrumentos diferentes passam a desempenhar a mesma função, o mais econômico e eficaz tende a desativar o outro. Este só sobrevive se passa a desempenhar outras funções, não realizáveis por aquele. Assim, o moleque de recados foi substituído pelo telefone, o *office boy* foi substituído pelo fax e pelo *e-mail*, a televisão a cores desbancou a preto e branco, o cedê eliminou o vinil, a rádio FM superou a de ondas médias. Apesar disso, ainda que *A guerra do fim do mundo*, de Vargas Llosa, tenha superado *Os sertões* em termos de romance, não conseguiu desbancá-lo, pois não consegue ser "brasileiro", ainda que o seu tema o seja. Que se confunda um relato histórico com ficção, demonstra que o cânone está pouco preocupado com a arte.

Lima Barreto foi um pobre ressentido contra todos os que obtiveram êxito e não fossem ele mesmo. Fingia gostar do mundo rural porque tinha horror à industrialização; gostava do atraso do Rio porque odiava o progresso de São Paulo; gostava dos subúrbios cariocas porque detestava a urbanização saneadora em curso; gostava do "mestiço" porque tinha horror aos imigrantes; gostava do "povo pobre" porque não conseguia ser rico. Ainda que seja apresentado como "maximalista", seria incapaz de entender que a revolução proletária precisava ser feita também contra o proletariado como tal. É tão reacionário que acaba sendo vendido como progressista pela exegese canonizante. Esta quer que se assuma, por exemplo, a fraqueza dele pela bebida como decorrente da opressão e discriminação, como se enfrentá-las não exigisse um caráter firme e forte. Como ele aparenta estar à contracorrente da história oligárquica, é apresentado como espírito crítico, a utopia redendora cambaleando num par de pernas bêbadas.

Enquanto Lima Barreto teve senso de realidade, ainda conseguiu caricaturar o desejo de regressão, fazendo a caricatura ao nativismo e ao desejo de glória. Cada vez mais se entregou, porém, à regressão: alcoolismo, marginalidade e neurose foram expressão disso. Não são motivos de pena, mas de horror. Não deveriam servir para promover a sua obra como se fossem um atestado da maldade do sistema e expressassem virtudes do autor. São antes expressão de insuficiências, primarismos e regressões, que se exibem primeiro e sobretudo em seus textos. Se criticou o regime autoritário, ditatorial da República Velha, foi antes porque tinha saudades do império, como se este não tivesse sido aberrante também. Entregar-se à bebida, à droga e ao desvario não acrescenta força ao escritor em sua produção, pelo contrário, atrapalha. Se ele não tem autoridade moral, pouco lhe resta a dizer, pois a boa obra sempre consegue equilibrar beleza com princípios de justiça, correção e verdade. A força da palavra está em certa honestidade do escritor ante a página em branco: ele não pode fazer concessões em sua busca da verdade. Os autores do cânone caracterizam-se, no entanto, pelo desejo de vender-se ao poder.

A exegese canônica é embasbacada: admira cada suspiro do canônico, não importa por onde ele saia. Ela transforma o que é no que não é, para esconder o que foi, como se nunca tivesse sido. Não admite, no entanto, a suspeita de que seja mentirosa, pois considera-se a própria cúria pontifical a proclamar quem é santo e quem não é. Ela mesma se considera sacrossanta, com a chave do céu no bolso da batina. A reiterada queixa relativa ao pouco valor dado às letras num país cheio de analfabetos costuma esconder um desejo de ser chamado a participar do poder, de ter espaço público para articular sua sapiência de sapo, a olhar de baixo para cima, embasbacado pelo mais "elevado". Tudo é elevado para ela, porque ela própria é rasteira.

Em Lima Barreto, a crítica ao "Marechal de Ferro" e ao nativismo indianista foi conveniente ao cânone quando se instituiu um regime não-militar que pretendia ser civil (a primeira edição de sua obra completa é de 1956). O cânone tem o faro do poder. Alguma crítica pode ser útil a um neoconservadorismo, assim como a divinização do "povão" pode servir para mantê-lo exatamente como está e para atacar quem gere progresso. Ninguém ganha espaço para publicar "suas idéias", sem antes haver uma decisão do poder. Embora se diga que isso decorre só do "talento", este é apenas um acessório. Vontade de aparecer há por todo lado. A questão é dar espaço ao autor, publicando-o largamente. Se um talento tem espaço à disposição, num veículo que o remunera adequadamente, ele escreve: contos, poemas, crônicas, resenhas, novelas, etc. O problema não é escrever, mas haver uma decisão extra-autoral de publicar. Essa decisão fica escondida em suas ramificações.

Geralmente se supõe que, com o tempo, o que é bom acaba ficando, enquanto desaparece o que era apenas engodo. Isso é um engano. Assim como não é bom tudo o que permanece, também não é necessariamente ruim tudo o que desaparece. Há também o que nunca foi escrito e o que nem sequer consegue aparecer, assim como há o que morre ao ser publicado por uma pequena editora, revista ou jornal. Há grandes segmentos populacionais que não encontram espaço na literatura para se expressar, e não só porque são analfabetos ou não têm veículos de divulgação.

Há produções que ficam restritas a um âmbito local, não porque o autor seja apenas um poeta municipal, mas porque não se destinavam a outro público. Expõe-se como poeta federal muito autor que apenas tira meleca do nariz. Difícil é obter ouro, onde está institucionalizado confundir pirita com ouro. É o reino da bijuteria do espírito. Quem consegue espaço para resenhar textos, julga-se crítico literário; quem consegue algum espaço para publicar, tende a achar que é escritor. Todos querem ter talento, e este, cruel, não gosta de se dar a quem tanto o ama e o quer. É um duplo caso de amor infeliz: quem tem talento gostaria de estar livre de seu jugo; quem não o tem pretende tê-lo, tanto mais quanto menos o tem. Odeia, então, a quem ele suspeita que o tenha: trata de aniquilá-lo, para que a sua própria mediocridade não se evidencie.

Parte II

Modernismo

Modernismo e cânone

Virada à paulista

O "modernismo" foi a tomada do poder nas artes pela cidade de São Paulo, como expressão do poderio alcançado pelo Estado com o café e a industrialização. Não se trata de um processo imanente às artes: elas são a "ex-pressão" de forças econômicas. Maior riqueza propicia lazer, que propicia a produção, a circulação e o consumo de arte. O assim chamado modernismo é a expressão desse progresso, mas não é necessariamente a expressão das forças mais progressistas e sintonizadas com a industrialização. Pelo contrário, é um processo que exclui os negros, os imigrantes e seus descendentes. Embora seja uma inovação da linguagem da dominação, é ex-pressão da oligarquia do café e de grupos próximos ao poder tradicional.

Ainda que represente no primeiro momento uma ruptura com a absoluta hegemonia do Rio de Janeiro, que era a capital do país, não a exclui: logo se estabelece o eixo Rio–São Paulo como pólo de dominação cultural do país, num processo de colonialismo interno, que passa a exigir ser imitado pelo resto do país para que sua produção intelectual ainda possa ser considerada válida. O resto só vale na medida em que, como a lua ao sol, reflete essa dominação: ou o sujeito adere ao "Eixo", mudando-se para ele ou tratando de produzir do mesmo modo, ou ele não vale nada, sequer existe. Assim, passa-se a imitar o "modernismo" no Rio Grande do Sul, na Paraíba, em Goiás ou no Mato Grosso, mensurando-se a validade de seus autores e obras à proporção que se aproximam do padrão ditado pelo "Eixo". Este se consolida na época do Eixo Alemanha–Itália–Japão, e tem mais do que mera analogia com ele. Torna-se uma ditadura interna, tendo toda a historiografia se curvado ao seu ditado.

Dentro da historiografia corrente, ditada pelo próprio interessado principal e cuja única variante possível e válida aparenta ser o eixo Rio–São Paulo (portanto, não uma "variante possível", mas única história válida), o modernismo é visto como o mais importante movimento da história literária nacional, em que, exatos cem anos após a declaração de independência, o país teria feito, enfim, a sua declaração de independência cultural. É uma falácia: como determinada história se impôs, ela se impôs porque tinha de ser, e, porque tinha de ser, ela se impôs. Há então um Deus que rege a história, fazendo cair a ficha do santo espírito no momento exato, com a precisão de um regente de orquestra. O que acontece tem, por conseguinte, a força do destino e o caráter sagrado da vontade divina. Embora a Semana (feita no Teatro Municipal de São Paulo, quando ele ainda era um refúgio exclusivo da "elite") tenha sido apenas uma imitação, com seis ou sete anos de atraso, dos *happenings* dadaístas no Café Voltaire, em Zurique, ela aparece como algo original e próprio, único e irrepetível. Além de não ter apresentado nenhuma obra-prima, também não continha o questionamento radical da cultura feito pelos europeus.

Os dadaístas eram pacifistas que, à época da Primeira Guerra Mundial, refugiaram-se na Suíça e passaram a questionar o grau de responsabilidade da cultura européia e do "humanismo", que então se mostravam impotentes para impedir as lutas fratricidas. Não lhes bastava a resposta futurista de que a guerra é uma necessária higiene coletiva. Também não queriam fazer de conta que a tradição cultural nada tinha a ver com o que estava acontecendo. Se Hugo Ball ou Emmil Jennings apresentavam, já em torno de 1916, no palco do Café Voltaire, poemas sem sentido (*Urlautsonaten*), os significantes sem significado procuravam indiciar a falta de sentido de toda a arte e toda a cultura. Era um questionamento radical, em que a arte só podia sobreviver como paródia de si mesma, portanto como negação suicida de sua própria existência (num impasse do qual ela até hoje não se livrou, ainda que o cânone brasileiro não tenha tomado conhecimento disso, devido ao seu perfil conformista). Isso levou a filosofia a se perguntar – ou melhor, a retomar questões já colocadas por Nietzsche – sobre a responsabilidade do pensamento metafísico em relação ao desejo de impor a própria vontade e dominar, de extinguir o que fosse diferente dele mesmo, da empáfia vazia dos que se consideravam melhores.

Se Graça Aranha pareceu ser o grande intelectual, respeitado pelos "modernistas" que viam nele o seu "papa" e o seu "guru", o senhor que lhes servia de apoio, e se ele era tão ignorante e preconceituoso conforme anteriormente demonstrado, não se podia esperar que o evento tupiniquim fosse capaz de entender o que realmente se passava. Quando se lêem os textos estéticos de Mário de Andrade, as "visões da história" de um Oswald de Andrade ou os manifestos antropofágicos, evidencia-se por toda a parte a ignorância, a superficialidade, a banalidade, a *boutade* substituindo a reflexão séria. A exegese canonizadora à paulista – que vive, como um piolho, do sangue modernista – não percebe isso e se passa um atestado de obscurantismo, de incompetência e de racismo, ainda que receba os rapapés de quem não consegue perceber as suas limitações. Os "modernistas" não merecem ser levados a sério, mesmo porque não são sérios como pensadores ou artistas. São superficiais e banais. Só quem desconhece a tradição européia da estética e da filosofia da arte ou não considera a evolução da arte mundial é que fica totalmente embasbacado diante de suas produções teóricas e artísticas.

Os "modernistas" são uma "evolução" interna, que não é nenhuma revolução internacional, mas apenas, e mais uma vez, uma "tentativa de atualização" da periferia com o centro, apresentando como original o que é uma interiorização do olhar eventual da metrópole sobre o periférico. Repete-se aí o antigo paradigma de que a periferia só "tem história" à medida que repete e reflete a história do centro, com a safadeza, no entanto, de fazer de conta que está constituindo uma história própria (quando, a rigor, ela não tem história). Daí a importância estratégica do *passus* ideológico, de examinar a "história local" como algo fechado, em que no máximo se aventa, de leve, alguma "influência externa", para logo descartá-la. É como no "Samba de uma nota só", de Tom Jobim – uma imitação não só do "Regentropfen" de Chopin, como também cópia de uma música de Irving Berlin –: em vez de se perceber o plágio, homenageia-se a pilantragem. Não se consegue ser original fazendo de conta que é original o que não é. O autor brasileiro é uma barriga de aluguel, que recebe mais que um espermatozóide. Não é aparentando ser original, quando não se é, que se consegue ser: só reconhecendo a dívida e conhecendo o que é superior, consegue-se progredir, embora seja infundada a esperança de que a periferia possa ser reconhecida como geratriz de história.

O "modernismo" – cuja fachada dominante vem sendo o grupo antropofágico, tentando escamotear a dominante integralista encenada em grupos como Verde-Amarelo e Anta – não é simplesmente o progresso que ele se propõe ser, mas uma regressão ante a modernidade e uma recaída no antigo rótulo eurocêntrico do indígena como protótipo da brasilidade (determinado, obviamente, da metrópole para a colônia). O delírio paulistano vê na Semana de Arte Moderna (com maiúsculas colossais) o começo, o sentido e a finalidade de toda a cultura nacional. *Macunaíma* concretiza, de modo exemplar, essa ideologia. Costuma-se achar muito espirituosa a paródia "tupi or not tupi, that's the question", como se realmente essa fosse a questão por excelência de toda a arte, e achar até que ultrapassa Shakespeare. Oswald de Andrade queria que, em cinco minutos, explicassem-lhe Kant (que ele parece não ter lido). Um autor que se orgulha da própria ignorância é sempre menor, como é inferior a "crítica literária" que o exalta. A paródia é uma piada, e não passa disso. Nunca consegue ser arte ou filosofia. Não se enfrenta a questão da dependência cultural, da herança indígena ou do ser e do não-ser com uma piada barata (assim como a questão ontológica não é apenas odontológica). É o riso da ignorância no trono acadêmico.

A exegese canônica consolidou-se no ensino dito superior, que, considerando-se dono da verdade, passou a reproduzir a sua própria limitação como se esta fosse a delimitação de cada área. Os "centros de excelência" eram as excelências do centro. Passaram a exercer influência na formação dos quadros de outras regiões, num processo de clonagem em piora sucessiva, tanto mais que o próprio modelo original, por suas tremendas limitações, não era original nem modelar, embora fosse tratado como original por ser tomado como modelo. Os departamentos passaram a exercer a ditadura de sua mediania, assim como os catedráticos só escolhiam como assistentes quem não fosse capaz de ultrapassá-los. A mediocridade passou a pontificar como sumidade, pois ela convinha ao poder. Assim, não se via a limitação de algo como o cânone, e tratava-se de impedir a sobrevivência de quem a mostrasse. Exigia respeito, e pagamento, quem podia impô-lo, por ter poder, e detinha poder não apenas por competência, mas por conveniência e conivência. Colocar em dúvida seus conceitos e suas crenças era (é e continuará sendo) tornar-se, para esses grupos, ora um verme asqueroso, ora um elefante solto numa loja de porcelanas: um animal a ser esmagado ou tocado para longe (preferindo-se, portanto, que o *gusano* não cresça a ponto de seu corpanzil, na loja do cânone, poder atrapalhar os negócios). Os rótulos maldosos são dados pelos intelectuais orgânicos. Uma desgraça de quem os enfrenta é acreditar neles, já que aparentam deter o saber por deterem o poder de financiar pesquisas, preencher cargos, promover mestres, etc. Os elefantes são considerados desajeitados e destrutivos. Se fossem pequenos, seriam menos perigosos; sendo grandes e raros, capricha-se na pontaria para colecionar troféus. A loja do cânone exibe o seu *kitsch* como se fosse cristal da Bohêmia.

O modernismo foi uma renovação na forma para manter os conteúdos antigos. Deu novas fachadas às mais tradicionais posições. Foi uma traição à modernidade, como se fosse dedicação filial. Nessa contradição não resolvida, inovações formais servem para camuflar sentidos e pontos de vista já postulados. Quanto mais o cânone simula mudar, mais continua a proclamar o mesmo. A proposição de temas aparentemente novos, como a imigração (já presente em *Inocência*, de Taunay), serve para expressar – seja no conto "Gaetaninho" de Alcântara Machado, seja nas novelas *Macunaíma* e *Amar, verbo intransitivo* – a perspectiva da oligarquia, conforme já fora feito em *Canaã*. Os temas novos são reduzidos a estruturas mentais arcaicas, sem alterar substancialmente nada. Oswald de Andrade é apresentado como grande inovador: a opção dos pobres é um ricaço que nunca precisou trabalhar para sobreviver e sempre teve espaço na imprensa. Acredita-se demais em tais máscaras, mas, quando elas chegam perto demais da oposição, com romances de realismo socialista (como *Marco Zero* ou *A locomotiva*), os éditos são descartados antes de ascenderem ao cânone, sendo considerados malfeitos e de mau gosto (como se essa não fosse a regra do cânone).

Se em literatura nunca é possível inventar algo completamente novo, escrever é, então, saber reelaborar uma tradição. É falso pressupor, no entanto, que um autor, só por ser "brasileiro", faz sempre a refração mais adequada ao país como um todo. O cânone finge que o intelecto orgânico faz isso para impor a refração que lhe é mais conveniente. Seus autores procuram ignorar a força crítica das grandes obras: fingem, então, que a sua "ignorância" é originalidade. A mesma atitude tem a exegese canonizadora, ao fazer de conta que o único que conta é aquilo que os canônicos *brasileños* escreveram. Precisa fazer isso porque eles não resistem ao confronto com os mestres originais. Apenas se faz de conta que resistem, escamoteando diferenças, omitindo superações e não permitindo que a consciência crítica aflore.

Se um Jorge Amado louva um Castro Alves como poeta popular, e oblitera nele a perspectiva senhorial branca de um reformismo conservador, revela ser um "bom baiano" (mas um mau marxista). O que se pode esperar, aí, como "novo"? Em nome do novo já se pôs muito ovo. O sistema do cânone é capaz tanto de excluir o que não está adequado ao tom do seu discurso, quanto de reduzir, via interpretação, o "novo" ao horizonte do arcaico. As elocubrações sobre "caráter nacional", "identidade do brasileiro", "abolição", etc., tendem a repetir-se, num padrão do patrão que não vê sua limitação. Ensino de literatura no Brasil é, então, ensinança de "civismo", não de arte.

Os ideólogos não acreditam que é ideologia aquilo em que acreditam. Supõem que é ciência, verdade a ser dita, escrita, publicada, combatendo-se quem ouse discordar. A discordância aparece, então, apenas como discórdia, desarmonia, vontade de badernar, incapacidade de perceber os mais altos valores. É o mesmo tratamento que a Igreja Católica dava aos "hereges" ("herejies"?): a execução era pública, com apoio da comunidade. Quanto mais prepotente, tanto mais respeitada; quanto mais safada, tanto mais santificada; quanto mais oportunista, tanto mais forte. A Inquisição se dizia santa, à medida que não o era. As palavras servem mais para esconder a verdade do que para revelá-la. Isso mudou menos que o necessário, pois as universidades, aparente refúgio e reduto de espíritos esclarecidos, tendem a ser ninhos de cobras, em que a mesquinharia prepondera, enquanto a diversidade de posições teóricas é impedida no controle do ingresso de professores segundo as conveniências do grupo dominante no setor (uma correção simples, como permitir uma revisão imparcial do conteúdo das provas, não é permitida). A opinião do grupo dominante pretende ser a verdade e o valor: como ele corresponde à ideologia dominante (por exemplo, à do cânone), consegue determinar o que ambos "são". Controlando o que se possa dizer a respeito, acaba parecendo verdade a inverdade, e tendo valor o que não tem. Entra ditadura, sai ditadura, e a universidade pouco muda.

A universidade só é democrática à medida que hierarquizada segundo o saber. A verdade não se decide por voto (por voto tomam-se decisões, o que é diferente), como também não é necessariamente correto o que a maioria pensa ou faz. Assembléias e colegiados expressam apenas a opinião da maioria, e não necessariamente o que é verdadeiro e correto. A verdade é uma só, mas tende a não aparecer quando se define *a priori* que ela só pode se enquadrar na doutrina que prepondera num departamento. Também não se discutem os critérios pelos quais se tenta defini-la. Parece ter valor, então, o que sempre é repetido (como se fosse repetido por ter valor), enquanto se impede o questionamento desse pretenso valor e o exame daquilo que tem mais valor.

A universidade brasileira não se baseia na hierarquia do saber, mas reproduz a tradição autoritária da sociedade e o uso da coisa pública pela oligarquia como se fosse coisa privada. As divergências são tratadas como heresias. Por isso, são raras. Quanto mais podem aflorar, tanto maior é a repressão. Assim se impede o surgimento de uma visão crítica distinta. A opressão acadêmica nem aparece como repressão e supressão. Pode levar a demissões, mas em geral prefere o caminho de evitar admissões (em cargos no magistério superior, concessão de bolsa, publicação de livros, funções editoriais, eleição para academias, espaço na imprensa, etc.). Durante o monopólio católico, a repressão era transformada em espetáculo público para execrar os adversários e intimidar potenciais dissidentes. Por si, ela prefere exercer-se como se não se exercesse, e fosse apenas normalidade.

O "normal" precisa ser, portanto, decifrado em seu horror, para ser entendido sem ofuscamento. O familiar é estranho. O pensamento trágico abre-se a esse horror do cotidiano, mediante uma ruptura por atos e fatos. O sentido básico não está, porém, no evento excepcional, na ruptura em si, na quebra do rotineiro, mas no que se pode perceber do "normal" mediante essa ruptura e quebra: a exceção permite ver a regra como regra. A norma não consegue ser formulada como tal, enquanto permanece diluída como se fosse normalidade. A normatividade dessa procura apresenta-se como exercício de valores indubitáveis, mesmo sendo o contrário. Quanto maior a maldade, mais gloriosa e positiva ela pretende parecer.

A abertura para o inóspito, para o estranho, para o inabitual, permite um afastamento do modo corriqueiro de entender o cotidiano, mas pode não conduzir ao trágico: pode fundar uma visão cômica ou enfatizar a reação contra aquilo que causa o senso do inóspito (para erradicá-lo de um só golpe ou mediante uma série de aventuras). O trágico assume a perspectiva do estranho, enquanto o cômico ou a *science fiction* o encaram como estranho e tratam de eliminá-lo, sem chegar a uma visão de si mesmo e de sua circunstância como algo por si inóspito, desagradável, errôneo. Nos dois sentidos aparenta ocorrer o mesmo; de fato são exatamente o contrário um do outro. Na narrativa trivial, em vez de ampliar a consciência, trata-se de repelir o que questione o habitual, procurando neutralizar a dúvida pelo restabelecimento do *status quo ante*. A comédia trivial faz o mesmo, enquanto a tragicomédia tem maior abertura para o inóspito, o terrível, aquilo que amplia por meio do estranhamento o grau de consciência possível.

A exegese canônica (e sua variante menor, a canonizante) tenta constantemente restabelecer um mesmo padrão de leitura, assim como o cânone monta modos de inovar na forma para continuar dizendo sempre a mesma coisa e remontar ao mesmo parâmetro (ainda que equivalente a coisa nenhuma). Assim, ela insiste em pequenas diferenças como sendo imensos antagonismos, pois não vê sequer o que mais une os "pólos" ditos antagônicos. Tende a reduzir todo o novo ao já conhecido. Inibe o surgimento de algo que realmente seja uma ruptura. Afirma o velho como se fosse inovador, para que o realmente novo não se possa manifestar.

Enquanto o público não diverge dos espetáculos de intimidação, e continua ajoelhando-se assim que ouve sinos e campainhas, queimações públicas podem ser encenadas, com a eficácia de quem sabe que, quanto pior fizer, melhor será para ele. Os membros de tais teatros, em que destinos humanos são decididos, não conseguem se distanciar de seus papéis. Também das multidões que acompanham de longe esses espetáculos, nada de positivo é possível esperar. Do mesmo modo, nas universidades e instituições de pesquisa, a seleção de quadros feita apenas de acordo com o perfil do grupo dominante, faz com que a não-aceitação de pensamentos divergentes leve a imenso desperdício de energias em intrigas de bastidores, destinadas a reforçar o poderio de certos grupos: tudo é aceito como normal, ainda que arte e ciência sejam sacrificadas.

Dependência cultural

Com a industrialização, São Paulo passou de uma cidade de cem mil habitantes à megalópolis de dezesseis milhões, tratando a "arte modernista" como se ela expressasse a grandeza dessa urbanização. O "modernismo" foi antes uma reação contra isso e a favor da vida rural do que uma vivência desde o interior desse crescimento. Também não desenvolveu um senso crítico em relação à concentração dos investimentos de capital em um só lugar para aumentar a taxa de lucros (mesmo que redundassem em privilégios e em más condições de vida). Apenas exigiu do resto do país o reconhecimento de sua própria hegemonia no campo cultural, pois isso lhe parecia justo e natural, já que os demais estados não tiveram o mesmo crescimento e também não geraram boas e amplas condições de produção intelectual.

O que se precisava, por volta de 1922, era de um pretexto, um estopim, para deslanchar o processo de tomada do poder cultural, destronando o Rio de Janeiro. A "Semana de Arte Moderna" foi esse pretexto inventado: não fosse ela, teria sido outro evento qualquer. Não é a Semana que gera o modernismo, mas porque se queria formar e demonstrar uma nova hegemonia é que se inventou a Semana. Não é o fato que desencadeia a estrutura, mas a estrutura que provoca o fato. Não é a obra que provoca o movimento, mas a necessidade do movimento que provoca a obra. A imitação dos *happenings* dadaístas nunca quis admitir que o foi: no máximo fazia de conta que antecipava um *happening* surrealista, que copiava em Paris o que já havia sido feito em Zurique. O dadaísmo é a consciência crítica do "modernismo".

A teoria literária do século XX tem insistido tanto mais no caráter autônomo e no "em si" do texto quanto mais ele tem passado a ser produzido para o mercado (portanto, para o "outro" como comprador). Assim, ela tem servido para escamotear fatos relevantes de sua natureza, a pretexto de estar a desvelá-los. No Brasil, para escamotear os interesses econômicos e evitar choques com a repressão da ditadura interiorizada nos aparelhos ideológicos, dizia-se – especialmente à época da ditadura militar – que considerações de ordem "extratextual" não interessavam mais, por não serem "científicas". Admitia-se fazer uma "sociologia da literatura", desde que incapaz de penetrar na obra e de mostrar vínculos entre estrutura social e estrutural textual, desde que incapaz de desmistificar a (con)fusão da história com a versão canônica da história. Para camuflar a repressão, reduzia-se a arte à vanguarda, e esta a experimentalismo formal, ou, então, só a "literatura brasileira" (confundida com o cânone) era considerada válida, tendendo-se a coroá-la no "modernismo" e seus sucedâneos. Era-se incapaz de pular além da própria sombra, mas tratava-se de dar rasteiras em quem pudesse mostrar os limites e demonstrar a mediocridade disso.

Em vez de repetir o esquema da exegese canônica – que, embora não saiba o que faz, restringe-se a um "discurso analítico" sobre textos canônicos, proibindo-se de ir além do horizonte do *"corpus* examinado" (e ficando, portanto, sempre aquém dele) –, podem ser desenvolvidos "juízos sintéticos", capazes de perceber a limitação e expor a delimitação do objeto, objetivo este de qualquer análise científica, mas que tem sido sempre evitado por ela (a pretexto mesmo de fazer ciência enquanto fabrica apenas ideologia). Mais que um jogo entre duas categorias lógicas, numa era em que o rescaldo da repressão interiorizada nas universidades e editoras faz preponderar a "filosofia analítica" (embora a área de Letras seja uma comovente exibição de ignorância filosófica), o que vem ocorrendo – embora o cânone e a exegese canônica ignorem isso – é uma ultrapassagem da antiga luta entre idealismo e materialismo, mas assumindo a herança de ambos. A partir da revisão de conceitos básicos como verdade, história e arte, passou-se a perceber o que nunca havia sido visto com clareza, a ver com outros olhos o que não era dado aos olhos ver assim. O estranho parece esdrúxulo, uma anomalia que pretende rever a norma e é vista como anormal. Ele pode ser o reconhecimento da estranheza do que parece normal, e é normativo. Ainda que às vezes demore, o sistema tende a absorver as críticas para tornar-se mais forte. Ele nem sempre sabe como digerir o que, sem que ele o encomendasse, conseguiu inserir-se em seu *corpus*. Pode tentar eliminá-lo às pressas, com um purgante crítico, mas, se mesmo assim não conseguir se livrar dele, fará de conta que ele não existe (até – caso não haja outro jeito – sentir-se revitalizado pelo exercício que o adversário o obrigou a fazer, deixando *em forma*).

Por que não houve propriamente dadaísmo e nem surrealismo no modernismo, se ele pretendeu se inaugurar com um evento copiado deles? – A primeira resposta é simples: *pour cause*. Justamente porque era uma imitação, era preciso fazer de conta que não era, a fim de provar a originalidade do que não a tinha, já que a tese básica do movimento era que ele inaugurava a autonomia e independência cultural brasileira. A pergunta permite outras respostas: desde tentar provar que o próprio evento da Semana de Arte Moderna era dadá-surreal, quanto descobrir dadaísmo em Oswald de Andrade e surrealismo tardio em Murilo Mendes e até no Mato Grosso. Prefere-se, aliás, surrealismo a dadaísmo, pois é mais *chic* ser francês do que suíço, especialmente quando não se é nem uma coisa nem outra.

Nenhuma resposta dessa ordem atinge, no entanto, a medula da questão: o perfil do intelecto ligado à oligarquia de uma sociedade que faz da desigualdade profissão de fé. Como a alternativa teórica, artística e historiográfica não teve espaço, também não se consegue captar o caráter do *status quo*. É mais fácil desvendar corrupção entre políticos do que deturpação axiológica entre intelectuais, embora ambas envolvam a utilização da coisa pública como coisa particular. Basta um olhar menos envolvido pela ideologia dominante para se detectar mil formas de surrealismo no real, desaproveitadas pela literatura. O Brasil é um país tão surrealista que nem surrealismo teve, pois se não teria de arrancar a máscara plurissecular.

O dadaísmo foi um questionamento tão radical da cultura que chegou a postular que a arte não tinha mais sentido: suas obras eram antes uma tentativa de destruição do que de construção da arte. Ele acabou sendo um teste quanto à validade da arte. Não era apenas um fazer-de-conta, destinado a não dar certo, como parte de um processo de revigoramento dele mediante uma aparência de negação. Sob a pressão dos horrores da guerra, ousou retomar na prática "artística" a questão já colocada por Nietzsche sobre a validade dos conceitos tradicionais de arte e de história da arte. A resposta de Adorno, duas guerras mundiais e muitas guerras menores depois, foi a de que a arte só poderia ainda sobreviver como paródia de si mesma. Essa resposta tende a ser antes uma caracterização de um impasse pós-moderno do que um elaborar isso avante. Não há um ponto definitivo, no qual cessa toda busca.

Com a mediação de Tristan Tzara, o surrealismo foi uma imitação e uma adaptação francesa do dadaísmo, para acabar sendo, sobretudo, uma busca de novas formas de expressão artística. Não era mais um mergulho no nada, a negação da validade de toda e qualquer forma de arte. Procurava *épater le bourgois*, para tornar-se o patê do burguês. Abrigou comunistas como Bréton e Aragon e até um fascista como Salvador Dali. Com a ascenção do nazifascismo, definiu-se, porém, de modo preponderante por combatê-lo. Salvador Dali foi execrado pelo grupo surrealista por ter optado por Franco. Foi acusado de só querer *save dollars,* conforme o anagrama de seu nome indiciava. Há, porém, quadros dele (como o do Cristo crucificado sobre uma estação de trem, no Museu de Colônia) que são maravilhosos, ao passo que várias obras de surrealistas mais "corretos" são apenas curiosas experimentações. Posições políticas não garantem nem impedem, por si, a artisticidade.

Palhaço, palha e aço

Se algum raro modernista chegou a optar por um comunismo meio surreal, a ponto de tornar-se um "palhaço da burguesia", como Oswald de Andrade (portanto, uma figura com traços "surrealistas"), isso foi exceção e não levou o movimento a uma postura surrealista.

O cerne dele foi formado não tanto pelo grupo antropofágico, conforme se tem propalado nas interpretações pós-guerra, mas por agrupamentos próximos ao fascismo, como verde-amarelo e anta. Os modernistas que puderam foram colaboradores do Estado Novo, e ocupando cargos de confiança: Mário de Andrade, Drummond, etc. Perfilavam-se, portanto, como colaboradores do fascismo. O pensamento conservador aceita identificar-se com os vencedores, não com os vencidos. O fascismo não era refinado o suficiente para que a aristocracia o achasse logo de bom tom. Por outro lado, não basta um autor usar cacoetes surrealistas na sua produção para ele se tornar um "surrealista". O surrealismo representa uma tal filosofia de vida que ele é incompatível com uma visão católica de mundo.

Os modernistas brasileiros estiveram muito aquém do horizonte dadaísta de questionamento cultural. Taparam os olhos com o curto cobertor do nacionalismo, e ficaram com as partes de fora, achando que o problema da arte se esgota na "arte brasileira": conseguiram chegar ao cânone, mas não à arte e nem à filosofia. Quando se compara, por exemplo, os textos teóricos da Santíssima Triandrade, Mário (que foi, afinal, professor de estética no Rio de Janeiro), Oswald (que se meteu a escrever teses acadêmicas) e Drummond (que fez a grande estética do baile) com os textos de contemporâneos como Benjamin, Heidegger, Adorno ou Blanchot, constata-se que todos são de nível lamentável, o que só não é percebido pelo intelecto orgânico, o qual tratou e trata, porém, de "botar para correr" quem não reze por sua cartilha. O que lhe falta em idéias, sobra-lhe em astúcia e manobras antiéticas. É a política autoritária tradicional atuando no âmbito intelectual. Daí são repetidas, em escolas e universidades, em jornais e editoras, as mesmas limitadas bobagens, impedindo o acesso a textos de maior amplitude, densidade e qualidade.

O surrealismo francês quis *épater le bourgeois*, mas no país dos coronéis não havia uma burguesia tradicional para *épater*: o modernismo era tão moderno que até foi feito com o apoio da oligarquia paulista. A burguesia ainda estava se formando por volta de 1920. As indústrias eram recentes, em geral, pequenas e de fundo de quintal. A maioria delas provinha do esforço de imigrantes. Os modernistas atacaram, então, os imigrantes: não em nome do proletariado ou da consciência anarquista, mas da arrogância senhorial de origem latifundiária, na qual esse intelecto tinha suas raízes. O seu sonho era jogar-se aos pés de um artista francês. Blaise Cendrars serviu para concretizar esse sonho, enquanto os intelectuais exigiam reconhecimento na proporção em que exalavam perfumes parisienses. Era sua aura.

Pobre não era intelectual: pobre trabalhava. A um negrinho escravo, um servo de gleba ou um imigrante sem recursos não era possível questionar os lusidios senhores, e muito menos a literatura destes senhores estava disposta a reconhecer o esforço e o valor dos "pés rapados". O preconceito racial é tão evidente no modernismo (e em todo o cânone) que surpreende que ele não seja denunciado e rejeitado por descendentes de imigrantes e dos demais "pobres". Na pintura, surgiram pintores, como Volpi e Portinari, que descendiam de imigrantes pobres, mas que, tendo de vender-se no mercado e não podendo contar com a solidariedade dos seus iguais, escondiam a sua temática de origem sob bandeirolas decorativas ou sob a máscara de nordestinos famintos. Por outro lado, um modo simples de neutralizar a consciência crítica do surrealismo tem sido reduzi-lo a técnicas poéticas e gestos caricatos: com isso, evita-se o conteúdo explosivo de sua crítica ideológica. Quanto mais versos de *surrealistas brasileños* forem citados, tanto menos há de aparecer a camuflagem que neles se faz das questões mais radicais propostas pelo dadaísmo. No Brasil a literatura está em certo recesso pelo avanço da televisão, assim como a teoria literária tem regredido por não saber abrir-se para o questionamento da metafísica, a luta ideológica e a semiótica da cultura.

Ainda que o xenofobismo subjacente à historiografia sobre a literatura no Brasil geralmente tenha impedido de reconhecer a Semana como evento "surrealista" de declamar poemas chocantes, patear, zurrar, uivar, etc. Tudo foi uma imitação do que os dadaístas vinham fazendo no Café Voltaire desde 1916, para testar a validade da arte numa civilização em que alemães, franceses, italianos, ingleses, russos, etc. se dedicavam ao esporte de se carnearem uns aos outros. Enquanto os dadaístas declamavam poemas absurdos em Zurique, para mostrar a falta de sentido de uma cultura incapaz de humanizar os povos, os modernistas não ousaram questionar sequer a história brasileira, com seu genocídio plurissecular de índios e negros, de destruição da natureza, da cultura das imigrações, da esperança dos pobres, etc., continuando o genocídio milenar que caracteriza a história de Portugal, cuja formação se deu toda só como luta racial, intolerância religiosa e dominação de outros povos, a ponto de o país até hoje não saber se definir de outro modo. Essa horrenda formação histórica tem sido, no entanto, exaltada como sublime pela historiografia e pela literatura brasileiras, sendo expressão máxima dessa deformação unilateral, oportunista e intolerante versalhada de nome *Os lusíadas*. Não somente se tem exaltado essa pilhagem mundial como grande epopéia, como também sua sintaxe arrevesada foi longamente tomada nas escolas brasileiras até para fazer análise sintática e, assim, melhor ser imposta a sua mentalidade totalitária.[1] A tradição de genocídio físico e espiritual lusitano convertido em princípio de brasilidade mobilizou os modernistas, sobretudo no sentido de eles colaborarem com ela; se citavam o índio, era para bater no imigrante e seu descendente (*Macunaíma*) ou para zerar a cultura mais alta ("Manifesto antropófago"). Enquanto exercia o alto cargo de confiança de chefe de gabinete ministerial de uma ditadura fascista, Drummond, poeta principal, dava-se ao luxo de exaltar o russo em Berlim, mas nada expunha sobre a perseguição a brasileiros de origem alemã, japonesa, polonesa e italiana no Brasil...

A composição do cânone da literatura brasileira é, da perspectiva artística, tão problemática quanto a da Academia Brasileira de Letras (uma academia carioca que se diz nacional, herança já anacrônica do tempo em que o Rio de Janeiro era capital do país). Não é de admirar que se cultue por principal modernista uma obra inimiga da modernidade: *Macunaíma*, de Mário de Andrade. Assertivas dessa ordem despertam, obviamente, reações de rejeição, que – sem acalentar qualquer esperança de reconhecimento – apenas demonstram quão arraigada se encontra tal ideologia e quão inútil se mostra qualquer tentativa de lhe tirar a máscara.

Quando ainda se pretende salvar algo, crendo num redencionismo, pode-se querer desmontar uma convicção e tentar convencer alguém quanto a alternativas mais científicas. Embora possa soar ingênuo e inútil, isso pode encontrar algum espírito com preocupações similares, sem, contudo, esperar que este solitário solidário seja o "solo fértil", da parábola bíblica, predestinado apenas a fazer brotar a semente nele

---

[1] Flávio R. Kothe, "Camões, ainda um clássico?"

lançada. Não há semente a lançar: apenas se faz o roçado (para que, por toda parte, pululem candidatos a vagas num novo cânone).

Ainda que os professores de literatura fujam à Bíblia enquanto obra ficcional como se fosse diabólica (e não a cruz cotidiana) a atitude de lê-la no que ela é, deixando que ela seja manipulada pelos preconceitos e interesses de padres e de pastores, é evidente que um engano do Cristo literário (trágico ou/e ridículo, conforme se queira) estava em supor que a humanidade queria e devia ser salva, sendo "Ele" (e somente "Ele") o caminho da salvação. Quando alguém afirma ou permite que se diga em seu nome "Eu sou A Verdade e a Vida", está afirmando que há apenas um caminho, único, o "d'Ele", e só merece a vida quem com "Ele" está. Não a merece, portanto, quem não está. O cristianismo gera necessariamente um monstro como a Inquisição: esta não é um engano ou má interpretação, mas conseqüência lógica da pretensão totalitária do catolicismo baseada em assertivas atribuídas a Cristo (em nome de quem se fala tanta asneira).

Toda utopia gera monstros, reproduzindo a monstruosidade da constelação que a originou. Um movimento literário que se veja como coroamento da história e porta para o paraíso de toda nova produção, tem uma teleologia inconfessa: ter o poder para si, e ter um Deus que consegue mais uma vez até fazer o milagre de ser uno (no caso, Mário de Andrade, o pai de todos) e trino ao mesmo tempo (a Santíssima Triandrade). O resto são acólitos com seus bispos, cônegos, coroinhas, ovelhas, etc., a celebrar seus rituais nas salas magnas e magras das universidades, a pregar seus catecismos nas escolas, a proclamar quem pode ir para o seu céu da imortalidade panteônica ou quem está condenado à danação eterna. E, num *cleaning post-factum*, escamoteia-se a relação substantiva e substancial do modernismo com a ditadura do Estado Novo, com a aristocracia do café e com o preconceito racial.[2]

Não é por acaso, nem contra a intenção do autor, ou só por razões "artísticas", que se seleciona, então, um Mário de Andrade e, dele, dois textos para o cânone: 1) *Macunaíma*, que se volta contra a imigração e contra a industrialização, emblematizadas na figura do empresário paulistano de origem italiana, o conde Matarazzo, que

---

[2] Fredric Jameson, *Fables of agression – Wyndham Lewis, the Modernist as Fascist*.

aparece como um monstro, o gigante Piaimã, a ser combatido pelo "brasileiro típico", de perfil nativista, Macunaíma, para disputar a pedra que é emblema do poder e da riqueza, a muiraquitã, que migrou do âmbito rural para a cidade na era da mais-valia; 2) *Amar, verbo intransitivo*, novela que se volta contra a imigração alemã, fazendo de uma jovem professora, a Fräulein, uma prostituta da oligarquia paulista, que só serve para ser faturada pelos jovens ricaços. Essa é mais uma das tantas ofensas às minorias propostas no cânone. Calhordas são aqueles que ajudam a sustentar esse tipo de calhordice.

Para mais não serve, nessa perspectiva, a imigração alemã, senão para ser humilhada e divertir a oligarquia, enquanto a italiana precisa levar cacete. Uma diversão de Macunaíma é cortar cabeça de saúvas, que vivem em colônias como os colonos de origem européia. As duas novelas têm, em comum, a agressão, a exploração e a prepotência contra o imigrante. O que se tem aí é a mesma atitude que preponderou entre os latifundiários paulistas, *farmers* donos de *big cofee plantations,* que quiseram fazer do imigrante uma nova espécie de escravo. O autor tem suas raízes nessa oligarquia: e a sua política foi sempre basicamente de acordo com ela, como se mostra de modo claro em sua participação no assim chamado "Partido Democrático" (que era da oligarquia paulista mais esperta), na rebelião de 1932 e no exercício de um alto cargo de confiança da oligarquia como era a Secretaria de Cultura de São Paulo. A frustração final de Macunaíma – retirando-se decepcionado da cidade grande e regredindo para o meio do mato – reflete a postura dos fazendeiros mais reacionários diante da expansão urbana e industrial. Ele encaminha o leitor a identificar-se com essa postura reacionária, acha bom isso.

A historiografia tenta esconder as rebeliões dos imigrantes que se recusaram à escravidão nas grandes fazendas e trataram de escapar, indo criar as indústrias, o comércio e as grandes cidades do Estado de São Paulo. Ela tenta ainda afirmar que a industrialização decorreu sobretudo do café e não do trabalho do imigrante. O ensino de literatura – e não apenas em São Paulo – trata de interditar a leitura mais evidente dessas obras, para que a sua ideologia continue sendo repassada, fazendo com que os descendentes dos imigrantes se sintam mal em sua própria pele e com que seja mantido o culto daqueles que ajudaram a sustentar a oligarquia. Nada mais antiquado que o modernismo. Estava ultrapassado antes mesmo de começar. Nada mais evidente no cânone modernista do que aquilo que menos se vê nele. Enxergam-se mil detalhes, exceto o fundamental, pois não interessa vê-lo. A luta pela muiraquitã é a luta em torno da mais-valia e do poder. Está-se de tal modo mergulhado no sistema que os seus limites não são percebidos. O deformado parece normal e belo, para quem o ama e com ele vive.

O *princeps* do modernismo brasileiro, ao combater na ficção os grupos sociais que desenvolviam a industrialização e a modernização do país, foi um antimodernista. O percurso de Macunaíma é sintomático: sai do campo para a cidade grande, a fim de combater o empresário. Na metrópole decorrente do processo de industrialização, acha tudo estranho, mas não consegue penetrar nas relações entre patrão e operário. Procura combater quem representa a industrialização, como se ser patriota fosse ser atrasado. Não conseguindo liquidar com o "gigante", ele retira-se para o meio do mato e morre de tristeza, inadaptado aos tempos modernos. Mário de Andrade é exatamente o contrário do que Baudelaire definiu como um autor moderno, ou seja, aquele que, de acordo com a leitura de Benjamin, tem de tal modo interiorizada a vida da metrópole que ela se torna a ossatura de sua obra.[3]

Não há nada disso em Macunaíma, o protótipo do modernista brasileiro. Tem-se nele apenas o inimigo da vida moderna. Ele também não expressa a consciência operária, não propõe a necessidade de melhorar as condições de vida nas cidades, não se dispõe a combater propriamente a exploração dos trabalhadores. Não é progressista, e sim reacionário. Ele gostaria que a roda da história desse um giro para trás, para uma época sem imigrantes e sem industrialização no Brasil. O seu protesto contra a história não é para combater a "exploração do homem pelo homem", pois ele participa dela e quer torná-la divertida. Não vê e não tem nenhum futuro, pois tem apenas passado, que ele vê como gloriosa diversão, e quer que continue do mesmo modo para sempre. Nisso ele está de acordo com o parâmetro do cânone, e cabe, portanto, muito bem nele.

---

[3] Flávio R. Kothe (org.), *Walter Benjamin – antologia*.

Surrealidade sem surrealismo

Transformar uma obra reacionária e antimoderna em ápice da modernidade é, portanto, quase tão "surrealista" quanto a pretensão, de alguns revolucionários alemães de 1848, de construir, num país de latifundiários e escravocratas, o seu ideário de liberdade, igualdade e fraternidade. O surrealismo de ter por ápice modernista uma obra contrária à modernidade complementa esse modernismo sem surrealismo mas muito fascismo, a fazer de conta que papa da modernidade é um autor reacionário, com uma obra-prima que julga a cidade a partir do campo e propõe a regressão à vida primitiva como se essa fosse a única alternativa aos choques da modernização urbana.

Ainda que latino e católico, o "carcamano" não costuma ser visto como melhor que o germano. No "clássico" conto "Gaetaninho", de Alcântara Machado, mesmo que a leitura corrente veja no texto simpatia pelo menino que deseja andar de carro, ele, de fato, é objeto de chacota por ser pobre, por querer andar de carro como os ricos: o sarcástico é que efetivamente ele consegue andar de carro, mas só em seu enterro. Nesse sarcasmo não há compaixão nem piedade, mas o riso da arrogância do ricaço, que tinha carro numa época em que isso ainda era marco distintivo da classe alta. Há diferenças de classe entre a intenção do autor e a intenção do leitor.

O fato de tais textos se voltarem contra os imigrantes – que poderiam ser também japoneses e poloneses, se estas imigrações tivessem sido fortes a ponto de preocuparem o senhorio – é básico para que eles sejam transformados em "clássicos da literatura brasileira": são leitura obrigatória nas escolas, e não "apesar de", mas por serem racistas, assim como a Inquisição impedia, no período colonial, que fossem estudar na universidade e ocupassem postos públicos aqueles que não eram de "pura cepa lusitana". A "crítica literária", que não vê isso, mancomuna-se com a discriminação. Aos descendentes de imigrantes – caso tivessem respeito pelos antepassados e não adotassem a imposta identidade senhorial – poderia restar a indignação contra um parâmetro cultural que transforma o preconceito racial contra eles em perspectiva e identificação obrigatória. Não se pode esperar que aja diferente uma oligarquia que zela por seus privilégios e impõe uma política de assimilação à sua identidade, aniquilando a perspectiva e a identidade das demais etnias.

Em termos de desenvolvimento econômico e progresso social, teria sido possível, já nas décadas de 1920-1930, falar em "dois brasis": um, da colonização portuguesa, que não deu muito certo; e outro, da imigração, que "deu mais certo". O cânone existe, como espelho da oligarquia tradicional, para desmentir isso. Embora o "modernismo" estivesse muito preocupado em "redescobrir" o Brasil, tratou de encobrir o que estivesse fora do âmbito canônico. Não foi uma ruptura, mas sobretudo uma continuidade. Se fez algo, foi para impedir que se reconhecesse a inversão dos termos tradicionais. Enfrentou a questão como uma contradição antagônica, para "resolvê-la" mediante o aniquilamento da língua e da cultura dos imigrantes, a interiorização da língua e da cultura do repressor por parte dos oprimidos, a supressão das vozes capazes de dizer algo "inadequado". Nada mais tradicional do que isso. E nada mais tradicional do que chamar o retrocesso de progresso, para não ser percebida diferença entre o que poderia ter sido e a história (e a versão da história) imposta pelos interesses de uma minoria.

Essa contradição não tem solução positiva, nem sequer mediante a remota hipótese de uma permissão tardia de se dar a palavra àqueles que tiveram a língua cortada em nome da civilização, com a sarcástica ereção de monumentos aos criminosos da história, reduzindo o imenso genocídio espiritual a olvido ou a arquivo-morto, grupos folclóricos, festas rememorativas, etc, como se, mediante um faz-de-conta, deixasse de ter ocorrido o que de fato ocorreu. A imagem pré-formada pelo preconceito exposto como conceito não se deixa alterar por nada. Não adianta explicar, por exemplo, que a maioria dos imigrantes alemães era oriunda de regiões de fronteira, ameaçadas por povos vizinhos e que, em vez de ela ser uma devoradora de povos, era parte de povos em extinção. Sempre se recai na equação: "alemão = nazista".

Se o cânone brasileiro não tem compreensão, sequer, em relação aos oriundos de Portugal, menos ainda se pode esperar que compreenda a tragicomédia daqueles que condenaram os seus descendentes ao atraso, ao preconceito, à prepotência, ao subdesenvolvimento, quando eles poderiam ter-lhes propiciado destino menos ingrato. Obviamente, isso pode parecer apenas falta de gratidão em relação a quem estendeu a "mão generosa da compaixão". Seria, porém, continuar encarando a si mesmo como mero refugiado em visita ao país. Os descendentes de imigrantes não devem nada a ninguém, pois seus antepassados produziram mais do que receberam.

Uma tragédia, quando examinada sem ficar envolvido nas crenças e nos valores que orientam aquele que "chegou cedo demais na história" (e que o faz ser suprimido pelo poder), acaba desfazendo-se como tragédia, podendo transformar-se até numa grande exibição de ridículo e grotesco. O racionalismo, ainda que se alimente da consciência oriunda do sentimento trágico, pode corroê-lo e libertá-lo da tirania de sua dor. Quem comete um "erro trágico" de avaliação, acaba como que "merecendo o castigo" que o atinge. Ele colhe o que plantou, porque acreditou no plantar. Se plantou ilusão, desilusão é o que o colhe, e o que o recolhe. Ele pode até fazer de conta que se sente aliviado com a punição, conformando-se com o aniquilamento. É o mesmo que dizer que não adianta chorar sobre leite derramado, como se ele deixasse de estar no chão e o choro não consolasse. O perdido, perdido está, mas é recuperado na elaboração da tragédia. Não se sai o mesmo da grande obra de arte. Ela tem cenas e situações que deixam o sujeito marcado para sempre.

O cânone está aquém da história social que ele interpreta, para escamotear os problemas, fazendo de conta que ostenta todas as soluções. O pensar o cânone como dupla tragédia – a que ele escamoteia e a que ele próprio é – está um tanto além da exegese canônica, que nem sequer percebe bem do que aqui se está falando. Isso ainda não é, porém, a última alternativa, pois, se fosse, seria levá-lo demasiado a sério, como se ele fosse a única literatura e a única coisa a ser dita sobre o que ele propõe e impõe. O cânone é tirânico sem reconhecer que o é (ou pior, considera isso natural). O âmbito de sua tirania restringe-se, porém, ao território que ele ocupa, sem conseguir, no entanto, controlar todos os recantos. Sempre surgem novos refúgios (e, se não surgir nenhum, tanto melhor, pois de qualquer modo se colabora com o inimigo que quer ver morta toda diferenciação). Há tribos que se recusam a se submeter ao seu domínio, embora ele não cesse de avançar. Elas só sobrevivem por acaso e como negação impedida de se manifestar como tal. No máximo são reduzidas a folclore, que é um modo de desentranhar a sua identidade, escondendo-a sob aparências, ou a olvido, como se este fosse o não-ser.

A ótica de uma imigração serve para pentear a história a contrapelo, ou melhor, para perceber o contrapelo do próprio transcurso da história. O surrealismo foi um questionamento da acomodação com a ideologia burguesa na França e em outros países, numa era de crescentes confrontos gerados pela ascenção do fascismo, do nacionalismo, do militarismo e da intransigência. Dele foi recebida apenas a caricatura de obras esquisitas, explorando ao extremo a liberdade de formulação e não aparecendo como testemunhas do contrário daquilo que gostariam de poder testemunhar.

Longe desse quadro europeu, o gesto da Semana de 1922 – de fazer de conta que, cem anos após a independência política, o país passava a ter autonomia cultural – teve a pretensão de declarar ser exatamente o contrário do que ele era de fato. Pretendeu disfarçar a continuidade da dependência cultural do país, impondo novamente uma definição nativista de brasilidade, portanto, repetindo o velho como se fosse novo, a interiorização colonial como se fosse autonomia. Ao fazer uma reatualização apenas com a fachada das vanguardas européias, era uma continuidade da antiga dependência (mas como se fosse pura independência). O "como se fosse" tornava-se um "assim deve ser" porque "assim somos". Fazia de um semipícaro fantasiado de índio o protótipo do nacional (quando o legítimo pícaro era o imigrante pobre, lutando para sobreviver nas ruas de São Paulo). Ostentava como invenção própria o que era adaptação local de perfis culturais europeus. Depois que o fascismo foi derrotado na Europa, enfatizou-se o grupo antropofágico e descartaram-se grupos integralistas, como o Verde Amarelo e o Anta, para fazer de conta que era "de bom tom" o que havia sido promovido nos salões da "aristocracia do café".

Embora a história demonstre exatamente o contrário, os cristãos vivem na ilusão de que a humanidade foi salva há quase dois mil anos (a ponto de dividir-se a história entre antes e depois desse "evento"), enquanto os maometanos diminuem um pouco a extensão desse cálculo (sem alterar, contudo, a sua substância). Se os judeus têm pelo menos a honestidade de reconhecer que o Messias ainda não chegou, também não saem do mesmo paradigma, na medida em que esperam que "Ele" possa aparecer pela porta de algum próximo segundo.

A crença paulista de que, em iluminados dias de 1922, ocorreu a apresentação do Messias num templo chamado Teatro Municipal, para deslumbrar os sacerdotes da cultura e trazer a redenção espiritual ao povo brasileiro, só se pode prorrogar na crença de que em 1928 foi promovido algo equivalente ao Sermão da Montanha (com a publicação de *Macunaíma*), tendo o seu autor feito uma despedida dos discípulos, equivalente à Santa Ceia, na conferência de 1942 sobre o movimento modernista. Nesse esquema, o Calvário teria ocorrido em 1945 com a morte de Mário de Andrade, que, "deus morto/deus posto", ressuscita para a glória eterna ou em forma de paródia com a "geração de 45". O modernismo é, então, para a exegese canonizadora, uma tradução do Novo Testamento, com a Semana dividindo a história literária brasileira em dois períodos: antes e depois do nascimento do redentor.

O curioso é que a exegese canonizadora não sabe o que faz, mas faz. Tanta gente a trabalhar nisso e, mesmo sendo tão inteligente, não conseguindo perceber a estrutura em que anda. É a estrutura mental delas mesmas que aí se concretiza: ponto cego de quem anda na mesma rota, pois não tem outros parâmetros, superiores, para discernir a sua identidade (já porque tem a prepotência de afastar, como herege, todo aquele que discordar de suas avaliações e perspectivas). Não se dão sequer ao luxo de usar o dissidente para reforçar as suas próprias posições, tomando algumas cautelas antes de escancará-las. Quer seja de direita, quer se diga de esquerda, a mediocridade sempre é prepotente e perigosa. Ela procura destruir o que a ultrapassa.

A esperança de recuperar a perspectiva de oprimidos jaz enterrada, como penúltima das deusas, no arquivo da deusa mais forte: a burocracia. O sonho surrealista acabou sem nunca ter passado, no Brasil, de um pesadelo da direita. Ele foi antes reprimido, porque o *establishment* o impedia de se tornar real. No surrealista Brasil, a ausência de surrealismo procura ser suprida com adesões anacrônicas. A hipocrisia da exegese procura inventar que sempre esteve aí até o movimento mais ausente. Ainda que a Isaura da crítica erga algum libelo pela modernização, acaba nada mais fazendo que cair na cama de um senhor latifundiário, um Álvaro mais "moderno", cheio de peões e "meeiros". E chama de "quase-socialismo" o que nem capitalismo é.

O cânone literário, sob a aparência de expressar a coletividade, serve para auratizar uma minoria, enriquecida à custa do trabalho alheio, quer seja ele do índio, do negro escravo, do caboclo servo de gleba, do imigrante italiano, alemão ou japonês; serve também para justificar o uso do Estado como se fosse propriedade privada de uma classe; exalta ainda a natureza, que é destruída para benefício dessa minoria (sem que o cânone reclame contra essa destruição). Até um "comunista" como Graciliano Ramos pode ser consagrado quando interessa explicar o não-enfrentamento das tensões sociais no Nordeste mediante a migração para o Sul. Se o poder público sempre foi propriedade privada de uma minoria, não deve causar escândalo que a literatura, ainda que pouco importante, também tenha sido a mucama das crianças, segundo as diretrizes do senhorio.

Professores de língua portuguesa têm por função impor aos jovens o discurso do conquistador lusitano e dos donos de sesmarias, continuando a "conversão dos gentios" e acabando com a língua e a cultura das minorias. Todo aquele que fala "errado", por usar outra língua ou ter algum sotaque de imigrante, ou por usar o registro de classe social baixa, esteve e estará suprimido da esfera pública, devendo submeter-se àqueles que "sabem falar bonito". A "norma culta" é uma discriminação de classe, falsa inclusive no nome que adota. Ela é menos culta do que diz ser e mais totalitária do que consegue reconhecer. Os "professores de português" não estão, "democraticamente", dando a todos chance de ascender, segundo gostariam de crer, mas estão impondo os crimes históricos do passado como se fossem normais. À medida que calam a respeito se tornam comparsas. Isso não é algo estranho ou e externo às palavras. Há nelas sangue índio, suor escravo e lágrimas de imigrantes. Eles fazem de conta, porém, que nada têm a ver com isso, tudo sendo um "passado já morto e enterrado". É uma atitude oportunista que, ao não assumir o que faz, mancomuna-se mais uma vez, disposta a repetir tudo, tornando-se corresponsável. A caneta do professor, corrigindo provas, tem o urucum das espadas da conquista.

A literatura aparenta estar isenta disso, pois pretende ser apenas arte, para continuar a antiga arteirice. O cânone primou, porém, em cultivar esse "saber falar bonito", literatice de bacharéis piegas como Casimiro de Abreu, Castro Alves, José de Alencar e tantos outros, que não é, todavia, percebida como ridícula por formar a base do "gosto" do público. O povo acaba tendo a literatura que ele merece, e a literatura tem o público que ela merece. Há, porém, milhões de crianças que são vitimadas a cada ano por esse jogo perverso que mistura ignorância com safadeza, mas faz de conta que é exatamente o contrário disso.

Nas universidades, processos diversos de repressão e supressão de valores ocorrem, como se fossem a maior normalidade: e são, porque a normalidade é o anômalo e abominável, que não são reconhecidos como tais. O evento trágico é aquele em que a anomalia do normal se manifesta com clareza. O seu registro literário não é, porém, discurso do poder, pois este procura antes, como Jocasta, disfarçar e suprimir a consciência trágica, que sempre se abre para o abismo, para o erro estrutural instituído, e que já não é mais corrigível com algumas palavras, água benta ou uma anistia, fingindo um perdão que não existe. Quando Jocasta propõe parar o questionamento, ela age como um político (oportunista). Quem prefere as benesses do trono, não quer ir a fundo nas questões.

Na divinização da língua portuguesa – mesmo que sob a aparência de adotar literariamente expressões populares e regionalismos – continuam embutidos os sabres e fuzis da conquista e do aniquilamento físico e espiritual dos índios, os preconceitos raciais (não só contra negros), as prepotências e as injustiças (não só impunemente praticadas como também consagradas, canonizadas). Tem-se uma continuidade da política da reconquista, da perseguição a judeus e a maometanos, de genocídio físico dos índios, de escravização dos negros, de genocídio espiritual contra os imigrantes e seus descendentes. É a maneira luso-brasileira de cumprir o mandato e o mandato da tradição metafísica ocidental, com o imperativo da identidade supressora do diferente, o menosprezo do outro, a condenação do *alter*, a vontade do poder como sendo um absoluto. Ao dizer "eles não sabem, mas eles o fazem", é mais ingênuo quem fala do que quem faz. Ninguém é inocente: apenas finge que é, para não pagar pelos erros que comete.

Há intuições e respostas que se procuram suprimir de variadas maneiras, seja eliminando quem poderia formulá-las, seja impedindo que a sua formulação se torne pública ou consagrada. Cinicamente, apresenta-se a repressão a textos contrários à ideologia estruturadora da canonização como se fosse apenas a seleção de textos de melhor qualidade. O que não é adequado, nem sequer aparece e, por isso, tudo se passa como se não houvesse repressão alguma. Inventa-se como oposição o que, no fundo, pertence ao mesmo paradigma: insiste-se em diferenças internas ao sistema, para camuflar a identidade, para que não seja percebido aquilo que realmente faria e seria uma diferença. Como não há abertura, finge-se que está tudo aberto. Qualquer um pode ser membro de algo como a Academia Brasileira de Letras, como qualquer um pode pertencer ao cânone da literatura brasileira, bastando ter mérito...

A grã-diva dos sonhos

Costuma-se apontar como traço típico do surrealismo a conjunção entre sonho, realidade e fantasia, a partir das sugestões contidas no ensaio de Freud, de 1906, sobre a "A loucura e os sonhos em *Gradiva* de Jensen",[4] em que, na parte final, depois de se recuperar da neurose, o arqueólogo Hanold pede que Zoe caminhe com a mesma postura de uma figura feminina em um antigo relevo de pedra e que era repetida pela figura que lhe parecia ser um fantasma (e era Zoe). Embora a psicanálise e o surrealismo não tenham se preocupado com isso, a narrativa tem a estrutura da pieguice romântica cristã: o amor redime, Cristo é o amor. Trata-se de uma falácia sofística, em que se supõe que encontra a cura pelo amor justamente aquele que antes precisa estar curado para poder amar. Há uma capciosa inversão dos termos. Talvez nem a verdade redima, já que nem ela mesma é redimida ao se preferir a ilusão. A ciência é vista como uma condenação que só funciona como sublimação da frustração amorosa. Tem a lógica de um *habitué* de bordel. Poderia servir de anúncio publicitário, de *Werbespott* de um gigolô.

Freud evitou, diz-se, ler muito Nietzsche para não ser ainda mais "contaminado" por ele. Isso tem servido para os freudianos não lerem Nietzsche e para neutralizar o reconhecimento de que o filósofo

---

[4] Siegmund Freud, "*Der Wahn und die Träume in W. Jensens Gradiva*", p. 9 ss.

o precedeu nas teses que mais marcaram a revolução psicanalítica da moral. Mediante Freud (e apesar de Freud), procurou-se restringir essa revolução à sexualidade, para que não se pensasse esta dentro de um âmbito mais amplo de questionamento, cujo processo ainda está longe de se esgotar, pois afeta, inclusive, o pensamento de esquerda, pois questionava postulados fundamentais como a igualdade e a fraternidade.

Aquilo que Freud lega ao surrealismo no grávido ensaio sobre a Gradiva já estava contido num texto de Nietzsche, escrito no verão de 1870, sobre "A visão dionisíaca de mundo", no qual qualificava as categorias do apolíneo e do dionisíaco como sendo dois parâmetros da arte:

> A bela aparência do mundo onírico, em que todo homem é pleno artista, é a geratriz de todas as artes plásticas. (...) Por isso, enquanto o sonho é o jogo do indivíduo humano com o real, a arte do artista plástico (no sentido lato) é o jogo com o sonho. A estátua enquanto bloco de mármore é algo muito real; mas a realidade da estátua, como configuração onírica, é a figura viva do deus. Enquanto a estátua ainda dança diante dos olhos do artista como imagem da fantasia, ele continua brincando com o real: quando traduz essa imagem no mármore, brinca com o sonho. (...) A arte dionisíaca repousa, pelo contrário, no jogo com o êxtase, com o arrebatamento. (...) Como um deus ele se sente, e o que antes vivia apenas em sua fantasia, agora ele passa a sentir em si mesmo. O que ora lhe são imagens e estátuas? O homem não é mais artista, tornou-se obra de arte, ele anda por aí tão arrebatado e enlevado quanto em sonho contemplou os deuses andarem.[5]

O "apolíneo" tem sido visto como correspondendo ao "clássico" e o dionisíaco, ao "romântico". Perdeu-se com isso, porém, a historicidade dos termos. Quando se passa a descobrir o "romântico" até na era feudal, pode-se pretender cortar ao meio o par nietzschiano (que era uma união de contrários, um pólemos indissolúvel, em que a grandeza artística estava em bem conjugar os termos), e encontrar o êxtase (*Rausch*) dionisíaco num festival de *heavy metal*. O próprio Nietzsche não apenas fez a autocrítica dessa sua obra de juventude, como até abandonou a referida dicotomia.

---

[5] Friedrich Nietzsche, "Die dionysische Weltanschauung", *Sämtliche Werke – Kritische Studienausgabe,* v. I, p. 553-555.

Quando se conjuga arte, sonho e realidade, o que fica de fora é, mais uma vez, o trabalho (até de realizar a realidade, o sonho, a arte). A criação artística é um labor difícil, que obriga o sujeito a se questionar e a seguir adiante, a virar-se pelo avesso, a investir nas penumbras da realidade e daquilo que nunca foi expresso: isso é incompatível com a postura horizontal, de quem sossega e dorme. O gesto de Saint Paul Roux de escrever, à porta de seu quarto de dormir, "*Le poète travaille*", para indicar o labor poético do sonho, retoma o que Nietzsche viu no culto grego de Apolo: o deus da arte, que era, ao mesmo tempo, o deus da luminosidade solar e, paradoxalmente, o deus do sonho. A arte traz o obscuro à clareza da iluminação crítica. Ela é filha da escuridão, mas vitória da forma perfeita, a dizer o obscuro.

Os "gregos" podiam dormir enquanto seus escravos trabalhavam. Talvez sejam considerados democráticos e ideais porque se confunde plutocracia com democracia. Rosa Luxemburgo foi morta porque dizia que "não há democracia sem socialismo e não há socialismo sem democracia". Os surrealistas também precisavam de alguém para sustentar o seu sonho e sono como senha de nova sina. Se a democracia foi fundada a partir do duplo sentido da palavra *logos* – que, ao mesmo tempo, significa pensamento e discurso –, por supor que a fala articulada publicamente propicia um pensamento mais objetivo já que permite a exposição das motivações alheias e da diversidade de interesses, é preciso reconhecer que isso não ajudou escravos e periecos helênicos. No império da religião e da publicidade, torna-se público o argumento que serve para manipular o público segundo interesses e pressupostos de quem o articula. Vozes discordantes ocorrem, ocasionalmente, para provar que se é "democrático" e que existe liberdade. Essa folha de parreira permite expressar algo que é sua própria negação.

Uma vertente subversiva em relação à antiga religiosidade grega, o culto dionisíaco como direito à liberdade do êxtase, também foi buscada pelo surrealismo, no sentido de, ao buscar ultrapassar e dissolver o ego individual na coletividade mediante o êxtase, passava-se a ter novas vias de acesso à experiência e à produção artística. É como se o gesto de se deixar dissolver na massa, ser uma formiga num formigueiro, fosse liberdade. O surrealismo – quando o movimento ultrapassou o conflito inicial entre o anarquismo e a disciplina revolucionária, buscando uma alternativa laica e política – tentou conquistar e arregimentar as energias do êxtase para a revolução (na formulação de Benjamin: *die Kräfte des Rausches für die Revolution zu gewinnen*[6]). O surrealismo francês herdou e assumiu apenas em parte, como caricatura, o gesto do dadaísmo de questionar desde dentro a arte em sua validade.

Os intelectuais da "renovação modernista" não chegaram ao ponto de questionar a própria arte. De modo geral, não questionaram sequer a política dominante. Eles só queriam dominar o todo: e conseguiram ao fazer o cânone inteiro passar pelo gargalo da Semana. Se algum deles chegou a sonhar em fazer uma "revolução", o que a maioria tratou de fazer era antitético aos dadaístas, expressionistas e surrealistas europeus: servir a um Estado autoritário. Eles procuraram estetizar o totalitarismo. Mário de Andrade, atrelando a cultura ao governo, Villa Lobos, com seus corais, Drummond como chefe de gabinete ministerial, Cecília Meireles com seus agenciamentos ligados ao Departamento de Imprensa e Propaganda, Graciliano Ramos aceitando durante anos dinheiro de Vargas e beijando, assim, a mão que o havia surrado – são alguns exemplos de uma atitude que os citados artistas europeus não ousariam aventar nem sequer em sonhos, menos ainda transformar em biografia.

Mesmo que Graciliano Ramos tenha recebido dinheiro do DIP no "Estado Novo" por meio de uma revista de propaganda em que ele colaborava, é divulgado apenas o registro de sua prisão: prepondera em sua obra, no entanto, a limitação da temática e do horizonte teórico, pois ainda que guarde certa distância em relação à mentalidade dos sertanejos, eles não propiciam, como personagens, o debate num nível aceitável de esclarecimento crítico (como se tem, por exemplo, em *A montanha mágica* ou *Doutor Fausto*). Nesse mesmo erro caiu Guimarães Rosa, preso à trivialidade maniqueísta e requentando um platonismo simplório (muito aquém de Platão), mesmo depois de já estarem publicadas as obras de Marx, Nietzsche e Heidegger. A única literatura que tem valor é aquela que vai além do horizonte da filosofia. É o que não ocorre com os "modernistas e regionalistas". Por um lado, esses brasileiros são autoritários e limitados em termos

---

[6] Walter Benjamin, *Angelus novus*, p. 213.

de horizonte de classe e de vida moderna; por outro, ignorantes e atrasados em termos de modernidade filosófica.

O que eles fizeram estava de acordo com a tradição dominante no intelecto brasileiro. Não houve e não há no Brasil o horror europeu em relação ao fascismo, que era, e é, por si, a negação da liberdade e da autonomia inerentes ao gesto de criar arte. A hipocrisia do adesismo ficou desmascarada com o questionamento de algo retrógrado como os assim chamados parnasianismo e simbolismo brasileiros (que assim já o eram ao surgir, e jamais chegaram ao radicalismo político de Baudelaire e nem ao refinamento de Mallarmé, embora fossem e sejam postulados como avanço ante o atraso no meio brasileiro). Como estratagema crucial da oligarquia no âmbito literário, o cânone apenas substituiu uma adesão por outra, continuando a tradição de inverter os sinais e o sentido dos movimentos de vanguarda europeus. Não há radical ruptura no modernismo: pelo contrário, continua-se nele a tradição de castrar a vanguarda, atualizar à direita os conteúdos, eliminar o questionamento mais crítico.

Não se pode simplesmente afirmar, no entanto, que os europeus tinham motivos para questionar a arte, já que estavam envolvidos pela guerra e por antagonismos políticos atrozes, enquanto o Brasil, uma jovem nação a refulgir sob o sol da liberdade e da abundância, podia apostar, confiante, no próprio futuro. O Brasil esteve envolvido em guerras, a sua história interna é um circo de horrores, sua organização social é das mais injustas do planeta: se seus artistas e intelectuais não fizeram maiores questionamentos, foi por mancomunação com os favorecidos do sistema e/ou por incompetência. A esperteza tomou conta da inteligência. Colocar a discussão no horizonte restrito do regionalismo ou no de uma mistura ampla de regionalismos, quando a questão é continuar macaqueando o expressio- nismo, o futurismo ou o letrismo, é ocultar a verdadeira questão.

Falou-se e fala-se para melhor poder calar. O modernismo é uma ruptura de superfície para melhor reafirmar a mesma estrutura profunda, uma inovação aparente para que tudo continue na mesma. Recapitula-se o que foi, na perspectiva da historiografia do vitorioso, para apresentá-lo como um sonho hilariante, em que a realidade é tanto mais ideal quanto mais ela for parecida com o que já foi. Tudo se torna uma piada. O modernismo é uma gargalhada senhorial, ainda que histérica. O seu sonho é o pesadelo dos vencidos, das minorias dominadas. As lágrimas que ousa ostentar são de crocodilo, que tem a barriga forrada de minorias aniquiladas. Devora gente, e acha isso engraçado por imaginar que jamais será devorado.

Modernismo e fascismo

Pelo fato de o modernismo ter sido tão limitado é que a historiografia, a crítica e o jornalismo literário ficam badalando a "genialidade" de Mário, Oswald, Drummond, Graciliano, etc. A limitação desses autores não é percebida por quem, além de não ter um conhecimento mais denso dos clássicos universais, está cegado pela patriotada e por uma formação literária somente à base do cânone brasileiro. Este reduz a grandeza dos clássicos ao horizonte menor do canônico, o qual perverte a natureza da arte, já que aceita como arte o que tem a função utilitária de propaganda do Estado e de visão da história de acordo com os interesses das classes dominantes. Introduzir os clássicos da literatura universal no ensino escolar não seria apenas substituir um cânone por outro, mas substituir não-arte por arte, propaganda ideológica por poesia.

Para ele, Cruz e Souza é o máximo do simbolismo, sem que ele tenha entendido Mallarmé e Verlaine. É capaz de proclamar que um Graciliano não deve nada a qualquer autor de seu tempo: não percebe, no entanto, que ele não chegou à altura de Kafka, Thomas Mann, Rilke, Brecht, Górki, Pasternak ou Borges (mas tem raiva de quem percebe isso, tratando de isolá-lo e destruí-lo). Acha que a sua própria ignorância é patriotismo. Quanto mais infundado o que afirma, mais alto grita e mais apoio recebe da mídia. Até quando declara ser "de esquerda", faz parte da direita. Assim é impedida a leitura de obras mais profundas, capazes de alterar a consciência do leitor, enquanto vai sendo imposto o rasteiro e superficial como sendo a "melhor literatura do mundo" (a ponto de exigir-se que nada mais deve ser lido no país).

É esse o paradigma estreito dos professores de português e de literatura brasileira, genocidas das culturas alternativas. Eles também são incapazes de chegar ao horizonte efetivo da teoria literária e de uma literatura comparada que não seja apenas uma suplementação da história nacional, perdida em detalhes irrelevantes. Geram estreitas mentalidades totalitárias, luso-nazistas. Impedem que se pense. Dão diplomas profissionais a incompetentes para que reproduzam a sua própria incompetência ("...quem não sabe, ensina". São apenas ideólogos, por mais que tenham a pretensão de fazer ciência. Constroem uma "historiografia" à base de "escolas literárias", segundo um modelo copiado da França, mas não ousam, nesse horizonte estreito, confrontar a diferença entre Baudelaire e os parnasianos brasileiros, entre Mallarmé ou Verlaine e o simbolismo brasileiro, entre as vanguardas francesas e o modernismo paulista. Menos ainda ousam levar seriamente em conta autores como Poe, Hölderlin ou Kafka. Se os citam, é apenas para confirmar os seus próprios prejuízos e preconceitos. Não querem perceber a que funções repressivas servem um Cruz e Sousa, um Lima Barreto ou um Graciliano Ramos, os quais são apresentados como sendo apenas pobres coitados. Sufocam, com a repressão direta ou com a propaganda exegética, qualquer visão crítica alternativa. São uma ditadura do ditado. Como estão acostumados à perversão dos valores, e são seus defensores tomando-a por natural, também acham correto e natural impor a sua estreiteza, mesmo que desrespeite o que é mais denso, artístico e filosófico. Isso é conveniente à política oportunista que defende privilégios.

Esse tipo de intelecto é podre e não tem salvação; mas como tem o poder, só ele aparece. Há uma regressão institucionalizada no cânone que impede leitores e professores de ousarem confrontar seus autores com os grandes autores mundiais. Quando o fazem, cortam tudo o que nestes ultrapassa aqueles. A rigor, são incapazes de perceber o que é melhor e maior. Têm orgulho do seu fracasso. Tornam-se agressivos e arrogantes. São míopes sem correção: não percebem os píncaros e nem a paisagem a partir dos píncaros. Mais que isso, são cegos, pois sequer percebem o que realmente é o texto menor que têm sob o nariz. O pior cego é aquele que não permite ver, mas acha que sua fantasia privada é a única visão correta.

A recôndita verdade do modernismo é o fascismo disfarçado de nacionalismo: prenuncia a mesma constelação em que aflorou o Estado Novo e a Ditadura Militar. Para disfarçar, insiste em que nenhum modernista foi receber Marinetti quando visitou o Brasil. A chave do modernismo paulista está tanto em Plínio Salgado e nos muitos outros simpatizantes do integralismo quanto no carro do ricaço Oswald de Andrade: ela está na porta dos salões da "aristocracia do café", que tanto deu sustentação ao movimento quanto foi sustentada por ele. A historiografia mais serve para escamotear a história do que para desvendá-la, mas procura dizer que só ela é "a história", enquanto o divergente é mera "interpretação". Não é fazendo de conta que o modernismo consiste somente no grupo antropofágico (sendo este inquestionável e sagrado) que se escamoteia a relevância do grupo anta ou verde-amarelo. Ao contrário do que divulga – *pour cause* – a historiografia encastelada nas universidades, o projeto estético de Mário de Andrade não é separável do projeto político que o fez participar da revolta de 1932, ao lado da oligarquia paulista, da qual recebeu altos cargos de confiança.

Os surrealistas franceses quiseram ser os herdeiros esclarecidos do satanismo de Baudelaire, Lautréamont e Rimbaud, em que pretendiam ultrapassar o irracionalismo religioso convertendo-o em participação política efetiva. Na constelação política da época, polarizada entre fascismo e comunismo, optaram pelo segundo: com isso correram o risco de endossar, ao menos no momento inicial, o totalitarismo estalinista. Fugiram a isso pela insistência na liberdade individual, embora alguns deles, a começar por Bréton, tenham sofrido nas mãos do obreirismo. Com o fim da Guerra Fria, parece ter restado do surrealismo somente algumas técnicas, obras e gestos mais ou menos grotescos. Mesmo que ele tenha sido uma tentativa radical de escapar à massificação crescente, esta tem predominado cada vez mais. O modernismo brasileiro sequer soube apreender e expor bem essas questões.

O que ficou do surrealismo foi basicamente o gesto de protesto (que já existia, mais radical, no dadaísmo). A França funciona como um alto-falante, por meio do qual intelectuais conseguem se projetar mundialmente (ainda que se limitem a copiar e requentar o que outros povos fizeram antes e melhor). Assim, divulga-se que o surrealismo é mais importante do que o dadaísmo, o romantismo francês mais que o alemão, Derrida mais do que Heidegger, Foucault mais do que Nietzsche, Lacan mais do que Freud, Mallarmé mais do que Hölderlin, etc.

Isso faz parte também do colonialismo cultural francês, do qual boa parte da inteligência brasileira é orgulhosa quinta-coluna. Nessa perspectiva, história só existe na França, pois Paris é a capital mundial da cultura (ainda que hoje tomada por Donald Duck), e a periferia só "tem história" à medida que reflete o brilho da metrópole. Uma seqüela disso é que dentro da periferia se criam subsóis, que exigem a orbitação do resto em torno deles. Quem colabora com isso pode ter o intelecto reconhecido. O resto, nem resto é, pois é como se não existisse. A história da literatura brasileira não é a história da literatura no Brasil.

Na incultura de massas, o "êxtase dionisíaco" é programado nos megaespetáculos de cantores-bailarinos em estádios. O culto está domesticado e despolitizado. O seu êxtase não serve para levar o sujeito à noção do que está além de seus limites habituais, mas para que ele assuma a própria regressão como um modo de melhor ficar dentro deles. O êxtase diante do jogo das sombras, contido no mito platônico da caverna, tem na televisão o seu coroamento negativo. O tempo de culto à televisão é tempo roubado à leitura. Mas como esta, em geral, é voltada para textos fracos, pouco se perde.

A literatura já não tem mais a função libertadora que lhe quiseram atribuir os surrealistas: como cânone é um buçal enfiado na mente do cidadão, que, por sua vez, se sente perdido quando está sem ele. Quer ser dirigido para saber aonde deve ir. O que ele menos deseja é pensar por si próprio. Quer que permaneçam intocadas as "verdades" nas quais foi educado e que constituem a sua identidade. Aos donos do poder interessa a obediência irrestrita. Para a manipulação do público, a narrativa industrializada tem na mídia eletrônica um veículo mais eficaz do que o texto impresso. Mesmo que ela se apresente como defesa da vida e da liberdade, é uma doutrinação massificadora, sem a preocupação libertária, que os surrealistas sonharam como tarefa da arte.[7] O modernismo é a traição do questionamento mais radical feito por movimentos que ele finge ter imitado.

---

[7] Flávio R. Kothe, *A narrativa trivial*.

O moderno e o moroso

A narrativa trivial é uma versão laica de princípios religiosos que, por sua vez, são confundidos com princípios supostamente cristãos. Funciona como doutrinação diuturna da população para que determinados "valores" sejam mantidos, mas não para que sejam repensados. É como uma Penélope às avessas precisando reafirmar à noite os princípios desmentidos durante o dia. Assim, o "não-roubar" precisa ser enfatizado para um operariado que contempla o patronato enriquecendo à custa da "apropriação" das horas de trabalho não cobertas pelo salário e dando-se a luxos que ele nem sequer pode sonhar. A eficácia da religião como "ópio do povo" precisa ser reforçada pelos veículos eletrônicos. As igrejas são empresas que vendem a mercadoria ideal para o capitalista, pois o fornecimento da maior parte dela está previsto para ser entregue ao freguês depois de sua morte, quando ele já não puder cobrar mais nada.

Sob a aparência de se viver uma época esclarecida, tem-se cada vez mais crendices, mesmo que não sejam celebradas em igrejas. O cânone nacional é uma forma de crendice. O senso do sagrado mantém-se nele como tabu e intangibilidade. No mundo da propaganda, as mercadorias são promessas de paraíso. Isso é mais que a propaganda religiosa na mídia: é reforço ideológico, visando a manter a sociedade em funcionamento. O "anão da teologia" não está escondido apenas na maquinaria do materialismo dialético, conforme supôs Benjamin, mas tem presença abscôndita nas engrenagens do cânone, da propaganda e da mídia nossa de cada dia.[8]

Na narrativa trivial, que domina a modernidade, o bem tende a corporificar-se na propriedade – ainda que não só do capitalista –, assim como na narrativa feudal somente príncipes e nobres podiam ser belos e gloriosos. Não é possível entender tal "bem" sem o seu "mal" intrínseco: a propriedade em benefício de uma minoria à custa da maioria. Exatamente isso é o que tal narrativa não procura fazer entender, muito embora o mal não seja redutível à violação da propriedade e à apropriação do trabalho alheio. Dadaísmo e surrealismo foram esforços desesperados de defesa da individualidade ante a massificação, da liberdade ante a manipulação crescente. Seu malo-

---

[8] Walter Benjamin, "Teses sobre filosofia da história", *Walter Benjamin – Antologia*, p. 153 ss.

gro não é apenas brasileiro, mas mundial. O modernismo brasileiro fracassou em elaborar os principais problemas do mundo moderno.

    O capitalismo é o império da narrativa trivial. Entre os vários gêneros desta, a novela de detetive é aquela que "mais puxa pelo cérebro" e, portanto, melhor disfarça o seu caráter esquemático e mais aparenta aproximar-se do iluminismo. Brecht[9] achou que a força da novela de detetive residia na resolução intelectual de um enigma: até que ponto esse gênero serve, no entanto, para embotar o espírito? O dramaturgo supôs que esse gênero, por apostar no pensamento lógico-dedutivo, está de acordo com a evolução da ciência moderna, especialmente da física experimental. Ele acreditava demais na vontade iluminista dos povos, nessa instância mediadora como algo que correspondia a uma mudança geral de mentalidade ocorrida nos tempos modernos. Ora, nunca foram construídas tantas igrejas quanto nos tempos da "pós-modernidade". O modernismo brasileiro não gerou novelas de detetive, pois estas, embora triviais, tendem a fazer o desmascaramento de grupos sociais que pretendem estar acima de qualquer suspeita. Quanto mais uma obra aprende a contraditória multiplicidade do real, tanto maior a sua chance de ser verdadeira e grandiosa: a arte é difícil e, por isso, tende a ser considerada cansativa. A preguiça universal prefere a facilidade da televisão, que é sempre linear e banalizante.

    Segundo Brecht, quando lemos jornais, ouvimos o noticiário, recebemos súbitas cartas de demissão ou notificações de despesas extras, temos em nosso cotidiano o choque de que "alguém andou aprontando alguma coisa contra nós". Cria-se uma espécie de suspeita universal. Somente a história *post-factum* pode, eventualmente, esclarecer o que houve. O sujeito se descobre não como sujeito, mas como objeto da história, como vítima. Pela identificação do leitor com o detetive, ele deixa-se levar como uma criança, para acabar atendendo ao impulso de emancipação apenas em forma de sonho, para deixar, na prática, tudo como está.

    A novela de detetive reproduz essa atmosfera da modernidade como experiência descontínua de choques e, ao mesmo tempo, encena, por meio do detetive, um esforço para passar de vítima a sujeito

---

[9] A. Rucktäschel e H. D. Zimmermann, (Orgs.) *Die Trivialerzählung*.

da história. Ele é um herói da racionalidade, que desvela os mecanismos de poder e dos interesses dominantes. O modernismo brasileiro, dos salões da "aristocracia do café", tinha, por sua vez, mais vontade de falar mal de minorias étnicas e de "grupos marginais" do que de desvendar as tramas e os dramas da modernidade. Quando sentia "pena dos pobres", pressupunha e impunha a superioridade do piedoso. A elite dominante é sempre muito atenta em relação às tentativas de ruptura do seu ordenamento: trata de descobrir os violadores de sua ordem e de puni-los. Sua utopia é manter *ad infinitum* a ordem vigente. Esse mesmo impulso de detectar quem rompeu, com sua trama secreta, a ordem estabelecida, tratando de apropriar-se do que não é seu, bem como de restabelecer a ordem vigente, também está no cerne da novela de detetive. Apesar de toda a sua ênfase na razão, ela é, nesse sentido, conservadora, ou melhor, "reacionária", a ponto de praticar isso em nome de nada menos que a vida: como toda trivialidade semiótica, é incapaz de questionar os valores em nome dos quais atua, mas aponta qualquer questionamento prático como delito e seu agente como criminoso.

A teoria de Brecht tem, subjacente, além da racionalidade do teatro épico, a concepção benjaminiana do choque como experiência típica da modernidade. Tal concepção se origina, por sua vez, da teoria surrealista, calcada na percepção de Baudelaire sobre o caráter traumático da vida na grande cidade, que se evidencia já ao andar em meio ao burburinho da multidão e dos carros. A todo momento pode surgir um ataque inesperado na selva de pedra. O artista precisa vender-se no mercado: inseguro, sofre com as mudanças do gosto e a perda de poder aquisitivo. Os principais "modernistas" brasileiros ficaram longe disso, pois tinham riqueza familiar ou/e sinecuras governamentais (ou sinecuras por ser oriundos de "famílias tradicionais"). Podiam até mesmo financiar a publicação dos seus livros, que atendiam às conveniências ideológicas da classe da qual provinham.

A formação da megalópolis, decorrente da concentração de indústrias e empresas num mesmo lugar, marca a modernidade, mas a maior parte da produção "modernista *brasileña*" foge à elaboração disso, como também foge à modernidade filosófica (ou seja, ao questionamento e à superação da tradição metafísica). O romance regionalista, de fundo rural, era anacrônico já quando surgiu como novidade. Representava a vida atrasada e um atraso de vida e mentalidade. O perfil dos seus personagens não permitia em geral colocar as questões da vida moderna, pois estava fora dela. Lins do Rego, Graciliano Ramos, Raquel de Queirós e outros regionalistas provinham de um horizonte estreito, primitivo e atrasado: estavam fora da história que realmente mudava o mundo em seu tempo e não conseguiam elaborar o que acontecia dentro do que determinava as mudanças. A sua temática era menor, mais ainda porque eles se fechavam ao novo. Lins do Rego, por exemplo, não apenas está fixado no mundo rural, mas sente saudades do tempo anterior ao das usinas (daí a rememoração do bom tempo antigo, dos escravos e peões de fazenda, em *Fogo morto*): como autêntico reacionário, reconstrói como ordem natural a *plantation* da perspectiva do latifundiário (*Menino de engenho*), com a pretensão de que o leitor se sensibilize e comova com a camaradagem do herdeiro com o filho do peão. O autor identifica-se com esse herdeiro, pois essa era a classe da qual ele provinha. Ele cabe, assim, no paradigma do cânone brasileiro. Raquel de Queirós também é oriunda do senhorio latifundiário. Um Graciliano Ramos exerceu um alto cargo de confiança, chefe da imprensa oficial, num Estado oligárquico como Alagoas.

Foi otimista demais, no entanto, a esperança brechtiana de a coletividade sustentar o sonho de passar de objeto a sujeito: após quarenta anos de regime comunista, a maioria da população da Alemanha Oriental queria sobretudo consumir e massificar-se. Apenas uma pequena fração estava disposta a trabalhar pelo bem comum. O Partido Comunista Brasileiro era tão autoritário, dogmático e totalitário que pôde bem servir de abrigo a muitas pessoas que tinham o perfil de personalidade da oligarquia patriarcal. Um relato como *Viagem*, de Graciliano Ramos, embora parecesse ousado por sua abertura em relação à União Soviética, foi o endosso de um sistema totalitário e não discutiu questões básicas inerentes ao regime comunista como, por exemplo, a "grande política" (a conversão de normas morais em política social), a diferença entre a utopia comunista e a prática autoritária do estalinismo, a possibilidade de redimir o ser humano, a teologia cristã no conceito de revolução, a viabilidade desse sistema no Brasil, o emperramento da criação artística pela censura, a diferença entre igualdade de oportunidades e o igualitarismo, etc. O problema não é ele ter ousado muito, mas pouco, ficando aquém do seu tema e do conhecimento da época. Ele não ousou sequer escrever sobre a vida no Rio.

No confronto entre liberdade sem igualdade, no capitalismo, e igualdade sem liberdade, no comunismo, os surrealistas quiseram, sobretudo, liberdade. Por isso pode parecer surpreendente a sua opção pelo comunismo: foi, no entanto, uma opção dentro do capitalismo, com a esperança de que, sendo basicamente apenas formal a liberdade no capitalismo, o comunismo seria o espaço de concretização da individualidade livre. Para Marx, o comunismo somente poderia surgir do socialismo; e este, do desenvolvimento pleno do capitalismo. Os regimes comunistas surgiram, no entanto, em países de tradição autoritária, onde o capitalismo ainda não havia chegado ao apogeu.

A falência do socialismo de Estado na Europa não esgota a questão da utopia comunista, nem esvai para a literatura a alternativa encenada pelo "realismo socialista" como suposição de que a "classe operária" representa o grau mais alto de consciência e a redenção da história. O mais problemático é, porém, e sobretudo, o "ano teológico" inserto no cerne do marxismo, como os princípios de que os seres humanos devem ser iguais, querem a liberdade e merecem ser tratados como irmãos. Com o desenvolvimento do sistema capitalista, a massificação reduziu a liberdade a alternativas de consumo previstas. A literatura foi substituída para as massas pela narrativa trivial televisiva, na qual se prega uma liberdade que não vai além daquelas previstas como alternativas no videogame, em que o jogador aparenta determinar a história, mas todas as suas alternativas já estão previamente programadas. Ao continuar a tradição dos períodos colonial e imperial, o cânone modernista ficou muito aquém dos temas e problemas do mundo moderno. Desmente em suas obras a proposta de seu nome. Mantém com isso o paradigma canônico de o nome da escola jamais estar de acordo com o seu significado.

O modernismo como fascismo

Koch-Grünberg

O antropólogo alemão Theodor Koch-Grünberg viajou, de maio de 1911 a março de 1913, do Orinoco ao Amazonas, conforme ele registra em uma obra de cinco volumes.[1] O segundo deles é a principal fonte da novela *Macunaíma,* considerada pela exegese como quintessência do "modernismo". O primeiro volume descreve a viagem; o segundo relata os mitos dos índios taulipáng e arecuná: tribos da região de Roraima e pertencentes ao grupo maior dos caraíbas. Dois índios foram basicamente os informantes: José Mayutnaípu e Akúli. No dia 15/12/1911, durante a viagem pelo Uraricuéra, Koch-Grünberg registrava: "Akúli conta histórias. Ele é incansável nisso, nosso bobo da corte, sempre pronto a fazer bobagens."[2]

Akúli significa quati, um substantivo qualificativo: tendências desse narrador estão no personagem Macunaíma. A expedição enfrentou muitas chuvas. Ficar esperando no mato, abrigado da chuva, propiciava o contar estórias que alegrassem o ambiente. O traço "pícaro" é reforçado pelas observações dos dias 18 e 20/12/1911:

> Os dias são sombrios, gélidos, nojentos. Cada nuvem traz chuva espessa, fina. Akúli não permite que a depressão aflore. (...) Às 5 horas José Mayutnaípu me acorda, para me mostrar algumas estrelas e constelações, sobre as quais me havia relatado na véspera.[3]

---

[1] Theodor Koch-Grünberg. *Vom Roraima zum Orinoco.*
[2] *Idem, ibidem,* v. I, p. 165. "Akúli erzählt Geschichten. Er ist unermüdlich darin, unser Hofnarr, stets zu dummen Späßen aufgelegt."
[3] *Idem, ibidem,* p. 169 e 179: "Die Tage sind trübe, kühl, häßlich. Jede Wolke bringt dichten, feinen Regen, Akúli läßt keine trübe Stimmung aufkommen. (...) Um 5 Uhr weckt mich José-Mayutnaípu, um mir einige Sterne und Sternbilder zu zeigen, von denen er mir Gestern erzählt hatte."

Uma dessas constelações é a do Mutum, que reaparece na novela. Koch-Grünberg registra também como chegou às lendas:

> A cada dia, José ditava-me textos taulipáng, lendas e fórmulas mágicas, e nós os traduzíamos juntos, palavra por palavra, para o português. Makunaíma, o herói da tribo, e seus irmãos são, em todos os mitos indígenas, os criadores de caso. Por isso, torna-se involuntária comicidade sempre que os missionários ingleses, em suas versões da Bíblia para os aklowoío, parentes tribais dos taulipáng, traduzem "Deus" por Makunaíma.[4]

O antropólogo qualificou o demiurgo Macunaíma como *Unheilstifter*, ou seja, um provocador de malefícios e um malandro. Ele seria antes "diabólico" do que "divino" no sentido cristão; seria antes um Till Eulenspiegel, um Pedro Malazarte. Mário de Andrade leu a observação de Koch-Grünberg, mas reduziu o conflito teológico a uma breve discussão entre estudantes de Direito, sem explorar, portanto, o enorme potencial aí contido. Essa omissão não é ocasional nem insignificante.

Na mitologia indígena, Macunaíma não tem apenas dois irmãos, e não é só um safado que quer se divertir à custa dos outros. É um demiurgo. As suas ações e molecagens são criativas, como transformar pessoas em pedras ou cascatas, mas ele é, sobretudo, um deus produtivo: ergue as montanhas (entre Venezuela e Brasil) e separa as águas (portanto, também os peixes) da bacia do Orinoco e do Amazonas. Transformar pessoas em pedras não é apenas "malcriação"; pode ser uma punição contra maldades, algo que poderia ter sido bem explorado na novela. Esse lado construtor e criativo do deus Macunaíma foi perdido, ao ser reduzido a um mero Pedro Malazarte, uma versão cabocla de Lazarillo, do Buscón, de Till Eulenspiegel, de Max e Moritz, do Gato de Botas e de tantos outros "aprontadores" folclóricos. Na tradição do pícaro, ele foi mal caracterizado, pois teve

---

[4] *Idem, ibidem*, p. 210: "Jeden Tag diktiert José mir Taulipáng-Texte, Märchen und Zaubersprüche, und wir übersetzen sie zusammen Wort für Wort ins Portugiesisch. Makunaíma, der Stammesheros, und seine Brüder sind in allen indischen Mythen die Unheilstifter. Es wirkt daher als unfreiwillige Komik, wenn die englischen Missionäre in ihren Bibelübersetzungen für die der Taulipáng stammverwandten Akowoío "Gott" mit Makunaíma übersetzen."

de representar os interesses da oligarquia latifundiária mais reacionária, enquanto típico do "aprontador" seria ele ser de origem pobre, alheio ao meio brasileiro, estranhando tudo o que tinha pela frente: portanto, um imigrante. Há uma inversão na obra. O problema não está em cultivar a figura de um pícaro e se divertir com as malandragens que ele apronta, e nem está em se criticar um povo por se aproximar demasiado de um tipo malévolo, e sim no fato de transformá-lo em "modelo", um estereótipo a ser cultuado, mediante o cânone, em todas as escolas e jornais do país. Desenvolve-se o espírito da irresponsabilidade, da malandragem e da impunidade, como se fossem virtudes nacionais. Dizer que Oswald de Andrade foi modelo para o personagem Macunaíma (o que se pode evidenciar no episódio do "eu menti", dito em que Macunaíma repete uma fala de Oswald, acusado por Mário de ter mentido durante um jantar, ao declarar que ele, Mário, teria dito que Villa-Lobos não entendia nada de música), faz parte de um folclore local idolatrador e serve para dizer que "a esquerda" não iria além do papel de "palhaço da burguesia" (epíteto este que, aliás, procede, isto é, pode ser verdadeiro, mas há uma grande diferença entre assumir a crítica e contribuir para que permaneça como está).

Macanudo *Macunaíma*

Em torno de 1927-1928, meses antes de ser publicada, a novela *Macunaíma* foi anunciada várias vezes na *Revista de Antropofagia*. Estava "pré-destinada" a tornar-se um "clássico", cultuando-se a "genialidade" do autor com a "notícia" de que ele a teria escrito em menos de uma semana, numa fazenda de parentes no interior de São Paulo (na região de Araraquara). Nessa época, Mário de Andrade confraternizava em festas e viagens com a oligarquia cafeeira e já era tão "poeta oficial" que viajava com recomendações especiais aos governos por onde andava. Quando o interventor Armando Sales de Oliveira se tornou governador, em 1934, Mário foi nomeado diretor do Departamento de Cultura da cidade de São Paulo. Em 1938, tornou-se alto funcionário do Instituto Nacional do Livro e depois foi convidado a ocupar uma cátedra universitária e a direção de um instituto na capital do país. Em suma, ele exerceu cargos de confiança política da oligarquia paulista e do "Estado Novo" (ou seja, do fascismo institucionalizado), sendo, portanto, um intelectual orgânico da direita.

Em novembro de 1927, ao ser publicado um fragmento da novela, foi "classificada" apenas como "livro". Só depois se inventou que seria uma "rapsódia", um gênero literário novo, jamais antes existido. Não contente com isso, a exegese canônica inventou que a obra inventaria o gênero da novela de malandro. Em 1978, foram publicados ainda dois prefácios inéditos e algumas partes do manuscrito.[5]

No prefácio de 19/12/1926, Mário afirmava que o estilo da obra está próximo ao "rapsodismo popular". Ora, a rapsódia é uma composição clássica que usa temas populares (o que Chopin, Brahms, Liszt, Gershwin e tantos outros fizeram, embora não seja rapsódia toda obra musical que usa temas populares), sendo, portanto, uma contradição e uma redundância a expressão "rapsodismo popular". Ela quer dizer que a obra é oriunda do próprio povo, o que já é um sinal claro de que ela não o é, pois o que é de origem popular não costuma dizer que o é: trata-se da obra de um autor oriundo da oligarquia latifundiária paulista. Podia ser também uma pretensão de ser alçado ao mesmo nível dos compositores europeus que haviam seguido esse caminho. Todo autor pode desejar se tornar um clássico, mas quando ele se classifica como "popular" e "nacional", ao pretender enfeixar com isso a síntese da "alma brasileira", está usando princípios do *fascio* para a construção de sua novela. É a parte que pretende ser o todo; portanto, uma sinédoque com a intenção de ser a totalidade. *Macunaíma* é mais direitista do que se costuma aceitar.

Ao lançar o livro, Mário riscou a classificação original, e substituiu a palavra "romance" por "história": enganou-se novamente, pois se trata de uma novela com um tom picaresco, fato que ele certamente devia saber, embora preferisse fazer de conta que estava inventando algo novo: a ânsia de apresentá-la como vanguardista servia e serve para esconder que se tratava e se trata de uma obra reacionária (ela torna-se, aliás, cada vez mais reacionária). Na segunda edição, que surgiu apenas em 1937, ela foi classificada como "rapsódia".

---

[5] Mário de Andrade, *Macunaíma, o herói sem nenhum caráter.*

Numa amostra do que é o processo de divinização da exegese canonizante, Telê Ancona Lopes refere-se a esta edição publicada pela José Olympio:

> A capa indica "2ª edição" e na lista das obras do autor, no verso do anti-rosto, *Macunaíma* recebe sua classificação definitiva: "rapsódia". Está portanto resolvida a questão do gênero: uma rapsódia possível em nível culto, no século XX – uma narrativa em prosa poética, estruturada com base na narração do cantador popular. A escolha ficará definitiva e referendada quando do plano das Obras Completas, feito pelo escritor para a Livraria Martins Fontes Editora, de São Paulo, em 1922. Em toda a trajetória da busca da definição do gênero, recusando-se a admitir a designação de "romance" no sentido literário culto e recorrendo a classificações da literatura popular, percebemos um ponto importante. É a consciência que Mário de Andrade manifesta de estar transgredindo os cânones da narrativa culta do seu tempo, realizando a experimentação na prosa.[6]

Trata-se de uma obra que se constrói no espectro da novela picaresca, de antiga tradição, não de romance e nem de rapsódia. A classificação "rapsódia" vale para a música, não para a literatura, e como gênero literário novo é um erro, embora sintoma da auratização do autor e do modernismo. Aí está submerso um problema central. Pretender que a "rapsódia" seja um gênero novo, originado no Brasil, é olvidar até mesmo o fato de o termo pertencer à tradição européia.

Quando Brahms e Liszt compuseram suas "rapsódias húngaras", deram valor à música dos ciganos, que viviam no império austro-húngaro, especialmente na parte húngara. Promoveram a cultura de uma minoria, fazendo-a circular na alta cultura européia. Seu gesto era antitotalitário, a favor da minoria. Exatamente isso é o que não fez Mário, pois que procurou atacar a minoria, os imigrantes italianos e os imigrantes alemães, ao impor a perspectiva da oligarquia tradicional como única válida. Essa oligarquia não estava passando fome e nem tinha perdido as suas propriedades, embora, com a industrialização, já não tivesse mais todo o poder que tivera à época do império. Ela não era apropriada para constituir uma figura picaresca.

---

[6] *Idem, ibidem*, p. XXII.

Apropriado teria sido tomar um imigrante ou um descendente de imigrante, lutando para sobreviver na selva de pedra de São Paulo, mas isso o colocaria em conflito com a oligarquia, desmascarando-a em suas pretensões de superioridade e sacralidade. Ora, exatamente isso é o que Mário de Andrade não queria e não podia fazer, dados os seus compromissos de classe e de política.

Como se pode postular, então, a classificação de "rapsódia" como "definitiva"? Justamente por não ser se diz que é. O dogmatismo do tom indica prepotência proporcional ao erro, à medida que endossa uma obra fascista para que seja admitida como nacional e popular. O fascismo foi, de fato, "nacionalista e popular". Se parece espantoso que intelectuais sejam lembrados como serviçais da extrema direita, mais espantoso deveria ser que isso seja esquecido. O autoritarismo é, então, entendido como autoridade do autor, para o qual criticar isso é apenas diatribe de um invejoso ou descontente.

Está-se aqui tratando de um sintoma: ele não tem, por si, maior importância, exceto como indicativo de algo pior. Em vez de "escolha definitiva", poderia ser dito "definitiva para o autor", ou mesmo "definida pelo autor": de qualquer modo, seria, definitivamente, uma bobagem. O que a exegese canonizadora quer é que "a palavra de Mário" seja inconteste e que todos se "ajoelhem" diante dela. Os coroinhas obtiveram emprego nas universidades locais; quem ousava discordar ficava desalojado de empregos e de oportunidades. Nenhuma ditadura baniu Mário de Andrade, porque a todas ele convinha. Nelas passou-se a exigir que ele fosse considerado um gênio universal, o inventor de um novo gênero. Ele "inventou", porém, o já inventado: na forma e no conteúdo. O autoritarismo universitário não tem permitido questionar esse horizonte, mas o impõe como absoluto.

Postular que Mário tenha inventado um novo gênero literário, que não existia antes na face da Terra, é um rapapé divinatório e uma demonstração não só de ignorância, mas também de falta de respeito com a tradição mundial. Ele fez o que qualquer autor faz: aproveitou formas e conteúdos já existentes para uma reelaboração própria. Postular mais é, porém, querer neutralizar a possibilidade de crítica e pôr incenso no altar de um santinho de pau oco. *Macunaíma* não tem o vigor e a energia da rapsódia, pois reprime o tom épico de uma minoria que manifesta a sua vitalidade na música e na dança.

Ao pretender ser o documento constitutivo de um povo – como a *Ilíada* teria sido para os gregos, a *Eneida* para os romanos, *El Cid* para os espanhóis e os *Niebelungen* para os alemães –, torna-se involuntária paródia, grotesco escárnio de um povo, para o qual a história não só se repete como paródia, mas já começa como tal. Macunaíma nasce feio e junto a um rio, como Lazarillo e também tem um irmão preto, mas enquanto o clássico espanhol é uma crítica à Igreja Católica e à sociedade aristocrática, o brasileiro situa-se à direita da burguesia industrial.

A questão do gênero em que se enquadra essa novela podia estar "resolvida" para o autor, no sentido de que não mexeu mais nela. Isso não quer dizer que estava resolvida; pelo contrário, significa que há um duplo problema não enfrentado. Mário disse também que "conto é aquilo que o autor chama de conto", o que é outra bobagem. Não basta que um autor queira que um texto seja classificado de determinado modo: a classificação depende de marcas estruturais, que são objetivas e não arbitrárias.

Se, em vez de transpor apenas um termo musical, quisesse aventar o "rapsodo" grego, teria omitido coisas básicas: o grego decantava feitos épicos, de glorificação dos ancestrais, não a paródia de um ente primitivo em derrocada. Além do mais, o rapsodo não tinha um texto escrito. A imprensa mudou as formas literárias. O texto não precisava ser recheado de truques mnemônicos para poder ser decorado. Ele era lido em silêncio. Após o surgimento da imprensa, é uma regressão querer fazer uma "rapsódia clássica", pois há mudanças narrativas causadas pelo caráter gráfico. Camões cometeu esse erro de avaliação, ao escrever uma epopéia, em vez de um romance, como logo o fez Cervantes. Como tinha, ao contrário deste, a intenção de agradar o rei para obter benefícios, Camões ficaria limitado em qualquer gênero. O tom de ode tem servido no cânone para "justificar" a banalidade e a superficialidade do texto, como se ele, por não resistir a duas leituras, tivesse de cumprir a exigência de ser entendido "na primeira sentada". Isso não é poesia, mas retórica.

Que Mário tenha se utilizado de elementos da linguagem popular de várias regiões ao reelaborar o mito indígena, isso não faz com que o seu texto resulte em algo mais "popular". A canonização é que procura popularizá-lo: nessa inversão ideológica, o efeito torna-se causa para que a causa seja sem defeito. O que mais importa é o gesto de tentar enfeixar tudo na palma de sua mão: aparenta estar valorizando as partes, mas o que faz é usá-las todas em benefício próprio. É sintomático que a exegese canonizadora tenha dado pouca atenção à diferença entre o Macunaíma indígena, um demiurgo, e o modernista, um parasita; que tenha escamoteado o trabalho de Koch-Grünberg, o significado da muiraquitã (a emblemática pedra do poder, cuja posse é disputada), bem como a diferença de caráter dos diversos tipos de brasileiros e esse personagem. Há nisso tanto falsa consciência quanto falta de consciência.

Fazer de Mário o *Homerus brasiliensis*, como se ele tivesse inventado um povo e um país (ainda que à maneira fascista, que sempre gostou de se dar um passado nacional glorioso, cheio de heróis a ser imitados) serve para projetar em Macunaíma a sua definição do brasileiro para que o brasileiro se defina por meio dele: quer assim que todo "brasileiro" se identifique com ele, que se sinta espelhado e glorificado nele. Além de sua versão modernista ser mais problemática como caráter do que a versão indígena, trata-se de um modelo regressivo, reducionista, em que mais uma vez se estabelece o antigo "ou crê, ou morre".

Faz parte de uma síndrome autoritária, próxima a *Canaã* e a *Os sertões*, em que se tem um modelo de brasileiro, no qual não cabem imigrantes, cafusos, etc. Isso leva a campos de extermínio como conseqüência lógica e prática. Ao identificar o homem rural com o Jeca Tatu, além de não fazer nada por ele (ele "é" assim e "não tem jeito"), a oligarquia latifundiária (da qual se originava Monteiro Lobato, que converteu grande propriedade de terra em literatura) mais uma vez repetia o seu menosprezo por ele e, indiretamente, atingia também os colonos que trabalhavam na terra: quem faz o trabalho braçal é, aí, inferior e menosprezável. Macunaíma salva-se e é divertido porque não trabalha.

Mais grave do que alguém ter proposto isso, é continuar a consagrá-lo como arte e norma. Os intelectuais que, durante períodos de ditadura, puderam desenvolver bem suas carreiras, foram em geral mais úteis ao sistema do que constituíram qualquer entrave, mesmo quando, ao sopro de novos ventos, declararam-se ou foram declarados "de esquerda", "democratas", "exilados", etc. A "elite governante" não é boba e sabe o que faz. Quando canoniza alguém, ela o faz porque lhe convém.

Mário de Andrade, na afamada conferência de 1942, ousou colocar em dúvida o acerto de sua obra e do movimento de 1922. Isso foi tomado pela exegese canonizadora como modéstia e como pretexto para, em vez de levar a crítica adiante, mais uma vez aplaudi-lo, tanto pela obra quanto pela capacidade crítica. Ainda que fosse a pretexto de se afastar do fascismo dominante, inventou-se até que ele, em sua fase tardia, teria sido outro "quase-socialista": assim se apagava, mais uma vez, o profundo comprometimento do autor com a direita e com a oligarquia, apresentando-o como um elemento "popular". Do que não se pode duvidar, porém, é que o fascismo também foi "nacional e popular".

O exegeta canonizador preocupa-se em provar quão relevante é o autor que ele "examina" e louva. Assim espera, em segredo, ser iluminado pelo deus a quem ele acende tantas velas quantas pode. Ele tanto quer dizer que ele próprio é importante, por destacar a importância de quem ele diz que é importante, quanto finge estar apenas reconhecendo o mérito de quem ele supõe ter mérito e gênio em si e por si. Quanto mais detalhes traz à tona, mais míope em geral se mostra, na medida em que não percebe horizontes alternativos e píncaros mais elevados. É um narciso que usa o outro como espelho: promove o outro para se promover.

No Brasil, com uma cultura dependente e periférica, quanto mais se pretende estar sendo absolutamente original, mais se tende a cair na cópia, na diluição da metrópole. Querer que *Macunaíma* seja uma "rapsódia" e, com isso, que se tenha inventado um novo gênero literário, é uma identificação narcisista e desvia a atenção dos núcleos críticos, para os quais dados esparsos são convergidos. Supor aí um gênero novo faz parte da ideologia de que o modernismo foi um movimento original, de ruptura da dependência e criador da autonomia cultural. Algo assim não se faz por decreto e de um dia para outro, menos ainda fingindo haver absoluta originalidade onde ela não existe.

O modernismo foi antes uma demonstração de prepotência, atraso e dependência que de abertura, vanguarda e independência. Não foi o que se pretende que ele tenha sido. Demonstrou, sem querer, a falta de atualização em relação a tendências experimentais existentes já há anos na Suíça, França, Alemanha, Itália, Rússia. Na era da globalização deveria ser natural o intercâmbio com modelos metropolitanos. Uma coisa é estar informado sobre o que se passa nas metrópoles e dialogar com isso; outra é imitar de modo subserviente ou fazer de conta que se é autônomo e original quando se está sendo mais uma vez dependente.

Do emblema nacional

Telê Ancona afirma que havia em Mário a "sacra fúria" de ser o intérprete do seu tempo, quando "o ficcionista se propõe como um rapsodo, isto é, como aquele que enfeixa as "frases" e os "casos" com a finalidade de narrar simbolicamente a história do "herói da nossa gente", o "herói sem nenhum caráter".[7] Todo poeta pode pretender estar dopado como a pitonisa, e ouvir as vozes dos deuses. Há deuses que não são deuses e há os que não valem o incenso em seu altar. Ora, a "macaca de auditório" não duvida de que é preciso guinchar para o seu "ídalo" e nem se vê como ridícula ao fazê-lo. Está em êxtase. É a atitude da exegese canônica. Seu autoritarismo reside em sua convicção: ao acreditar que deve fazer o que faz, crê que todos devem fazer o mesmo. Pode até, formalmente, "permitir" que outros pensem de outro modo: não, porém, sem a convicção de que "o outro" está em erro e deve levar uma rasteira definitiva na primeira oportunidade.

A pitonisa, quanto mais delirante, mais pretendia falar em nome dos deuses e exigia ser obedecida. Quando se imagina que o "poeta" esteve tomado pela "fúria sagrada", exige-se implicitamente que os outros o tomem como mensageiro dos deuses. Como se fosse Hermes, recita para ser ouvido como voz divina, para ser transformado em comandante verbal, e logo em ditador, aquele que faz o ditado. O ideal do poeta é ser um líder totalitário, com multidões a ouvi-lo e aplaudi-lo. Esse é o ideal secreto de muitos autores que – enquanto o espírito crítico é castigado – a exegese canonizadora se apressa em aplaudir. A inspiração é um tormento, uma febre que obriga o sujeito a se sujeitar ao comando de forças que lhe tiram o sossego e o obrigam a

---

[7] *Idem, ibidem*, p. XLI.

trabalhar. Ao contrário do que sugere a vaidade, é mais cômodo não ser poeta e não ter de viajar com pés alados entre o céu e a terra em ares perigosos.

Faz parte da herança colonial assumir no cânone a literatura portuguesa – feita na colônia ou sobre a colônia – e a literatura brasileira como continuação dela. *Os lusíadas* tem o perfil autoritário, dogmático, intolerante, expansionista, prepotente, ambicioso, machista; em suma: é o prelúdio do que é celebrado no *Macunaíma* como decantação do perfil e da história de um povo. A suma hipocrisia reside em camuflar o fascismo sob o "homem cordial" (que se diverte a cortar cabeça de saúva). A epopéia como forma e a nacionalidade como tema constituem associações propícias ao fascismo. Ler isso ainda não é entender e nem superar sua estrutura.

O que poderia salvar *Macunaíma* como obra seria justamente não ser uma rapsódia, mas o relato das andanças de um pícaro, que, por sua vez, não deveria ser levado a sério como perfil nacional, pois só pretenderia divertir se divertindo. A exegese canonizadora consegue piorar o cânone, já bastante ruim por si. O tom épico, quando cai na prepotência de querer indicar os caminhos de um povo e de ser o mensageiro do divino, torna-se insuportável. Não era esse o tom de Homero, que conseguiu valorizar a alteridade, criticar a prepotência e a guerra e estabelecer uma reflexão sobre o destino e a condição humana. *Macunaíma* quer fazer parecer engraçada a falta de caráter, e acaba servindo para alardear como característica nacional a falta de ética. Quem quiser que se identifique com isso. O cânone trata de impor isso a todos os brasileiros. É grave manipular um bobo alegre, o qual se acha muito engraçado, mas fica triste quando descobre ser o mundo maior do que a regressão que ele procura impor.

Macunaíma louva o brasileiro como oportunista, reacionário, contrário à industrialização, salafrário, imoral, incapaz de respeitar relações de amizade e fraternidade, pois só pensa em seu próprio prazer e em tirar vantagens. Não quer tanto criticar tais traços, quer mais que estes sejam considerados simpáticos e engraçados. Ainda que existam brasileiros sem caráter, nem todos são assim e nem o país tem o monopólio desse tipo de gente. O que pretende definir o *homo brasiliensis* não o define, apenas projeta e louva uma imagem falsa dele, um modelo contraproducente. Que haja tipos picarescos é uma coisa; que se queira fazer de todo o povo um pícaro, eis o problemático. Caso se leve a sério a imagem que é feita do brasileiro, ela seria tão séria que ele não poderia ser levado a sério. Se o autor foi crítico, sua acusação é reduzida a piada; fez-se apenas uma brincadeira, é levado demasiado a sério.

Vista aqui apenas como sintoma da exegese canonizante, Telê Ancona diz ainda:

> As fontes e as raízes indígenas e populares passam a nos interessar unicamente como base para a compreensão do projeto nacionalista de Mário de Andrade, uma vez que na rapsódia o material popular não está sendo apresentado em nenhum momento como "documento folclórico", como "documento etnográfico". Está integrado, fundido no discurso do autor, contribuindo para o caráter rapsódico do texto.[8]

Em sua fixação obsessiva, ela se interessa pelas "fontes e raízes indígenas e populares" só porque servem "para a compreensão do projeto nacionalista de Mário de Andrade". Nesse "amor infeliz", a "exegese" se dá dentro do restrito horizonte do que supõe ser a obra canônica. Nada mais interessa. O mundo existe para se reduzir a cânone. Assim, ao contrário do que pretende, não consegue sequer entender o seu objeto, pois não percebe os limites dele, já que o seu impulso básico é divinizá-lo, mostrá-lo como maravilha a ser venerada. A utilização de elementos folclóricos e etnográficos não é razão para que se possa insistir no pretenso "caráter rapsódico" como genial criação de um gênero nunca antes havido.

O ponto central é outro: o projeto nacional aí contido. Propor um projeto nacional facilita a canonização, mas a questão é saber qual é a "nação" que se está propondo. No caso, a resposta é simples, embora não centralizada pela exegese canonizante. Toda a ação do "herói" Macunaíma se volta contra o Gigante Piaimã: o industrialista de origem italiana. O "modelo" que foi Matarazzo não é combatido por ter comprado um título nobiliárquico de Mussolini ou porque explorava trabalhadores, mas porque detinha um poder que concorria já com o da oligarquia. O que o protagonista ataca é o imigrante e a industrialização, em nome dos grandes proprietários de terras. Combate a modernização do país. Como Macunaíma não consegue vencer, retira-se, deprimido, para o meio do mato.

---

[8] *Idem, ibidem*, p. XLVI.

Ora, isso é exatamente o contrário da modernidade, que é a expressão artística e existencial das mudanças de vida ocorridas nas grandes cidades surgidas com a industrialização. Isso não significa que as obras "modernas" precisam fazer o elogio do capitalismo e da vida urbana. Pelo contrário, tendem a ser bastante críticas (haja vista as de Baudelaire, Flaubert, Zola e Mallarmé, para ficar só entre os franceses). Quando algum escritor tenta recuperar algo dessa crítica (conforme, por exemplo, Augusto dos Anjos ao imitar Baudelaire), ele o faz com tanto atraso, camuflando o insaber num vocabulário arrevesado, pretensamente científico, que acaba sendo uma caricatura que não precisa ser levada a sério. Nem todo beijo é a véspera do escárnio ou do escarro.

Em suma, Macunaíma provém do meio rural e se identifica com ele, a cidade lhe é um mundo estranho, age contra a modernização, manifesta claramente o seu desagrado contra as condições de vida na grande cidade para preferir, decepcionado, a regressão para o mundo primitivo. A obra *Macunaíma* é reacionária, contrária à modernidade, mas vem sendo apresentada como o coroamento e o supra-sumo do "modernismo brasileiro". Serve, assim, para evitar a crítica à exploração do trabalhador, ao luxo da burguesia, às más condições de vida nas cidades, à falta de assistência social e educacional, etc. Num país de tradição autoritária conservadora, auratizada no cânone, não é de admirar que isso ocorra, e nem que se reprima quem se contraponha à exegese canônica.

De índio a coroinha

A gerente do espólio de Mário de Andrade imagina ainda:

> A chave do Macunaíma está em seu epílogo: é a rapsódia de um cantador (rapsodo brasileiro) que, em fala impura, canta. Isso significa que não se está supondo apenas uma leitura ideo-motora, quando se "ouve" o texto, conforme se expressaria "oralmente" o rapsodo que é, no caso, por artifício, o narrador culto que escreve.[9]

---

[9] *Idem, ibidem*, p. LIX.

Ora, a chave de *Macunaíma* está tanto no "epílogo" da retirada para a mata e no morrer de tristeza por não deter mais todo o poder do que na piada epilogal de contar tudo a um papagaio, quanto está na disputa em torno da muiraquitã, a pedra que emblematiza a mais-valia, a apropriação do trabalho alheio (portanto, o poder e as benesses sociais). O horizonte do embate na obra restringe-se a ver quem se apropria da pedra, e não entre quem fornece o trabalho e quem se apropria dele, que é a real luta de classes. Evapora o conflito entre burguesia e proletariado, ficando a tensão social reduzida à disputa da hegemonia entre burguesia e latifundiário. O principal desaparece, enquanto se torna central o secundário. Trata-se, portanto, de uma obra desorientada, confusa, estreita.

A chave a ser procurada no final da obra está em outro lugar: na tristeza de quem, vindo do campo, não se adapta à grande cidade, e volta a viver no meio do mato, porque não aceita o progresso e prefere viver em estado de permanente regressão e dormir em berço esplêndido. Jogar-se nos braços da Iara simboliza a regressão ao estado de natureza, desistindo da marcha civilizatória, sem que seja feita, no entanto, uma crítica aproveitável do capitalismo e da vida urbana. Se Ulisses tivesse agido assim junto às sereias, jamais teria chegado a Ítaca. Dizer que, na cidade, as máquinas parecem gente e as pessoas parecem máquinas é demasiado maniqueísta e simplório, para que se possa aproveitar. Não é com esse tipo de sapiência barata que se enfrenta a questão da alienação e do fetichismo.

É ridículo tornar um cantador popular equivalente a um rapsodo clássico. São registros completamente diferentes um do outro. O rapsodo cantava para os nobres, celebrando os feitos heróicos dos antepassados, enquanto o cantador popular canta privadamente para o povo humilde, sem uma preocupação épica e religiosa. Transpor o tom oral para um texto escrito pode ser útil para inovar a escrita, mas trata-se de um estratagema de construção literária, que funciona dentro da série literária: sua eficácia artística não é proporcional à transcrição de uma gravação.

O que pretende, porém, a exegese canonizadora? – Não só apresentar o registro culto como se fosse popular, como também fazer com que o homem de confiança e o intelectual de uma ditadura fascista sejam aceitos como homem do povo. É como o fotógrafo que registra

Mussolini sendo aplaudido pela massa, Hitler beijando criancinhas e Vargas sorridente, de charuto e admirado pela multidão. Não se trata apenas de engano nem de enganação: o problema é que todos eles realmente foram líderes populares, assim como se conseguiu "popularizar" Macunaíma. Que povo, porém, é esse? – Diz ela que Macunaíma é o "povo brasileiro". Cada um deve definir, portanto, se ele se identifica com essa definição ou não.

Ao contrário do que pretende essa exegese canonizadora, Mário de Andrade afirmava no primeiro prefácio (não publicado) que *Macunaíma* não é símbolo da nacionalidade, e sim um livro de férias, cuja preocupação seria descobrir e elaborar a identidade nacional dos brasileiros. Diz que havia verificado que "o brasileiro não tem caráter porque não possui nem civilização própria nem consciência tradicional".[10] São desculpas que anestesiam a penetração do mesmo ferrão. Reconhece que havia topado com Macunaíma no antropólogo alemão Koch-Günberg: "Macunaíma é um herói surpreendente sem caráter" (o que é, aliás, um erro de interpretação, pois o demiurgo indígena tem caráter e é um herói construtor, não um mero aproveitador).

No segundo prefácio, Mário voltou a insistir na vaselina anestésica de que "este livro é de pura brincadeira" (como se o cânone fosse um mero jogo) e até assinou a declação de que: "É certo que não tive de sintetizar o brasileiro em Macunaíma nem o estrangeiro no gigante Piaimã. Não são antagônicos nem se completam e muito menos a luta entre eles tem qualquer conteúdo sociológico." O que ele diz, ele diz, mas não é verdade. Nem para a novela e nem para a exegese. A alegação é apenas para deixar de assumir a responsabilidade pelo preconceito e pelo reacionarismo instituídos no texto. É uma atitude freqüente essa de bater e esconder a mão.

Afirma que Macunaíma "ser sem caráter" tinha o duplo sentido de indivíduo sem caráter moral e sem características. Ora, isso não é verdade, pois ele tem ambos: ele tem traços peculiares e inconfundíveis, que o identificam, e a sua "moral" é a do aproveitador e do oportunista, daquele que considera a si mesmo o mais próximo dos próximos a amar. Ele é a máscara do intelectual orgânico. Postular

---

[10] *Idem, ibidem*, p. 219.

isso às claras não convém, contudo, nem sequer à direita. A razão cínica reza que se deve fazer isso, proclamando o contrário. Quando se diz que alguém "não tem caráter", não se está dizendo que ele não tem características marcantes, mas que lhe falta integridade moral, sendo uma pessoa em que não se pode confiar. Ora, isso pode ser tanto mais verdadeiro quanto mais diplomado o brasileiro, mas as pessoas do povo costumam ter caráter, podendo-se confiar em sua palavra. Não foi isso, porém, o que Mário de Andrade encenou. O que ele fez foi tornar engraçado e simpático o mau-caratismo, induzindo os brasileiros a identificarem-se com pessoas assim, já que o protagonista representaria o "homem brasileiro", o tipo nacional, cujos delitos ficam impunes. As pessoas querem ser "como todos são": por isso, "tipos nacionais" são perigosos. Uma larga faixa de impunidade é um privilégio da oligarquia, com o qual os "malandros" têm se identificado sem pertencer a ela, mas não é um padrão de comportamento geral (e tampouco de toda a elite, pois esta precisa estabelecer limites para sobreviver).

O Macunaíma dos índios não é um "herói sem caráter", mas o deus que fez a separação das águas e dos peixes entre o Orinoco e o Amazonas, o deus das cachoeiras (portanto, de centros energéticos) que transformou gente má em pedra. Ele é um deus construtor e trabalhador, que julga o bem e o mal. Mário de Andrade tirou-lhe essas dimensões, reduziu o número de seus irmãos (mas deu-lhe um "irmão preto", do qual ele se aproveita desavergonhadamente, prolongando a tradição escravagista como se fosse apenas engraçada), e fez dele o que ele não era ao lhe atribuir os traços de Pedro Malazarte, acrescidos de maldade, safadeza e agressão (que este não tem). Em suma, atribuiu aos índios um mau-caratismo que não era deles: esse tipo de "identificação antropofágica", que prima pelo lado mais negativo, não é um favor que se presta ao índio, não é uma literatura "indianista ou nativista": pelo contrário, "devora" o índio para acabar com ele.

Quanto ao tom de oralidade, Mário afirma: "Sempre considerei o problema máximo dos intelectuais brasileiros a procura de um instrumento de trabalho que os aproximasse do povo."[11] O "problema

---

[11] *Idem, ibidem*, respectivamente p. 226, 231, 232 e 289.

máximo" aí apontado pode ser o dos locutores de rádio, dos publicitários e dos jornalistas de carteirinha (mamar); não é o "problema máximo" da arte literária. Confundir comunicólogos com intelectuais é ignorar o que estes últimos devem ser. Toda inovação radical, que questiona os valores estabelecidos, paga o preço da incompreensão e da difamação. O intelectual deve estar preocupado com a verdade, com o que é correto e justo: só como fator secundário, acessório, é que se pode preocupar com um instrumento que o "aproxime do povo".

Quem tem esse tipo de preocupação só pode tê-la porque não faz parte do povo: está longe e acima dele. Em suma, um membro da elite oligárquica. "O povo" é uma categoria abstrata, mas serve aí para proibir a atividade do filósofo, do cientista, do artista hermético e do teórico refinado: estes não seriam "intelectuais brasileiros". Nada devia ser que o autor da proposição não pudesse ser. Só o idêntico tinha o direito de ser. Por isso, a reunião de idioletos e falares regionais não era a valorização de cada um deles, mas sobretudo o aniquilamento de todos em um padrão único.

Na cena da novela que se passa em São Paulo, quando é discutido o significado do Cruzeiro do Sul, há bem mais a dizer do que dizer apenas que se trata da "Constelação do Mutum". Há toda a "conversão dos gentios" e todo o eurocentrismo a discutir: exatamente o que não acontece (mas teria de ser feito, quer por uma obra "antropofágica", quer por uma obra com a pretensão de ser "moderna"). Ver constelações é um engano ditado pelo ponto de vista de quem olha, pois ele enxerga como alinhadas e próximas estrelas que estão muito distantes entre si. Ver nelas símbolos, como a predestinação de todo o hemisfério sul ter de se converter ao catolicismo, é projetar no infinito um desejo de conquista, uma vontade de poder. Mário não ousa discutir isso a fundo: a alternativa que apresenta é a regressão à mitologia indígena. Substituir uma mitologia por outra, sem discutir a razão de descartar uma delas, é fazer de conta que se questiona, para acabar não questionando coisa alguma. Não é com o retorno ao lendário indígena que se ultrapassa a duplicação metafísica do mundo. O cânone foi esperto o suficiente para incorporar elementos indígenas, mas fazendo a domesticação do "fator pagão". Esse índio diz, então, o que o padre quer que ele diga: amém. O cânone transforma o índio em coroinha.

O índio nunca foi realmente defendido pelo indianismo ou pelo movimento antropofágico. Foi apenas usado. Um homossexual podia sentir-se atraído pela idéia de "comer homem" (e enfiar uma flor no puíto), mas ver no outro sempre um "inimigo", para acabar com ele, era e é antes uma auratização do capitalismo selvagem ascendente do que uma defesa das culturas indígenas, da liberdade de crença ou de preferências sexuais. O cânone põe índios, negros e imigrantes a falar de acordo com o ditado de senhores brancos: assim exclui a voz deles. Sob a aparência de diversidade, tem-se o monologismo como expressão do autoritarismo. Quem serve a esse esquema é promovido pela linha tradicional; quem não, é vilipendiado ou sufocado. O problema já não é mais, então, protestar, mas retirar-se do esquema condenatório. A reemigração foi concretizada por mais de 1% da população brasileira nas décadas de 1970 e 1980. Ela é um ponto heurístico de reavaliação da brasilidade como uma forma de totalitarismo.

Um século após a independência, já não adiantava mais acusar os portugueses de ter sido espoliadores, quando imperava a interiorização do princípio espoliativo. Macunaíma apresenta-se, na "Carta às icamiabas", como um grande senhor de terras e tribos. A questão não é falar em nome dos antigos latifundiários, como se fossem apenas amáveis senhores, e nem significa entender o empresário, de origem estrangeira ou não, como não tendo um essencial componente espoliador. Mário de Andrade, preso às limitações de sua origem, não percebeu aí onde está o centro da tensão social e nem que o industrialista aumenta a produtividade social e eleva o nível médio de vida da população. Se há migração do campo para a cidade, é porque há mais vantagens em ser proletário industrial do que peão de fazenda. A "obra-prima" demonstra o atraso do autor em termos sociais e filosóficos.

Macunaíma é, já por estar no cânone, mais que apenas um *divertimenti*. Nem sequer foi escrito para tal, pois contém uma avaliação do país e uma tomada de posição na luta de classes. Ele é banal e superficial, pois, mesmo como linguagem metafórica, é pouco dizer que "muita saúva e pouca saúde, os males do Brasil são". Ao perceber a evidente fraqueza de sua obra, o autor procurou escamotear pontos que lhe pareciam fracos: eles são, porém, fundamentais, e ela se define neles e por eles. Ele reconheceu, em sua conferência de

1942, que o modernismo foi apoiado pela oligarquia paulista, da qual ele provinha; em 1932, havia lutado do lado da oligarquia do café-com-leite contra o governo Vargas e depois foi secretário de cultura em São Paulo, um cargo de alta confiança; além disso, foi convidado, durante o Estado Novo, para assumir uma cátedra e uma direção de instituto pelo governo federal no Rio de Janeiro. Como tantos outros intelectuais, Mário foi antes um serviçal do fascismo que seu inimigo. Um dos truques da exegese canonizadora tem sido separar o seu projeto estético do político, já que este se mostra cada vez menos defensável. Mais descarado ainda tem sido apresentá-lo como esquerdista, corpoficando o nacionalista popular e revolucionário.

Macunaíma fica longe do operariado, ainda que escreva em seu nome e se defina como inimigo da burguesia industrial. Ao optar pelo mundo pré-industrial, faz a metamorfose do mau-caratismo e da impunidade em virtudes nacionais "engraçadas". Esse "brasileiro" como "homem sem caráter" é a antítese das minorias em que, como entre os imigrantes alemães e japoneses, prepondera a ética do trabalho. O que a obra diz é que estes não são "brasileiros": vivem em colônias, como as saúvas, e tarefa de brasileiro é cortar suas cabeças (como de fato aconteceu). Nessa perspectiva, esse colonos nada têm a dizer ou procurar no país, que não é deles: a terra é dos donos de terras. Não é, no entanto, com a mentalidade de Macunaíma que se constrói um país civilizado. Ela é um atraso de vida. A rigor, não propicia nenhuma coesão social, pois só quer se apropriar do alheio para sua própria vantagem. Quando a obra é incorporada ao cânone, a sua proposta implícita torna-se discurso do Estado. Esse é o perigo maior.

Um problema dos grupos agredidos é deixarem-se explorar pela hipocrisia e pela falta de caráter dos donos da terra, por um padrão de comportamento auratizado em Macunaíma. Na lógica deste, o imigrante (daí excluído o colonizador português, com o qual Macunaíma se identifica assim que consegue mudar de cor pelo "batismo" na água milagrosa: ele nunca é punido por suas maldades, e isso é visto apenas como engraçado) é considerado um invasor, que deve ser combatido e repelido com todas as forças e artimanhas. Nessa obra, Mário volta-se contra o imigrante italiano e contra a industrialização e urbanização do país, assim como em *Amar, verbo intransitivo* se havia voltado contra o imigrante alemão e contra a emancipação feminina. Mário de Andrade é racista, antifeminista e reacionário. Até hoje, no entanto, não se admite a sua leitura mais evidente. Nem os negros podem reclamar de Manape, o explorado negro, ser considerado "irmão" para aceitar sem reclamação todas as safadezas feitas contra ele.

Sendo Macunaíma uma figura que se pretende síntese da luso-brasilidade, precisa ser decifrada como uma alegoria que vai além do que o autor declara. As afirmações do autor são tentativas de despistar o que se evidencia cada vez mais, e que há dezenas de anos vem sendo silenciado. Não interessa ao sistema confessar abertamente as suas intenções: a ideologia funciona por não ser reconhecida como tal. O autor, como o réu, tem o direito de mentir em defesa própria. Se a intenção da obra mais consagrada do modernismo é combater o imigrante e a industrialização (e, portanto, os descendentes de imigrantes e o progresso do país), a pergunta que seus descendentes devem colocar é o que ainda estão fazendo no país se vieram bater à porta errada ou se não devem ao menos mudar de mitologia. Enquanto a eles só restam duas alternativas autênticas – ir embora ou mudar o país –, os professores de literatura brasileira, como ideólogos do Estado, tratam de fazer com que engulam o espectro imposto pelo cânone. São sacerdotes da alienação.

A insistência de Mário de Andrade no sentido de que ele não queria ver na figura do gigante Piaimã o estrangeiro, *id est*, o imigrante, é uma denegação, uma negação tão insistente que precisa ser tomada como afirmação. Isso é confirmado pela novela, que tenta tapar o sol com a peneira, como se o autor tivesse o direito de obrigar o leitor a ler com olhos canônicos: isso é possível quando se tem a censura e os aparelhos ideológicos do Estado ao seu lado. O percurso de Mário, como participante ativo da "Revolução de 32" contra Vargas que, naquele momento, estava introduzindo reformas eleitorais e econômicas contrárias aos interesses da oligarquia "café-com-leite" que dominou a República Velha, não está em desacordo com a postura postulada em 1928, por meio de *Macunaíma*. Essa mesma oligarquia aliou-se depois a Getúlio, que dá o golpe em 1937, proclamando o Estado Novo: uma versão local do fascismo, a qual não quer se assumir como tal.

A mãe dos ricos

Mário de Andrade foi, de 1934 a 1937, chefe do Departamento de Cultura da Prefeitura de São Paulo; depois se mudou para o Rio, a fim de ocupar um posto no Serviço do Patrimônio Histórico e na universidade. Quem também exerceu cargo de confiança da ditadura foi o principal poeta do "modernismo", Carlos Drummond de Andrade, que foi chefe de gabinete do ministro da Educação, Capanema, ocupando um posto-chave para contatos com jornais, estações de rádio, universidades, editoras. Enquanto eles "subiam na vida", Graciliano Ramos e Oswald de Andrade chegaram a ser presos, pois eram membros "menos confiáveis" da oligarquia. Em termos de cânone, o problema não é explicar como aqueles entraram nele, mas o que estes "fizeram de errado" para caber nele.

Traço típico do fascismo foi seu caráter nacional e popular, enquanto servia à antiga estrutura de classes. É o perfil de *Macunaíma*. A propaganda fez de Getúlio "o pai dos pobres" (e a "mãe dos ricos"). Nazismo e fascismo também se preocuparam com os trabalhadores. Mário de Andrade foi o *Duce* do modernismo, o *Führer* da cultura brasileira. Sua obsessão em escrever cartas expressava seu desejo de ser o *condottieri*, a exercer influência por toda parte, liderando tudo e todos, sem deixar de fora quase nenhum multiplicador de opinião. Mussolini e Hitler também tiveram preocupações com o povo, com a redenção nacional e procuraram ser populares. Não é por ter entrado na guerra contra o Eixo – por pressão norte-americana – que Vargas se tornou um "democrata". A guerra não é propícia à democracia. O macartismo foi uma forma de fascismo, assim como o autoritarismo czarista e genocida de Stálin foi uma regressão da liberdade. O apoio de Graciliano e Oswald ao "comunismo" tinha o mesmo perfil autoritário, limitado e castrador que tinha o apoio de outros ao fascismo (e que podiam "tirar ouro do nariz"). "Esquerda" e direita pertenciam ao mesmo círculo: todo ele do sistema. Um grande escritor só poderia surgir se ele fosse além desse círculo. Autores delimitam-se pelas autoridades; escritores, não.

Se Mário de Andrade via a aproximação com o povo por meio do instrumento de trabalho como sendo a principal preocupação dos intelectuais brasileiros, deixou de ver que esse não é um problema apenas dos intelectuais e nem só dos brasileiros. Mas tampouco é um problema só "intelectual". Ele é tão antigo quanto a retórica. O intelectual orgânico acredita que a sua função é esclarecer a elite, para que ela possa administrar bem. Disso, a ser comparsa da oligarquia, não vai nem um passo: já está dentro. Isso delimita *a priori* o horizonte de preocupação do intelectual: ajudar a manter no poder a quem nele já está. Ao querer ser óleo na máquina administrativa, acaba sendo um "vaselina". Tal aspiração corresponde à antiga pretensão de "ensinar ao povo o caminho da verdade". Ela precisa antes ser questionada do que reiterada.

Não é por escrever bem que alguém vai para o cânone. Getúlio Vargas ter sido um hábil político não significa que tenha sido correto. Com *ghost-writers* acabou na Academia Brasileira de Letras. Um autor ser conveniente ao sistema, sem questioná-lo, importa mais que transpiração e talento. Esperar outra coisa é ingenuidade. Não se trata de justificar falhas de produção, mas de verificar a natureza do sistema em que se está, a grade de avaliação que determina a vida literária.

A canonização artística passa por processos semelhantes à religiosa: a instituição que consagra cuida para não se expor a ridículos, mas reforça o seu poder e influência a cada consagração. Quanto mais a instituição se esforça em controlar, mais manifesta os seus pressupostos. Uma coisa é usar o instrumental científico para evitar fraudes evidentes; outra, buscar a explicação científica questionando os fundamentos da instituição, embora sabendo que a ciência ainda não consegue explicar tudo. A exegese canonizadora é movida pela mesma fé que move o cânone: ela pode discutir variantes de trechos, mas não consegue duvidar que Deus é o autor de sua Bíblia. Assim como a exegese bíblica acredita que só a sua definição do sagrado é que o define, a canônica crê que só ela sabe definir o artístico, ainda que demonstre a todo momento a sua incapacidade de fazê-lo.

Aquilo que no cânone parece mais crítico ainda é conveniente ao sistema. O converso passa a assumir, como sua, a voz que o oprime e nega, que o faz dizer aquilo que por si ele não diria. O converso é um perverso que acredita ter encontrado a salvação quando mais se perde. Institucionaliza a alienação, assume a voz do outro como própria, interioriza a fala da oligarquia sobre as minorias, as quais são sistematicamente aniquiladas. Uma pseudo-antítese pode aparecer, mas só para confirmar a tese dominante, que acaba consagrando o percurso dos vencedores. Se isso acontece com uma historiografia tão pouco imediatista quanto a literária, mais ainda deve ocorrer com a "depurada" história política, religiosa ou econômica.

Por que Mário de Andrade procura afirmar nos prefácios o contrário daquilo que fez em sua obra, tentando desmentir as evidências da leitura? Que um autor se divirta ou sofra ao escrever um livro, em princípio não interessa. Se ele se diverte, no entanto, em fazer o imigrante sofrer, se ergue o tacape da vida primitiva contra o processo civilizatório, se se regozija com a ação da oligarquia reacionária e prepotente, então ele é um reacionário orgânico, ainda que sob novas formas, e deve assumir a sua posição e limitação. Se no primeiro prefácio diz que o caráter do brasileiro é não ter caráter, enquanto no segundo afirma não querer sintetizar o brasileiro, há mais que uma contradição.

O cânone, ao consagrar a obra, induz o brasileiro a acreditar que ele deve ser como o Macunaíma modernista. Trata-se de uma falsa generalização (não corresponde, por exemplo, ao tipo médio brasileiro, pois este trabalha muito, e nem ao comportamento de várias minorias, como os teuto-brasileiros, os evangélicos, os mórmons, os mnemonitas, os judeus, etc.), mas ela exclui muitos brasileiros da brasilidade (o que implicou até na prisão, na desapropriação e em trabalhos forçados, além de não permitir que tivessem acesso ao poder). Mário não assume a responsabilidade pelo que fez, mas o cânone exige que todos se submetam ao que ele escreveu, ainda que sejam injuriados e vilipendiados por ele. Ele podia, então, dar risada. E continua podendo, porque ninguém pode mandá-lo calar a matraca.

Os excluídos desse perfil macunaímico de brasilidade podem até possuir documento de identidade nacional, mas estão fora dos segmentos que realmente contam no país. São excrescências. Daí a ser considerados excrementos ou "quistos" (como a extrema direita dizia à época do Estado Novo) a ser estirpados, é só um passo. O cânone consagrou esse tipo de discriminação e genocídio em obras como *Canaã* e *Os sertões*. Os discriminados passam a achar que há alguma coisa errada com eles, já porque não têm um sobrenome "adequado", "correto". Por toda parte encontram muros invisíveis que os impedem de avançar na hierarquia política, acadêmica e social. Isso é ruim para a cidadania e bom para a oligarquia. O cânone é antidemocrático e antiliberal.

Na perspectiva de *Macunaíma*, a "pátria" tem dono: donos da terra são os donos de terras, pois determinam como deve ser o país e como se deve ser para ser do país. Macunaíma faz parte dessa casta. Isso é assumido na "Carta às icamiabas", na qual Macunaíma se assume como dono de terras e de gentes e é, nesse sentido, mais que uma paródia ao estilo de Caminha e Rui Barbosa (este ao menos ousou enfrentar o militarismo, num "civilismo" mais democrático, que é deixado de lado na novela). Essa "obra de vanguarda" dá continuidade ao discurso nativista, o qual defendia como genuína brasilidade só o sangue lusitano com uma pitada de sangue indígena.

Ao postulado do "tipicamente brasileiro", já proposto em *O Caramuru* e reforçado pelos românticos indianistas, é acrescentado o tom picaresco de *Memórias de um sargento de milícias* e o grotesco de *Triste fim de Policarpo Quaresma*. O que se apresenta aí como novo, a partir de Koch-Grünberg, é uma mistura de ingredientes antigos que reafirma o que o cânone substancialmente vem dizendo desde sempre. É, por isso, uma obra que se encaixa bem nele, uma vez que continua o seu paradigma. Em vez de ver, nas obras literárias que a influenciaram, as limitações que propiciaram a discriminação e a delimitação da resultante, a exegese oficial quer valorizá-las como caminhos para chegar à modernista, postulada como ápice sem erro. A obra "cria" os seus antepassados, no sentido de valorizá-los, para autolegitimar-se. Ela não propicia, porém, uma nova leitura deles, pois não permite ver melhor nem as obras anteriores e nem a resultante.

A exegese canonizante faz parte do tom monológico do cânone e não estabelece propriamente um diálogo com ele: apenas repete, em "juízos analíticos", a sua voz, transforma a sua pseudopoesia na prosa do cotidiano. Em razão da natureza de ambos, torna-se difícil estabelecer um diálogo (que, aliás, nenhum dos dois quer), pois seria preciso aceitar suas premissas e conclusões. Quanto mais a percepção crítica disso avança, tanto mais leva a um encapsulamento, a um isolamento crítico, a um distanciamento e até mesmo a um horror ante o espetáculo de hipocrisia e cinismo, sob a aparência de humanismo e arte. Na percepção canonizadora, expõem-se preconceitos enquanto se expõem conceitos, mas eles não são admitidos como pré-conceitos; a percepção crítica precisa, por sua vez, questionar passo a passo os seus próprios pressupostos enquanto questiona os alheios. O cânone não admite, por si, os seus pré-juízos, e nem a exegese canônica é capaz de explanar os seus pressupostos, pois não quer abalar o sistema de privilégios mantido sob a égide de leis que expressam interesses de classe.

Um século após Aluísio de Azevedo ter criticado a exploração de cortiços (embora não fosse essa a sua real preocupação), eles só aumentaram nas metrópoles. Se pouco adianta a literatura se engajar em questões sociais, de que adiantaria uma hermenêutica engajada? – Ela é problemática, já que não consegue alterar o sistema. Como pode ser usada para o *establishment* até mesmo reforçar suas posições, ela se nega duas vezes. Calar não representaria, porém, nem ao menos constituir uma antítese virtual. O silêncio obstinado se recusa a fazer quaisquer concessões, reforçar a hipocrisia e o preconceito, justificar uma das sociedades mais iníquas do planeta, mas, como tal, ele não diz nada e, portanto, acaba sendo complacente. Diferente é, porém, o silêncio que se diz como silêncio e indignação. Ele torna-se um silêncio silenciado, que continua sendo um protesto.

Os intelectuais estão acostumados à "mitologia dos grandes nomes" que lhes foi imposta e que eles ajudam a reproduzir. Também estão acostumados a citar teóricos estrangeiros, sem pensar a partir da realidade em que vivem e sem reconhecer a capacidade local. Não acender velas nos mesmos altares significa, então, excluir-se do culto vigente e ficar na obscuridão. A arte não só é usada no culto religioso, mas há uma religião do cânone que impede o seu questionamento. Quem desajoelha ante os mesmos deuses e desafina no coro laudatório, sente a ira dos fiéis como se ele fosse a causa da perdição geral.

Ao "herege" cabe somente o exílio, o afastamento de todos, sem a esperança de ser entendido. Não é ele quem impõe a impossibilidade de diálogo, como se fosse "tão autoritário" quanto o monologismo oligárquico: para haver diálogo é preciso haver parceria, e esta não há quando se cruzam as espadas. Ele não deve mais se ver, porém, como "heresia", já que isso seria ficar preso ao horizonte do sistema já superado por ele. Não sofre mais no íntimo o anátema, pois há o desejo e o esforço de ficar fora. Embora não detenha poder, não se tem apenas a interiorização às avessas da exclusão de qualquer voz alternativa. O "diálogo" seria uma regressão, ainda que o *establishment* queira exigir o beija-mão. O que assusta aos conversos – que não sabem que o são, pois foram batizados antes da idade da razão, e para nunca chegarem a ela – é o escândalo de alguém não acreditar naquilo que eles não sabem que acreditam, uma vez que estão convencidos de que são verdades absolutas. Podem até aparentar boa vontade em escutar a palavra alheia, estranha, dissidente, mas, quanto mais esta expõe suas posições, maior se mostra o distanciamento, a ponto de o "herético" acabar isolado. Dialogar torna-se, então, perda de tempo, como ler toda a exegese canonizadora, que só contém o já sabido e superado. Não havendo fala nem diálogo, tudo fica como dantes: de pé, o castelo de Abrantes.

A dança dos vampiros

Piaimã não é apenas um gigante ficcional: ele tem um concreto significado social, político e econômico. Escamotear esse significado é querer manter o sentido dessa significação. Ele apenas requenta o velho esquema de Joãozinho a enfrentar com astúcia um gigante ameaçador. Por outro lado, sob os disfarces, Macunaíma é que constitui o antiquado gigante que aprisiona a harpa cantante e tem a galinha de ovos de ouro em seu poder: a novela não conta a história verdadeira. Ela inverte o sentido: o imigrante italiano é visto como um gigante ameaçador, assim como em *Amar, verbo intransitivo* a imigração alemã é vilipendiada sob a figura da mulher emancipada. A perda da hegemonia absoluta dos latifundiários é vista como a grande derrocada, que precisa ser impedida. Essa é a perspectiva dos latifundiários que não souberam se aliar à burguesia industrial e comercial e ao capital internacional. *Macunaíma* é atrasado até em relação à política maior dos grandes latifundiários.

É o mesmo perfil e gesto semântico de *Menino de engenho* ou *Fogo morto*. A industrialização e a urbanização são descritas como grandes ameaças: bruxas que devoram gente, gigantes brutais. A verdade histórica não pode ser, porém, simplesmente varrida sob o tapete do fictício. Gigantes não precisam constituir sempre ameaças, assim como anões nem sempre são simpáticos. Anões espirituais tendem a ver gigantes em homens dotados de algumas qualidades superiores: quando se escapa à lógica interna do *Märchen*, mostra-se que combatê-los é aniquilar o desenvolvimento que eles corporificam. Macunaíma expressa o rancor do espírito rebanho contra o talento e o gênio que o supera.

A exegese canônica não quer perceber o gesto semântico que orienta as obras e a formação do cânone. Ela tem só má vontade em admitir a crítica, pois parece-lhe ser apenas má vontade; não admite resposta ao modo como as minorias vem sendo tratadas no país. Não se abre, porém, a perspectiva de um "negócio", em que haveria mais boa vontade dos oprimidos caso tivesse havido mais apoio e aceitação dos opressores: há princípios e verdades que simplesmente não estão à venda e nem são passíveis de negociação, mas eles determinam resultados (mesmo que seja o aniquilamento da "dissidência", da voz diferenciada e diferente que ousa erguer o seu "desafinado sotaque" em meio ao coral de aleluias). Desistir da autonomia do espírito crítico é desistir de pensar e de existir como adulto. Aqueles que aderem à linha canônica não chegam a ser adultos, por mais velhos que sejam: neles sempre há, por mais prepotentes que se mostrem, uma criança a pedir proteção e colo.

O discurso dominante tenta encontrar brechas para provar o engano da crítica e reafirmar o que sempre já vem sendo afirmado. Tem o poder de fazê-lo, e não só como discurso, mas como prática persuasiva e dissuasiva. Ao "herege", o único a fazer é "abandonar a heresia", mas não no sentido de uma reconversão ao anterior, e sim de radicalizar ainda mais, distanciando-se do círculo vicioso da doutrina vigente. A "má vontade" não gostaria de se tornar "boa vontade", pois poderia surpreender-se com os resultados a que chegaria ao se distanciar cada vez mais do cânone e daquilo que se costuma dizer sobre ele. A "heresia" não é "má vontade", e sim vontade de reencontrar o melhor (impulso) da arte e da teoria.

Em carta, Mário de Andrade afirmava a Carlos Drummond de Andrade que Macunaíma, além de ser uma sátira, "não é o brasileiro, mas é BEM brasileiro."[12] Que ele "é BEM brasileiro" tem sido assumido – pelos crentes do deus Brasil – como "O Brasileiro" sendo "O BEM" e só é "bem brasileiro" quem é como ele. Isso já deveria despertar a reação inversa de que, se o brasileiro tem de ser e é assim, seria melhor não ser "bem brasileiro". O que um autor diz sobre a sua obra não é, porém, uma definição da obra: esta se define e diz por si. O autor é o primeiro suspeito, como o criminoso que procura se defender do crime que cometeu, despistando as suas verdadeiras intenções e os seus interesses em jogo.

Procurou-se traduzir Macunaíma da direita para a esquerda para, de um senhor feudal, fazer um "líder popular". Isso ocorreu no filme e na peça "Macunaíma". Personagens, enredos e obras sofrem mudanças de padrões de leitura ao longo do tempo e do espaço, conforme crenças, consciência estética e científica, interesses de classe, etc. Essa variação é, porém, limitada pela própria estrutura do texto e pela objetividade social dos códigos lingüísticos e ideológicos. Não pode transformar os elementos no que eles não são. Mesmo que Hamlet seja encenado como homossexual ou mulher, isso tem de fazer sentido na peça e não se pode duvidar que seja filho de um assassinado; mesmo que se especule sobre o que Otelo teria descoberto sofre Desdêmona na noite de núpcias para supor que podia ser enganado, não se pode duvidar que tenha pele morena e tenha matado a esposa.

O início da novela já denota em si uma impossibilidade:

> No fundo do mato-virgem nasceu macunaíma, herói de nossa gente. Era preto retinto e filho do medo da noite. Houve um momento em que o silêncio foi tão grande escutando o murmurejo do Uraricoera, que a índia tapanhumas pariu uma criança feia. Essa criança é que chamaram de Macunaíma.[13]

Uma vez o nome é escrito com minúscula; outras, com maiúscula, sem que isso se justifique. Filhos de índios não são pretos retintos. O que significa essa "liberdade poética"? Considerá-lo preto em

---
[12] *Idem, ibidem*, p. 358.
[13] *Idem, ibidem*, p. 7, ou na edição da Livraria Martins Editora à p. 3.

função do medo, sugere que todo preto é medroso; se era preto para que o irmão Maanape pudesse permanecer preto, o branco seria a origem apenas da liberdade e não da escravidão. Uma conclusão seria que o preto era escravo porque não tinha coragem de se defender. Isso tem a lógica do escravagista, que se refletia no requentamento católico da condenação bíblica, no mito de Noé, de que os "homens de cor" estavam predestinados à escravidão. Na mitologia, um deus pode originar uma tribo, mas esta não pode originá-lo. Como é que Macunaíma seria "herói de nossa gente", no sentido de marcá-la com seu perfil, se ele é originado dela? Há uma inversão nisso.

Esse índio preto, um oxímoron ambulante, torna-se branco mais tarde, pelo milagre de uma fonte (como se ela batizasse seletivamente as pessoas, dando-lhes um destino por vontade divina). Assim se escamoteia a repressão dos escravos e o uso sexual das negras pelos senhores. Tudo é apenas engraçado, nessa versão senhorial. Fazer do índio um preto para representar a síntese das raças no Brasil, além de não ter lógica, contém a óbvia exclusão dos "amarelos", ainda que estes fossem milhões e vizinhos do autor. Que os pretos tenham sido os continuadores dos índios como oprimidos, permitiria que se entendesse a alegoria de a índia parir um preto, mas o autor não estava preocupado em condenar a escravidão: ele a omite, como se esta nunca tivesse existido. Não foram os índios que geraram os pretos, e sim os brancos que os trouxeram à luz do Brasil. Seria melhor dizer que os brasileiros são filhos do medo e da noite, um casal que se procria na história e que tem procriado a história, e não simplesmente filhos de um hipotético medo da noite.

O ritmo, em que se alternam sílabas tônicas e átonas, não é mantido de modo coerente; o tom grandiloqüente, oratório, procura destacar a heroicidade temática, mas esta não se mantém, e logo se desmente, o que trai a mitologia indígena, da qual faz de conta que parte. Há uma traição permanente da perspectiva indígena nessa obra de tom "antropofágico", incapaz de examinar a fundo a antropofagia moderna. A forma, ao hipertrofiar o conteúdo, procura caracterizar o espírito bufão, a aparência revelando-se maior que a essência. O bufão serve, no entanto, para desmascarar o dominante e romper com a ilusão da fantasia, mas não é isso o que se passa aí. Na grande obra, o concreto encena o universal, o típico torna-se representativo, o detalhe concentra o significativo. Não é o que se passa com *Macunaíma*, ainda que se queira mostrar isso. Será possível concordar com as teses que ele defende, enquanto aparenta apenas querer divertir? Engraçado é que se tenha levado a sério o que apenas pretenda ser engraçado, e nem sequer engraçado era. Essa novela não tem o riso do *Lazarillo de Tormes* e nem a ousadia metafórica de *O asno de ouro*, que a precederam como gênero e se tornaram clássicos, o que permite mensurar as limitações de *Macunaíma* (sendo a leitura deles evitada nas escolas do país).

Até os seis anos, Macunaíma não fala. Se ele é uma interpretação do país e se esse período simboliza a hegemonia indígena, a biografia reproduzindo *en miniature l'histoire* deve significar que os índios não tinham língua própria nem identidade: esse é um eurocentrismo primário, um colonialismo interiorizado. Desmente-se a leitura disso como alusão ao período colonial, em que o brasileiro não pôde manifestar uma voz autônoma, pois não há sombra de protesto contra o colonialismo lusitano. Ora, não teria havido sequer "Independência" se não tivesse havido um paulatino treino, mais ou menos secreto, de uma fala própria. Por outro lado, Macunaíma parece não falar apenas por birra; mas, se é apenas birra, então se trata de uma idiossincrasia, e não de uma seqüela da repressão. Essa é uma versão conveniente ao repressor (que, destarte, nunca proibiu nada e nem agrediu ninguém). Não se trata, portanto, de uma novela de crítica emancipatória.

Evapora, assim, a tragicidade da história, como se ela jamais tivesse ocorrido: como nos desenhos animados, pode-se bater nas figuras, fazê-las cair ou explodir, que elas sempre se recompõem. Não há sangue derramado nem osso fraturado. Nessa perspectiva, não há perdas na história: esta é a visão de quem usufrui da opressão, mas não quer pagar o preço por ela. É o mesmo discurso de Castro Alves, na "Cachoeira de Paulo Afonso", em que o branco se torna "irmão" (como Maanape é irmão preto, para ser explorado sem poder reclamar, enquanto Jigue é o preguiçoso "irmão vermelho", também explorado e posto num plano secundário, sendo essa dominação racial considerada natural e engraçada) justamente quando deve ser responsabilizado por seus crimes. É uma visão simplificada e racista do povo brasileiro dizer que o índio só tem preguiça, o negro serve apenas para ser escravo, enquanto o branco de origem portuguesa é lindo, esperto e divertido. Pode-se pretender, como Mário, que se está levando demasiado a sério o que é apenas uma brincadeira, um "divertimento". Brincadeiras são, porém, sérias reproduções e ensaios de atos adultos. Dizer que não é sério significa querer que tudo continue igual, nada devendo ser modificado. É uma forma de não assumir a responsabilidade pelo que se fez, e de continuar repassando a mesma interpretação da história.

Macunaíma não quer trabalhar: num país de secular tradição escrava, continua a exaltar, assim, a concepção de que trabalhar é degradante, é "coisa de negro", logo, inadequada a pessoas de respeito. Essa é uma perspectiva senhorial. Exala, assim, a posição antitética à dos escravos e à da ética protestante, quando esta última prosperava em todo o Sul e até em São Paulo com a industrialização (no sentido de que só merece comer quem produz). Enquanto os outros se esforçam, o protagonista trata de aproveitar-se da situação preocupado sobretudo em aproveitar-se das cunhadas. Fica decepando a cabeça de saúva, como se decepar cabeças fosse apenas diversão, atingindo apenas entes prejudiciais: como já foi dito, as formigas são entes que vivem em colônias, portanto o ato de agredir as formigas pode ser lido como uma agressão simbólica contra os colonos, que eram considerados inimigos pelos latifundiários. Subjacente a essa agressão existe uma outra, anterior, que é a redução dos colonos a mera "saúvas", entes prejudiciais, que só destroem as plantas domésticas (de fato os colonos fazem o contrário das formigas, pois, e sobretudo, reconstroem a natureza domesticando-a para fins produtivos). Assim são transformados em diversão os genocídios cometidos ao longo da história brasileira. O cinismo dessa historiografia é usar a figura de um índio, de um representante de povos aniquilados, para reexecutar *in effigie* essa "tarefa".

Sensualidade, preguiça, irresponsabilidade, oportunismo, safadeza, indolência: eis alguns dos atributos do "brasileiro", exaltados e glorificados em Macunaíma. Quem não for assim, não é "bem brasileiro"; quem assim podia ser, era o "brasileiro de bens", aquele que podia fazer os outros trabalharem para ele. Essa parte quer-se apresentar como o todo. Este é, aliás, o espírito de todo o cânone. É contrário ao espírito da obra aceitar uma crítica violenta contra o que ela propõe.

Os defeitos do personagem são considerados apenas divertidos pecados veniais, tão engraçados que deixam de ser pecados para se tornarem virtudes. Um personagem picaresco pode ser assim; o problema reside, porém, em apresentá-lo como protótipo da nacionalidade. É um tipo de sujeito que não convém à produção industrial e que se torna cada vez menos conveniente com a exigência de maior produtividade: a sua exaltação vai contra o desenvolvimento. Ele é anacrônico antes mesmo de aparecer. Isso está de acordo com o final da estória e é a terceira vingança contra o progresso: dizer que todo brasileiro é contra ele, como se houvesse uma incompatibilidade entre o modo de ser brasileiro e as necessidades do mundo industrial.

O simples fato de Macunaíma ser o protagonista da história coloca o leitor do seu lado, levando-o a se simpatizar com o lado canalha. Mais que isso: torna simpática e louvável a canalhice, como se esta fosse virtude nacional. É a "malandragem" de quem vive e se diverte à custa dos outros: transformada em tipo nacional, ela vira qualidade e obrigação. Essa defesa da canalhice está de acordo com o perfil canalha de todo o cânone. Tal sistema precisa de canalhas para defendê-lo, mas que não se vejam como canalhas, e sim como briosos intelectuais. Gera-se um círculo vicioso: o sistema canalha precisa de canalhas que o defendam e o propaguem, assim como os canalhas que o defendem e o propagam precisam, por sua vez, de um sistema que apresente como virtude a canalhice de ambos. Daí o absurdo parece natural, enquanto o que deveria ser natural parece absurdo abuso. O que, no máximo, deveria ser exceção torna-se regra, e faz com que se torne rara exceção o que deveria ser a regra. É um mundo às avessas, visto como se fosse um carnaval.

O problema não está em alguém escrever uma ficção: cada um que publique o que quiser e puder. O problema está em transformar isso em cânone, quando então se torna palavra oficial, e não apenas diversão, mas discurso do poder, padrão a ser louvado e obedecido, palavra de patrão e, sobretudo, uma estrutura inconsciente. Nesse caso, significa que não se aceita e nem se tolera mais a ficção que lhe seja antitética e que esteja fora de seus padrões (sobretudo se os supera). Há um padrão de gosto, que é uma mentalidade-padrão, cuja limitada axiologia seus agentes não reconhecem (mas impõem). O cânone torna-se uma relação de poder e de produção literária que inibe e impede o desenvolvimento das forças de produção. Só a revolução do cânone, ao extinguir a sua estrutura e a sua atual dominação, permitirá o crescimento da literatura, na produção e no consumo, no território brasileiro. Enquanto isso não ocorrer, tudo o que se fizer em termos de divulgação de textos de melhor qualidade, seja por publicações, seja pelo ensino, não será mais que jogar pérolas aos porcos. Para estes, elas são pedras indigestas, um perigo para os dentes.

Há, então, falta de liberdade de criar, sob a aparência de total liberdade. Alguém pode até escrever um texto fora da medida canônica: embora de boa qualidade, ele não encontrará editora disposta a publicá-lo por sua própria conta, não será premiado em concursos de inéditos, não terá apoio de jornal. Isso não é apenas uma hipótese futura para esconjurar o demônio antes que ele apareça: é um fato passado e presente. O escrito torna-se inútil, um aborto sem condições sociais de se tornar uma obra conhecida e reconhecida. Para o padrão vigente, ele é um monstrengo, deformado e perigoso, de mau gosto e sem qualidades. Supõe-se que isso acontece apenas entre povos distantes e em épocas pouco esclarecidas, mas não se admite que esteja acontecendo aqui e agora, em pleno paraíso. Isso é mais um sinal do caráter totalitário do sistema vigente, que não abre por si brechas para alternativas.

Da muiraquitã

O pícaro tem a mania de "querer ganhar vintém": sua vocação não é trabalhar, mas viver à custa dos outros, e sempre à beira da fome. Assim é o Lazarillo, que se ajeita na vida quando sua esposa se torna amásia do clérigo e eles vivem num *ménage à trois*, sem que o autor aponte o dedo contra a Igreja ou faça um discurso sobre os desmandos e as incoerências de uma autoridade eclesiástica. No *Memórias de um sargento de milícias*, o tutor de Leonardo, o barbeiro, se ajeita na vida ficando com o dinheiro do capitão, enquanto Leonardo consegue escapar à punição porque a autoridade também tem suas fraquezas. Ao ser rebaixado publicamente, o pícaro rebaixa um setor social elevado, como o alto clero ou a administração colonial.

O rebaixamento do pícaro contém, portanto, algo que o transcende, para poder atingir, de modo principal, a estrutura institucional. *Macunaíma* quer atingir a burguesia, mas só sabe agredir uma caricatura. Em vez de continuar o tom progressista, questionador e esclarecido da novela picaresca clássica, é uma variante reacionária, preconceituosa e retrógrada. Fracassa na obra o gênero, mas isso não é culpa do gênero, e sim do autor. A novela picaresca da modernidade brasileira ainda está por ser escrita; com a vigência do atual cânone, ela não será escrita; se for ou já foi escrita, não será reconhecida em suas qualidades. O diabo reina nesse mundo, como se Deus fosse. Não basta, porém, inverter os termos dessa equação.

Em *O asno de ouro*, Lúcio, o protagonista, perde a dignidade e a forma humana, e passa por um período de provações, porque, sendo senhor, havia dormido com uma escrava, o que era proibido no culto de Ísis. Transformado em asno, numa época em que este era signo dos cristãos (Cristo era desenhado como um asno pendurado na cruz), é tomado e surrado por bandidos, correndo o risco de inclusive ser castrado. Só se redime, recuperando a forma humana, ao comer pétalas de rosas, de acordo com uma sugestão da deusa Ísis (cujo culto foi, mais tarde, incorporado ao catolicismo, sob a forma de culto à Virgem Maria). Essa obra poderia ter sido tomada como modelo para elaborar uma sátira ou uma picaresca sobre os senhores de escravos que poderiam ter se transformado em asnos no Brasil: a sátira poderia tomar figuras políticas eminentes, e jogar com a contradição entre o que eles encenavam e o que faziam; a picaresca poderia ter, da mesma forma, questionado as instituições, como a Igreja, a Justiça e o Parlamento.

É exatamente isso o que *Macunaíma* não faz e não é. Já por isso fica abaixo do nível da novela picaresca clássica. Macunaíma, quando criança, dorme numa rede colocada por cima da rede de sua mãe e mija nela. Num nível semelhante de baixaria, o protoganista de *O grande mentecapto* defeca em um tubo de ventilação, que espalha fezes em uma festa cheia de figuras que apóiam a ditadura militar. Embora em ambos os textos se reverta a relação entre alto e baixo, rebaixando-se na ficção o que socialmente pretende ser alto, isso é feito num nível grotesco, próximo ao baixo calão (mas, no segundo caso, ao menos se atinge uma linha política fascista, enquanto no primeiro o rebaixamento do elevado se dá com um ato gratuito, como uma agressão sem sentido, desculpada pela falta de responsabilidade do agressor, o que se torna uma anistia para todos os pecados da dominação histórica brasileira).

A grande mobilidade geográfica e social do pícaro faz com que ele seja o elemento de ligação entre diferentes episódios, que funcionam como contos isolados, como contas de um rosário: se ele reza o anti-sublime, não necessita cair no escatológico. A variação em torno de eventos similares faz com que o leitor espere cada vez mais exageração, o que hipertrofia a degradação dos poderosos; a eficácia textual tende a ser, no entanto, proporcional à sutileza com que é feita. Quem exagera no que diz, tende a dizer menos; quem diz menos, pode dizer mais.

Pelas situações em que se mete, o pícaro sempre tem razão, ainda que não tenha nenhuma. Ele é um "picareta", que desmonta os alicerces da "boa sociedade", e desmoraliza instituições mediante a esculhambação de figuras representativas. É mais fácil fazê-lo em nome de forças progressistas, mas as reacionárias podem ser reinterpretadas num sentido crítico em relação ao que passou a dominar. A boa picaresca não é aquela que se reduz a uma luta de um partido contra outro, de um grupo social contra outro, num determinado momento e local, mas a que consegue mostrar a mesquinhez e pequenez da existência humana em geral.

Macunaíma não tem essa grandeza existencial. Faz de Ci – a mãe do mato – uma icamiaba, rainha das amazonas, que permite ao seu amado se intitular dono de todas as terras. A filmagem da novela, à época do regime militar, representou Ci como uma guerrilheira urbana: exatamente o contrário do que ela é no original, pois neste ela é latifundiária, enquanto a guerrilheira pretendia lutar contra os proprietários. Essa leitura cinematográfica transformou a obra literária no que ela não é, e inverteu a sua significação, como se a esquerda não pudesse fazer outra coisa senão continuar dominada pela ideologia senhorial. A tentativa de converter Mário de Andrade à ideologia do "nacional e popular" não está muito longe do fascismo, que é mantido sob a aparência de ser o avesso.

A ação da novela gira em torno da posse da muiraquitã, um talismã indígena que se torna emblema da apropriação do trabalho alheio, da mais-valia e da resistência à mais-valia (não, porém, como pretende a versão cinematográfica, como resistência popular e operária à exploração capitalista, e sim como manutenção de um sistema pré-industrial). Quem possui a muiraquitã é dono da riqueza do país. Trata-se de uma inversão e de uma perversão, em que o fetiche substitui a coisa. Macunaíma declara-se seu primeiro possuidor (mas como branco, como se ele fosse de fato indígena primitivo), ao dizer que a teria perdido no mato. Ela é engolida por um animal e depois cai em mãos de Venceslau Pietro Pietra, um industrialista de origem italiana que vive em São Paulo e aparece como Piaimã, o gigante comedor de gente. Não é aceita a lógica de que quem paga o preço ou acha algo se torna o seu novo proprietário. Se Macunaíma representa a tradição dos grandes proprietários, que "herdaram" as terras dos índios, ele é que seria, em primeiro lugar, o gigante responsável pelo desaparecimento de gente. Deveria estar combatendo a si mesmo, sem atribuir a outro as suas próprias ações; ou deveria ser combatido pelos índios (ou até por sua dimensão índia). A oligarquia latifundiária joga o seu lastro de crimes, acumulados ao longo da história, nas costas da nova classe ascendente, a burguesia industrial.

Macunaíma não é o representante do proletariado: ele tem horror ao trabalho, e é antitético ao operário industrial. Esse horror ao trabalho, especialmente ao trabalho braçal, tinha na tradição brasileira uma classe que o corporificou: o *farmer*, o senhorio latifundiário. Isso é mais próximo do que a tradição picaresca européia (na qual o pícaro não deixava de trabalhar, ainda que não gostasse das condições e relações de trabalho). O gesto de evitar a relação trabalhista em Macunaíma não é sinal de uma postura crítica em relação ao caráter feudal da produção agrária ou ao capitalismo industrial, mas reacionária, pré-capitalista. Com isso, ele não consegue mergulhar no cerne da sociedade industrial, no conflito antagônico preponderante. Era uma obra historicamente ultrapassada já no momento mesmo em que ia sendo escrita, pois tornava essencial o acessório e deixava o mais importante de lado.

Ao escrever a sua "Carta às icamiabas", Macunaíma apresenta-se, apesar do tom parodístico (em termos de estilo, não de conteúdo), como um grande senhor de terras e gente, colocando-se do lado da oligarquia latifundiária, ou seja, do lado da classe da qual se origina o seu autor. Isso acaba redundando em populismo de direita. Se a obra prenuncia, em 1926-1928, a passagem da hegemonia do latifúndio rural para a burguesia industrial e financeira, ocorrida em 1930, ela prevê isso mas protesta contra a mudança (conforme o autor fez ao participar da rebelião de 1932), mostrando-se incapaz de apreender e prever a associação de interesses entre as duas classes de proprietários, ocorrida após 1932. Também não apreendeu a contraposição das classes dominantes aos interesses do peonato rural, do proletariado urbano, dos colonos e das classes médias. O Macunaíma real deixou de brigar com Piaimã, casou com sua filha, investiu capital, urbanizou a cidade e foi passar os fins de semana nas fazendas que herdou. A verdadeira luta em torno da muiraquitã é escamoteada: a luta dos trabalhadores contra a espoliação do trabalho. É como se esse problema, que é o fundamental, nem sequer existisse. *Macunaíma* não consegue ir além do limitado horizonte de uma parcela de classe decadente: é ideologia, não arte.

Mesmo quando o grande herói aparece travestido de francesa para seduzir Venceslau Pietro Pietra (que traz a reificação no nome, assim como a proximidade da pedra mágica), ele parece parodiar a francofilia da elite brasileira ("francesas" eram prostitutas prediletas na época, ainda que a maior parte delas fosse formada por brasileiras), mas a crítica a essa tendência não é levada adiante, como tampouco a dos veados do Arouche, a divergência quanto à doutrina católica na interpretação do Cruzeiro do Sul ou a crítica à alienação e à reificação na grande cidade (a dominância da máquina sobre as pessoas).

Da paródia e da estilização

A paródia procura rebaixar um discurso pretensamente elevado, enquanto a estilização trata de elevar um discurso de nível mais baixo. A estilização parodística faz esse duplo movimento: rebaixa o pretensamente elevado enquanto mantém a busca do elevado – o *Don Quijote* ainda é a melhor realização disso. O herói sofre percalços, é ridículo e lunático, mas às vezes tem vitórias compensatórias e o seu ideário é grandioso, bem acima do mero desejo de se alimentar bem e de gozar a vida: características presentes no pícaro e contrárias ao ascetismo cristão. A fome de Dom Quixote é espiritual: um desejo insaciável de justiça, beleza, sonho, melhoria da vida humana, coragem. Nada disso há em Macunaíma: a "carta às icamiabas", ao parodiar o estilo de Rui Barbosa, alvejava um adversário do autoritarismo: a novela é um engano; sua leitura cinematográfica, enganosa.

Segundo Bakhtine: "O herói do romance picaresco é antitético ao herói do romance de provas e tentações: ele não é fiel a ninguém, trai a tudo e a todos, mas, ao fazer isso, ele é fiel a si mesmo, a suas visadas antipáticas e céticas."[14] Em *Macunaíma*, a visada cética volta-se contra a industrialização capitalista, a imigração e a urbanização, mas não como alguém que entenda isso desde dentro e, a partir daí, possa propor alternativas. Sob a aparência de voltar para o mato, o protagonista recai na duplicação metafísica do mundo. A rejeição é feita em nome de um belo mundo primitivo, rural e selvagem, que é idealizado, fictício e mentiroso. Quem gosta de miséria é intelectual em férias. Os antropólogos convivem com índios, mas ficam vivendo em cidades. Se Mário tivesse tido de passar fome e frio no meio do mato, ele não suportaria a própria solução. Acha-a boa, mas só para os outros.

O mais antipático em Macunaíma é apresentado como simpático e engraçado. Sublimar o mau-caratismo é dar força à tradição de impunidade dos senhores brancos e ricos. Se, no final, Macunaíma exibe ceticismo diante do que viu em São Paulo, ele não o faz desde dentro, como quem acompanha o processo civilizatório e trata de melhorá-lo, mas como um recuo, uma regressão ao estado de natureza. Essa é uma proposta *hippie*, que se resolve com uma chácara. É como se Ulisses tivesse ficado com a deusa e entre os porcos, temido Polifemo, se submetido ao canto das sereias, casado com Nausicaa, esquecido Penélope. A alternativa apresentada ao mundo moderno não é uma opção: é uma regressão, a condenação do urbano pelo rural. Se Macunaíma tivesse se olhado no espelho, podia ter visto o Jeca Tatu. Como ele é um vampiro, não se pode olhar no espelho (portanto, superar suas limitações).

---

[14] Mikhail Bakhtine, *Esthétique et théorie du roman*, p. 220. "Le héros du roman picaresque est opposé au héros du roman d'épreuves et des tentations, il n'est fidèle à rien, il trahit tout et tous, mais ce faisant, il est fidèle à lui-même, à ses visées antipathiques et sceptiques."

O "traço quixotesco" de Macunaíma, na praça, ao desafiar a ideologia católica, é inconseqüente, não passa de uma brincadeira, uma contraconversa em que não há redenção dos oprimidos e menosprezados. Prega-se uma visão nativista, primitiva, que, nas décadas de 1920 a 1940, marcou o movimento integralista e suas vertentes literárias, como o grupo anta e verde-amarelo. Ainda que a exegese canonizadora tenha procurado depurar o modernismo de suas marcas da extrema direita, e tratou inclusive de reduzir o movimento à corrente antropofágica, sua representação literária maior, *Macunaíma*, é uma obra reacionária e totalitária, tanto na forma como no conteúdo. Ao tratar de perpetuá-la e principalmente tratando de interpretá-la às avessas, a "crítica literária" preserva o nazismo estrutural.

Supor que Macunaíma, agredindo uma figura histórica que comprou um título aristocrático de Mussolini, estaria atacando também o fascismo, é uma projeção descabida, pois não é em torno disso que gira a ação. A agressividade de Macunaíma – que não é típica de um pícaro, geralmente mais preocupado em se defender do que em atacar – retoma o machismo primário contido no indianismo romântico, postulado por Gonçalves Dias e ensinado em todas as escolas:

> A vida é combate
> que aos fracos abate
> que aos bravos e aos fortes
> só pode exaltar.

Tais versos poderiam ser subscritos por Plínio Salgado e a extrema direita. O cânone cultiva o autoritarismo – dentro de uma tradição racista e dogmática já cultuada por Camões, em *Os lusíadas* – quando exalta o combate aos mouros, o expansionismo colonial e o aniquilamento dos "inféis".

O nacionalismo exaltado, a discriminação contra minorias e o xenofobismo marcaram o fascismo europeu, como marcaram também, e ainda marcam, o cânone brasileiro. Só que na Europa ele acabou, enquanto no Brasil ele continua, e como definição da nacionalidade. Ele enquadra-se dentro do postulado como política do Estado Novo e do regime militar pós-1964. Ele é a antítese exata dos princípios de igualdade, fraternidade e liberdade que nortearam a Constituição norte-americana, a Revolução Francesa, a rebelião de 1848 e a colonização alemã e italiana no Sul do Brasil. Esta foi, em sua teoria e prática, mais avançada do que a política do governo brasileiro e do que o pensamento de sua intelectualidade, ainda que ambos jamais tenham reconhecido isso, e nem se possa esperar que venham a reconhecer.

Conforme já se viu, como a formação do Brasil – enquanto processo de conquista, exploração e colonização – deu-se de um modo similar ao da "Reconquista", é conveniente ao cânone a exaltação dos mesmos princípios dogmáticos, racistas, opressivos, belicistas – católicos, patriarcais, oligárquicos, autoritários – e não a ênfase em noções como igualdade, solidariedade, liberdade e razão crítica. São duas visões de mundo e filosofias de vida antagônicas e irreconciliáveis. Embora a segunda esteja inscrita na constituição escrita, a primeira domina a constituição social, a prática política e a estrutura do cânone.

O poeta, o apátrida

Do sistema andradino

Por ocasião da morte do *condottieri* do modernismo, Drummond escreveu um poema rememorativo com o título "Mário de Andrade desce aos infernos":[1]

> II
> No chão me deito à maneira dos desesperados.
> Estou escuro, estou rigorosamente noturno, estou vazio,
> esqueço que sou um poeta, que não estou sozinho
> preciso aceitar e compor, minhas medidas partiram-se, mas
> preciso, preciso, preciso.
> (...)
> > O meu amigo era tão
> > de tal maneira extraordinário,
> > cabia numa só carta,
> > esperava-me na esquina
> > e já um poste depois
> > ia descendo o Amazonas
> > tinha coletes de música,
> > entre cantares de amigo
> > pairava na rede fina
> > dos Sete Saltos,
> > na serrania mineira,
> > no mangue, no seringal,
> > nos mais diversos brasis,
> > e para além dos brasis,
> > nas regiões inventadas,
> > países a que aspiramos,
> > fantásticos,
> > mas certos, ineglutáveis,
> > terra de João invencível,
> > a rosa do povo aberta...

---

[1] Carlos Drummond de Andrade, "A rosa do povo", *Poesia e prosa*, p. 237 ss.

IV
A rosa do povo despetala-se,
ou ainda conserva o pudor da alva?
É um anúncio, um chamado, uma esperança embora frágil, pranto
                          [infantil no berço?
Talvez apenas um ai de seresta, quem sabe.
Mas há um ouvido mais fino que escuta, um peito de artista que incha,
e uma rosa se abre, um segredo comunica-se, o poeta anunciou,
o poeta, nas trevas, anunciou. (...)
Súbito a barba deixou de crescer. Telegramas
irrompem. Telefones
retinem. Silêncio
em Lopes Chaves.

Agora percebo que estamos amputados e frios. (...)
Mas tua sombra robusta desprende-se e avança.
Desce o rio, penetra os túneis seculares
onde o amigo marcou seus traços funerários,
desliza na água salobra, e ficam tuas palavras
(superamos a morte, e a palma triunfa)
tuas palavras carbúnculo e carinhosos diamantes.

    Parece apenas mau gosto falar mal de quem fala bem de um amigo que acaba de falecer, mas o texto – que não cumpre sequer a poética do autor, de não falar sobre sentimentos – é público e declara ser de um poeta sobre outro poeta, quando não passa de retórico jornalismo, e faz parte de um sistema de trocas, no qual "eu te louvo, para assim também ser louvado para sempre amém". Está-se falando, aqui, de um sistema fechado, em que a mão de um se une à de outro, até fechar o círculo, sem deixar espaço para alternativas. O autor julga que sua opinião sobre uma pessoa deve valer para todos: é uma mentalidade totalitária, sob a aparência de profundo humanismo. Poeta seria, então, quem aí se diz que é poeta, embora o texto não resista à comparação com Shakespeare, Hölderlin ou Celan.
    Declaração de amor não é poesia. Amizade e camaradagem podem ser fortes entre soldados de um pelotão na guerra. Líderes nazistas e criminosos também podem cultivar amizade e lamentar a morte de companheiros. Não é um bom sentimento o que torna bom um texto. O que se tem aí é uma aliança de colaboradores do fascismo,

a qual o autor quer que o leitor aceite como algo plenamente válido. Pessoas não importam na literatura: apenas personagens. Autores, ao morrerem e serem canonizados, transformam-se e passam a ser espectros de ações emblemáticas. Julga-se o personagem e a ética de sua obra. O que aí se exemplifica é o círculo vicioso do cânone: a exegese consagra o canônico, e é consagrada por consagrá-lo. Sob a aparência de apenas lamentar a morte do "grande líder do modernismo", o que se tem nessa "Descida" é a ocupação de um espaço vago para Drummond poder aparecer como "o maior poeta modernista". Há uma disputa por cargos e funções, a qual não é, no entanto, elaborada no texto. Trata-se de um discurso demagógico.

Ao publicar seu lamento pela morte de Mário de Andrade, Drummond já não está mais na esfera privada. Faz parte da política do Estado Novo. Ajuda a criar algo público, institucional, que faz parte do jogo do poder, de prestigiar determinadas figuras em detrimento de outras. O leitor não precisa sentir empatia por isso, mas fica numa situação incômoda, fragilizada, pois não pode dizer a sua crítica: não é de bom tom falar mal dos mortos. E todos os canônicos estão mortos, embora sejam oficialmente ressuscitados a cada dia. Os seus espectros continuam atuando e, como tais, precisam ser esconjurados diante de uma crítica que os idolatra e faz deles missionários a propagar a "verdadeira fé literária". São agentes do Estado.

Essa crônica em versos, que trata de um evento único, num momento e lugar, contraria até mesmo a poética de Drummond, a qual dizia que não se deve fazer poesia sobre acontecimentos e sentimentos. Ele faz o que não quer que outros façam. Uma nota fúnebre não é um bom poema, mesmo se feita em versos. Refere-se a uma pessoa e a um fato, e neles esgota-se, ainda que queira, no embalo do pulso canônico, fazer disso um símbolo nacional e um abalo universal. O texto citado é uma crônica jornalística em versos livres: poeteiros de jornal costumam ser maus jornalistas, não poetas. Quem confunde literatura com jornalismo pode julgar bom tal texto, pois não exige que diga muito em poucas palavras, uma concisão e uma densidade capazes de transcender o horizonte do prosaico e do conceitual. Prefere, aliás, que diga pouco em muitas palavras, pois daí consegue entendê-lo. Quem disse, porém, que o texto poético deve ser unívoco e claro, legível de uma só tacada, sem deixar nada nas entrelinhas? Ora, exatamente isso é o que não é poesia, ainda que seja prosa em versos (o que não impede que haja alguma poeticidade em prosa).

Do que é poesia

Registre-se aqui como contraste e para efeito de comparação, sem necessidade de proceder aqui a uma hermenêutica mais completa e apurada, um poema de Paul Celan,[2] calcado em Nietzsche,[3] que indicia a diferença de nível qualitativo e de arte poética, e que também pode ser lido como rememoração dos mortos:

> NOS RIOS ao norte do futuro
> lanço a rede, que tu
> indeciso lastras
> com sombras escritas por
> pedras.

O leitor entende cada palavra e, à primeira leitura, tem dificuldade de apreender bem o que aí está sendo dito. Tem-se aí o contrário do texto jornalístico, o qual, como um fósforo, gasta-se à primeira leitura e nada mais substancial tem a dizer. O poema não se entrega plenamente à primeira abordagem. Ele resguarda-se, pois tem algo a dizer que não se confunde com o lugar-comum, com a consciência cotidiana. Ele não acrescenta dificuldades ao difícil do que ele tem a dizer: ele é simples na medida em que se adequa na forma ao complexo daquilo que ele quer transmitir.

O primeiro verso associa espaço e tempo para deixar ambos não vagos e imprecisos, mas não reduzidos a um único lugar e momento: situando-se no nenhures, a arte é a utopia num mundo que não lhe dá

---

[2] Paul Celan, *Poemas*, p. 61.
[3] Friedrich Nietzsche, *Fragmentos finais*, tradução de Flávio R. Kothe, Brasília, Editora Universidade de Brasília (no prelo).
  Fragmento 20 (76):   "adivinha, ó adivinhador
              onde passeia a minha virtude?
              ela me escapuliu
              temendo a astúcia de meus anzóis e minhas redes"
  e Fragmento 20 (107): "bem longe, nos mares do futuro
              lanço o anzol por cima da minha cabeça"

real lugar. Cada leitor pode preencher com a sua vivência o espaço acenado. Ele pode encontrar-se no poema, sem que uma opinião problemática lhe seja imposta à força. Se o poema é lido não só como se referindo a um ato de pesca, externo e metafórico, mas é entendido como configurando ele mesmo aquilo que ele propõe ser feito, então o gesto de pescar com a rede é também um modo de apanhar o "vago", o "inefável", o "inapreensível". Um texto é uma tecitura, um tecido, e um tecido posto sob um microscópio aparece como uma rede. O vazio é constitutivo da rede como o silêncio é constitutivo do texto. Toda música é feita também de suas pausas, das omissões de grupos instrumentais. Como o autor apanha isso de modo preciso, nítido e claro, a rede é uma referência externa, um correlato objetivo, uma configuração simbólica e, também, uma configuração textual.

As duas palavras iniciais fazem parte do verso e, ao mesmo tempo, constituem o título. Ao localizar a ação na concretude dos rios, sem que seja um rio determinado, há uma conexão direta do concreto com o abstrato, dos rios com o futuro. Com o "norte", tem-se a metáfora implícita da bússola, que é indiciada e, ao mesmo tempo, superada, pois, a busca se dá "ao norte do futuro", entre os "hiperbóreos" de Nietzsche. Há o índice de uma navegação no espaço o qual logo se torna uma errância no tempo, como a existência humana. Os rios evocam o tempo, conforme o conhecido dito de Heráclito de que não se põe duas vezes os pés no mesmo rio. A concepção de o rio ser o índice de que tudo muda foi reelaborada por Nietzsche, o qual anotou que nem tudo muda no rio, como as margens, as pedras, os pontilhões. O norte é a referência de quem navega: mas esse ponto é proposto como superado. Não há mais referências fixas, seguras. A rede posta no rio tanto deixa passar suas águas como parece navegar pelo rio parado. O ponto externo de referência foi perdido, tornando-se a rede textual o espaço de fixação. As vagas tornam-se correntes e a corrente torna-se vagas.

A imagem da rede evoca, no Novo Testamento, o convite feito por Cristo aos pescadores no sentido de que o seguissem e se tornassem pescadores de homens. A rede é, ao mesmo tempo, uma referência externa, em um ato concreto de pesca, e uma referência alegórica enquanto parte de uma busca de largo espectro, mas é também, e ainda, uma referência interna ao próprio poema e, como tal, ela é simultaneamente linguagem "direta" e "indireta". Nesse sentido, supera-se a distinção entre o direto e o indireto. Não existem até hoje categorias teóricas para descrever o que aí se passa, como elas também não conseguem apreender bem a simultaneidade de sentidos em "tu/indeciso", pois o *enjambement* (encavalgamento, cavalgamento, encadeamento) refere-se apenas à continuidade de um verso no outro. O importante aí é, especialmente, a parada, a pausa, a ruptura de um verso que não continua logo em (ou nas) palavras do verso seguinte. A "interrompida seqüência" de "tu/indeciso" pode significar: 1) tu, que és indeciso; 2) tu, que estás indeciso nessa situação; 3) ambos ao mesmo tempo; 4) ambos e algo mais, em que o estar se torna um modo de ser e um modo de ser se torna um estar.

As "sombras escritas por pedras" pode fazer "por" significar "nas", "por meio de", "em meio a" e "pelas", ou seja, as sombras podem ser inscritas nas pedras, as sombras podem ser escritas por meio de pedras, as sombras podem estar inscritas em meio a pedras, as sombras podem ser escritas pelas próprias pedras e as pedras, sendo percebidas como algo mais claro, têm entre si espaços sombreados. Essas "pedras", que dão lastro à rede, já foram interpretadas como lápides mortuárias, mas permitem outras leituras, como o lastro necessário de dor existencial ou os pesos do inconsciente que propiciam percepções agudizadas. As pedras são o peso necessário para que a rede se estenda e possa preencher a sua função. É no vazio que está o sentido da existência da rede, em que ela preenche a sua função. O poema também é uma rede, com linhas entrecruzando dizeres e silêncios, fios e vazios. Ele não está lançado nos rios do futuro, e sim nos rios que ficam ao norte do futuro, portanto, sem esperança de que o futuro venha a encontrá-los, embora sejam tomados como referência e como localização utópica. A esperança pode existir, mas só como última deusa, num mundo tomado por todos os males. Ela está enfraquecida, mas justifica a existência do poema, ainda que à beira do aniquilamento.

O "tu" pode ser o eu do leitor, ao qual ele se dirige, mas pode ser também uma projeção do eu do poeta, que se vê fora de si mesmo, para mirar-se com mais objetividade. Como ele sabe que, ao escrever eu, o leitor fará desse eu um eu do leitor, portanto não mais do autor, o tu já é um jogo com esse espelhamento transformador. O poeta tem aí um nível de consciência de elaboração que inexiste no brasileiro. O tu pode ser, além de uma referência ao autor fora de si, uma referência ao leitor, mas também a um terceiro. Isso não é vago, mas constitutivo do desencontrado encontro que é o poema, como um aperto de mãos entre duas ausências que se topam no topo em que ele ainda pode se dar, enquanto abandono da prosa, da linguagem comum, jornalística e do horizonte do leitor canônico.

O lastro pode surgir da indecisão como ele também compensa e controla a indecisão; a indecisão pode surgir da existência do balanço das ondas na rede, como também do fato de o rio arrastar a rede com a corrente e a rede acabar por reagir, procurando um movimento antitético. De fato, o poeta diz tudo isso ao mesmo tempo e sugere novos sentidos, ainda não apreensíveis pelo sistema conceitual lógico e sem que este consiga rebater e aniquilar as assertivas poéticas. Esse texto de cinco linhas permite ainda outras e longas interpretações, sem que o leitor possa afirmar que conseguiu apreender tudo o que nele está contido. As cinco linhas não são substituíveis por uma assertiva em prosa e, menos ainda, é possível dizer de modo mais conciso o que aí está dito. O poema justifica-se, portanto, como uma linguagem própria, insubstituível por qualquer outra.

Tal poética da concisão e da densidade, em que o verso se torna um espaço de perquirição além do horizonte do conceito, não é ocasional e não existe meramente como contrapeso à prolixidade retórica e jornalística do cânone brasileiro. A verdade estética só tem direito à existência se ela é inalcançável à linguagem conceitual. O verso somente tem sentido na medida em que expressa algo que não pode ser dito em prosa e está além do horizonte do conhecimento comum. Veja-se, por exemplo, o disposto em outro poema de Celan:[4]

> FIAPOSSÓIS
> sobre o grisnegro ermo.
> Um pinho –
> alto pensamento
> agarra o tomluz: ainda
> há canções a cantar além dos
> homens.

---

[4] *Idem, ibidem*, p. 64.

Não há mais título como um centro separado de um sistema fechado. O sol já não se apresenta como unidade fechada, mas em fiapos, como quem perdeu um centro absoluto de referência (centro que Drummond coloca em uma pessoa, para endeusá-la, o que significa absoluto ofuscamento quanto às limitações, aos defeitos e às repressões artísticas, teóricas e políticas inerentes à posição e figura de Mário de Andrade). O sol aparece em fiapos, como que esfarrapado em batalhas perdidas, mas, ao mesmo tempo, esses fiapos que restam conseguem ser sóis (em português constitui-se ainda "fia-após-sóis", que não está expresso no original – SONNENFADEN –, mas também não é incompatível com ele, e sugere que os sentidos se reconstituem, como esforço, após a falência do signo-mor da tradição metafísica). O sol é apenas uma estrela, provisoriamente considerada de quinta grandeza, não mais o centro do universo (o termo "uni-verso", como unidade fechada, é inadequado para designar o infinito, o qual, como tal, não pode ter um centro). A falência de tradição metafísica em razão dos seus erros internos cria uma paisagem devastada, mas permite também o afloramento de uma esperança, representada na árvore que ainda permanece verde, como o pinheiro no inverno.

Sobre esse poema foi feita uma pesquisa, na Alemanha, com mais de três mil pessoas para saber como elas o entendiam. Essa paisagem erma, na qual surge uma árvore, costuma ser entendida como uma paisagem natural, em que houve uma devastação (por bombas, queimas, chuvas ácidas, etc.), mas ela pode ser entendida como uma paisagem pintada, um quadro, assim como pode ser uma paisagem sonhada ou fantasiada. Ela é, sobretudo, uma paisagem escrita, em que a disjuntiva não é necessária: os vários sentidos estão conjugados em uma alegoria pós-moderna. O poema é formado por três partes: 1) os dois primeiros versos, com a preponderância de consoantes fricativas e sibilantes e a passagem do som aberto de ó para o som fechado de ê; 2) a frase até o duplo ponto, com sons explosivos; 3) a frase final, em que preponderam os sons nasais. A paisagem parece redimir-se em uma árvore que ainda permita a esperança: em vez da catástrofe total, uma última aposta num pensamento que não seja apenas perda.

A visão da paisagem formada por uma ex-floresta com uma árvore entremeada de fiapos de sol tanto pode ser considerada natural como uma pintura ou uma fantasia: de um modo ou de outro, é parte de um poema, portanto nem natural, nem pintada e nem subjetiva (mas podendo ser tudo isso e, logo, significando algo mais, além do horizonte do "isso ou aquilo", na medida em que significa algo diferente de seus termos e que não é redutível a uma convenção lógica). A paisagem é formada não por verdes e dourados, como seria de esperar, mas por tonalidades de cinzento: só em tons de cinza ainda pode haver entendimento, ou seja, na linguagem daqueles que já contemplaram a morte de perto e viram a paisagem se converter em silêncio fatídico. Os fiapos de sol podem aparecer entre os galhos que restam como podem estar transparecendo entre nuvens. Não garantem, porém, a passagem do divino.

A paisagem concentra-se em uma árvore, na qual se ironiza a representação de um pensamento elevado, enquanto se realiza o paradoxo de uma sinestesia alegórica de tom e luz: a tonalidade que é luz, a luz que é tonalidade, ou seja, uma tonalidade que é de luminosidade, mas também de sonoridade. A árvore concretiza uma intuição, que logo é apresentada como uma conclusão lógica. Essa não ousa, porém, se afirmar de imediato, pois interrompe a sua assertiva após o "ainda", com algo que é um *enjambement* (ainda/ há canções etc.) e não é (já que de fato se interrompe com o vazio que vem com a finalização do verso). Não é por acaso que não se tem sequer uma categoria retórica para indicar exatamente o que aí se passa, já que o termo *enjambement* insiste apenas na conexão de um verso a outro. Fundamental é a separação, a suspensão da assertiva, o vazio do branco, a fala que surge do nada.

A frase "Um pinho –/alto pensamento/agarra o tomluz", ao ironizar a altura da idéia comparando-a a uma árvore alta (e que na tradução foi interpretada como uma árvore que lembra um instrumento musical, havendo ainda uma paranomásia de significante entre pinho e pensamento), desfaz a comparação entre o pensamento e o correlato objetivo no gesto mesmo de constituí-la. Tem-se, portanto, uma construção que se desfaz, e uma desconstrução que se elabora. A ironia é indicada pelo *enjambement* suspenso de "pinho–/alto", o qual interrompe a associação comparacional e reverte o sentido habitual da figura de linguagem, a ponto de não se poder chamá-la de seu próprio nome (pois não é próprio, apropriado). Há uma suspensão da correspondência entre o pensamento e a árvore, pois uma árvore sozinha não compensa uma paisagem de destruição (o ermo cinzento e negro). A ironia suspende a sinédoque ingênua, como mero encontro de som e luz.

Sem esgotar aqui a análise desse poema, o que importaria destacar, como sintoma, seria o fato de a conclusão, "ainda/há canções a cantar além dos/ homens", poder significar: 1) além de decantar os homens, há canções a cantar; 2) há canções a cantar num espaço que transcende os homens; 3) há canções a cantar que não são apenas canções humanas, 4) há canções a cantar que não sejam um decantar os homens; 5) as canções a ser cantadas devem ser uma tal decantação, a ponto de não se poder mais utilizar ingenuamente um termo como "homens" (portanto, também não canções, cantar, pensamento, etc.). São sentidos diversos, reunidos em uma só assertiva, os quais não apenas se suplementam, como também se problematizam e até se negam entre si, e sugerem um sentido que está em todos e, ao mesmo tempo, em nenhum, e além de todos eles, mas que não pode "ainda" ser dito (embora já possa ser sugerido pela vanguarda do pensamento que é a poesia).

Se a palavra "homem" está contaminada e comprometida, a ponto de ser feita uma pausa antes de usá-la (por falta de outra melhor), também palavras como "canção" e "cantar" são problemáticas. Isso equivale a Heidegger reintroduzir o termo *Dasein* (que já foi usado por Nietzsche) para evitar o contágio com a tradição de termos, hipócritas e destituídos de senso crítico, como humano, humanismo, humanitário. Então o "ainda" inicial dessa frase não implica apenas uma esperança que se mantém, nem apenas uma que se joga e se projeta num tempo além do presente e de toda a história que ocorreu. Ele é antes o "ainda" de uma obrigação em meio à desesperança do que a ingênua aposta em uma missão ou um projeto imediato. De um modo ou de outro, a esperança é uma última deusa, mas dentro de uma situação de esfacelamento e estranheza na qual procura apostar em fímbrias de luz, como uma árvore que se afirma já por estar aí e, ao mesmo tempo, duvida de toda a comparação que faz da floresta baudelairiana um templo de símbolos vivos. A própria esperança está abalada e, portanto, também o gesto de ainda escrever um poema. Cada verso se escreve à beira de seu silêncio, como véspera de sua abolição total, que é mais que a morte do autor: o índice de uma absoluta falta de sentido. Comparada com isso, a "elegia" de Drummond é longuíssima, como se tivesse de ter o comprimento do defunto cumprimentado. Quanto mais fala, mais repete o já dito; quanto mais retórico pretende ser, mais se perde na retórica. Fala muito para dizer pouco. E o que diz é banal, esgotando-se em uma pessoa. Embora pretenda que a pessoa celebrada tenha validade universal, o poema não tem universalidade, pois reduz-se ao registro singular de uma *petite histoire*. Drummond esquece que está escrevendo, e em versos. Parece uma viúva histérica, aos berros na beira do caixão, lamentando a perda do companheiro. Perde-se em detalhes irrelevantes, corriqueiros, mas quer que sejam vistos como grandiosos e geniais. Pretende impor como universal uma reação singular a um evento singular, não aceita outra perspectiva que não a sua, e trata de impô-la a todos como se fosse uma verdade absoluta: é um texto totalitário de um autor autoritário, acostumado a ser autoridade. Na citação, vários trechos foram descartados, mas há sobras já nos versos citados; em contraposição, no poema de Celan não há nenhuma palavra excessiva e ele não impõe, mas apenas se expõe (e, por sua qualidade, se impõe).

Quem faz muitas variações em torno de uma nota só acaba não dizendo o que realmente importa. Um dos motivos estratégicos da canonização de um autor – como se mostra no poema – não se restringe àquilo que ele apresenta como versão da história conveniente à oligarquia é também aquilo que ele não diz, os assuntos que ele não toca. Sobre Mário de Andrade seria possível dizer muitas outras coisas substanciais que não sejam jogar confete à maneira da exegese canônica, mas Drummond as evita: elas não têm, ao que parece, a menor relevância para ele. Tal silêncio representa, porém, um endosso desses pontos problemáticos que criariam problemas se fossem realmente explicitados, e não fossem deixados como um hipotexto que, apesar de não ser sugerido, flutua como sugestão, como endosso pelo silêncio em relação ao problemático, não de um espaço ignoto – ainda não percorrível pelo conceito – e sim de posições políticas e posturas ideológicas as quais exporiam a sua própria fragilidade assim que viessem à tona.

Jornalismo e poesia

Mário de Andrade foi mentor intelectual e aliado de Drummond. Embora *Macunaíma* e *Amar, verbo intransitivo* se voltem contra os dois principais segmentos de imigrantes – o italiano e o alemão –, a elegia não cita a consagração do preconceito. Pelo contrário, serve para endossar mais uma vez o racismo e a visão simplória de que o industrialista é um bicho-papão, o qual precisa ser combatido de todas as formas, de que a emancipação da mulher é uma forma de prostituição e de que os imigrantes devem ser combatidos em nome da velha oligarquia rural. Drummond e Mário serviram em postos de confiança a governos que perseguiram as minorias, proibindo-lhes o uso e a divulgação da língua dos antepassados, criando campos de concentração, proibindo o livre trânsito e condenando a trabalhos forçados, tudo para impor o padrão do cânone luso-brasileiro. Endossam a repressão e fazem parte dela. Quem ajuda a promover autores como Drummond e Mário de Andrade só poderia ser odiado pelos membros das minorias perseguidas com a ajuda deles. Uma ode fúnebre é um pretexto quase intocável para fazer o mal sob a aparência de falar bem do morto. Precisa do intocável para poder fazer o mal.

O cânone exige, mais uma vez, que todos assumam que os seus poetas sejam os poetas de todos, ainda que representem a negação de sua cultura, identidade, vivência. Isso é um sintoma da tendência totalitária da inteligência brasileira. Ainda que Mário e Drummond (como todos os outros canônicos) não tenham desdenhado utilizar obras européias para fazer os seus textos, e sejam usados para impedir o acesso aos textos que os influenciaram (e dos quais eles apresentam uma piorada versão *soft* à direita), uma limitação óbvia neles é a de não terem vivência das metrópoles: chegam a representar o orgulho do ignorante que, ao bater no peito, julga-se um patriota por não ter se deixado "contaminar" por elas (enquanto está dominado por elas e impede o acesso ao que o supera). O pior vence o melhor.

Entrava ditadura, saía ditadura, Drummond sempre teve todo o espaço que queria na imprensa. Era amigo do rei, e este tanto queria dar-lhe esse espaço como também sempre apoiou Mário de Andrade (e vice-versa, formando a máfia do cânone). O pobrezinho do Bandeira também se queixava, como se só em Pasárgada ele viesse a ter as folgadas sinecuras públicas e as boas mulheres que de fato tinha à disposição no Rio de Janeiro. Ter esse espaço público significa não dizer muitas coisas, e repetir o consagrado para ser consagrado também. Assim como a imprensa nem sempre é o quarto poder – autônomo e crítico – que ela pretende ser, mas muitas vezes é os quartos do poder nela assentado, também os intelectuais deixam de lado a intelecção mais profunda em favor do dizer conveniente e conivente. Esses autores do *establishment* colocam-se no papel de pobres coitados para camuflar seus propósitos e melhor desempenhar seus papéis. Eles não têm a cruel experiência de vida de autores como Hölderlin, Poe, Baudelaire ou Celan, mas encenam o papel de coitados para açoitar os possíveis rivais da oligarquia.

Acredita-se, e exige-se que se acredite, que o "escritor" tem espaço na imprensa porque tem talento, e tem tanto mais espaço quanto mais talento tiver. É uma falácia. Pode aparecer como autor quem como autor pode aparecer. Ele "é", porque aparece, e não é quem não pode aparecer. Ora, alguém pode ser mais escritor do que os autores badalados, sem que ele apareça como tal. Não é por escrever que se é publicado. E não basta ser publicado em órgãos quase sem leitores. A facilidade de publicar não é proporcional à qualidade do texto, assim como a chance de ser admitido para lecionar na universidade pública não é proporcional à qualidade do candidato. Pelo contrário, qualidade atrapalha. O autor precisa estar adequado à perspectiva dos editores e ao nível médio do público (que é baixo). A crônica tornou-se uma doença crônica da literatice pretensiosa e banal: é uma forma de jornalismo que é confundida com arte literária. O que prepondera é o pacto da mediocridade – cujos membros se atraem entre si na proporção de suas massas, mas nem sempre na razão inversa do quadrado das distâncias – que jamais se reconhece como tal. Quem está num meio em que isso impera não escapa à sua ação aniquiladora. Não apenas o *establishment* concretiza a perversão dos valores literários no sentido de louvar o medíocre e inibir a leitura da grande arte literária, como também impede o afloramento da produção com mais qualidade.

A triagem entre o escrever e o publicar não faz aflorar apenas o que apresenta melhor qualidade. Se o sujeito não tem contatos pessoais e apoio do poder editorial, ele nem sequer é publicado. A estrutura profunda do cânone determina o gosto e forma os crivos vigentes: quem não está de acordo com isso, tende a não ser aprovado, embora só esse tenha algo novo e importante a dizer. Com a "maior honestidade", cometem-se os maiores erros, porque há uma deformação que é institucional e institucionalizada, a qual começa com o ensino de literatura restrito ao cânone brasileiro e com o interdito dos clássicos, mas não acaba aí. O gosto do público é formado dentro desse horizonte baixo e medíocre que não consegue perceber o que está além dele. Por isso, o que é bom, não vende; e o que ruim, pode tornar-se *best-seller*. Há uma inversão dos valores, que não se percebe como tal, mas tem raiva do que representa a sua superação. O que é bom não vende; o que é medíocre pode tornar-se *best-seller*. Quanto mais consagrado o autor, mais é preciso desconfiar dele.

A imprensa reproduz o sistema dominante e reduz o número de autores a um *star system*, basicamente em função das vendas; as grandes editoras estão interessadas em ver seus autores divulgados e são contra qualquer ameaça a suas expectativas de lucros (uma crítica pode, porém, aumentá-los, sendo melhor do que o silêncio, que é mortal). Compra-se, então, a "crítica". Os textos não são escolhidos por sua qualidade artística ou teórica, mas por sua venalidade. A quantidade de vendas e a conivência com o poder tornam-se praticamente as únicas qualidades que contam. Tudo vale a pena quando a conta não é pequena: faz-se qualquer negócio para aparecer. É assim que se consagram autores. Quanto melhor o escritor, tanto mais difícil para ele se tornar autor, pois o melhor parece pior quando o pior aparece como o melhor. Quanto mais badalado o autor, tanto mais provável ele não ser um grande escritor. Ser divertido, "fácil de ler", claro, curto, etc., são qualidades jornalísticas, não necessariamente literárias.

O texto de Drummond é significativo – não por suprema qualidade poética, mas já por falta dela – da atitude canonizadora e como sintoma de uma carência geral de densidade e de um processo de incensamento recíproco, o que empalidece alternativas críticas e de maior profundidade. Em vez do tom contido do luto, ele tem a discursividade de um candidato em palanque (como a dizer "agora é a minha vez"), a arenga de uma arara: quer aparecer, ao enaltecer o outro na medida em que desaparece para ele próprio mais aparecer.

Não elabora essa contradição de piedade e oportunismo. Perde a oportunidade de ficar calado. Começa com o ridículo de deitar-se no chão, feito criança birrenta que quebrou um brinquedo ou ficou sem um doce. A pretexto de elogiar a dignidade alheia, começa por perder a própria (e achando-se interessante por isso). O luto intenso, pelo contrário, leva ao silêncio, ao comedimento, não à histeria sem dignidade.

A pretexto de reverenciar a verborréia do falecido, cita partes do país, como se cada uma fosse um pedaço dele e de Mário, a síntese de tudo: é o *"fascio"* que os reúne, enfeixa e torna fortes. Se não é uma estética do fascismo, ao menos tem a pretensão de reforçar a unidade, o concreto universal. Assim se organiza a "vida literária" como sistema de dominação. O grupo dominante designa os seus antecessores e os seus sucessores para poder continuar dominando. Esse modo de agir em conluio, num processo de reforço mútuo de seus membros, foi seguido à risca pelos concretistas. Quanto mais medíocre o grupo, mais precisa fazer manobras para aparecer como o máximo. Não basta, porém, a vontade de um grupo: ele precisa do apoio dos donos da mídia, para que possa tomar espaço público para essa consagração mútua. E isso é feito de acordo com os interesses dos donos do poder, o que reforça a ideologia que eles representam.

O fazedor de versos autonomeia-se poeta e, ao ecoar observações antigas, supõe que nunca está só (os deuses e o público estão a seu lado, ou melhor, ele tem público certo se os donos da imprensa assim o quiserem, e eles o querem se acreditam que isso interessa à sua ideologia e ao seu sistema de poder). Grandes poetas – bem maiores que Mário ou Drummond – foram esquecidos ou ficaram inéditos por muitos anos, sem que deixassem de ser grandes, ainda que ignorados (em meios que não estavam à sua altura). O cânone é a institucionalização da injustiça (mas como se justiça fosse por ser a vontade dos mais fortes). Não é por ter espaço na imprensa que um poeta é maior: ele pode aparecer como grande, porque aparece por uma decisão não explícita de política cultural, que tem muito mais de política que de cultura. Além disso, profissionais de várias áreas, como médicos, advogados e jornalistas, metem-se a fazer literatura sem contarem, todavia, com a formação específica, e acabam sendo tão competentes quanto diplomados em letras que se ponham a aviar receitas de remédios, dar pareceres jurídicos ou fechar a pauta de um jornal.

Dizer que "o poeta anunciou, /o poeta, nas trevas, anunciou" é um requentamento que não chega ao paradigma de Hölderlin via Heidegger, do poeta como intermediário dos deuses. Há, todavia, uma diferença entre sofrer os raios de Zeus, como republicano num reino de aristocratas, tal qual Hölderlin, e ser apaniguado do poder, como Mário e Drummond de Andrade. Que membros da mesma linhagem política se ajudem entre si é compreensível, ainda que injusto, mas a exegese dominante prefere ver nisso apenas culto à arte.

Anuncia-se a imortalidade de Mário ("superamos a morte", "e a palma triunfa" etc.), incluindo-se aí logo o autor da elegia fúnebre, como se isso fosse uma decisão dos deuses. Ela convém ao poder e é anunciada pelo chefe do gabinete ministerial do governo fascista. Autores retóricos, os quais escrevem versos redundantes e rasteiros (achando por vezes que são odes), gostam de tipos como Castro Alves e Drummond; advogam em causa própria ao defendê-los. O poeta de jornal não vai, já para não se desgastar, investir em algo que não lhe dê retorno, algo em que o seu talento menor não possa aparecer como máximo e que não lhe dê retorno para a propaganda que desenvolve. Com o monopólio do jornal pelos jornalistas de carteirinha, a raça dos poetas metidos em jornal não acaba simplesmente, mas reforça-se com a raça dos jornalistas metidos a escritores. Tendem a não ser bons poetas e nem bons jornalistas, embora para ser ambos já que aparecem como tais na mídia e no ensino.

Drummond foi um "poeta de jornal"; cronista o qual se esgota em seu tempo e no futuro que continua sendo passado. Seus poemas eram publicados, como suas crônicas, na grande imprensa. Isso marcou a sua obra. Nunca teve problemas de espaço para publicar, nem durante a ditadura Vargas, nem durante a guerra fria, nem durante a ditadura militar. A exegese dedicada à canonização prefere não discutir o assunto, mas dá a entender que isso ocorreu somente em virtude do reconhecimento do grande talento do modernista. Ora, espaços não são concedidos em função apenas da qualidade do texto, mas da política do jornal (em geral sintonizada, mesmo em épocas de ditadura, com a linha do governo). Também são dadas bolsas e licenças especiais aos professores universitários que servem para alardear essa ideologia.

Se, por um lado, Drummond teve, assim, a garantia de um público, de uma repercussão certa de sua obra, se ele não se perdeu no anonimato da grande massa dos autores brasileiros, fez, no entanto, concessões sérias ao jornalístico: a falta de densidade, a abundância excessiva de palavras, a explicação de obviedades que não precisariam ser explicitadas, incoerências internas, falácias, etc. Ele não fez propriamente "concessões" se não tinha alento para mais: precisava do poder para aparecer. Destarte, ele se insere de modo pleno na tradição retórica da "poesia brasileira", a qual fala pelos cotovelos e teme que, assim que tiver mais densidade, maior concentração e concisão, também deixará de ter leitores e espaço editorial. É o medíocre que aparece como grandioso.

A maior parte dos leitores de Drummond nem sequer percebe isso – ou, se algum nota algo, cala por imposição das circunstâncias –, pois o seu nível de percepção é tal que até os textos dele são considerados difíceis de entender. É o "leitor canônico", cujo limitado horizonte de leitura é (de)formado pelo cânone. Ele corporifica o padrão médio do leitor doutrinado pelas normas estéticas embutidas nos textos canônicos, com a exclusão de tudo aquilo que os ultrapasse. É um sujeito incapaz de perceber real grandeza artística e teórica. Ele é limitado, mas recebe diploma por ser ignorante. Rejeita e ajuda a destruir tudo aquilo que o ultrapassa. É um inimigo natural do talento. Constitui o padrão médio dos alunos e professores universitários. É a mediocridade vitoriosa, exuberante em seu engano e em seu engodo. Ela apóia o luso-fascismo e trata de aniquilar o que é superior.

O poema hermético é uma penúltima tentativa de sustentar um dizer em um gênero quase sem público-leitor e que, no entanto, é o mais denso e refinado de todos, laboratório no qual se cultiva o artesanato da palavra, de modo imprescindível a toda comunicação. A alternativa real da poesia parece estar apenas entre o texto publicado pelo autor para os amigos (portanto, sem que se discuta aí a sua qualidade) e um texto que opta então pela densidade, pela obscuridade e pela liberdade de buscar caminhos: se não há leitores, o poeta escreve para si mesmo, esculpe o texto como se lapidasse uma pequena jóia preciosa. Não havendo leitores refinados, promove-se a leitura de eleitos. A "massa" se dana nas más obras do mercado. Drummond foi o poeta de jornal, que ainda tinha leitores por não ser grande poeta, até que os jornais decidiram ou não puderam mais publicá-lo.

Lima Barreto havia questionado a visão otimista do Brasil como país do futuro. Seu herói busca de todos os modos justificar tal perspectiva e, quanto mais tenta, menos consegue. Em Drummond não há esse otimismo, mas há uma crença no país, uma postura de quem só vive nele, dele e para ele. É como poeta federal que ele pode interessar no plano internacional: a sua obra está marcada pelo parcialismo. Se paira acima dos poetas brasileiros de seu tempo, é preciso ver o cume a que chega, pois este delimita o perfil do sistema que o alça acima do resto.

O texto poético costuma ser reescrito várias vezes, enquanto o texto jornalístico, no Brasil, é geralmente escrito às pressas. O destino deste é a cesta de lixo do dia seguinte; o daquele pretende ser a estante e a leitura depois de amanhã. O literário fica em geral ignoto ou entre iniciados; o jornalístico tem público certo. Drummond procurou superar essa contraposição, gestando textos para jornal que pudessem ser publicados e lidos posteriormente também. A síntese não é, no entanto, perfeita nem possível. Com o tempo, Drummond paga o preço do jornalístico em sua obra. Torna-se testemunha de um tempo pretérito, e não um autor sempre presente na plenitude do seu texto. A crônica tende a ser exibicionismo narcisista e superficial: ninguém tem tanto a dizer que possa ocupar a cada dia a "tribuna da imprensa", principalmente se ela é feita para que o mais crucial não seja dito. Os cronistas tendem a ser escribas da morte do seu dia, mas não sabem disso e se perdem no momento, em vez de fazer dele a transcendência do cronotopos.

Consolo canônico

Entre os textos mais canônicos de Drummond estão os poemas "Consolo na praia"[5] e "Áporo", considerados de excelente acabamento e máxima densidade, inseridos no que é considerado o seu melhor livro: *A rosa do povo*. Precisam ser examinados, então, contrastivamente, para que se perceba qual é a sua grandeza.

> VAMOS, não chores...
> A infância está perdida.
> A mocidade está perdida.
> Mas a vida não se perdeu.

---

[5] Carlos Drummond de Andrade, *op. cit.*, p. 179.

O primeiro amor passou.
O segundo amor passou.
O terceiro amor passou.
Mas o coração continua.

Perdeste o melhor amigo.
Não tentaste qualquer viagem.
Não possuis casa, navio, terra.
Mas tens um cão.

Algumas palavras duras,
em voz mansa, te golpearam.
Nunca, nunca cicatrizam.
Mas, e o humour?

A injustiça não se resolve.
À sombra do mundo errado
murmuraste um protesto tímido.
Mas virão outros.

Tudo somado, devias
precipitar-te, de vez, nas águas.
Estás nu na areia, no vento...
Dorme, meu filho.

 Quem dorme na praia não busca justiça, e não precisa buscá-la quem acha que "a injustiça não se resolve". Quem diz "vamos, não chores" quer ser simpático para que se aceite o que ele quer dizer, mais ainda porque o leitor é posto em situação de fragilidade e depressão. Mais que isso, ele quer mostrar-se como superior. Não há como não ser cordato com quem quer ser tão bonzinho, não há como desafiar quem é tão superior... Mas será que o leitor está mesmo chorando? Será que ele está atirado na praia? E mesmo que esteja, precisa aceitar o consolo que lhe é oferecido? Se não tem motivos para chorar ou não quer que o seu choro seja publicado, deve então descobrir que o tu não se refere a ele, mas a uma outra pessoa, ou talvez ao próprio autor. De qualquer modo, há a imposição de uma situação e de uma relação de um modo autoritário e unilateral.
 Esse poema – que exige um leitor fragilizado (como se poesia fosse "coisa de mulherzinha") – é posto nas cartilhas escolares para

ser lido por crianças e adolescentes. Fica estranho, então, eles terem de chorar por algo que ainda sequer podem ter perdido (a infância, a juventude). Uma saída é ficarem contentes por ter algo que os adultos já perderam. Mais que a fragilidade se cultiva, com isso, o secreto prazer de ver a desgraça alheia, aparentando ser piedoso com ela: acaba-se por cultivar a arrogância de ser superior e a incoerência na elaboração da vivência. Quem dá esmolas afirma a sua superioridade sob a aparência da caridade. O que ele não tem em coerência textual, procura ter em autoridade.

A infância e a mocidade não se perdem, mas fazem parte da experiência do adulto, constituem a sua personalidade e o seu modo de ser. Dizer que elas estão perdidas precisa de imediata correção. Mesmo que o autor julgue que as dele estão perdidas, não quer dizer que as de todos o estejam. Já se tem aí o esquema, repetido na segunda estrofe, de reiterar o mesmo, sem adendos, como se fosse uma carga infinita, enquanto apenas se repete a mesma banalidade e o mesmo erro: a infância não está perdida, já que foi vivida pelo tu, e muitos ainda podem vivê-la. O mesmo vale para a mocidade e os amores. São assertivas que não se sustentam em si, e precisam ser corrigidas, como de fato são ao ser dito que "o coração continua": não se entende aí que essa correção já devia estar presente em cada uma das assertivas erradas, obrigando a suspendê-las e retificá-las. Dizer que o primeiro, o segundo e o terceiro amor passaram (para parecer genial o simplório truque de enfileirar isso no respectivo verso, como se isso provasse que está certo tudo o que aí se diz) não é coerente, pois passaram e não passaram, fazem parte da experiência do sujeito, continuando nele. O coração não continua apesar disso, e sim "com isso", o que é negado pelo "mas". O poema é todo ele simplificação e contradição mal resolvida.

Perder um amigo é posto como equivalente a não ter tentado qualquer viagem ou a não ter casa, o que é absurdo, pois não são valores iguais e nem excludentes. Surge até o absurdo de não ter um navio a servir de marca de infelicidade. Por que não um simples barquinho? E, se nem um iate serve, quantos hectares de terra é preciso ter para ser afortunado? O cão aparece como emblema da fidelidade de um idiota que é capaz de compensar tudo: ambos se merecem.

Na quarta estrofe, os grandes choques da existência, numa era de guerras e genocídios, perseguições e torturas, são reduzidos a "algumas palavras" (que não são ditas). Quem não é capaz de resolvê-las em sua devida dimensão, também não é capaz de enfrentar os grandes embates da história e as contradições da existência, exigência que os poetas sempre tiveram de enfrentar como mensageiros entre os deuses e os homens. A crítica à injustiça permanece vazia, não tem real razão de ser, não se sabe por que lutar (e não ter casa, navio ou terras não é "injustiça"). O leitor pode ter feito viagens, ter casa, barco e terras ou não dar importância a tudo isso: de modo unilateral, tudo lhe é imposto por um autor que alega ter feito um "protesto tímido", o que não é verdadeiro vindo de um colaborador do fascismo.

Se humor é tratar de modo superficial as coisas importantes e com grande seriedade coisas banais e supérfluas, o poema talvez pretenda representar isso com a filosofia barata de quem está deitado na praia a pensar na vida. Ora, uma coisa é tratar de modo ligeiro o que é importante, e saber que é importante, mas fazer de conta que é controlável e contornável; outra, bem diferente, é confundir o importante com o secundário, como costuma ocorrer na conversa de praia ou botequim, ou seja, não se está aí para resolver o que realmente é importante. O problema da injustiça não se resolve dizendo que ele não se resolve, ou assegurando que um protesto tímido é um protesto válido e que outros logo virão. Hesíodo já havia dito coisas mais profundas a respeito em *O trabalho e os dias*.

Se "a injustiça não se resolve", nada adianta fazer. Um sujeito atirado na praia, dormindo, não tem a postura de quem busca a justiça. Em si, é puro conformismo, que leva a duvidar do protesto que, de tão tímido, não deve sequer ter sido ouvido como um protesto. Há diversas falácias nessa estrofe. A injustiça como fenômeno pode não ter solução, mas é possível acabar com determinadas injustiças. Um protesto tímido pode ser tão tímido que não seja ouvido por ninguém e, então, existe apenas para aliviar a consciência do sujeito que faz de conta que age para acabar por não fazer nada (mas fazendo de conta que fez o máximo). O verso final repassa aí a responsabilidade para outros, e tira o próprio corpo fora, conforme o autor também fez. É uma "mineirice", cheia de ambigüidades, na qual não se pode confiar, pois está disposta a deixar o injustiçado "pendurado no pincel" assim que houver a menor reação dos poderosos.

É a atitude de um "chefe de gabinete": encaminha tudo à instância seguinte ("outros virão"), finge atender o injustiçado que a ele recorre, faz vagas promessas, para acabar submetendo-se espertamente aos poderosos do momento. Se ele tem alguma consciência da diferença entre o ideal e o real, não deixa transparecer o injusto no que propõe como justo. Tudo é abstrato e vazio. Ele não trata de impor, como Quixote, o ideal ao real: submete-se ao real, e faz de conta que está servindo do melhor modo ao melhor ideal possível no momento. O Quixote não poderia ser "mineiro" nesse sentido. Ele era sempre franco, direto e conseqüente em seu ideal: ele podia não corresponder ao real e se tornar ridículo em sua diferença, mas não era dissimulado, tortuoso e cauteloso (ou covarde, conforme se queira). Não é próprio dessa "mineirice" enfrentar gigantes como Quixote imaginou ter feito. Confunde inteligência com esperteza, como também ocorre no canônico conto "Famigerado" de Guimarães Rosa. Essa atitude está mais para Sancho Pança do que para o Cavaleiro de la Mancha. Este é então (conforme sugeriu Kafka) antes uma invenção daquele para poder expandir seus sonhos de herói na tranqüilidade do lar (numa ironia do escritor em relação à acomodação dos leitores).

A estrofe final é um convite à regressão e ao conformismo, pleiteados como uma atitude sábia a ser seguida pelos leitores. Propõe que tudo seja esquecido, que tudo seja deixado como está. Quem está nu na areia, no vento, está "curtindo uma boa" em praia tropical. Não precisa nem se preocupar em secar o calção. Pode dormir na praia, sossegado, como quem "bebeu todas". O poema é uma forma etérea de pinga. O sujeito vegeta na praia, sem ao menos se assumir como marginal de um sistema, pois deve ter alguém que o sustente. Não vive, ainda que tenha uma vida; o coração continua tão lento que nem bate, apanha; o cão deve estar morrendo de fome; o *"humour"* deve estar no vento e na areia a dançar pelo preguiçoso, que não tem nem coragem de se matar, e deixa tudo por conta dos outros, que, por sua vez, deixarão por conta de outros e mais outros, todos deitados na praia. Todos se consolam e tudo fica assim como está. Eles nada têm a dizer. O autor exige, no entanto, que o leitor engula as falsas promessas como se verdade fossem. O que ele diz sobre o seu tema não apreende as contradições objetivas deste. Ao leitor é imposta a versão dos "fatos" como se ela fosse os fatos, e isso caracteriza a ideologia: a confusão entre signo e coisa significada.

O cavador

Outra grande amostra de pretensa poesia é o sempre citado semi-soneto "Áporo",[6] o qual intimida o leitor já por trazer uma palavra tão difícil como título, ao sugerir ser o repositário da maior sabedoria. Se áporo é um inseto himenóptero de quatro asas, como uma abelha ou uma formiga, se é um tipo de orquídea ou um problema difícil de resolver, melhor seria que fosse uma aporia, do homem como um ser que está no mundo e só pode sair dele morto, portanto sem saber que sai. O autor confunde o acaso de, para diferentes significados, a língua portuguesa ter o mesmo significante e quer transformar isso em necessidade interna, numa falácia decorrente da fetichização de uma palavra.

> Um inseto cava
> cava sem alarme
> perfurando a terra
> sem achar escape.
>
> Que fazer, exausto,
> em país bloqueado,
> enlace de noite
> raiz e minério?
>
> Eis que o labirinto
> (oh razão, mistério)
> presto se desata:
>
> em verde, sozinha,
> antieuclidiana,
> uma orquídea forma-se.

Se o "inseto" é metáfora de um desejo, ao ser percebido ele já achou um "escape": portanto, o texto é incoerente. Um labirinto não se desata: nem devagar nem rapidamente. Ou se está dentro dele, ou fora. Quem está fora não tem a angústia de perceber o labirinto como tal. O que se desata é um pacote, não um labirinto. O sistema das metáforas é inadequado, incoerente. Há um descompasso entre signo e coisa significada. Ao confundir o signo com a coisa, e ao fazer com

---

[6] *Idem, ibidem*, p. 135.

que esta fique inadequada à sua natureza, está-se no império da ideologia, e não da poesia. O autor torna-se autoritário enquanto falha na autoria.

Se o mundo é todo ele um labirinto, não há saída. Vive-se e morre-se nele. Quando se morre, não se "sai" dele, mas apenas se perde a consciência de sua existência. Supor que se pode "desatá-lo" significa supor que se pode sair dele, e olhar o mundo de fora para dentro, ou dispor dele como um deus onipotente: essa é a postura da tradição metafísica. Não havendo saída (já que a única que existe, a morte, é uma não-saída, pois extingue o sujeito), não é sequer um labirinto. Supor que ele seja um labirinto – em que o inseto humano cava sem achar escape – significa pressupor que alguém o construiu como labirinto. Esse arquiteto do universo tem um nome: Deus. Quem tem Deus está salvo (ou acha que está). No texto, Deus tem nome: é o eu-lírico que contempla (como? com olhos de Superman?) o inseto a cavar, mas vê a flor do lado de fora (milagres da onisciência). Parece que o poema quer provar que Deus existe, pois o Poeta existe (e é divino e maravilhoso).

O sonetilho tem duas partes: na primeira, o inseto cava sob a terra; na segunda, desabrocha uma orquídea. Não há mediação e nem lógica de causa-efeito entre o começo e o fim, o que o autor tenta camuflar falando em labirinto e mistério. Se a palavra "áporo" deve ser essa conexão, trata-se de uma falácia sem sentido que não se resolve com sibilantes. De um inseto não se gera uma flor. Há, aliás, várias falácias no texto, pretensamente escamoteadas sob a alegação de ser um mistério. Quem diz que um inseto cava sob a terra, vê-se por um lado projetado nele, como seu correlato objetivo; por outro, ele próprio está numa posição transcendente, acima da terra. No lado de fora do labirinto subterrâneo, aparece a orquídea, como correlato objetivo do poema, enquanto produto espiritual.

Repete-se aí a velha estrutura do mito da caverna, no Livro VII da *República* de Platão, em que se propõe – ironicamente – um mundo dentro da terra, o mundo das sombras, e o mundo fora da caverna, que seria o mundo das idéias. Tem-se apenas uma versão da milenar duplicação metafísica do mundo, que a poesia, desde Hölderlin, já questionou, sendo acompanhada na filosofia por Hegel, Marx, Nietzsche, Heidegger, etc. O poema está, portanto, preso ao esquema da tradição metafísica e do platonismo, não acrescentando nada novo. Consiste, portanto, um texto desatualizado e ultrapassado em termos poéticos e filosóficos. Valorizá-lo significa reiterar a tradição metafísica, o que é corrente num país católico. Não há, portanto, mistério algum, exceto o de não perceber as condicionantes estruturais da própria percepção.

Antieuclidiana, outra palavra de aparente mistério infinito, não deve significar muito mais que "de forma não-geométrica". Ora, essa é uma redução da geometria a formas simples, como se a forma de uma orquídea não fosse calculável matematicamente. O mistério aí se desfaz: é uma bobagem tão grande quanto supor que o mundo é um labirinto de formas geométricas, calculadas por um supremo arquiteto. Desde meados do século passado, desenvolve-se também a matemática não-euclidiana, mas uma orquídea não tem nada a pensar a respeito e nem é um correlato natural dela. Não se pode mais, gratuitamente, projetar animismo na natureza para afirmar como beleza e suprema verdade o que é uma bobagem.

Além disso, há um pequeno lapso aí, pois a orquídea costuma crescer sobre árvores e rochas, portanto longe da terra, onde é dito que o inseto cava. Quando uma abelha ou uma formiga escavam a terra, elas não se sentem desesperadas por não achar escape e nem estão preocupadas em ser a projeção de um brasileiro que ignora o caminho até uma companhia de transporte internacional que lhe permita emigrar (fugindo ao "país bloqueado") ou nada consegue ver além do horizonte restrito daquilo que supõe contemplar. Dizer que a poesia ou a arte é uma compensação ao desespero existencial, para tornar a vida suportável, já foi dito, com todas as letras, por Nietzsche, não havendo nada novo no texto de Drummond, o qual quer transformar o arbítrio do signo em necessidade poética para, no fundo, reforçar apenas o retrógrado princípio do *credo quia absurdum*.

Compare-se, no entanto, um poema cujo tema é similar, escrito por Paul Celan,[7] um poeta contemporâneo a Drummond, embora tenha nascido depois e morrido antes dele, já que achou melhor desistir de continuar vivo:

---

[7] Paul Celan, *op. cit.*, p. 44. Esse poema desenvolve o fragmento 20 (108) de Nietzsche: "Cava, verme!", em *Fragmentos finais, op. cit.*

HAVIA TERRA NELES, e
cavavam.

Cavavam e cavavam, assim
ia seu dia, sua noite. E não louvavam a Deus,
que, assim ouviam, tudo isto queria,
que, assim ouviam, tudo isto sabia.

Cavavam e nada mais ouviam;
não ficaram sábios, não inventaram nenhuma canção,
não se imaginaram língua alguma.
Cavavam.

Veio um silêncio, veio também um inverno,
vieram todos os mares.
Cavo, cavas, e cava também o verme,
e o cantante diz: cavam.

Ó alguém, ó ninguém, ó nenhum, ó tu:
Aonde ia, já que se ia toda a esperança?
Ó tu cavas e eu cavo, e eu me escavo para ti,
e no dedo nos acorda a aliança.

Esse poema tem consciência da crise da tradição metafísica e não representa, como o de Drummond, uma regressão ao platonismo católico. Ele se recusa explicitamente a isso: se são outros aqueles que "não louvavam a Deus", o "eu-lírico" não afirma que ele próprio o faz. A terra estava fora e estava dentro daqueles que cavavam. Já não é mais apenas um que cava, são muitos, inclusive, e explicitamente, o sujeito que cava, cujo correlato objetivo é um verme. Primeiro "eles cavavam": no passado, os outros. Com os passos da conscientização decorrente da ruptura com a tradição metafísica, não se chega a uma sabedoria plena, a um tipo absoluto de canção e nem a uma nova língua, mas chega-se ao presente e ao próprio sujeito: eu cavo, tu cavas e, implicitamente, todos nós cavamos. Inverte-se a tradição da metáfora ao dizer "e cava também o verme". É como Gregor Samsa, que só descobre a sua alienação anterior quando se descobre, quando se vê de fato como o inseto que ele já era antes em sua vida familiar e profissional. Ao aparecer como inseto ele passa a se desalienar, a assumir-se sem ilusões em sua (des)humanidade.

O poema realiza-se conjugando-se o verbo cavar, como projeção do princípio de equivalência do eixo paradigmático sobre o eixo sintagmático, conforme Jakobson definiu a função poética da linguagem. Assim, o poema constrói-se enquanto conjuga o verbo, como quem busca uma certeza num mundo obscuro e incerto. A conjugação do verbo é como a bengala de um cego que cata um caminho e um encontro no mundo. Tem-se aí a paródia da conjugação verbal em uma escola primária, como se se estivesse aprendendo uma nova língua.

O poema (o cantante) não diz outra coisa que já não se dizia: cavam. Ele não aparece como compensação, como representação de um mundo etéreo, superior, continuando a duplicação metafísica pretensamente representada na orquídea. Ele faz parte de um processo de busca da verdade, em que não se fantasia o oposto do que é, sem ao menos saber que se caiu nessa armadilha. A estrofe final evoca o espaço da esperança. Ela parece acenada em uma busca que encontra outrem (que pode ser até mesmo o leitor), o qual também está em uma obscura busca.

"E no dedo nos acorda a aliança" tanto pode significar que a aliança põe ambos em um acordo quanto que ela os desperta, deixa-os acordados. De fato, significa ambos: o encontro de conscientizações levando a um pacto solidário, por afinidades. Estas últimas propiciam enfrentar a consciência de que se é um verme num mundo sem saída transcendental, sem expectativa de um messias ou de uma redenção após a morte. O poema é a consciência disso, não uma fuga compensatória. Em sendo isso, consegue ser mais do que isso: e cada um dos que escavaram é mais do que um verme, assim como a aliança que descobrem é mais que um verme enrolado no dedo. O horizonte não é apenas o de um país (ou uma região mineira) subdesenvolvido, ditatorial e mal administrado, mas o da própria condição humana.

Comparado com Celan, Drummond mostra-se um poeta menor, atrasado, que nada novo tem a dizer e nem sequer está à altura da evolução filosófica. Não percebe isso quem não conhece ou/e não quer conhecer o que já foi, há muito, conscientizado e elaborado no plano mundial, mas que, para ele, nada vale, por não ter sido dito ou escrito por um brasileiro nato. A postura do cânone brasileiro é essa: ignorar o "mundo exterior". Que ele queira instituir a ignorância como critério de valor, a pretexto de nacionalismo e orgulho pátrio, não elimina a ignorância de fato. Dentro da vigente inversão de valores, em todas as escolas do país, o texto de Drummond é leitura obrigatória, com a obrigação de ser considerado suprema realização poética, enquanto a obra de um Celan (como a de um Hölderlin, Baudelaire ou Nietzsche) é relegada ao olvido, é considerada um território indesejável e pernicioso. O obscurantismo rege o mundo escolar como se fosse esclarecido. Por mais que ele negue, por mais que as obras dos grandes poetas e filósofos sejam suprimidas e reprimidas, elas existem. O mundo literário é maior que o latifúndio do cânone brasileiro, ainda que neste imperem os chicotes dos feitores a brilhar no ar. A vingança do talento é produzir com qualidade.

Quistos e quixotes

Do racismo e do comunismo

Em seu principal livro, *A rosa do povo*,[1] Drummond aparenta mostrar a grandeza do russo que havia lutado contra os nazistas durante a Segunda Guerra Mundial, bem como defender um ideário comunista, seja resistindo em Stalingrado ("Carta a Stalingrado", p. 200; "Telegrama de Moscou", p. 202), seja tomando a capital alemã ("Com o russo em Berlim", p. 208), seja postulando a construção de um mundo soviético ("Mas viveremos", "Visão 1944", p. 205), enquanto a dimensão do sublime ridículo, ele, com enorme originalidade e acuidade, quer que se veja corporificada na figura de Carlitos o sublime ridículo ("Canto ao homem do povo Charlie Chaplin", p. 222), figura com a qual só o povo brasileiro é capaz de se identificar, como se o personagem fosse pelo riso o vingador dos ofendidos e humilhados.

Se Drummond – como chefe de gabinete do MEC na ditadura Vargas – necessariamente sabia o que se passava no Brasil em termos de perseguição às minorias (e não se diga que isso era decorrente da guerra, pois a pior perseguição foi desencadeada em 1938) e não protestou contra ela (nem sequer um "protesto tímido"), tendo endossado, sem restrições claras, o preconceito racial contra imigrantes italianos e alemães preconizado por Mário de Andrade, então é preciso perguntar se antes de qualquer simpatia pelos russos não havia um ódio contra os alemães, que fazia deles os agentes e o pretexto de uma projeção anterior a eles e que não fazia distinção entre nazistas e alemães, recaindo no estereótipo de que, no fundo, todo alemão é um demônio nazista.

---

[1] Carlos Drummond de Andrade, *Nova reunião*.

A simpatia pelo russo fazia, em 1945, parte da política oficial do governo e se dava, explicitamente, na medida em que ele era vitorioso. É uma simpatia abstrata, de quem não conhecia desde dentro a guerra e a União Soviética. Ela tem, no entanto, uma dimensão bem concreta na época: o seu nome é estalinismo, uma forma de ditadura tão míope e medíocre quanto qualquer ditadura de direita. Para quem elogiava Stálin e servia fielmente ao ditador de direita Vargas, não há tanta lógica em odiar o ditador direitista Hitler. Há alguma coisa aí que não bate bem. É como se o estalinismo tivesse um perfil autoritário, carismático e catequético que se adequava à estrutura totalitária da brasilidade. Sob a aparência de estruturas de superfícies antitéticas, havia similar estrutura profunda. E esta atraiu figuras que couberam bem no cânone como Graciliano, Drummond e Jorge Amado. Eles não são a prova de que o cânone é democrático (ou "quase-socialista"); pelo contrário, associando-se a um PCB militarizado, dogmático, autoritário e cheio de culto à personalidade, são antes uma prova de seu totalitarismo. Então o "ódio" contra o "alemão" é um detestar ver a configuração avessa do raio X de sua própria estrutura profunda. O vampiro não pode se ver no espelho e não resiste à luz do dia.

O que parecia simpatia com o comunismo, em torno de 1945-1946, quando os Aliados celebravam sua aliança e suas vitórias, apresenta fortes indícios de ser um antigo antigermanismo, que impedia Drummond não só de fazer gestos positivos para as minorias que estavam sendo perseguidas pelo governo de Vargas, como também a participação dele no governo indica que ele endossava essa perseguição. Ao menos nunca fez nada contra ela e foi um direto beneficiário de suas seqüelas. Com a vitória dos Aliados na guerra, Drummond chegou a dar seu nome na redação do jornal cultural *Para Todos*, ligado ao Partido Comunista Brasileiro, mas, assim que – com o avanço da Guerra Fria – o governo ameaçou destituir os funcionários públicos simpatizantes do Partido, ele usou o primeiro pretexto que lhe apareceu para saltar fora.

À época da ditadura militar, Drummond foi, em 1975, escolhido para receber o Prêmio Brasília de Literatura por um júri da Fundação Cultural que, segundo lhe foi transmitido, procurava um espaço de reação civil contra a ditadura. Ele recusou-se a receber a premiação e alegou que não recebia prêmio de uma ditadura (ele que servira a outra ditadura e tinha todo o espaço na imprensa durante o regime militar), em vez de fazer como Tristão de Ataíde e Clarice Lispector, os quais usaram o evento solene para protestar publicamente – dentro do Palácio do Buriti e para todo o país – contra a censura, a supressão das liberdades e a péssima condição do escritor.

A distinção – que se tornou famosa – feita por Drummond entre o poeta municipal, o poeta estadual e o poeta federal supõe que a ele cabia o papel de poeta federal por excelência. Ele é um poeta federal sim, mas do cânone, e exatamente isso é o problemático, pois significa o domínio de um território como parte do poder nele instaurado: ainda não quer dizer que ele seja um poeta mundial, ao qual só faltou a justiça de atribuir o Prêmio Nobel como sinal de efetivo reconhecimento. O poeta "federal" é federal por uma decisão federal, não porque efetivamente seja um poeta maior. Ele pode estar só "tirando meleca do nariz" e, mesmo assim, a exegese faz pensar que seja ouro. Pode também estar escondendo a sujeira com palavrório, como se palavras tudo limpassem.

A sua obra mais famosa e importante, *A rosa do povo*, aparenta um entusiasmo pela União Soviética, mas foi escrita a partir do gabinete do ministro Capanema, da Educação e Cultura, de um governo fascista. Há uma contradição aparente nisso, que se resolve com a principalidade interna da intenção e a União Soviética ser parte dos Aliados. Ora, para legitimar a perseguição que fechou as escolas bilíngues e os jornais redigidos em alemão, que instalou o controle de "passes" e quartéis nas zonas de colonização alemã no Sul do Brasil com o fim explícito de "controlar" a população, que mandou para trabalhos forçados quem falasse a língua alemã, que jogou dentro do rio dos Sinos a estátua do imigrante alemão em São Leopoldo, Drummond não precisava fazer uma declaração a favor de o Brasil também ter tido, embora em menor escala, a sua Noite dos Cristais.

Ele poderia até não concordar pessoalmente com a repressão interna, mas não favorece essa leitura. Pelo contrário, como parte do cânone ele é parte da política de assimilação: cruel processo de aniquilamento de tudo aquilo que não era idêntico ao modelo cultural da oligarquia.[2] Nessa linha, que é ainda preponderante, o diferente era – para usar uma terminologia corrente na época – um "quisto" que, como parte doente de um porco e transmissora de doenças, precisava ser eliminado (mesmo que entre os teuto-brasileiros houvesse poucos simpatizantes do nazismo, já por causa da origem e formação deles). Assim, quando Drummond se manifesta a favor da defesa de Stalingrado, isso significa, internamente, que "os alemães são perigosos" e que, por isso, é preciso lutar contra eles; quando escreve celebrando a tomada de Berlim pelos russos, afirma ser preciso acabar com a "alemoada". Ninguém estava lendo isso em Berlim ou em Stalingrado. Tinha um sentido interno, dentro do Brasil, e não tanto como uma atitude de política internacional, mas de antipatia interna. É sobretudo isso o que nele se cultiva. de qualquer modo, não ultrapassa o horizonte da opinião pessoal, a qual quer se impor, no entanto, como algo universal e como grande poesia. É uma forma de totalitarismo.

Seria tão fácil, para um inteligente "comunista", dizer que o maior contingente de imigrantes alemães aportou no Brasil após 1848, sendo a maior parte deles oriunda da região em que Marx nasceu e tendo eles tratado de implantar os princípios progressistas da revolução liberal, segundo os quais o modo igualitário de distribuir as terras na organização das "colônias" fez com que o trabalhador fosse o proprietário do seu próprio produto, o que evitaria a alienação e a espoliação típicas do escravagismo e do capitalismo. Seria possível ainda sublinhar que o trabalho escravo foi desde o início proibido nas colônias, e isso num país onde dominava o modo escravagista de produção. Seria honesto reconhecer que os colonos, jogados em meio à mata virgem, tiveram de ajudar-se uns aos outros, e desenvolver como nunca o princípio da solidariedade. Tudo poderia ter sido dito, e nada foi dito.

Nunca o "marxismo brasileiro" percebeu que dentro do país estava organizado um modo de produção em que o trabalhador ficava integralmente com o produto do seu trabalho. Tanto bradaram contra

---

[2] Friedrich Nietzsche. *Sämtliche Werke – Kritische Studienausgabe*, Band 9, p. 491: "Schon das Assimilieren ist: etwas Fremdes sich gleich machen, tyrannisiren – **Grausamkeit**" (já o assimilar é: tornar algo estranho igual a si, tiranizar – **crueldade**).

a alienação e eram tão alienados e tão preconceituosos que não conseguiram reconhecer a superação dela onde esta havia ocorrido. E isso não era algo pequeno: abrangia três Estados. Seria ridículo, todavia, o "poeta federal" elogiar os pobres colonos que nem sabiam falar direito português e tinham de ser, antes, postos no caminho da civilização por meio da "assimilação". O que importa aqui é que há um ponto de incompatibilidade, no qual não é viável qualquer aproximação e, dada a natureza totalitária da brasilidade, é melhor que não seja feita, pois seria nova falsificação. Isso não quer dizer, porém, que Drummond não faça parte do paideuma totalitário e repressivo.

A "literatura brasileira" é um aparelho ideológico do Estado e parte de um extenso e intenso programa de repressão. Ainda não pôde ser colocada propriamente a proposta de as minorias étnicas, em vez de ter de adotar a literatura e a visão de literatura da elite luso-brasileira, deveriam ser estudadas em sua diferença como algo ao menos de igual valor cultural ou que elas poderiam e deveriam reexaminar o paradigma dominante a partir de sua própria tradição e ótica. Ou pior, tal questão pode até ser proposta, mas não porque tenha havido qualquer abertura democrática, e sim por ela ter se tornado mera retórica, já que a língua e a identidade cultural de tais minoriais foram aniquiladas de acordo com as propostas dos "pré-modernistas" e dos "modernistas". Por ser estes agentes auratizadores de uma profunda e ampla repressão, são canônicos. Mais espantoso ainda: não são encarados com horror, e sim com admiração. Também com aqueles que os admiram e louvam não há mais nada a falar.

Drummond é apresentado como o maior poeta "nacional". Talvez o seja, mas somente nos estreitos limites do cânone do qual ele faz parte e que não inclui nenhum escritor de primeira grandeza, por mais que brade e esperneie o intelecto orgânico. Ele é proposto como o maior poeta para todos, mas como se expressasse de modo perfeito a perspectiva de todos, como se suas proposições ditas poéticas não fossem prosaicas, ultrapassadas e limitadas. Quando não se percebe a limitação de um poeta-mor, em vez de ele ser um horizonte para novos avanços, converte-se em barreira que impede o acesso a textos e produções melhores. Drummond quis ser, porém, o que foi. Assim seja. Quem adora Drummond colabora com o fascismo.

Bandeiras fraldadas

Já por excluir os clássicos universais do ensino brasileiro, o cânone representa o que ele mesmo não consegue entender: a vitória da mediocridade sobre o talento, do pior sobre o melhor, do atraso imposto como progresso. Se isso não é percebido por quem tem a cabeça formada dentro do seu horizonte, não é menos demonstrável na análise dos textos. O cânone constitui uma repressão concreta e real, que se apresenta como generosa doação e se imagina como uma forma de patriotismo. O fato de ser agentes da opressão não impede que autores do cânone se vejam como autênticos quixotes a lutar pela causa da liberdade e da arte enquanto as impedem e destroem. São menos inocentes do que pretendem, porém mais repressivos e oportunistas do que reconhecem. Justamente por isso o perfil dos quixotes que o cânone inventou no século XX – para melhor continuar esquecendo Cervantes – acaba constituindo um paradigma sintomático dos processos de inversão.

Nesse sentido, também sintomático é um canônico poema de Manuel Bandeira[3] que busca retratar, repleno de piedade e comiseração humana, um horrendo aspecto da sociedade:

O bicho

Vi ontem um bicho
Na imundície do pátio
Catando comida entre os detritos.

Quando achava alguma coisa,
Não examinava nem cheirava:
Engolia com voracidade.

O bicho não era um cão,
Não era um gato,
Não era um rato.

O bicho, meu Deus, era um homem.

---
[3] Mário da Silva Brito (org.), *Panorama da poesia brasileira*, p. 61.

Que homem bom e compassivo é Bandeira, por estender a bandeira do humanismo, exclama o leitor, supondo logo que ele também deve ser um bom poeta. Em vez de apelar, por fim, para Deus e concluir em seguida, poderia ter se perguntado, porém, como é que Deus, sendo bondade infinita e fonte de todo o bem, poderia permitir algo tão negativo. Poderia ter considerado Deus como suprema sabedoria e, portanto, tendo um desígnio secreto ao criar catadores de lixo. Poderia ter tentado dialogar com os poemas de Baudelaire, nos quais ele via nos catadores de trapos os seus semelhantes, seus irmãos. Poderia ter também questionado a existência de Deus, e perguntado como seria compatível o seu poder infinito e a miséria humana (caso a resposta levasse ao conformismo, não haveria mais razão para o poema ou ele teria de tematizar isso). O autor poderia ter julgado que o homem é um prisioneiro do diabo ou mesmo duvidado da separação "natural" entre homens e bichos. Tudo, menos a tática, já presente em Castro Alves, de culpar os outros pelos males e se colocar numa postura de juiz.

Como bom samaritano, o compassivo poeta, em vez de escrever um poema, culpar os outros e delegar o problema para a divindade, poderia convidar o faminto para jantar. Seria até melhor se o convidasse a morar consigo e lhe desse comida e roupa lavada. Ou, se não o fizesse, ao menos poderia dizer por que não o faria. Poderia perguntar-se por que as igrejas que se dizem cristãs conseguem ser ricas ou se elas existem exatamente para que o cristianismo não se faça. Por que há tantas igrejas vazias e tantos desabrigados? Se um cão, um gato e um rato podem comer detritos, por que não poderia fazê-lo um homem? E por que um cão e um gato devem comer lixo? Como se vê, há uma complexidade maior nos fatos do que aquilo que é assinalado pelo poema. Nele o signo se impõe sobre a coisa significada, e sufoca a sua diversidade e as suas contradições internas. O signo é confundido com a coisa significada: trata-se de uma ideologia totalitária.

Se um homem come, com todo requinte, deliciosos acepipes, será que ele não está, porém, alimentando-se da morte alheia, seja de animais, seja de plantas? Não vive toda a vida da morte alheia? Não é a vida, nesse sentido, antitética à moral, como Nietzsche observou? Essas perguntas são simples e primárias, mas não foram absorvidas pelo piegas e primário Bandeira. Isso não impede que ele esteja em todas as antologias escolares. Pelo contrário, fomenta. Ele exige que o leitor o considere um homem de bom coração, preocupado com o social, repleno de solidariedade. Nessa lógica, um bom homem só pode ser um bom poeta, ainda que a "bondade" represente aí a morte implícita de outros entes (já para alimentar o mendigo). Ora, ser "humano" não significa ser bondoso, generoso. Essa é apenas uma imagem que o homem faz de si mesmo, replena de narcisismo e desmentida por toda a história. Um poema sobre esse tema já não pode mais ser escrito sob perspectiva tão primária quanto a de Bandeira, o qual parecia pretender dar uma sacudidela nos políticos, os quais deveriam "fazer mais pelo social". Ora, o problema não está, antes de tudo, em alguém comer do lixo, mas haver detritos no pátio. É sinal de que algo deveria ser feito para coletar bem o lixo. Um poeta deveria examinar, como outros já o fizeram, se o ser humano não é o próprio lixo, e não apenas um produtor de lixo.

A simploriedade na abordagem das questões leva ao simplismo na articulação. É o que se mostra, por exemplo, quando Bandeira traduz a dança das bruxas no *Macbeth* – *Fair is foul and foul is fair* – por "O bem e o mal é tudo igual". É claro que se pode afirmar que ele conseguiu manter o ritmo de uma sílaba acentuada se alternando com uma não acentuada, e até conseguiu uma rima interna, de mal com igual. Daí, a tendência da exegese canonizadora é de supor que ele tem o mesmo nível de Shakespeare. Este não disse, porém, que o bem e o mal são iguais entre si, e sim que o bem é mal e o mal é bem: cada pólo pode se converter em seu contrário, conforme a ação da peça o demonstra. Quem arrisca vida para defender o rei acaba em seguida por matá-lo; o novo rei não passa de um assassino, sendo a sua morte a única solução possível. A ironia trágica domina aí as palavras, os gestos e os eventos. Tudo é também o seu contrário, mas não se confunde com ele, ainda que seja confundido por aqueles que se deixam dominar pelas aparências.

Simplificações, somadas a posturas piegas, podem levar à fuga para um mundo imaginário ideal, como ocorreu no afamado "Vou-me embora pra Pasárgada":[4]

---

[4] *Idem, ibidem*, p. 55.

Vou-me embora pra Pasárgada
Lá sou amigo do rei
Lá tenho a mulher que eu quero
Na cama que escolherei.
Vou-me embora pra Pasárgada.

    O "poeta" faz de conta que não tem nada disso e que, portanto, não recebe nenhum favor do governo, não tem moradia e nem mulher. Nada disso era verdade. Bandeira tinha sinecuras do governo, as quais lhe permitiam escrever e publicar. Ele possuía uma boa residência no Rio de Janeiro e, quanto às mulheres, ele não podia se queixar de não ter recebido seus favores. É, porém, o que faz. Prefere mentir e fazer o papel de coitadinho para corresponder à imagem romântica do poeta. Corresponde ao perfil médio do intelecto canônico e, por isso, é conveniente ao cânone, para que ele seja tomado como uma criação livre e espontânea de poetas independentes e pobres, mas não como produto estratégico da casa grande.

    Essa fuga compensatória para o imaginário, como um reino de fantasia em que tudo é perfeito e subserviente aos caprichos de quem sonha, sendo feita sem a elaboração da negatividade que induz a essa fuga, reduz-se a uma regressão e a um infantilismo: não é uma solução para a vida e nem para a arte. Ela tem a mesma validade do refugiar-se no álcool, nas drogas, na religião. Não resolve nada, mas cria a ilusão de resolver tudo. Sob a aparência de inconformismo absoluto, deixa tudo como está, não enfrentando as causas que levam ao *status quo* e à postura regressiva. Exatamente por isso o texto é canonizado. É uma fantasia compensatória, uma fuga ao mundo voltada para o benefício próprio.

    Isso é o contrário do Dom Quixote, pois a fantasia deste não se destinava a despertar comiseração, ela queria transformar generosamente o mundo: via perigos onde eles não existiam, via damas onde damas não havia, mas também tratava de agir quando percebia injustiças, e lutava para que o mundo viesse a ser como deveria ser. No leito de morte, Quixote reconhece que foi dominado por fantasias: o louco recebe, nesse momento de sanidade, o apelo dos amigos para que retorne aos seus velhos sonhos. Ele morre, porque ele é o seu sonho, mas o seu sonho fica.

Franz Kafka em "A verdade sobre Sancho Pança"[5] sugere que Dom Quixote, como já foi citado, teria sido uma invenção de Sancho Pança, para que este, acompanhando com segurança as andanças desvairadas de sua fantasia, pudesse manter um proveitoso diálogo com esta potencialidade dele mesmo e, ao mesmo tempo, conseguisse levar uma vida tranqüila e sossegada. A hipótese kafkiana é um sarcasmo do escritor em relação ao leitor, pois este último converte em prazer o sofrimento daquele. O leitor diverte-se a percorrer tranqüilo o que foi uma penosa e difícil busca para o outro. O leitor está para Sancho Pança assim como o autor está para Dom Quixote. Estes são tão inseparáveis, quanto o autor e o leitor, já porque o autor lê ao escrever, sendo a escrita uma forma de leitura, e o leitor recria o texto, refazendo-o como co-autor.

Dos quixotes

Não só o contraste entre imensos problemas sociais e a impotência dos engajados em resolvê-los ou o contraste entre a maldade natural do homem e a necessidade de construir uma utopia de justiça propiciaram o surgimento de uma série de quixotes brasileiros. Com o filtro do típico "engajamento" de todo o cânone, também Cecília Meireles propiciou postular que, por meio da literatura, é possível dar uma "versão conveniente" a problemas históricos e sociais. A oscilação interna dava-se entre acreditar que um herói transformador fosse possível e tivesse sentido – como se tem em Jorge Amado e Cecília Meireles – e ver nele cada vez mais a dimensão do ridículo e da impotência, como aparece em Lima Barreto e Drummond.

Mais que o sonho ser ainda considerado válido ou problemático, há uma linha separatória entre o texto propiciado pelo poder e o texto considerado nefasto. No segundo caso estão "romances históricos" como *O cavaleiro da esperança* e *Os subterrâneos da liberdade*, de Jorge Amado; já no primeiro se enquadram textos como *O roteiro da Inconfidência* de Cecília Meireles e a parte sobre Tiradentes em *As impurezas do branco*, de Drummond de Andrade. Tais

---
[5] Franz Kafka, *Nas galerias*, p. 140.

postulações constituem uma espinha dorsal oculta, a configurar o perfil da estrutura do cânone no século XX, como continuação do mesmo sob novas formas. É fácil querer ser Quixote estando do lado dos vencedores.

Jorge Amado encontrou o seu Dom Quixote em Luís Carlos Prestes, o líder comunista brasileiro que ele exaltou em *O cavaleiro da esperança*, aparentemente para ajudar a tirá-lo da prisão na época do Estado Novo (1937/1945), o que fazia do próprio escritor um Quixote (de fato isso fazia parte do culto estalinista à personalidade). Em outra obra, *Os subterrâneos da liberdade*, escrita no exílio decorrente da Guerra Fria e da perseguição movida contra os comunistas nos governos Dutra e Vargas, Jorge Amado mostrou diversos comunistas em luta contra a ditadura do Estado Novo. Eram heróis para ele, pois tinham a grandeza, o valor positivo daquilo que deveria ser realizado. São, porém, perseguidos, mártires da resistência civil, cuja maior realização seria conseguir sobreviver; não eram "heróis épicos", capazes de construir o mundo de acordo com o seu sonho.

Os valores que os quixotes corporificam, aquilo que eles gostariam de ver concretizado, só conseguem ser objetivados como ficção. Eles são viáveis na ficção à medida que inviáveis politicamente: não tanto por ser errados, mas pela vigência da iniquidade no mundo. Tanto mais sublimes se tornam os sonhos quanto mais remotos eles são; e quanto mais sublimes se tornam os sonhos tanto mais remotos são. A suposta heroicidade dos heróis a serviço do Estado impede que neles se desenvolva o traço do ridículo. São quixotes sem quixotismo: levam-se demasiado a sério, excluindo a hipótese do grão de loucura em seu ideal. Eles carregam a ideologia oficial: por isso, e não porque o real é contundente demais, é que não querem que se ria sobre eles. A crença absoluta na validade dos ideais faz parte da estrutura totalitária subjacente e impede que se introduza sequer uma ponta de ironia ou de dúvida quanto aos heróis não serem tão ideais quanto pretendem, ou que a realidade possa ter outros ideais que não os por eles pretendidos.

O que pode o autor fazer entre uma imensa massa de miseráveis incultos e uma oligarquia apenas interessada em defender seus privilégios (embora declare defender os pobres e o bem comum)? – O intelectual orgânico pode refugiar-se no ceticismo irônico, como o realismo brasileiro fingiu fazer, enquanto defendia a oligarquia e evitava os núcleos nevrálgicos do poder instituído; denunciar problemas sociais menores, como o naturalismo brasileiro, pondo de lado os maiores; refugiar-se no sonho, como o simbolismo brasileiro, para deixar a má realidade como a havia encontrado; consolar-se na forma artística, como o parnasianismo brasileiro, enquanto colocava de lado o engajamento político e a denúncia concreta da negatividade social; acreditar na tecnologia, como o modernismo brasileiro, para melhor louvar antigos preconceitos e conteúdos autoritários.

Para resolver o problemático, apela-se para heróis; ao ser ele insolúvel, o herói torna-se trágico ao ser arrasado ou – como a vida é mais forte – procura-se dissolver o desespero no riso. Surge assim o Quixote, tanto mais cômico quanto mais insolúvel a situação. Literatura torna-se terapia: solve em texto o que não é possível resolver na sociedade. Há algo mais, porém, a resolver aí. O herói é a dimensão do divino no humano, um intermediário entre deuses e homens. Ao não se entender o sagrado apenas na sua versão cristã ou helênica, ao não se entender o sagrado como transcendência metafísica, essa busca torna-se mais complexa e sutil do que o reconhecem as doutrinas religiosas, pois ela contém uma redefinição do homem, dos valores morais, dos princípios políticos.

A literatura brasileira do século XX está semeada de pseudoquixotes, sempre em busca de uma identidade e de uma redenção nacionais, traindo, portanto, o espírito cosmopolita e antina-cionalista do original (sob a aparência de defendê-lo). Embora isso esteja de acordo com a tradição do cânone – de sempre gestar uma versão menor, mais conservadora e mais estreita do que os modelos –, o sistema impede os alunos de terem acesso a eles nas escolas. Lima Barreto produziu, em 1906, com Policarpo Quaresma um primeiro pseudoquixote do cânone, mas numa versão estreita, em que, sob a aparente preocupação com a identidade nacional ante a cultura européia, com a regressão ao tupi-guarani como língua geral e com a saudação aos amigos chorando "à moda dos índios", o personagem não está apenas dominado por leituras que não soube digerir, mas pretende impor uma problemática versão direitista da história do país. A obra recapitula o cânone oficial da literatura brasileira como se fosse a realidade, o que cultiva um "patriotismo" exacerbado. Confunde essa visão do real com o ideal, e isso o leva ao ridículo e à loucura, sem a grandeza que caracteriza o personagem de Cervantes.

Macunaíma é, nesse sentido, um prolongamento das preocupações de Policarpo Quaresma. Já seus dois irmãos são uma duplicação de Sancho Pança, como escudeiros e acompanhantes, metidos em confusões, mas mantendo-se fiéis ao embusteiro: o texto acha engraçado que negros e índios, neles emblematizados, sejam eternos serviçais e explorados do homem branco. Assim, consagra a injustiça histórica e usa um modelo que postulou combatê-la. Uma coisa é lutar com coragem por um ideário universal de justiça e de igualdade combater a prepotência e o terror; outra, antitética, é lutar para influenciar o poder ou/e possuir a muiraquitã para si, como signo de riqueza pessoal e de poder (ou querer Pasárgada para deleite próprio). Substitui-se a generosidade pelo oportunismo, o idealismo pela esperteza. Alegar que a muiraquitã é herança apossada por um arrivista é "desconhecer", entre outras coisas, o "roubo" das terras indígenas pelos portugueses. *Macunaíma* não tem o gesto dessacralizante do *Don Quijote* e do *Lazarillo*.

Quixote imagina gigantes armados onde há apenas moinhos ou pilões, e guerreiros onde há somente ovelhas. Macunaíma enxerga num industrialista de origem italiana um gigante ameaçador e, na esposa deste, uma perigosa bruxa, mas não consegue articular o sublime a partir do ridículo, a razão da loucura a partir da loucura da razão, o valor da fantasia a partir do desvalor da realidade, o poderio do sonho a partir da prosa do cotidiano. A sanidade da loucura num mundo fora dos eixos precisa ter como pressuposto um consenso em relação à falta de eqüidade e de justiça social: isso não existe quando a única justiça proposta é a manutenção dos privilégios dos grandes proprietários rurais e impedir os avanços da industrialização.

Macunaíma aparentava querer salvar a pátria, mas queria salvar, sobretudo, a própria pele, cuidando-a do melhor modo possível: nesse sentido, ele é antes uma regressão a um pré-pícaro do que a estilização que é o Quixote. Para ser pícaro, falta-lhe a gana de esculhambar as instituições tradicionais, a capacidade de rir da hipocrisia cultural e a coragem de redimir os marginais. Para ele, "salvar donzelas" era apenas redimi-las da donzelice. Mais longe não ia o seu instinto, incapaz de perceber a grandeza do delírio. Se Quixote não conseguia tocar nas donzelas por considerá-las sublimes, Macunaíma não conseguia deixar de querer tocar nelas; se o primeiro queria "endireitar o torto", o segundo danava-se para entortar o direito.

Ambos enfrentam, a seu modo, gigantes de sua fantasia – o espanhol, para diminuir a maldade no mundo; e o brasileiro, somente para o seu próprio bem – e, depois de correrem longínquas terras, acabam retirando-se para a solidão, na qual curtem o amor perdido e penitente, para morrerem no fim da história. A diferença é que Quixote não fica apenas na solidão, em que é mostrado como mais ridículo do que nunca: ele volta para retomar a luta infindável contra a maldade. Não se pode duvidar da pureza de suas intenções, do reto propósito de suas lutas; o mesmo não se pode, porém, dizer de Macunaíma. Como Mário imita em seu personagem o percurso da invenção de Cervantes, a comparação é pertinente, ainda que se volte contra ele (mesmo que a pseudo-inteligência *brasileña* creia que o país não precisa de Quixote pois tem Macunaíma).

Quando Macunaíma se retira da cidade grande para o norte da mata amazônica e, deprimido e desesperado, decide jogar-se no rio, nos braços da Iara, ele, ao contrário de Quixote, não faz essa regressão catéxica para reunir forças a fim de enfrentar o grande desafio com que se deparou, mas regride ao estado de natureza e abandona a luta como se tivesse o monopólio do desengano no mundo. Quer, porém, que o leitor continue a sua luta. Ainda que o autor tenha sempre se postulado, até a morte, como *condottieri* do modernismo, a atitude do personagem é a de exigir que "se vocês não ficarem comigo, contra os imigrantes e a industrialização, eu me mato e deixo só tristeza para todos". Ele é tão totalitário que chega a acreditar que após a sua morte será o dilúvio e que, sem ele, o mundo não pode subsistir. Quando um personagem diz por que desiste e cala, ele ainda continua a lutar; isso é diferente de exigir obediência à sua própria depressão, sem ver nela limitação e regressão. A atitude final de Macunaíma seria o mesmo que Ulisses deixar os companheiros como porcos ou se abandonar aos encantos das sereias. Este livra, porém, os companheiros e depois, atento ao canto das sereias, consegue conter com astúcia o seu convite de regredir ao estado de natureza e desistir do percurso civilizatório.

Macunaíma também chora, como Quixote, a ausência e a perda da amada, mas regride a um pseudo-estado de natureza, despe as roupas, despede-se da luta, esquece a civilização, entrega-se à Iara. De tão reacionário, acaba sendo covarde. Desiste do país, porque o país não é como ele exige que seja. É bom, para o país, não ser como Macunaíma o quer. Ele não enxerga mais que a dominação do país para si. Não está preocupado com a justiça humana, a proteção aos desamparados, a defesa dos oprimidos, o respeito à mulher, a busca do ideal. Quer gozar, só para si, sem ter a sabedoria do epicurismo, do prazer buscado a partir da consciência do seu próprio morrer.

Se, como Quixote, Macunaíma despe-se das roupas civilizadas, não é para, curtindo as dores da perda, reunir forças e tornar-se mais rijo do que nunca. Ele revela a sua fraca substância, a falta de caráter, ainda que tenha se proposto a praticar ações épicas. Ao corporificar a oligarquia latifundiária tradicional, desfaz no riso a espoliação, a dominação e os genocídios acumulados por ela durante séculos. Apenas pretexta protestar contra a história. Numa situação de grave ameaça, cair em regressão pode estar a serviço do ego para reunir forças – a catéxis –, mais forças do que normalmente se tem; só regredir, pleiteando que essa regressão seja aplaudida, é, porém, pontificar a entrega dos pontos antes de lutar (embora Macunaíma lute reacionariamente até com o gesto de regredir e morrer).

Ao contrário do que acontece com uma pessoa que se retira do convívio social, e é logo esquecida como se já estivesse morta, quando um personagem artístico se retira, ele continua na obra, tornando-se mais presente do que nunca pela intensificação dramática que é concentrada nele. Em vez de uma retirada, o retiro é uma presença ainda mais intensa. A "onisciência" do narrador pode acompanhá-lo, mesmo que para revelar ignorância. O herói épico quer que os seus gestos sejam imitados mas sem serem alcançados (se o fossem, perderiam o seu caráter único e, assim, a grandeza); o pícaro não quer que ninguém o imite, embora ele, em sua pobreza, imite o que ele supõe ser o comportamento e a vida dos ricos. Com seu gesto desnudante, ele quer, porém, que ninguém imite quem ele parodia e achincalha. Tem-se tentado revalidar *Macunaíma* como crítica à burguesia industrial ascendente e paródia dos grandes senhores fundiários: é uma projeção do que o autor não escreveu. Trata-se de uma picaresca frustrada que quer que o gesto de desistência do protagonista seja preenchido pelo leitor com uma "reação patriótica" no sentido de agir para que a oligarquia latifundiária continue tendo prestígio e poder (como o fez o próprio autor). O preço pago pelo autor canônico é falhar como artista, embora o seja considerado pelo cânone. É a ignorância do leitor e a falta de honestidade da exegese que sustentam o seu prestígio. Ambos traem a grandeza artística, mas julgam-se maravilhosos em sua falta de caráter.

Macunaíma encena a busca da identidade nacional: ele próprio pretende sê-la, sem que um ideário positivo consiga se explicitar através dele. Quixote nunca esteve preocupado em definir a hispanidade. Ainda que não tenha saído da Espanha em suas andanças, o seu horizonte jamais esteve preso ao limitado espaço de uma região ou nacionalidade. Policarpo e Macunaíma são apenas pseudopícaros, sem conseguirem ter propriamente a dimensão trágica que fica latindo sob o pícaro, pois confundem os interesses de grupos sociais reacionários com os grandes ideários humanísticos: não representam grandezas positivas e nem são generosos em sua busca. Dom Quixote alterna momentos de derrota com vitórias, momentos de ridículo com gestos e falas plenos de grandeza. Em seu ridículo há uma grandeza que faz com que se lamente do fato de o real não ser o ideal por ele imaginado. Isso falta a Policarpo e Macunaíma, como se a questão da identidade nacional não pudesse ser levada a sério, pois a sua versão considerada séria, o indianismo e o ufanismo, era em si já uma caricatura. O "novo" é aí uma regressão, não algo capaz de absorver o negado e apto a propor uma alternativa válida para todos.

Dom Quixote e o dono do chicote

O encontro mais explícito de Drummond com o *Dom Quixote* de Cervantes ocorre nos poemas de "Quixote e Sancho, de Portinari", escritos por encomenda, para uma edição (de luxo e limitada) dos desenhos feitos por Portinari, um pintor que foi cooptado pelo fascismo do Estado Novo. Essa edição de prestígio surgiu em 1972, na fase mais repressiva da ditadura militar, quando milhares de pessoas estavam sendo perseguidas, presas, torturadas e massacradas.

Esses poemas foram mais tarde incorporados ao livro *As impurezas do branco* (na parte "Quixote e Sancho, de Portinari", dos poemas I a XXI). Embora o autor tivesse fortes propensões "jornalísticas", esses poemas fecham-se a uma leitura daquilo que estava ocorrendo no estado policial repressivo, embora o tema cervantino propiciasse a alusão e a elaboração da vivência em curso.

Logo de início, Drummond[6] faz de conta que Quixote teria declarado:

> Donzelas a salvar, há milhares na Terra
> e eu parto em meu rocim, corisco, espada, grito,
> o torto endireitando, herói de seda e ferro,
>
> e não durmo, abrasado, e janto apenas nuvens,
> na férvida obsessão de que enfim a bendita
> Idade de Ouro e Sol baixe lá das alturas.

Dom Quixote não tinha essa preocupação com a donzelice das donzelas e não dizia ser um "herói", menos ainda que era de seda e ferro. Ele queria imitar os grandes heróis da cavalaria medieval, mostrar-se digno de seu ideário. Tinha tamanha reverência por eles que não ousaria se chamar de herói, pois seria colocar-se como igual a eles. Após muitas "demonstrações de valor", no máximo aceitou ser armado cavaleiro, ainda que numa cerimônia na qual só ele acreditava. Ele não estava obcecado, esperando que baixasse das nuvens a Idade de Ouro e Sol: pelo contrário, tratava de agir, fazer o que estava ao seu alcance, nos casos concretos com que se defrontava. Ele não diria que era um "herói de seda" ou que tinha uma "férvida obsessão". O brasileiro exibe sua limitação ao enfrentar um escritor maior.

Há uma contradição evidente e não elaborada no texto de Drummond: se o Quixote espera que a utopia "baixe lá das nuvens", que sentido há em ele partir armado em seu rocim? Quixote não era um herói metafísico, mas alguém preocupado em salvar o possível no seu aqui e agora: e isso tinha um sentido muito concreto na época da ditadura, sentido que Drummond tem o oportunismo de fazer evaporar,

---

[6] *Idem, Ibidem*, p. 237 ss.

ao fornecer uma versão *soft* ("herói de seda") de um mero maluco, o qual não tem os pés na terra ("janto apenas nuvens"). É uma falsificação de Cervantes que desaparece da consciência do leitor canônico na medida em que ele não lê o original espanhol e acredita que o "grande Drummond" apresenta a versão mais perfeita e sintética. Segundo a mitologia, a "Idade de Ouro" está no início dos tempos, o que significa fazer de Quixote um reacionário radical, a aguardar passivo um grande passado perdido (o que pode ser adequado a um funcionário oriundo da oligarquia latifundiária decadente, mas não corresponde ao senso cervantino de que há valores morais permanentes, os quais precisam ser concretizados no dia a dia).

Dom Quixote não estava preocupado apenas em salvar donzelas aos milhares. Ele não tinha essa obsessão. Via-as como oprimidas. Podia, por exemplo, defender prisioneiros, condenados às galés, e tratar de libertá-los à força. Isso sim, era bem concreto à época em que Drummond ganhava dinheiro redigindo o seu alienado texto. Escrevia, portanto, para calar o mais importante. As donzelas, na virada da década de 1970, estavam tratando de emancipar-se, não querendo ser salvas por cavalheiros idosos.

Toda utopia surge de uma situação desesperadora, de algum modo monstruosa, e acena uma esperança de que algum dia as coisas mudem. Qual seria a situação monstruosa que reatualizaria o sonho de uma Idade de Ouro e Sol? – Isso Drummond não diz. O que seria a Idade de Chumbo e Sombra? – Ele também não diz isso em 1971-1972, no auge da repressão da era Médici, mas esculhamba com os sonhadores que estavam, então, aos milhares no exílio, nas prisões e nas barricadas. Ora, a utopia não tem sentido se ela não deixa entender contra o quê ela reage. Esse erro Platão não cometeu, pois a sua proposta da "aristocracia do mérito" decorre do fundo trágico existente no círculo vicioso das várias formas insatisfatórias de governo. Drummond também não percebe que o monstro se coloca dentro da utopia, na própria convicção de que ela é a verdade e a vida, a única alternativa correta: o monstro ressurge quando o poder é exercido em seu nome. Essa consciência – que está presente no Livro X da *República* sob o mitema da expulsão dos poetas e da metáfora do espelho – configura a obra *Dom Quixote*, ainda que o protagonista só se aproxime dela no leito de morte.

A obra *Don Quijote de la Mancha* contém essa consciência, tanto é assim que o herói não aparece somente como ridículo: também é sublime, embora risível. Os termos externos de sua heroicidade estão fora de moda; mas o ideário, pelo qual luta, não estão e não estarão. Embora ele fosse oriundo da cavalaria medieval, era não só contrário ao sistema feudal, como acenava já o ideário humanista, o espírito iluminista, aquilo que se concretizou na Declaração Universal dos Direitos do Homem e do Cidadão. É como se fosse apenas um conjunto de boas intenções mal aplicadas e, ao mesmo tempo, não fosse mais que isso (pelo fato de a realidade mesma ser "por natureza" torta, torcida). O nível do caricato aparece em Drummond apenas como um conjunto de marcas e de gestos externos de quem representa e carrega o ideal, e não como crítica concreta à realidade política brasileira (também ausente nos desenhos de Portinari). Não há nenhuma libertação aí em relação ao original, escrito numa época e num país que perseguia, e não só por meio da Inquisição, todos os idealistas e sonhadores de utopias.

Drummond, no poema IV, "Convite à glória",[7] contrapõe o ideário de cada membro do insolúvel par, o oxímóron ambulante: Quixote a propor a busca de glória; Sancho Pança a perguntar "E de que me serve?", para ambos acabarem concordando:

- Pelo teu valor e pelo teu fervor
terás uma ilha de ouro e esmeralda.
- Isso me serve.

Contra todo o sentido da obra cervantina, Sancho Pança é reduzido a um mero oportunista que apenas quer vantagens pessoais para si. Ele não seguiu viagem com Quixote, no entanto, pensando apenas em obter vantagens materiais, e nem este estava sempre a lhe prometer vantagens materiais. Caso assim fosse, não se explicaria o fato de Sancho abandonar a ilha de Barateria (uma ilha cercada de terra por todos os lados) depois de ter se tornado seu governador e de ter se saído muito bem no cargo. A promessa de Dom Quixote no sentido de dar-lhe a governança de uma ilha aparece primeiro como uma "piada", como uma promessa impossível, ridícula; depois de concretizada, ela torna-se uma demonstração de desprendimento e de que o sonho é maior que o poder imediato. Mais ainda: expõe como o sonhador é capaz de ser um homem prático, havendo um

---

[7] *Idem, ibidem*, p. 465.

profundo conhecimento de Dom Quixote ao confiar no bom senso do seu companheiro. Isso expõe também a necessidade de assumir o lado prático da existência, metendo as mãos na política.

O que se demonstra aí é a capacidade de os "sonhadores" exercerem o poder real, o que não interessa ser reconhecido pelo poder constituído e nem por aqueles que perseguem os "idealistas", considerados "malucos" por divergirem da política das classes dominantes. Há, portanto, em Drummond uma deformação dos personagens e que não é só uma simples adaptação deles ao materialismo contemporâneo. Se Sancho representa a sabedoria popular, sua atualização poderia ser feita mediante críticas ao *establishment* e ideários bastante concretos (embora também universais), capazes de atender às necessidades das camadas populares que o próprio Sancho representava (e que não eram "uma ilha de ouro e esmeralda"). Disso, porém, Drummond evitou falar.

Em Drummond, Sancho Pança aparenta dar um salto dialético de consciência que inexiste em Cervantes: em vez de corporificar o senso comum, ele mesmo se pergunta se não é o mais louco dos dois. Isso aparece no trecho "Disquisição da Insônia":[8]

> Que é loucura: ser cavaleiro andante
> ou segui-lo como escudeiro?
> De nós dois, quem é o louco verdadeiro?
> O que, acordado, sonha doidamente?
> O que, mesmo vendado,
> vê o real e segue o sonho
> de um doido pelas bruxas embruxado?
> Eis-me, talvez, o único maluco,
> e me sabendo tal, sem grão de siso,
> sou - que doideira - um louco de juízo.

Ora, um louco que se pergunta se é louco já não é mais "louco". Há uma bobagem sob essa contradição aparente. Não era próprio de Sancho Pança considerar, sendo escudeiro, o seu cavaleiro andante um mero "doido pelas bruxas embruxado". Se assim fosse, ele não o acompanharia. Ele seria um sabotador do ideário, no qual ele, a seu modo, também acreditava. A forma da linguagem (grão de siso, sonha

---

[8] *Idem, ibidem*, p. 468-469.

doidamente, etc.) usada para formular tudo isso não é adequada ao personagem, um humilde campônio, sem letras, além de os conteúdos também não serem adequados ao personagem. Há uma falsificação intencional do caráter popular do personagem, como se o autor não quisesse sair de sua postura de chefe de gabinete e herdeiro da "aristocracia rural". Não se tem mais em Sancho Pança a fala de um campônio. Isso é incompetência profissional do "homem de letras" e sabotagem do original. O que se tem aí é o discurso de uma razão senhorial, com o senso crítico limitado pelos compromissos de classe e pela falta de inventiva autoral. Se ao brio nacional fosse permitido reconhecer o caráter secundário e subsidiário do produto brasileiro, teria sido melhor "ilustrar" os *crayons* de Portinari com passagens de Cervantes, em vez de meter um intermediário a falsificar sua obra.

Na obra de Cervantes, especificamente na cena do gigante noturno (sugerido pelo ruído de um pilão hidráulico), desconsiderada pelos dois brasileiros, o importante é que não se consegue distinguir realidade e fantasia de modo absoluto. Nessa cena Dom Quixote demonstra profunda coragem. Ela é engraçada, pois o escudeiro não consegue conter as manifestações fisiológicas do seu medo. Poderia ter assim, propiciado a autores em épocas de ditadura, manifestar de modo indireto a sua própria condição (caso não fossem intelectuais orgânicos do sistema: como o foram, a cena não os atingiu). Sancho tinha respeito demais por Don Quijote, para chamá-lo simplesmente de "doido". Ele supunha que podia haver algo – uma estranha forma de lucidez e verdade – naquilo que o cavaleiro fantasiava e, nisso, ele tinha razão, e era essa razão que o fazia prosseguir. Ele jamais diria ser o "único maluco", pois, se dissesse, não teria feito o que fez. O importante é que as fronteiras entre realidade e sonho, sanidade e loucura, fato e fantasia, não são tão absolutas quanto os próprios termos sugerem e querem fazer com que se acredite.

Esdruxularias

O nono poema do ciclo, em *As impurezas do branco*,[9] dá vasão ao processo de desvio das ações de Quixote em termos de busca de

---
[9] *Idem, ibidem*, p. 467-468.

justiça, de luta contra a opressão e de defesa dos humilhados e ofendidos para o âmbito da paixão pessoal, para o amor por Dulcinéia:

> Neste só, nestas brenhas
> aonde não chega a música
> da voz de Dulcinéia
> que por mim não suspira
> e mal sabe que existo,
> vou fazer penitência
> de amor.
> Vou carpir minhas penas
> vou comover as rochas
> vou lavá-las de lágrimas,
> vou rompê-las a grito,
> ensandecer as águias
> cativar hipogrifos
> e acarinhar serpentes
> vou
> arrancar minhas vestes
> de ferro e de grandeza.

Nesse momento, Quixote é rememorado como rei do *strip-tease*, a imitar o gesto dos amantes desesperados: ao retirar-se para as brenhas, fica de ceroulas, para curtir o amor perdido. Em Cervantes, Quixote é observado de longe, da perspectiva do escudeiro e torna-se mais ridículo do que nunca no momento em que mais gostaria de que se sentisse pena e compaixão por ele: encena a ridicularização de um topos da lírica medieval. Drummond tem a pretensão de querer que a sua versão do Quixote e aquilo que o Quixote diz sobre si próprio sejam a sua última verdade. Em Cervantes não é assim, pois o simples fato de mostrar Quixote em ceroulas (que não é o mesmo que "vou arrancar minhas vestes de ferro e de grandeza"), no meio de um descampado, faz com que o personagem pareça mais frágil e cômico: ele é a grandiloqüência reduzida a zero, o patético que se torna ridículo. O leitor também sabe que Dulcinéia não era o que Quixote imaginava que ela fosse e que, portanto, a encenação do sofrimento era calcada em uma ilusão que não o valia (mas seria bom se pudesse valer). Fica também claro que a dor encenada é antes uma paródia de uma situação prototípica das canções de amor medievais, nas quais o apaixonado não precisa ser visto como ele gostaria de ser. Mais ainda: a paródia à "penitência de amor" acaba sendo uma desconstrução do sacramento católico da confissão. Isso antecipa em séculos o que Camilo Castelo Branco fez em *Coração, cabeça e estômago*, uma novela que parodia e desconstrói o romantismo. Em Drummond estão perdidos todos os elementos mais importantes dos hipotextos da cena original. O brasileiro demonstra ser um autor menor.

Embora o cânone brasileiro sirva para suprimir e impedir o acesso aos clássicos da literatura universal e ainda que autores canônicos não tenham a menor vergonha em apresentar como sendo originais certos textos calcados desavergonhadamente em autores estrangeiros, não citados por eles, isso não significa que eles consigam superar os originais e que a literatura brasileira não seja formada a partir de influxos do "exterior". A grande arte não tem pátria. Ela em geral nasce em condições desfavoráveis e tem seu abrigo onde encontra público atento e atencioso. Como já foi aventado, também a cena final do *Macunaíma* é calcada nessa cena do *Don Quijote*, na qual o cavaleiro da triste figura se retira para o descampado, para lamentar a perda da amada (mas não apenas para sentir pena de si mesmo). Nas escolas, os jovens não entram em contato com os originais e ficam raivosos quando se diz que admiram invencionices que são menos inovadoras do que supõem.

Uma diferença entre os dois textos é que Macunaíma se leva a sério, e quer também ser levado a sério, ainda que o autor tenha alegado que visava apenas a um divertimento. O cânone é sério, um aparelho ideológico do Estado. Quixote também sofre, mas o seu sofrimento é todo encenado, revertendo-se no contrário do que ele aparenta pretender ser. O romance adquire um duplo nível de leitura: como *constructo* e como desconstrução, como texto e como hipotexto. É um texto que tem subjacentes outros textos, os quais ele não apenas cita ou reproduz, mas comenta e acrescenta, já porque sobrepõe uma nova pátina, uma nova coloração. Quixote não fica parado nas brenhas e não se deixa morrer lá. Ele retoma as suas andanças e, enquanto tem forças, continua a buscar, generosamente, maneiras de servir aos injustiçados. Por isso, ele é bem mais que um pícaro: o seu avesso.

Tiradentes como Quixote nacional

Para diversos ideólogos do cânone, o Quixote brasileiro típico é Tiradentes: queriam também fabricar um herói trágico nacional. Não reparam que há nisso uma dupla contradição insolúvel, já que: 1) eles têm a preocupação de definir, a seu modo, a nacionalidade brasileira, enquanto Cervantes não estava preocupado com isso e nem queria fazer do seu protagonista um protótipo dos espanhóis; 2) o cânone é uma visão oficial, de cima para baixo, enquanto o trágico é uma ruptura radical e frontal com a perspectiva do poder. Drummond[10] decantou Tiradentes num poema que vem logo após o ciclo de Portinari sobre a obra de Cervantes:

> Lá vem o Liberdade pela Rua da Quitanda
> lá vai o Liberdade, o Corta-Vento
> vai armando sua teia
> que 100 anos não desfazem.
> Cavaleiro boquirroto,
> cavaleiro apaixonado,
> com a garra da paixão
> semeando rebelião; (...)
>
> Se todos fossem do meu ânimo...
> Mas lá está a mão de Deus.
> Pensamento-rastilho
> idéia fixa
> prego pregado no futuro:
> liberdade
> americana. (...)
>
> Fujam desse homem que ele está doido.
> O demônio o tentou para tramar escândalos
> que lhe hão de custar a prateada cabeça.
>
> Quer os frutos da terra divididos
> entre mazombos pretos índios
> escolas fábricas no país florente
> de livres almas
> americanas.

---

[10] *Idem, ibidem*, p. 474-476.

Quem iria dizer "lá vem o Liberdade, o Corta-Vento, com a garra da paixão semeando a rebelião", se a maioria era indiferente ou preferia dizer "fujam desse homem que ele está doido"? Faz-se aí, de Tiradentes, o que ele não foi. Drummond tenta marcar a diferença entre a intenção redentora do herói e a indiferença do povo, pelo qual, diz, ele se sacrifica. Só nesse sentido ele é ridicularizado para ser ainda mais elevado: não é ridicularizado pelo ideal de independência, não por aquilo que, dentro do país, fez-se depois com tal independência. Seu ideal não é reduzido apenas à independência: é como se Tiradentes – que foi dono de escravos e serviçal de Portugal, não tendo jamais tido pretensões de fazer a independência do país –, também tivesse desejado a plena igualdade social. É como se ele, durante o processo, não tivesse denunciado companheiros e nem dito que apenas queria defender os interesses de Portugal para evitar que o povo se rebelasse. A diferença entre o Tiradentes real e o Tiradentes idealizado não é elaborada no texto: é como se o primeiro tivesse sido o segundo. Esse *passus* ideológico é um impasse artístico.

Cervantes é genial ao mostrar a grandeza no ridículo e o ridículo na grandeza. Para Drummond, a "tragédia" está apenas na indiferença e na acomodação popular. Tudo o que ele quer é apoio do público, ele quer ser "popular" e símbolo do "nacional". Não perde o cacoete fascista e demagógico. Ora, se o herói se torna ridículo por se esforçar sacrificando-se por quem era indiferente a ele, o mínimo a fazer é persistir nos próprios propósitos ou dar uma banana para esse povo.

O que resta aí é a imagem de uma liderança que pretende ser mais esclarecida e que deve governar mesmo sem apoio popular: o problema desloca-se, então, para uma publicidade no sentido de granjear esse apoio (que foi o sentido da ação de Capanema ao cooptar todos os artistas e intelectuais dispostos: e quase todos estiveram dispostos a cooperar com o fascismo). Um herói não se sacrifica porque espera apoio popular e fama: ele age porque está convicto da correção de seus atos, e irá fazê-los mesmo não tendo nenhum apoio e indo contra todo o poder. Essa é a diferença entre a ética e o oportunismo político. O Tiradentes drummoniano "sabe", no entanto, que o seu esforço valerá a pena e não duvida disso: acredita que tem uma pátria e que ela é sua. Ora, não havia "pátria brasileira" no século XVIII. Trata-se de uma invenção posterior, portanto de uma retroprojeção. Essa "pátria" é inquestionável para o autor, que fazia parte do sistema de poder e nunca foi perseguido. Mais fácil é decantar um herói morto e abstrato, do que tecer a fantasia em torno de um homem vivo, como o fez Jorge Amado com Carlos Prestes, em *O cavaleiro da esperança* (uma fantasia que também não teria dado certo).

A bandeira da Inconfidência era branca não simplesmente porque a liberdade era seu elã maior. Era uma revolta de senhores brancos em prol de senhores brancos, com a exclusão dos negros. Não seria abolida a escravidão: o *libertas quae sera tamen* era escrito em latim, portanto destinado apenas àqueles que entendiam latim. Excluía os escravos de sua promessa. Tiradentes foi o único punido não porque poderia ser o líder mais importante (mas jamais seria), e sim porque era o mais pobre, um simples alferes do exército português que falava demais. Ele não tinha a menor vontade de se tornar herói. Foi necessário fabricá-lo como herói depois da independência, mais de um século após a sua morte. Foi-lhe colocado cabelo e barba compridos (que ele não podia ter como alferes e nem teve na prisão) para ele ficar parecido com o Cristo oficial da Igreja (cuja auten- ticidade é duvidosa). Ele acaba parecido também com Dom Quixote, dada a inconveniência de adotar o modelo de um herói português. Era conveniente também que fosse branco e militar para mostrar quem, por sacrificar-se pela pátria, devia receber maiores benesses.

O mínimo a pedir a um pretenso poeta seria ele não falsificar heróis, não repassar uma história sabidamente falsa. Isso tem tradição. Não se trata de não se ter piedade pelo destino de Tiradentes. Para ele não faz, porém, a menor diferença o que quer que se diga sobre ele. É hipocrisia alguém ser paramentado sozinho de sacerdote da nacionalidade. É atribuído à Inconfidência o que não se podia esperar do movimento nem do inventado herói: "quer os frutos da terra divi- didos entre mazombos, pretos, índios". Como pode Drummond de Andrade, serviçal de uma ditadura fascista, intitular-se campeão da liberdade? A ditadura a que ele serviu não foi brincadeirinha: prendeu gente, exerceu a censura, torturou e matou, criou campos de concentração, aniquilou culturas. Quem participou de tal governo, tornou-se cúmplice de tudo isso. E era "oportuno", na época da ditadura militar, publicar algo que favorecesse o "nacionalismo" e a figura do oficial de exército.

A ênfase excessiva em Tiradentes & Cia. esconde certa falta de autoridade moral para atribuir-lhe esse papel (e ter o reflexo de ser o encenador). Institucionaliza-se a hipocrisia, em que o sujeito adota uma ideologia e serve a um novo senhor como quem troca de camisa. Quando alguém elogia a outrem, é a si mesmo que elogia. Por isso, texto e vida não se separam tanto quanto se pode pretender. Precisa adotar vestes alvas, como se estivesse num altar, quem quer ditar leis e interpretações. Entoar loas a um herói falsificado – no qual todos fazem de conta que acreditam – não evita que ditaduras se repitam no país: é a repetição da mesma estrutura totalitária. Aqueles que falam em nome da liberdade, e considera o país predestinado – por atos heróicos de outros praticados no passado – à liberdade, reivindicam para si, como seus herdeiros, o direito de dirigir o país, mesmo que para isso tenham de impor à força o que acreditam que se deve pensar.

Parte III
Do engajamento

Cecília cediça

Santa e satã

Cecília Meireles (Rio de Janeiro, 1901/1964) foi professora e jornalista. Casada com um diplomata, viveu em Portugal, nos Estados Unidos e na Índia. Também esteve ligada ao Estado Novo: a questão é saber como isso se reflete em sua obra. Em 1945, escreveu o *Romanceiro da Inconfidência*,[1] com cerca de 150 páginas, distribuídas em cinco partes: 1) de I a XIX, evoca o meio mineiro, Tiradentes, a descoberta do ouro, o trabalho escravo, o espírito de aventura, tensões sociais, problemas familiares, figuras históricas; 2) de XX a XLVII, a esperança e a frustração do movimento de 1789, seu avanço, a traição, a perseguição; 3) de XLVIII a LXIV, as mortes de Cláudio Manuel da Costa e Tiradentes; 4) de LXV a LXX, o ambiente em que viveu Gonzaga, a despedida de Marília, amores afros, saudades de Marília, Bárbara Heliodora; 5) de LXXXI a LXXXV, "evoca" a fala dos inconfidentes mortos após vinte anos e as fantasias da rainha Maria I, a Louca.

Tem-se aí um prato cheio para o entusiasmo patriótico: um texto a ser lido de joelhos; se não, ao menos fazendo continência. O coração aos pulos, os olhos marejados. Cada "romance" vale por si e, ao mesmo tempo, faz parte de um "romanceiro" em que o divino espírito santo da pátria se faz carne e passa a habitar entre nós. A citação bíblica não é ocasional. Citações do texto, em filmes como "Chica da Silva" e em canções de Chico Buarque de Holanda fazem parte do mesmo ciclo cultural e indiciam a ideologia "nacionalista" em meios pretensamente esclarecidos.

---

[1] Cecília Meireles, *Obra poética*, p. 403-548.

Voltada para o passado colonial, tal obra foi escrita no período do retorno de Vargas ao poder e da luta nacionalista, que, em torno de 1950, marcou campanhas como "O petróleo é nosso", a criação da Petrobrás, da Siderúrgica de Volta Redonda, da Companhia Vale do Rio Doce, etc. Para fortalecer o Estado e dar concretude ao espírito totalitário, a "União" passou a investir em áreas estratégicas para acelerar o processo de industrialização. Meio século depois, ela passou a desmontar esse esforço totalitário (que já foi considerado "socialista"), ao privatizar empresas estatais, as quais, em geral, já eram empresas privatizadas pelos interesses dos políticos governantes e dos funcionários. Nelas, a "classe trabalhadora" tratou de, quando pôde, privatizar os lucros e socializar os prejuízos. Predominava o sistema capitalista, em que a maioria trabalha para uma minoria, a qual se apropria de boa parte do trabalho dos operários e vive com vantagens exclusivas, atrela a cultura ao seu cortejo e usa-a para legitimar essa apropriação.

O *Romanceiro* confunde liberdade com independência, versão histórica com fato real. Trata, aparentemente, da luta anticolonial, exaltando a ficção de um passado para acabar aplaudindo o governo central como herdeiro do sacrifício pretérito, em vez de assumir o negativo de 1822 a 1945 para questionar o gesto atribuído aos inconfidentes e confrontar a diferença entre o que de fato ocorreu e o que se gostaria de imaginar que teria ocorrido. O desejo transforma os fatos em ficção, mas a ficção apresenta essa ficção como se fato tivesse sido. Dentro do antigo chavão de o poeta encarar-se como profeta e visionário (tanto mais quanto menos o é), Tiradentes é transformado em *alter-ego* da autora. Esta faz de conta que registrava a "opinião do povo" que teria considerado Tiradentes antes um louco do que um líder, para "demonstrar o que todo o mundo já sabe": que ele estava certo ao se sacrificar por esse povo o qual não o entendia. Em suma, o líder tem de impor a ferro e fogo a salvação geral. Ao querer impor a sua versão da história como a própria história, o seu signo como a coisa significada, esse tipo de "poesia" é totalitária: pretende que a sua parte seja o todo e que todos acreditem no que diz. A poesia, no entanto, não se impõe: ela apenas se expõe.

A arte tem sido vista como mímese para que a versão da história e a visão da sociedade segundo a perspectiva das classes dominantes sejam vistas como a própria história e a estrutura normal da sociedade.

Os textos canônicos servem para doutrinar essa ideologia. O *Romanceiro da Inconfidência* é sintomático quanto a essa postura doutrinadora do cânone. Tenta generalizar, mas volta-se sempre de novo a uma versão parcial de um fato histórico singular. Prepondera, portanto, o espírito jornalístico, bem como o impulso retórico de convencer as pessoas a submeterem-se aos interesses que o autor do discurso representa.

Tem-se aí – como em Drummond, que "reutilizou" essa abordagem dentro da "solidariedade" interna do cânone – um elitismo embutido, em que tudo se faz para o povo e pelo povo, mas nada através do povo. Não se explora a hipótese de que o povo talvez não quisesse a salvação que lhe era "estendida". Mantém-se aí o esquema do mito da caverna, na *República* de Platão, em que um se considera dono da verdade e se intitula filósofo (ou, no caso, projeta essa convicção num *alter-ego*), dando-se o direito de impor sua convicção a todos. A verdade declarada de Sócrates é, porém, apenas o heliocentrismo, hipótese tão errônea quanto o geocentrismo do senso comum (nesse erro se funda, porém, a distinção entre doxa e epistema, opinião e ciência). Como a fala de Sócrates é irônica, ela nunca se esgota naquilo que ela declara: sempre há algo mais mentado aí. Não se trata de afirmar, por outro lado, que "o povo está certo" ou "a voz do povo é a voz de Deus".

Isso é emblemático da atitude de superioridade do autor como autoridade, num sentido antitético à capacidade do sujeito poder pensar por conta própria. O que aí fala não é a voz autônoma do sujeito: há uma ficcionalização da história, como fala do boneco de um ventríloquo que não é percebido. Mostra-se nisso a diferença entre autor e escritor: este não foge às contradições do real e nem faz assertivas tão simplórias que possam ser rebatidas por argumentos primários ou que não passam de banalidades. Instituída a desconfiança na verdade absoluta mesmo no sentido hegeliano, não de uma visão de um mundo das idéias em si, mas da coincidência entre o que está no sujeito e a natureza do objeto, já que se trata de outra ficção, tudo fica como que à solta no mundo das sombras, que nem sequer é mais reconhecido como tal, já que sua antítese inexiste (sem que isso seja aceito como definitivo).

A noite começa com o amanhecer. Contempla-se um mundo em que, por toda a parte, está instituída a falsidade e a mentira, o desvalor e a inversão dos valores: e parece que nada mais se pode fazer, nem sequer dar os nomes aos bois, como se tudo fossem apenas palavras, sem substância. Não só por ser a tarefa corretiva, como de fato ela é, infinita e infindável, mas porque falta ânimo para retomá-la, como se houvesse uma "falha" na convicção que move missionários, heróis, ditadores, santos, revolucionários. Essa neo-abstinência parte não do abandono da busca da verdade, mas do questio- namento dos conceitos correntes de verdade e de justiça, bem como da convicção de que eles por si conduzem ao justo, ao belo, ao bom.

Isso parece o abandono de qualquer esperança, luta ou ação, ainda que pretenda ser apenas o abandono de estruturas arcaicas (embora ainda dominantes); ocorre uma reavaliação de antigas avaliações e visões de mundo. O ato de escrever ou meditar a respeito parece ter perdido o sentido: ele é inconseqüente, como se ainda estivesse preso a uma posição que já devia ter sido superada. Essa negação seria mero engodo caso fosse apenas jogo de cena, não um avanço no questionamento. Seguramente, é mais fácil repetir a mitologia da brasilidade, bradar o grito patriótico, comover-se com a candura de Cecília Meireles, com a hipocrisia de Drummond, com a tirania de Jorge Amado. Tudo seria, porém, ingênuo e arcaico; a segurança seria falsa, o grito esconderia o desespero, a declaração altissonante não teria crédito. Quem é ingênuo na avaliação teórica acaba sendo massa de manobra na prática e acaba colaborando com o senhorio. Há um horror à teoria porque a ideologia literária vigente não quer que sejam questionados os seus pressupostos teóricos, embutidos em suas formulações, seleções autorais, currículos e programas. Não importa o fato de a maioria, mesmo dos intelectuais, embalar-se num desses "sonhos" que ela supõe ser realidade: milhões podem estar errados. É mais típico do intelectual estender o tapete vermelho às autoridades do que tirar o tapete sob os próprios pés para poder voar a territórios mais avançados.

Pode haver o abandono da tirania da esperança sem que a luta seja abandonada. Enquanto ainda se escreve, está-se inscrevendo uma aposta, está-se inscrito em uma aposta de que algum sentido deve ter esse gesto de escrever, mesmo que ele seja usado pelo inimigo e mesmo que ele não queira dominar o outro e nem fazer dele o canteiro de uma sementeira. Atribuir a um pseudo-herói pretérito o que ele provavelmente jamais tenha pensado ou desejado é um engodo se ao mesmo tempo não é feito um desvelamento dos mecanismos de projeção. Que a limitação favoreça o ingresso no cânone é um estreitamento o qual impede, contudo, o acesso à arte, por mais bem escrito que pareça o texto.

A "tragédia" do herói pátrio que não é entendido nem apoiado pelo seu povo pode não ser uma tragédia, e sim apenas um mal-entendido. Se "o povo" não quer o caminho que lhe é oferecido, este não é seguido; se o povo quer, não é necessário um herói isolado, um bode expiatório. Se o herói não representa aspirações coletivas (como Tiradentes não representou em torno de 1790), ele não é trágico. O que se tem nele é apenas um drama que é visto com indiferença ou com horror pelo "coro". Só como retroprojeção republicana é que se pode querer ver uma "tragédia" coletiva nele. Trata-se, então, de uma "tragédia" inventada que mais uma vez encobre a tragédia não percebida pelos conterrâneos, mas ela revela ser mera invencionice quando se projeta no personagem o que ele jamais foi e nem pretendeu.

Como atribuir, por exemplo, a donos de escravos, como eram os "inconfidentes", o desejo de acabar com a escravidão? Como fazer de um histrião menor a figura líder de um movimento, se ele próprio reconheceu que não tinha condições de liderar nada e "traiu" Gonzaga, ao dizer que este, sim, tinha condições de liderar uma insurreição? Se o herói trata de fazer algo pelas camadas baixas da população, em prejuízo das altas, tende a ser esquecido ou difamado. Se é lembrado positivamente, é porque já se tornou, como discurso, ação e figura, inóquo ou contrário à sua intenção. Ele deixa de ser autêntico. Para ser canonizado, precisa servir aos teoremas da oligarquia.

Loucura a cavalo

No "romance XXX", a figura de Tiradentes aparece da perspectiva de uns tropeiros, numa elaboração imitada por Drummond, o que demonstra mais uma vez o férreo sistema constituído pelo cânone, o qual, por si, não permite outra abordagem que não aquela que ele institui como "verdade histórica":[2]

> Passou um louco, montado.
> Passou um louco, a falar
> que isto era uma terra grande
> e que a ia libertar.
>
> Passou num macho rosilho.
> E, sem parar o animal,
> falava contra o governo,
> contra as leis de Portugal.
>
> Nós somos simples tropeiros
> por estes campos a andar.
> O louco já deve ir longe:
> mas indo o vemos pelo ar...
>
> Mostrando os montes, dizia
> que isto é terra sem igual,
> que debaixo desses pastos
> é tudo rico metal...
>
> - Por isso é que assim nos rimos
> que nos rimos sem parar,
> pois há gente que não leva
> a cabeça no lugar.

Nessa exaltação patriótica – em que Tiradentes é o mocinho do faroeste – o leitor é levado a comover-se com a ira profética de Tiradentes e a enfurecer-se com a falta de compreensão dos tropeiros. Todos são "obrigados" a pensar do mesmo modo, pois só há um modo correto de pensar: o patriótico. Os tropeiros ficam rindo da "assertiva de Tiradentes", a de que havia "rico metal debaixo desses pastos" e o consideram louco por isso e por falar contra a dominação estrangeira. Como o leitor "sabe" que sob cada capim mineiro há uma pepita de ouro, ele assume como "verdade última" a mitologia

---

[2] *Idem, ibidem*, p. 461.

corrente de Tiradentes como protomártir da independência, identificando-se com ele enquanto sacode a cabeça com a incompreensão do povo em relação à sua elite. O movimento "poético" é primário.

Repete-se o chavão de que o Brasil é o El Dorado. Atribui-se à terra o narcisismo coletivo, o qual facilmente passa à arrogância assim que consegue alguma vitória (e que, em vez de um relato objetivo dos fatos, prefere computar apenas as vitórias e os setores nos quais supõe ser superior). O "louco" é aquele que pretensamente teria mais razão, pois veria além do imediato. Ele é um profeta antes de se tornar um mártir: o hipotexto da mitologia da Inconfidência é o texto bíblico, na versão católica. Tiradentes está para São João Batista assim como Dom Pedro I está para Jesus Cristo. A salvação veio pelo rei dos homens, por uma decisão do iracundo e exigente Jeová que é o Pai Portugal. O mínimo a exigir de um texto moderno seria explicitar esses pressupostos teológicos que impõem e emprestam uma teleologia à história. O leitor é levado a crer que é muito esperto ao ousar se identificar com o "louco", e já não percebe mais em que armadilha da exegese histórica ele caiu. Pior que isso, no fundo, ele sabe que é uma hipérbole, mas prefere fazer de conta que o seu camuflado narcisismo seja a verdade histórica. Sob a aparência de dialogismo, com a perspectiva dos tropeiros em contraposição à de Tiradentes, o que se concretiza no leitor é o monologismo reforçador de convicções já sedimentadas cuja consciência histórica máxima é achar que os "inconfidentes" se sacrificaram como mártires pela independência do Brasil.

Tem-se nesse trecho a oportunidade (não aproveitada) de saltar por cima da própria sombra (mudando de referência, superando o hipotexto). Tiradentes nada tem a ver com essa mobilização de fantasmas. Ele é apenas um espectro reinventado. Nenhuma dor a ele atribuída é autêntica. Os autos da Inconfidência registram que decisivo contra Tiradentes seria o fato de ele ter alardeado, quando estava bêbado na taberna, que os brasileiros ainda acabariam fazendo com os portugueses o que os "americanos" haviam feito com os ingleses. Ele não era original nisso, já que o documento mais subversivo a circular na região era a Constituição norte-americana. Durante o julgamento, Tiradentes tratou de assegurar que, quando o dissera, não havia afirmado ser favorável à independência, mas queria que as autoridades lusas se precavessem para que tal fato não acontecesse, e que ele só estava, como fiel alferes das tropas portuguesas, a alertar contra essa possibilidade. A queda de Pombal no governo português com a ascenção da rainha Dona Maria I representou, nas colônias, a diminuição do poder local e da autonomia que as autoridades gozavam. A Coroa portuguesa quis instituir, com o processo da Inconfidência, um exemplo para marcar o retorno a um *status quo ante*, que não favorecia os interesses dos proprietários de escravos e de minas de ouro. A situação agravou-se com a cobrança de impostos atrasados, mas nunca houve um movimento organizado, com tropas e armamentos, para fazer uma efetiva ruptura com Portugal. É uma inventada mitologia brasileira. Tiradentes foi morto por ser o mais pobre do grupo.

A distância real entre Tiradentes e Joaquim Silvério é menos antitética que a versão nacionalista procura repassar: de certo modo, apenas entre denunciar inconfidentes antes ou depois da prisão. Durante o processo, Tiradentes dedurou Gonzaga como o único que seria capaz de liderar a rebelião: ele não era melhor que Joaquim Silvério. A prisão, a acusação e a execução constituíram a polarização, determinada principalmente pela ação antipombalina da Corte. A repressão radical nem era necessária, tanto que por dezenas de anos não houve mais nenhuma tentativa séria de independência, fato que as próprias autoridades da época entenderam ao abrandar as penas. Afirmar que as declarações de Tiradentes no processo foram apenas mentiras legais é, sobretudo, projeção do desejo de que ele de fato tenha sido como se costuma dizer que ele foi. Um texto de qualidade sobre o episódio teria de operar dialogicamente essas diferentes interpretações, longe do erro primário de crer naquilo que o narcisismo e a patriotada induzem a crer.

Um texto mais de acordo com a realidade da "Inconfidência" não seria, porém, aceito ou reconhecido como sendo "de qualidade", pois estaria fora do parâmetro imposto pelo cânone. Pior ainda, ele estaria contra as normas estéticas vigentes, e essa "traição" não lhe seria perdoada, já que a sua "verdade" pareceria uma absurda violação da "verdade histórica" e do "bom gosto". O cânone institui um parâmetro do "me engana que eu gosto", que começa com a metamorfose de um texto jurídico português em ficção brasileira, continua com a conversão de catecismos e sermões em literatura, coroa-se em terminologias inadequadas e mentirosas como romantismo, realismo, naturalismo, parnasianismo, modernismo ou concretismo e acaba com a exaltação simplória de fantasmas, projeções de desejos como se fossem indubitáveis fatos históricos.

O entrechoque das fidelidades contrárias, que poderia se refletir em conflitos íntimos e pessoais, não foi desenvolvido no *Romanceiro*, o qual apresenta o alferes de modo unívoco, a lutar convicto pela independência do país, numa retroprojeção *post-factum,* cujo pressuposto é uma ingênua idealização da Inconfidência e da Independência. Aos tropeiros, menos importava a promessa de rico metal sob os pastos do que os próprios pastos: além do exagero de dizer que "tudo é rico metal", a determinação do que interessava na região ainda é feita de fora para dentro, o que reduz a questão econômica – cuja função básica é garantir a alimentação do povo – à exploração do ouro. Se os inconfidentes, donos de mineradoras, só estavam interessados no "rico metal", e descuravam dos meios de subsistência, não só a revolução, se vitoriosa, estaria predestinada ao fracasso (o que não impediria o enriquecimento de seus líderes), como também o povo continuaria pouco tendo a dizer sobre o destino da terra. A metamorfose do fato em mero *Märchen* contém uma dimensão de logro, engano e engodo, com a qual se continua engambelando o leitor, substituindo a realidade pelo desejo e repassando como suprema qualidade um texto inconsistente.

Os pastores ficam rindo de Tiradentes, mas para que o leitor se ria deles e reafirme os pré-conceitos da mitologia da brasilidade como grau último de consciência; ele tem certeza de que "o profeta" estava certo e eles não. Há uma aparência de dialogismo – de posturas antitéticas – para que não haja dialogismo algum, mas apenas a reafirmação de uma só postura, uma crença nacional em que se projetam crenças católicas, anterior a qualquer reexame mais sério do tema e explicitação dos pressupostos teológicos da historiografia. Se há um sorriso, é de simpatia e solidariedade por aquele que é o Cristo oficiado na missa da redenção nacional. Isso poderia propiciar também uma "missa negra", na qual se expusessem momentos negativos da história política e social do país, dando uma chance às "massas oprimidas" de expor o seu ponto de vista. Nada disso acontece, porém, nessa exaltada jornalista. Não se mostra como se torna "direita" o que já foi "esquerda". Quando um Chico Buarque retoma o texto, repetindo-o com todas as letras e com um entusiasmo ainda mais enganador, ele não é um "homem de esquerda", mas um intelectual orgânico, o qual apresenta e representa a mesma estrutura totalitária profunda. Ele está mais à direita do que a "esquerda" gostaria de acreditar: faz parte do mesmo círculo e faz mais parte do *establishment* do que se acredita. Não há um confronto entre a utopia e a realidade concretizada, entre a promessa e a prática.

Embora haja a projeção da figura de Dom Quixote em Tiradentes, está-se muito aquém da consciência existente em Cervantes. É como se não houvesse progresso na história literária, mas apenas regressão, a partir de píncaros abandonados, interditados nas escolas do país. A grande literatura faz as pessoas crescerem e, por isso, a oligarquia não quer pessoas que pensem por si e possam questioná-las: preferem idiotas que as sirvam achando que são grandes espertalhões. O poder diz: "Mais quero asno que me carregue do que...". Seus comparsas aplaudem. A coragem de Dom Quixote é ridícula, pois é inadequada aos fatos. O seu leitor sabe, no entanto, quais são os fatos e sabe a diferença entre eles e a fantasia do protagonista. Nesse desnível se precipita a cascata da ação com a força do riso. Essa diferença não existe no *Romanceiro*. Quando não se elabora a diferença entre o fato e a fantasia no texto, sabendo-se que é apenas fato textual e fantasia textual, quando se acredita que o fato histórico foi a fantasia, então o cômico se torna, a rigor, impossível, pois não há uma bemolização, uma retomada do tema em um tom inferior. Perde-se o hipotexto possível e, portanto, também a plurivocidade de sentidos.

Tiradentes é, então, apenas alguém que morre cedo demais, fazendo o jogo do suposto inimigo: ele é o seu próprio inimigo, por precipitação. Como tal, ele é a sua própria negação como líder político, pois este precisa sobreviver para vencer. Ele serve apenas para glorificar a independência como linha divisória do país entre antes e depois do advento da salvação, o que cai na ingênua lógica de que desde 1822 os problemas básicos do país estão resolvidos ou, ao menos, tem-se um governo federal que está encaminhando as melhores soluções. Nesse sentido, Getúlio Vargas seria o herdeiro do sacrifício dos inconfidentes: essa é a lógica política do *Romanceiro*, tão limitada quanto o texto. Seria possível, por exemplo, elaborar um Tiradentes que se arrependesse por ter-se deixado sacrificar por algo que não valia o sacrifício: o único lamento é, porém, o fato de ele não ter tido o "apoio das massas", feito um demagogo. Poderia ter sido enxertada aí a consciência de que também o arrependimento seria inútil, já que representaria mais uma concessão ao inimigo. Já que há uma fala de espectros vinte anos após 1789, o fantasma de Tiradentes poderia ter se encontrado com o de Joaquim Silvério para agradecer por ele ter-lhe dado glória imortal, enquanto se condenava ao inferno de ser o Judas brasileiro. Ora, sem Judas nem Jesus teria podido tornar-se Cristo e "salvar a humanidade".

Tem-se piedade de Dom Quixote, porque se gostaria que fosse verdadeiro o seu mundo de sonhos, fosse concretizável o seu ideário. Na piedade por ele, há piedade do leitor por si mesmo, já que tem de viver num mundo menos bom do que ele gostaria. Há uma grandeza acima dos títulos de nobreza à qual o cavaleiro andante acena, sem que ele mesmo possa realizá-la epicamente: ele a acena pelo avesso travesso, como desejo que se demonstra impossível, a qual mesmo assim deve ser buscada.

Diante disso, o Tiradentes de Cecília Meireles é simplório, não consegue ser uma tradução da figura como cruzamento de tensões históricas, pois não apresenta a internalização das contradições de fidelidades e ambições da época, o contracanto das declamações, a contraposição dialógica da assertiva. Ele é apenas o portador de uma versão simplificada de um suposto ideário, não o ponto de cruzamento de tensões e impulsos contraditórios. Ele é falsificado. A primeira coisa que a Inconfidência Mineira não faria seria libertar os escravos. Até os mártires Gonzaga e Tiradentes tinham escravos e se orgulhavam disso. Quando aparece algum aceno de plurivocidade, é para melhor negá-la: não é aproveitado o impulso para ir além dos pares oposicionais vendo em cada um a presença de seu outro. O patriotismo mata a autora que, por sua vez, vive dele. Sua limitação é sua glória e sua glória é sua limitação. Ela suicida-se naquilo que a impulsiona; em que ela pensa estar sua força, está sua fraqueza. A paixão deixa-a cega, incapaz de avivar temas universais. O seu único universal é o universo local. Não consegue falar do universal recitando sobre o tema local: acaba perdendo-se na limitação do falso localismo. Quando quer generalizar, apenas volta ao singular, e atende à sua vocação de jornalista.

Quixote também levava a sério as idéias com as quais se tornava ridículo, mas, como o mundo não conseguia provar que elas eram ridículas, a dupla superação permite-lhe alcançar novo nível de grandeza, no qual a negatividade é superada dentro do texto. Cecília faz de conta que sua figura ideal teria sido real, e que esta teria sido ideal. Assim, ela consegue ser simplória. Pior que isso, ao fazer da história uma história da carochinha, acaba endossando a negatividade do real como se fosse positividade. Dom Quixote torna-se realmente ideal porque confunde o real com o ideal sem que se perca a noção de que o real não é ideal. Cecília (como Drummond), ao querer dar grandeza a Tiradentes, consegue perder a chance de assegurar-lhe grandeza literária; ao querer educar o povo, deseduca o público. É uma pregadora de palanque, uma catequista de púlpita, não uma grande poetisa. Não consegue tornar o potencial trágico ainda mais trágico pelas lentes do riso. Consegue apenas reduzir o melodramático ao meloso.

Isso tudo não é ocasional, como se mostra em outro romance:[3]

> Por aqui passava um homem
> - e como o povo se ria! -
> que reformava este mundo
> de cima da montaria. (...)
>
> "Do Caeté a Vila Rica,
> tudo ouro e cobre!
> O que é nosso, vão levando...
> E o povo daqui sempre pobre!" (...)
>
> "Faremos a mesma coisa
> que fez a América Inglesa!"
> E bradava: "Há de ser nossa
> tanta riqueza!"
>
> Por aqui passava um homem
> - e como o povo se ria! -
> "Liberdade ainda que tarde"
> nos prometia. (...)

---

[3] *Ibidem*, p. 462-463.

Pobre daquele que sonha
fazer bem - grande ousadia -
quando não passa de Alferes
de cavalaria!

Inventar, em 1945, que Tiradentes teria bradado "Há de ser nossa tanta riqueza!" ofende a inteligência do herói que ela quer divinizar. Não se configurava, já em 1789, que a riqueza ficaria nas mãos de poucos, à custa da miséria dos que trabalhavam, e que esses poucos eram "os inconfidentes"? Tiradentes é reduzido à explícita tese da extrema direita de que "o que é bom para os Estados Unidos, é bom para o Brasil".

A autora quer que o quixotismo impregne a sua figuração de Tiradentes: o cavalo torna-se um índice de cavaleirismo. Quixote nunca pretendeu, porém, "libertar o seu país". A preocupação dele não era nacional e nem nacionalista. O seu horizonte, alimentado pelas novelas de cavalaria, não estava limitado ao horizonte burguês do Estado-nação. A humanidade não se reduzia, para ele, a um só povo e nem o mundo se dividia em bem e mal segundo as fronteiras do nacional *versus* estrangeiro. Cervantes constitui (sem querer) uma demonstração da limitação de Cecília Meireles, a qual se restringe ao tema local, num horizonte estrito e estreito.

O que nela parecem bons dotes verbais, revela ser verborréia. Por isso, não escreve bem, pensando mal, mas redige infantilmente pensando de modo primário. Ela está, porém, dentro do paradigma canônico, de Anchieta a Castro Alves e Drummond: o que lhe dá força no sistema é a sua limitação e fraqueza. Os "inconfidentes" como personagens não conseguem protestar contra o ridículo de ser usados para propagar o totalitarismo. Cervantes usou, no início da segunda parte do seu romance, o artifício de o próprio Quixote comentar as histórias que circulavam sobre ele. Isso permitiu ao ser de ficção, olhando a ficção, assumir uma distância crítica e parecer mais real. O distanciamento entre o personagem e aquilo que lhe era atribuído permitiu recuperar realidade no espaço da ficção e ampliar o espaço ficcional. A brasileira não consegue fazer isso, pois sua vocação não é crítica e sim doutrinária, pois quer pregar uma ideologia de Estado. Ela não está aí para desmontar uma mitologia, como Cervantes, mas para reforçá-la mais uma vez.

Ao ler que Tiradentes teria sido ridículo, o leitor canônico sabe, ou supõe saber, que ele jamais foi ridículo, mas profético, pois "os seus sonhos se concretizaram", já que o Brasil deixou de ser colônia de Portugal. É como se todos os sonhos de liberdade, autonomia, dignidade tivessem de fato se concretizado no país (que é o único espaço que importa). A preocupação que gera e sustenta a obra é a "formação nacional" simbolizada na figura de um "Protomártir da Independência", cujo sacrifício teria sido resgatado em 1822. É uma perspectiva totalitária, que se apresenta como nacionalismo, sob a qual existe uma visão católica de mundo: é o mesmo nazismo que formou Portugal e a política do V Império. Essa ideologia reproduz-se hoje na forma de "Brasília, capital do terceiro milênio". Se o país tivesse resolvido os seus problemas sociais e não vivesse sob o signo do neocolonialismo, não haveria sequer necessidade de insistir na figura de um "legendário herói", o qual teria morrido por defender a riqueza natural do país para os seus habitantes. Assim, sob a aparência de refletir os problemas, mais uma vez eles são omitidos. Parece até que a Proclamação da Independência resolve basicamente tudo. A autora quer impor a sua versão como se fosse toda a história: é sua forma de autoritarismo.

Falar assim dos inconfidentes é um modo de não falar daquilo que, como constelação histórica, pode levar alguém a querer ressuscitá-los. Ridículo torna-se não apenas o povo que vê o ridículo no herói e não o vê em si, mas também aquele que, a pretexto de perceber o ridículo dos vaqueiros, deixa de perceber a jogada em curso, na qual se substitui o problema real por um ficcional, tornando-se principal o que é apenas acessório e deixando de lado o principal. Aí não se vê a "trave" no próprio olho ao ver o "argueiro" no olho alheio. A autora finge que os termos em que ela apresenta "os fatos" são o mais alto nível possível de consciência. Sob a aparência de apoio a uma rebelião, o que menos se quer é o questionamento do poder no presente. O leitor é mais uma vez levado a endossar a história oficial: sob a aparência de louvar a revolução, afirma-se a visão de que tudo se resolveu com uma declaração de independência. Não se enfrenta a nova dependência externa e nem as novas formas de opressão interna. É fácil endossar uma falsa versão de "heróis antigos", fazendo de conta que se está a fazer tudo (para acabar nada fazendo). É como assistir a missa, como simulacro do sacrifício de Cristo na cruz, para achar que se é "bom cristão" em "virtude" de uma simbólica identificação masoquista, deixando intangidas as maldades cotidianas, sobretudo as praticadas pelo próprio sujeito. No dia 21 de abril, o país celebra a missa de Tiradentes como rememoração incruenta do seu sacrifício pelo país, e repete em âmbito nacional a salvação feita por Cristo.

Com a redução do herói a uma idealização vazia, fica ausente a tragédia de não ser possível expor e resolver as grandes tragédias do país (o que não impede que se dramatize a salvação como já ocorrida, bastando aderir a ela mediante a conversão à mitologia da brasilidade, a qual é pregada nas escolas com o cânone, com a versão oficial da história, com marchas de Sete de Setembro, etc.). É como se houvesse apenas um pseudo-sofrimento pretérito, já vivido por outros, alheio e distante. A pseudocatarse do leitor exigiria uma identificação apenas com o lado épico do "herói", sem que seja assumido propriamente o estranhamento, o insólito da vivência do trágico, o qual revoluciona a vida de quem é arremessado nele. Não se vivencia a limitação e o peso da "estrutura ideológica nacional" a partir do insólito do trágico, mas reduz-se o insólito ao costumeiro (é como se este se reduzisse à visão de um país independente conhecedor de suas riquezas). Mais longe não vai aí a "vivência do trágico". Este é soterrado, como se já estivesse resolvido e os "verdadeiros heróis da liberdade" não continuassem sendo aniquilados no presente. Tanto para Cecília como para Drummond (e todo o cânone) há valores grandiosos somente em sua própria "visão" de Tiradentes & Cia.; do outro lado, existe apenas cobiça, rapina, oportunismo, cegueira, prepotência, etc. Essa visão é uma forma de cegueira que não vivencia o trágico, reduzindo-o ao melodramático. Não chegando ao trágico, jamais consegue alcançar o tragicômico. Cai no piegas, e acha que é patriota. Faz da ignorância profissão de fé.

Apesar do esforço de adjetivar positivamente o herói e de conclamar extremado patriotismo, o espectador com um mínimo de senso crítico não se pode deixar envolver por esse discurso. A estrutura do texto trata de coibir qualquer antipatia pela sua versão do protagonista. Este, a rigor, não é ninguém: apenas uma abstrata negação do poder metropolitano, o qual não tem mais nada a dizer exceto confirmar a história havida como a melhor história possível. A autora fala, no entanto, em nome de "heróis" de um suposto passado como se fosse dona deles. Suspende-se aí – num falso nacionalismo que se torna uma forma de xenofobismo e fechamento de fronteiras – a questão mais concreta e atual do subdesenvolvimento, a qual leva as pessoas a morrer mais cedo, a sufocar seus potenciais, a estar sujeitas à má administração dos recursos públicos e à rapina dos grupos econômicos, etc. O tempo devora o trágico, não tanto porque as feridas cicatrizam, mas porque surgem outras, piores. É o que se costuma camuflar sob o nome de "progresso", esse acúmulo incessante de ruínas.

Como Tiradentes não tem êxito em sua pregação e não consegue formar um exército, ele é ridicularizado e não consegue se tornar um herói épico, embora não assuma o seu lado ridículo, já que ele é visto como um mártir; pelo lado do leitor o texto quer provocar, no entanto, uma encenação contrária, e faz com que cada um queira ser um grandioso herói épico, parte de um exército formado por todos os cidadãos: "ou ficar a pátria livre ou morrer pelo Brasil". Esse impulso textual do "quem for brasileiro que o siga" tem vocação totalitária, ao preço de interromper a vocação do percurso trágico, que tem o apelo do diálogo e da expressão do oprimido, ao deixar as antíteses articularem-se e os choques condensarem-se. Esse Tiradentes espectral só lidera um exército de fantasmas. Embora o texto tenha um tom patriótico, não há vivência direta de perigo e de combate. Onde se lutou e morreu pela independência, é silenciado; onde só se conversou, é badalado. Cada região quer ser dona da independência para ser dona do país. Tudo se reduz a evocação, não a "fatos"; lirismo encenado, não luta. Como Tiradentes não consegue rir de si mesmo, ele também não ri de ninguém, embora a sua aparente vitória como espectro da história pareça justificar eventuais gargalhadas.

A "literatura brasileira" é reacionária e limitada na medida em que segue o padrão do cânone. Ela preocupa-se apenas em repetir o mesmo sujeito, predicando-o mediante juízos analíticos e pré-juízos sem análise. Ela é, por natureza, inimiga da teoria, da literatura comparada, da filosofia, da estética, da literatura universal e da arte, ainda que finja o contrário até por usar todas essas instâncias para se afirmar (ao preço de reduzi-las a seu estreito horizonte). Para ela, é insuportável o que a transcende e questiona. Trata de bani-lo onde pode: é o que vem acontecendo com a barbárie da exclusão dos clássicos. Ela prefere a ideologia à ciência, o alienado ao autêntico. Faz de conta, porém, que é científica e original.

A "literatura brasileira" – como *corpus* e área acadêmica – é parte dessa inautenticidade destrutiva, desse estrangular o talento pela mediocridade, embora queira falar em nome do autêntico e do próprio. Ela sempre procurou destruir qualquer teorização que fosse capaz de questionar seus fundamentos. Onde começaram a surgir centros teóricos, fossem em Porto Alegre, São Paulo ou Brasília, esse ego autoritário tratou de aniquilá-los. Só não se tem uma decadência nesses setores porque nunca houve progresso. São apresentadas, então, como supremo raciocínio humano, banalidades textuais primárias e bobagens sobre "poética". Há um orgulho em ser ignorante e reacionário, tratando-se de banir, como se fosse a peste, o que possa representar a ultrapassagem de seu nível. Vigora o oportunismo, pois ele é a lei do cânone. Como é lei, parece esperteza, sendo esta confundida com inteligência.

Apetrechos do *Romanceiro*

O *Romanceiro*,[4] ao ter alguns de seus trechos musicados por Chico Buarque na época da ditadura militar, recebeu do contexto histórico uma nova atualização:

> Embaixo e em cima da terra,
> o ouro um dia vai secar.
> Toda vez que um justo grita,
> um carrasco o vem calar.
> Quem não presta, fica vivo:
> quem é bom, mandam matar.

Isso foi entendido, por Chico Buarque, como um protesto contra a "linha dura" na época da ditadura, com facções das forças arma-

---
[4] *Idem, ibidem*, p. 420.

das, dos serviços de informação, dos órgãos de repressão, dos políticos conservadores, etc. Boa era a esquerda; má, a ditadura. Ora, essa ditadura foi feita por brasileiros, para brasileiros, como o foi a ditadura Vargas e a de Floriano. O mundo não se divide em bem e mal conforme o ser ou não ser brasileiro. É simplório dividir desse modo o mundo moral, sem assumir o fato de essas ditaduras serem expressões autênticas da brasilidade, e não apenas uma extensão da dominação externa, uma interiorização do mal advindo de fora. Se, toda vez que um justo gritasse, um carrasco viesse matá-lo, seria preciso, para fazer um plantão de 24 horas ao dia, ter ao menos três carrascos para cada justo. Onde arranjar tanta gente? Logo ninguém mais ouviria o grito e não se saberia mais a diferença entre o justo e o injusto. Todo gritalhão seria, então, um suicida, não "um justo". Precisaria ser feito ainda um cálculo de quantos justos existem, mas, como ele só se revelaria ao se manifestar, seria preciso armar um extenso sistema de espionagem, além dos carrascos de plantão como anjos malévolos para cada um. Logo seria preciso arranjar ainda mais espiões para, além de detectar os "justos", espionar os espiões e os carrascos. Esse grotesco sistema já existiu, e existe. A repressão na literatura começa com os professores de português e de literatura brasileira, mas não acaba nesses inimigos naturais da liberdade. Não é boa poesia o texto que pode ser rebatido com argumentos lógicos.

A lógica desse texto é insensata. Por que o ouro vai secar? Secar significa acabar em duas sílabas, considerando apenas as minas de rios? Que ele acabe em Vila Rica, não significa que ele todo acaba no mundo globalizado. Ele não é extraído para ser aniquilado, mas para ser usado. Ele não é a única forma de riqueza, como se fosse o sangue do povo: essa é uma perspectiva externa, proposta como defesa do interno. Se os bons morrem, maus morrem também. Ninguém é sempre bom e nem sempre mau. O que é mau para uns, pode ser bom para outros. Se, quem não presta, fica vivo e, quem é bom, mandam matar, logo não haveria mais nenhum bom e já não se saberia mais que os maus são maus. A "maldade de Joaquim Silvério" tornou-se bem para Tiradentes ao garantir-lhe "glória eterna": atendeu a um desígnio divino. Se todos os vivos fossem maus (o que não passava pela cabeça da poetisa), então não seria mais possível distinguir bons de maus e, portanto, a assertiva seria inócua e vazia. Os pressupostos do texto são simplórios e errôneos (como brasileiro =

bom; estrangeiro = mau). Liberdade poética não é o direito de rimar bobagens. Isso pode ser patriotada, mas não é poesia, ainda que reforçada por música. A "luta dos inconfidentes contra a dominação colonial portuguesa" deve parecer "naturalmente justa" aos brasileiros, assim como parecia justo à governança lusitana e a um Cláudio Manuel da Costa que fossem carreados recursos de Minas para Portugal, bem como, à população colonial, que fossem reprimidos os servidores que ousavam quebrar o juramento de fidelidade à Coroa que lhes pagava o salário. Consagrar Tiradentes como "vítima do inimigo externo" serve até para deixar de lado a interiorização da repressão e a perseguição interna a líderes considerados subversivos, os quais foram condenados e mortos pela repressão brasileira sem o ritual jurídico de um processo formal organizado pelo governo colonial.

O esquema de "dentro = bom; fora = ruim" faz parte da tradição metafísica e é ainda mantido quando os agentes internos da repressão são encarados só como agentes de interesses externos. Tal maniqueísmo é simplório, pois nem sequer vê a história como produto da ação externa internalizada, mas conveniente para não se questionar a estrutura interna de propriedade e poder. Não chega a se perguntar sobre o que pode ser entendido por justo, carrasco, ouro, etc. A autora está absolutamente convicta da verdade de seus pré-juízos. O seu mundo é simples, simplório, mas exige que o leitor o aceite em sua definição. Não se pergunta sobre a diferença entre a ação dos "inconfidentes mineiros", aquilo que a fantasia póstuma lhes atribui, aquilo que teria ocorrido se eles de fato tivessem vencido e aquilo que foi feito no país após a independência. Ao tratar de impor a sua versão como única verdade da história, manifesta a tendência autoritária de seu discurso. Demagogia não é poesia. Confunde a realidade com a sua opinião. Não questiona a si mesma. Quando aparenta dialogar, é apenas para melhor impor seus pré-conceitos. Tudo o que não é questionado convém à canonização, ainda que impeça a arte (e sobretudo porque impede a arte). A exaltação dos inconfidentes serve para endossar como positiva toda a história após a independência.

O que parece elogio revolucionário é uma peça de conservadorismo. Repete o imperialismo da identidade, entendida como auto-identidade, sem respeito à diferença interna. O outro só existe para ser aniquilado. Assim como os agentes coloniais estavam convencidos de que a sua identidade era a melhor, os senhores nativos trataram de afirmar a sua. Em sua luta, cada pólo poderia, numa obra de arte, demonstrar a invalidade do outro e, assim, levar a um grau mais elevado de consciência. Não é isso, porém, o que aí ocorre: a escolha nem sequer se dá entre o ruim e o menos pior. Tem-se a construção de uma antinomia sem mediação, em que um lado é afirmado como absolutamente bom, e o outro como absolutamente ruim.

Inverte-se a antinomia de que o europeu é o bom, o correto e o justo (enfim, o ser que vale), enquanto o "americano" é o não-ser, mas ainda não se saiu da mesma estrutura colonial. Ela torna-se internalização da dependência e, sem que seja reconhecida, passa a criar um pólo de imperialismo interno, o qual exerce a sua tirania como se fosse soberania nacional. A figura de um Tiradentes termina por ser usada para algo antitético a ele, ainda que em seu nome.

Uma contradição primária, num poema sobre Tiradentes, é que, se fosse conseqüente a construção da antinomia "fora = mau; dentro = bom", o mínimo a fazer seria questionar o gesto de escrever em língua portuguesa. Como pode o colonialismo ser mau e a sua fala ser boa? O poema deveria colocar essa questão e, portanto, colocar a si mesmo em questão, afirmando-se só a partir de sua impossibilidade. Assim como está, ele apenas interioriza, reproduz e reafirma na forma a repressão que ele pretende condenar em termos de conteúdo. Também nisso ele é ingênuo e primário. Não por acaso ele não tem consciência da responsabilidade histórica da língua que carrega e transmite a cultura repressiva. Ao não confrontar o paraíso supostamente contido no sonho atribuído aos inconfidentes, torna-se mais que ingênuo: continua aquilo que supõe estar combatendo, reprime mais uma vez a quem supõe estar redimindo. Ao não negar a si mesmo ele se anula, pois impede o caminho a um estágio mais elevado de consciência. Isso também ocorre em textos que pretendem protestar, em português, contra a matança de índios ou a discriminação de minorias.

Do esquerdismo infantil

No "romance XIX" (uma terminologia que pretende, aliás, ser erudita, mas que reintroduz uma confusão desnecessária, sem explorar o caráter de fantasia *post-factum*, capaz de questionar a sua ficcionalidade enquanto se elabora), "Dos maus presságios",[5] diz o seguinte:

> Sobre o tempo vem mais tempo.
> Mandam sempre os que são grandes:
> e é grandeza de ministros
> roubar hoje como dantes.
> Vão-se as minas nos navios...
> Pela terra despojada
> ficam lágrimas e sangue.
>
> Ai, quem se opusera ao tempo,
> se houvesse força bastante
> para impedir a desgraça
> que aumenta de instante a instante!
> Tristes donzelas sem dote
> choram noivos impossíveis,
> em sonhos fora do alcance.
>
> Mas é direção do tempo...
> E a vida, em severos lances,
> empobrece a quem trabalha
> e enriquece os arrogantes
> fidalgos e flibusteiros
> que reinam mais que a Rainha
> por estas minas distantes!

Dizer que "sobre o tempo vem mais tempo" é uma banalidade. Afinal, a autora queria que viesse o quê? – O Juízo Final já pretende ser o veredicto dela. Dizer que "tudo muda" pode esconder o fato de que há estruturas que se repetem. Afirmar que "mandam sempre os que são grandes" exige que se defina e questione o que se entende por "grandeza". Ela sugere que são "grandes" todos aqueles que ocupam cargos no poder. Ora, então bastaria Portugal enviar nobres. Eles perderam, no entanto, o controle sobre os acontecimentos. A independência do Brasil seria feita mesmo sem Dom Pedro I, como se fosse uma dádiva de Portugal. No texto há uma definição demasiado

---

[5] *Idem, ibidem*, p. 441.

unilateral de grandeza, principalmente quando se procura assegurar que os inconfidentes eram "grandes", mesmo que não tivessem cargos de poder e títulos nobiliárquicos. Há contradições entre a pessoa e o cargo que ela desempenha.

Fica a sugestão de que "grandes" são os atuais governantes, como legítimos "sucessores" dos inconfidentes. Isso é, porém, apenas "governismo". A "poetisa chapa branca" quer dizer que "mandam sempre os que mandam", mas isso é tão redundante quanto dizer que "sobre o tempo vem mais tempo", o que deixa também de lado a contradição de que nem sempre quem tem o posto controla a evolução contraditória dos fatos (o que é, exatamente, o drama do governante colonial diante de movimentos emancipatórios). Faz parte do pensamento conservador reafirmar o "historicizado" como a melhor história possível, segundo a versão que ele mesmo determinou como correta. Isso pretende ser a afirmação absoluta do valor e da verdade, ainda que seja a sua negação. Varre, porém, tudo aquilo que não está de acordo com sua determinação. A repressão é a verdade de sua história: reprimindo, no entanto, a consciência disso.

Parece muito subversivo dizer que "é grandeza de ministros/ roubar hoje como dantes", mas, se todo ministro é ladrão, a nenhum se acusa. Se todos são ladrões – o que, aliás, não é verdadeiro –, então nenhum o é, pois é da natureza do cargo, passando a ser normal. É simplório demais dizer que todo governante é ladrão. Se assim fosse, bastaria eliminar os governantes para resolver os problemas sociais. Um político não costuma exercer o poder apenas para se enriquecer: ele tem prazer em mandar e aparecer. Ele pode não enriquecer pessoalmente no exercício do cargo e, mesmo assim, favorecer a iniqüidade. Não é com acusações simplistas e falsas que se desmonta a oligarquia (o que não era, aliás, intenção da autora). Cecília Meireles foi pessoa ligada ao poder autoritário. Ela não é exceção, mas regra canônica.

Dizer que "vão-se as minas nos navios" e, logo, "pela terra despojada/ ficam lágrimas e sangue" é uma simplificação que ignora mais que os santos de pau oco: faz de conta que os brasileiros não colaboravam com a exploração lusitana. Ou a autora prefere que as riquezas fiquem debaixo da terra ou sua alternativa podia ser a defesa do capital nacional ou de empresas estatais de mineração (por exemplo, a Vale do Rio Doce). Essa linha "getulista" não foi uma solução eterna e sem problemas. Ensaio político não é poesia. Se, sob a aparência de progressista, ela fosse conseqüente em sua postura de reagir contra o processo colonial, teria de propor a devolução da terra aos índios, abandonando qualquer projeto civilizatório, e teria de desistir da língua portuguesa também. Não desenvolve isso e nem sequer questiona o conceito de progresso. Apenas quer legitimar a exploração do "Brasil" pelos "brasileiros", como se estes não fossem também perniciosos ao território. É um horizonte bastante primário de raciocínio. Se realmente a "desgraça aumentasse de instante a instante", ao menos se teria a esperança do desespero absoluto como um ponto de partida para se pensar a *condition humaine* e o sentido do progresso. A autora não consegue mergulhar no desespero, pois crê nos deuses da mitologia nacional. É uma jornalista que faz versos como quem recita num palanque.

Cecília apresenta o "argumento lógico" de que as moças não podem casar porque não têm dote, e não têm dote porque os navios levam as minas. Ora, a donzelice ou não das moças mineiras não dependia das pirogas do imperialismo, mas das pirocas nativas. O dote era condição de ricos, não do "povo simples". Essa mesma lógica ridícula existe em *A hora da estrela*, que acha que "o imperialismo" está apenas preocupado em abater matutas nordestinas pelas ruas do Rio de Janeiro (já por isso a obra mais canonizada de Clarice Lispector).

A exploração dos recursos naturais e a espoliação do trabalho do país em proveito das metrópoles têm por complemento as benesses da oligarquia local, a qual era representada pelos "inconfidentes" (portanto algo particular a se apresentar como universal), cuja ação foi antes uma divergência quanto à distribuição dos lucros entre os sócios. Os trabalhadores estavam excluídos disso. É exatamente o que Cecília Meireles não desenvolve. Tiradentes é a máscara da burguesia brasileira: ele sacrifica-se para que se maximize a taxa interna de apropriação de mais-valia e se minimize a remessa de lucros para o exterior. A "Declaração de Independência" é um modo de reestruturar dependências e taxas. O problema da espoliação não é restrito ao âmbito brasileiro, mas Cecília sugere que ele se resolve com o *slogan* "o Brasil para os brasileiros". A limitação política restringe a qualidade do texto; a falta de verdade histórica torna falsos os argumentos da obra.

O raciocínio de que "a vida empobrece a quem trabalha/ e enriquece os arrogantes/fidalgos e flibusteiros/ que reinam mais que a Rainha/ por estas minas distantes!" quer desconhecer que a "Rainha" faz parte do sistema dos "arrogantes fidalgos e flibusteiros" e que ela não representa um remoto princípio de justiça. A "Rainha" não é boa, sendo maus alguns dos seus sacerdotes: ela não está fora do sistema em nome do qual agem os seus prepostos. Achar que a rainha representa a justiça é vê-la como representante coroada de Deus. O que Maria I fazia era uma recentralização do poder e que este seria justo. O trabalhador ser explorado não significa que ele "empobrece": em geral ele já era pobre antes. Pelo contrário, o capitalismo precisa que ele enriqueça para constituir um mercado interno capaz de propiciar mais lucros. A economia não era redutível à exportação de ouro. Cecília, ao dizer que o problema está em alguns prepostos, sugere que tudo se resolveria com a independência. Assim não se enfrenta a contradição entre a necessidade e a impossibilidade de redenção.

Afirmar que "vão-se as minas nos navios" hiperboliza o ouro como única riqueza, numa fixação mineira e numa internalização da mentalidade colonial, para preservar a paisagem da infância. Por preferirem que os recursos naturais não sejam explorados, autores como Cecília e Drummond deveriam andar de tanga. Seriam índios de óculos. Inverteriam a posição de Cláudio Manuel da Costa – que saudava o "recrear da ambição" pela mineração e o pelo enriquecimento luso –, para acabar não aceitando a industrialização. Prefeririam a regressão e não discutiriam sequer uma exploração menos perniciosa ao meio ambiente. São tipos que querem as vantagens da civilização sem os seus custos, ou sem discutir como minorá-los: deveriam ao menos aceitar uma vida de "pastores", pré-industrial. O "protesto nacionalista" pode ser uma discussão de preço dos minérios, como também pode ser um não querer qualquer mineração, nenhum processo civilizatório: alternativas superficiais, antes assunto de palanque ou jornal que de uma elaboração poética ou dramática séria.

O que leva a rememorar Tiradentes & Cia. é a continuidade do colonialismo e da espoliação. Não se tem aí, porém, o desenvolvimento de uma consciência histórica, fraca e vulnerável na proporção em que deseja provocar entusiasmo patrioteiro. Na "terra despojada" não ficam apenas "lágrimas e sangue": e nem o barroco mineiro existiria sem a espoliação colonial (do qual foi – e é – a consagração). Quando apenas se louva como gloriosa essa herança, sem questionar a sua teologia, pleiteia-se uma dívida de gratidão do colonizado. Quando a autora pede "força bastante para impedir a desgraça", a sua figuração máxima da desgraça são donzelas não terem dote para comprar noivos.

Tudo é atribuído à "direção do tempo". Assim fica fácil: Deus quer desse modo, seja feita a sua santa vontade. A vida na terra é um período de provações: quem for obediente será salvo, mesmo que padeça martírios. De um modo ou de outro, a história seguiu o caminho predestinado, previsto por Deus. Tiradentes deveria agradecer, então, a Joaquim Silvério, pois só assim pôde tornar-se mártir e salvador. Repete-se aí a "história sagrada", em que Tiradentes está para Cristo assim como Joaquim Silvério está para Judas: o Brasil é, mais uma vez, a Terra da Promissão. Assim como Cristo deveria ser grato a Judas, por ter-lhe dado a oportunidade de cumprir o suposto mandato de salvar a humanidade (a ponto de Deus depender desse diabo humano), Tiradentes também poderia desenvolver a consciência dessa teologia hipotextual e agreadecer a Joaquim Silvério a glória eterna. As musas estão aí sempre prontas a servir o poder, mesmo quando falam mal de algum poder. Mais longe que uma visão cristã em versão laica não vai a consciência da autora.

Cecília é inconseqüente na elaboração de seu tema. Não aflora o fundamento religioso de sua "poesia engajada", o anão da teologia que manipula a sua maquinaria verbal. Por isso, também não consegue reelaborar o antigo tema de "o diabo a reger o mundo" ou o de que a história não tem sentido, sendo um conto repleno de som e fúria, a significar *nothing*. Poderia ter também elaborado a questão do *Atheos absconditus*, que borbulha em sua temática, mas ela acaba passando ao largo, perdendo-se no labirinto da patriotada que não lhe permite ampliar os horizontes. Ela poderia ter questionado o demônio da analogia que preside a teologia e a teleologia da história. Esses temas foram reelaborados, à mesma época, por Paul Celan e Borges, como também já o haviam sido por Nietzsche e Kafka. Cecília Meireles está aquém da evolução filosófica e literária de seu tempo. Pode parecer bem intencionada, jornalista de prodigiosa memória, fazedora de versos métricos e sonoros, mas é atrasada, limitada em seu horizonte teórico e pouco ousada como autora, embora pareça avançada. Quando a direita se mete a ser esquerdista, torna-se infantil.

A história não é justa, o homem não é bom por natureza: ele tem dentes para morder, não só para sorrir. A justiça ser entendida como aplicação da lei expressa a vontade de quem manda: quem faz a lei, quer fazer para que os outros a cumpram; caso não lhe seja conveniente, é modificada. A sociedade também não é justa: a minoria vive à custa da espoliação do trabalho da maioria, mas tudo parece ajustado e "justo" se a maioria aceita ou não consegue modificar tal estrutura. A história é o relato desses ajustamentos. O vampiro tematiza a organização da produção: a minoria a sugar o sangue da maioria. A supra-estrutura funciona como anestésico para que as vítimas até gostem de dar o sangue para outros. A justiça é, então, apenas uma utopia que paira além dos fatos, sem ter lugar em lugar algum.

Os "heróis" de Jorge Amado, em sua fase "comunista", estavam convencidos de que só a sua convicção era justa, e que eles a corporificavam ao fazer agitação. Eles se levavam demasiado a sério, tanto mais quanto mais sofriam e menos eram capazes de se sobrepor às circunstâncias. Quanto mais maltratados pelo sistema policial e da "Justiça" e quanto mais impotentes ante o sistema de privilégios da oligarquia, tanto mais resplandecia neles a arrogante certeza dos mártires, incapazes de questionar os seus pressupostos e de prever o mau uso futuro de seu sacrifício. A sua limitação estava aquém do horizonte daqueles que reprimiam a sua ação, daqueles que, ao persegui-los pretendendo fazer justiça, praticavam o contrário. As questões fundamentais não são postas. Quanto menor o preparo pessoal e quanto mais exacerbada a disputa, tanto mais se limita o âmbito do questionamento e da ação.

O mesmo ocorre com os inconfidentes. Quando jovem, Gonzaga colocou-se questões teóricas em torno do direito natural e, quando adulto, em torno da práxis política, que poderiam ter sido elaboradas no *Romanceiro*. Como este, porém, queria exaltar uma fantasmagoria, não ousou avançar. Se o inconfidente era limitado em sua ação e avaliação, uma ficção sobre ele podia ter ido mais longe. Ao desviar o foco da atenção para a figura menor de Tiradentes (que reconheceu no processo não ter condições para ser líder) e adotando a perspectiva encenada no processo luso de penalização – sem considerar os fatores que o tornaram bode expiatório, num sacrifício de mérito involuntário e duvidoso –, impediu o acesso a um horizonte em que teria algo a dizer. A autora preferiu conformar-se com a imagem oficial: o que facilita a canonização é o mesmo que impede o acesso à arte.

No "romance XXVII",[6] estão expressos, entre parênteses, alguns pensamentos em torno de Tiradentes, intermediados por exageros que pretendem ser hipérboles:

> (E ninguém percebe
> como é necessário
> que terra tão fértil,
> tão bela e tão rica
> por si se governe!)
> Águas de ouro puro
> seu cavalo bebe.
> Entre sede e espumas
> os diamantes fervem...
> (A terra tão rica
> e - ó almas inertes! -
> o povo tão pobre...
> Ninguém que proteste!
> Se fossem como ele,
> a alto sonho entregue!)

Não é por ser rica, bela ou fértil que uma terra deve ser governada por si: a formação do território brasileiro é a história de terras ricas, belas e férteis que deixaram de ser governadas por si, passando a ser governadas por portugueses, bandeirantes, jesuítas e luso-brasileiros. Haver uma pepita num rio não faz dele "águas de ouro puro"; se o pobre cavalo tivesse de beber "águas de ouro puro", não mataria a sede, mas morreria. Tem-se aí – quer a autora saiba disso ou não – o *topos* da desgraça de Midas, que morreu de fome e sede porque tudo o que ele tocava se tornava ouro: não refletir o *topos*, embora ele esteja tematizado, é sinal de ingenuidade, que a autora não consegue superar por estar presa à concepção de que só ouro e pedras preciosas

---

[6] *Idem, ibidem*, p. 455.

contam como riqueza. É uma alienada. Além disso, diamantes em estado natural não fervem: só podem "ferver" depois de lapidados. A linguagem não está adequada ao fenômeno. Para elevar Tiradentes a *Märchenprinz*, Cecília prima no infantilismo. Insistir na figura de um iluminado como dono da verdade é uma forma de narcisismo. A poetisa quer engrandecer aquele com o qual ela se identifica: assim ela própria se banha em sua glória. Ela opta pelo ideologema local, sem caráter universal. Seus argumentos não resistem à crítica conceitual.

Há um desequilíbrio entre o dito e o intencionado. A hipérbole e a metáfora traem-se: uma, querendo dizer mais, acaba dizendo menos; a outra, no dizer "indireto", figurado, acaba sugerindo coisas que a autora não queria. A reiterada reclamação contra a letargia do povo serve para afirmar o princípio aristocrático. Há uma elite autonomeada, a qual sabe o caminho a ser trilhado pela coletividade. O poeta reativa o *condottieri*, porque ele mesmo se vê como membro da elite governante. Sob a aparência de louvar uma rebelião popular, a poetisa exalta a sábia elite, a qual sabe o que é melhor para o povo ignaro. O troco disso é que, com a "Independência", a maioria da população continua na miséria material e espiritual.

Traição e tradição

O "romance XXVIII" trata "Da denúncia de Joaquim Silvério"[7] e não foge ao lugar-comum da historiografia brasileira, a qual o apresenta como traidor e o mais execrável dos vermes. Ele é o Judas da Paixão mineira. Em sua época, no entanto, apenas cumpriu o seu dever diante das autoridades constituídas, respeitou o juramento de fidelidade que havia feito. Morreu de velho na cama, respeitado pela sociedade. Ele propiciaria, como Calabar, a questão do que é ser herói ou traidor. A autora não ousa, no entanto, ver no "Judas" um instrumento dos "desígnios do Pai" e em Portugal um Jeová ou questionar um deus que manda matar o próprio filho. O *Romanceiro* apenas repete as estruturas do cristianismo em uma versão local: não vai, portanto, além do horizonte limitado da tradição metafísica. Não é moderno.

---

[7] *Idem, ibidem*, p. 459.

Quem cita Tiradentes como herói, por ele ter quebrado o juramento de fidelidade à Coroa, precisaria ser capaz de questionar a legitimidade. Costuma ser, porém, incapaz de aceitar críticas a seus próprios "princípios de fidelidade" e a necessidade de romper, ainda hoje, com a "ordem estabelecida". A "revolução" que aí se quer é aquela já feita: uma limitada proclamação da independência, destinada a legitimar os mesmos no poder, esquecendo quem realmente lutou para mudar a situação. A questão da legitimidade e da traição ultrapassa a antinomia do absoluto bem *versus* absoluto mal. Tiradentes serve para reencenar a paixão de Cristo, como se fosse puro fato histórico. O fantasma de Tiradentes poderia, por exemplo, aparecer em cena para agradecer a Joaquim Silvério a denúncia que lhe trouxe a imortalidade e, ao mesmo tempo, mostrar-se irado por imortalizar o denunciante (ainda que sob o estigma da negatividade). Este, por sua vez, poderia duvidar dos estereótipos, colocar-se como o mais correto, rejulgar a história, etc.

Cecília Meireles não vai além da demonização nacionalista segundo a qual Joaquim Silvério foi "traiçoeiro, ambicioso, astuto, sinistro, voluptuoso, falso, malicioso, vaidoso, aranha, impostor, caloteiro, lambe-botas, prepotente, ignorante, vaidoso, oportunista", para concluir:

> (No grande espelho do tempo
> cada vida se retrata:
> os heróis, em seus degredos
> os mortos em plena praça;
> — os delatores cobrando
> o preço de suas cartas...)

Não é verdade que "cada vida se retrata no grande espelho do tempo". A historiografia fala apenas de poucos personagens, esquecendo a massa das pessoas. A maioria também não aprende nada com a história, para nela se "refletir". Ora, "os mortos em plena praça" foram apenas um, e não está em contraposição aos "heróis": era um deles. Quando se diz que o "delator" cobra o seu preço, a questão que ele representa já está rotulada e resolvida. Ele não tem direito à defesa e paga um alto preço. Por outro lado, ressuscitam-se "os mortos em plena praça" e buscam-se os "heróis, em seus degredos".

A autora tem o mesmo autoritarismo que ela aparenta condenar e, portanto, faz o contrário do que declara. Não tem, no entanto, consciência dessa contradição. Propaga a ingênua crença de que o tempo acaba por revelar por si a verdade dos fatos e do caráter das pessoas (ou seja, aquilo em que ela própria acredita). Degredados não são heróis, mas apenas degradados (ora, Gonzaga foi bem tratado pelo governo na África). Os fantasmas somente são evocados e heroicizados quando isso convém a um grupo que os utiliza segundo os seus próprios interesses. Que o tempo faça parte da estrutura da verdade não significa que só com o seu transcurso as aparências se desfaçam e seja possível discernir o fundamento de ações, pensamentos e palavras: significa que as próprias assertivas podem ser corroídas, principalmente porque são frágeis por natureza. O mais provável é que as antigas mentiras permaneçam. Se o Brasil tivesse permanecido colônia, Joaquim Silvério seria considerado um herói, modelo de súdito leal, enquanto Tiradentes seria olvidado ou execrado. O nome do primeiro estaria em ruas e logradouros, enquanto o segundo não receberia honra alguma (exatamente como hoje ocorre, só que às avessas).

Os mortos são olvidados ou ressuscitados conforme as conveniências senhoriais. Fosse o Brasil ainda colônia, os "poetas da inconfidência" não seriam parte do cânone. Na melhor das hipóteses, seriam lembrados como tipos confusos e alienados a decantar pastoras e a vida campestre ou seriam neutralizados em canções de amor. Como se quer, por um lado, louvar a independência e, por outro, não rejeitar o passado colonial, não é canonizada a sua lírica da prisão, ainda que seja a melhor parte de sua produção. Assim se mantém a "herança lusitana" e não se dá espaço à revolta. Como só a oligarquia tinha formação e ócio para produzir "cultura", confundiu-se cultura com os negócios das classes dominantes.

Há uma crença, manifesta na canonização, de que se está apenas reconhecendo um valor objetivo, em si, acima de qualquer interesse. A arte não é apenas um prazer desinteressado, ainda que devesse ser livre de manipulações. O belo não é o não-utilitário, mas o clinche de um conflito de contrários. Não há valor absoluto, como não há texto em si. Sempre há uma relação de conveniências, a qual gera cegueira e visão. A cegueira não se enxerga e a visão se toma como absoluta dentro do seu limitado espectro. Quanto mais estreita a visão, tanto menos ela se dispõe a aceitar alternativas, na medida em que isso significa questionar os próprios pressupostos.

Como a intriga que selou o destino dos inconfidentes é reiterada na vida política e literária, ela poderia ter gerado mais reflexões da autora, como, por exemplo, observar que quanto menos a pessoa tem talento, tanto mais precisa destruir quem produz para que a sua própria mediocridade não apareça, especialmente para si mesma. O caso dos inconfidentes seria exemplar em vários sentidos, e longe de sua redução a uma "picuinha" pessoal: há um problema político, uma luta entre alternativas, em que não vence a menos ruim. O texto de Cecília, assim como todo o cânone, fomenta a ilusão de que a história acaba fazendo justiça, de que o que tem valor sempre acaba aparecendo. Há, subjacente, a crença numa Divina Providência, a qual nortearia os eventos e que, apesar de submeter os homens a provações, somente o faria para que os bons se distingam dos maus, recebendo ao final a devida re-compensa e o justo castigo.

> O papel aceita
> o que os homens traçam...
> E a mão inimiga
> como aranha estende
> os fios de tinta
> as teias da intriga.
>
> E lá ficam presos,
> na viscosa trama,
> os padres, os poetas,
> os sábios, os ricos,
> e outros, invejados
> por causas secretas.

Dizer que "o papel aceita tudo" é uma banalidade, pois o que importa (e é deixado de lado) é como o texto se torna palavra do poder, discurso oficial. Em seguida há uma demonização das úteis aranhas, as quais tão bem eliminam insetos nocivos. A seqüência "padres, poetas, sábios, ricos" aponta como seu denominador comum serem todos "invejados por causas secretas", mas isso está em contradição com o sistema metafórico, o qual afirma serem eles insetos nocivos, enquanto o sistema conceitual quer elevá-los. Trata-se de uma inabilidade na elaboração textual. Os poetas estão colocados como equivalentes aos padres e aos ricos: isso propõe um paradigma "poético" de acordo com os interesses dos ricos e da doutrina católica. É o paradigma do cânone, que pretende ser "sábio" ao defender os interesses dos ricos e os dogmas da Igreja. Isso é ideologia, não é poesia. A crítica ao rico é apenas inveja; a crítica ao padre, idem. A luta de classes desaparece em psicologia barata. O autor que não for defensor do catolicismo e dos ricos não será "sábio" e não poderá ser acadêmico nem canônico.

O centro secreto do paradigma dos "invejados" parece ser a figura do poeta, pois este teria o contato com a verdade suprema do divino, como o sábio e o padre. O centro real é o rico que põe as penas do poeta. A *liaison métaphorique* pode ser perversa: um padre está preso a dogmas que impedem perquirir novos ângulos e temas; os sábios de plantão são apenas aqueles que dizem o conveniente aos poderosos e impedem que se desenvolva o questionamento; os ricos estão ocupados em multiplicar o dinheiro, mas subordinam as instâncias ideológicas da Igreja e da cultura aos seus interesses. "Poesia" é aí apenas sinônimo de falta de senso prático e de esperteza. Os "poetas da inconfidência" eram homens ricos. Se não tivessem perdido uma aposta, em que esperavam lucrar ainda mais, não seriam "poetas". Convinha elevá-los a "poetas" na medida em que eram "sacrificados".

A existência de "viscosas tramas", tecidas pela "inveja", significa que, além de aranhas, há moscas. Quem anda feito mosca tonta não é político nem poeta: ele apenas é apresentado como "poeta" porque é "mau político", um oposicionista perdedor. Os seus "sucessores" ficam ganhando à custa da desgraça deles. É uma cômica forma de cinismo, que não sabe quão engraçada ela é. O "poeta canônico" costuma mover-se com a habilidade do político orgânico: para entrar no cânone precisa antes ser um político do que um poeta (para melhor vender como "poesia" a política do *establishment*). Não é por sua produção em si que ele é consagrado. Ela é antes pretexto para outras "razões" extratextuais.

Por que não ver na própria mão da autora a "mão amiga" a estender como aranha os fios de tinta como teias da intriga? Ricardo III, de Shakespeare, conseguia ao menos parodiar a si mesmo enquanto tecia a sua teia de intrigas para envolver todos aqueles que lhe atrapalhavam a ânsia de poder. Falta essa consciência a Cecília, que não percebe a maldade de seus próprios juízos: supõe que eles sejam todos justos. A aranha não é má. Ela apenas tem fome, e come o que outros não comeriam. Protege as plantas. Ter a consciência da aranha, e ver o próprio texto como teia de intrigas e de maldades, permitiria elevar o grau de elaboração, escapando à falsa pretensão de ser um reduto conventual de bondade e pureza. A arte vive do mal, os grandes personagens tendem a caracterizar-se por sua maldade, mas não basta inverter a virtude para se ter arte.

O *Romanceiro da Inconfidência* trata de uma tema épico e dramático, mas fica no melodramático e piegas, no superficial e doutrinário. A trama de maldade, covardia, intriga e inveja propiciaria uma tragédia. Não se tem aí, porém, essa consciência e não houve quem a escrevesse. As tentativas canônicas são desastres literários, pois há uma incompatibilidade entre consciência trágica e insciência canônica. Enquanto persistir o maniqueísmo patrioteiro, nenhum autor vai conseguir desenvolver a questão. A mal resolvida forma decorre da falsa e insuficiente apreensão dos conteúdos, o que, por sua vez, é determinado pela estreiteza dos pressupostos.

Cecília queria levar seus leitores a acreditar nos inconfidentes, quando eles de qualquer modo, principalmente pela doutrinação que sofrem na escola (e até com os nomes de ruas), já acreditam neles. Ela fica *preaching for the saved*, mas leva o seu texto à perdição (que é, por sua vez, sua salvação canônica). Quer convencer os já convencidos, em vez de dar um passo além do horizonte das enganosas obviedades e das doutrinas dogmáticas. Confunde história com historiografia oficial. Os inconfidentes não queriam ser heróis e nem mártires. Não eram somente generosos. Queriam basicamente defender os seus interesses de proprietários de minas pagando menos imposto. Tiveram azar e arrastaram alguns consigo.

A política reacionária de Dona Maria I não tinha a sabedoria de Pombal, o qual dava mais autonomia às autoridades locais. Apresentar os "inconfidentes" como visionários que estavam além do seu tempo é uma invenção *a posteriori*. Nem é certo que eles aceitariam a "Independência", para a qual são utilizados. Aí qualquer crítica é um modo de melhor elogiar o "criticado". Se as figuras dos profetas em Congonhas, esculpidas por Aleijadinho, são representações disfarçadas dos inconfidentes, cabe examinar as limitações impostas ao artista pelas relações de produção, pelo dogma religioso, pelo mecenato, pelo poder instituído, pela falta de formação, etc. Isso seria ir além dos próprios "pré-conceitos", em vez de apenas reproduzi-los. É, porém, incapaz disso.

Cecília encena figuras "idealizadas" para o bem e para o mal, as quais apenas tomam figuras históricas como ponto de partida: pretende, porém, que seja literal a sua citação, quando não passa da projeção de desejos que ela exige serem coletivos (e que acabam sendo porque a escola é uma fábrica de ideologias). Se Tiradentes não foi o grande líder do movimento, se ele não tinha a intenção de conseguir logo a independência, se ele só foi executado porque era o mais pobre de todos, se durante o processo os inconfidentes deram abundantes demonstrações de covardia, de traições e de acusações mútuas, se o movimento não tinha a intenção de acabar com a escravidão, se Gonzaga pôde trocar na África sua musa Marília por uma analfabeta traficante de escravos, se... se..., então a idealização que descarta a negatividade é uma fantasia inconsistente e está aquém da história e da consciência prosaica: exclui-se, assim, do pódio da poesia para reduzir-se a panfleto de propaganda. Como tal consegue, porém, espaço no cânone. É "bom" porque é ruim.

Punição, oportunismo e pátria

O "romance XLIX" trata de Cláudio Manuel da Costa e oscila entre as hipóteses de ele ter sido assassinado ou a de ter fugido (colocando-se outro corpo em seu lugar). Descarta-se praticamente a versão corrente, segundo a qual ele teria se suicidado; sugere-se que, por sua relevância social, foi "dado um jeito" para que ele pudesse fugir. Ele dá um salto dialético e torna-se espectro da poesia. Fica-se aí preso ao aspecto externo da situação dele, não se penetra na dramaticidade refletida em sua mente. O instrumento para a sua morte – veneno, forca, punhal – torna-se um detalhe. Não se desenvolve o "jogo", o contraste entre o poderoso que consegue escapar com a ajuda de amigos e o homem mais simples, sem tantos contatos, que acaba servindo de bode expiatório. Uma cena em que Cláudio refletiria sobre a necessidade de se suicidar naquelas circunstâncias, uma cena em que ele dialogaria com seus carrascos ou o enredo de lhe dar a liberdade, colocando um cadáver em seu lugar na prisão, tudo teria forte efeito dramático, mas nada disso foi feito. O cânone brasileiro não soube escrever essa história: a rigor, ele é incapaz de escrevê-la. Só sabe pregar doutrina. Nesse sentido, Shakespeare é um autor mais brasileiro do que os canônicos brasileiros, pois é um escritor, não um escriba do aparelho ideológico do Estado. Os ideólogos do cânone não percebem o seu próprio ridículo quando querem fazer de Nelson Rodrigues o Shakespeare brasileiro. Há mais arte em uma grande peça deste ou de Sófocles do que em todo o dramaturgo carioca.

O "romance LIX", "Da reflexão dos justos",[8] tornou-se bastante conhecido por ter sido musicalizado por Chico Buarque de Holanda:

> FOI TRABALHAR para todos...
> — e vede o que lhe acontece!
> Daqueles a quem servia,
> já nenhum mais o conhece.
> Quando a desgraça é profunda,
> que amigo se compadece? (...)
>
> Não choram somente os fracos.
> O mais destemido e forte,
> um dia, também pergunta,
> contemplando a humana sorte,
> se aqueles por quem morremos
> merecerão nossa morte.
>
> Foi trabalhar para todos...
> Mas, por ele, quem trabalha?
> Tombado fica o seu corpo,
> nessa esquisita batalha.
> Suas ações e seu nome,
> por onde a glória os espalha?
> Ambição gera injustiça.
> Injustiça, covardia.
> Dos heróis martirizados
> nunca se esquece a agonia.
> Por horror ao sofrimento,
> ao valor se renuncia.

---

[8] *Idem, ibidem*, p. 501-502.

E, à sombra de exemplos graves,
nascem gerações opressas.
Quem se mata em sonho, esforço,
mistérios, vigílias, pressas?
Quem confia nos amigos?
Quem acredita em promessas?

Isso parece tão bonito e tão profundo a uma leitura superficial, mas começa a mostrar sua inconsistência à segunda leitura. Por que "Foi trabalhar" está escrito em maiúsculas se não há necessidade de indiciar um título pois já existe um título expresso? "Trabalhar" não é o termo mais preciso: ele foi fazer política. Ora, política nunca se faz "para todos": se assim não fosse, ele nem poderia ter sido punido, nada poderia ter-lhe acontecido. A pergunta retórica "Foi trabalhar para todos.../ Mas, por ele, quem trabalha?" quer criar no leitor um senso de culpa – similar ao do cristão, ao qual se faz crer que Jesus morreu por causa dos seus pecados (quando, de fato, uma coisa não tem nada a ver com a outra, e é inclusive uma impossibilidade lógica) –, para que ele se sinta obrigado a cumprir a liturgia da autora, rezar a sua missa (ela trabalha por ele). Todo brasileiro que descansa no dia 21 de abril "trabalha" por Tiradentes.

Se "Daqueles a quem servia, / já nenhum mais o conhece" é porque todos o reconheciam como traidor, portanto todos o conhecem (o que suporia 100% de politização no interior de Minas em 1789!), como também o conhecem todos os brasileiros, envolvidos que são pela mitologia do Estado. A pergunta "Quando a desgraça é profunda/ que amigo se compadece?" é ingênuo ou/e retórica vazia, pois o amigo revela-se quando a desgraça é profunda. Quem aí se desmente nunca foi "amigo". Quem não se solidariza nessa hora, nunca foi amigo, apenas fingia ser. É a hora da verdade que obriga o sujeito a rever suas crenças habituais.

A tese de que quem "trabalhar para todos" acaba se desgraçando quer propor a necessidade de reverenciá-lo, como vanguarda de uma política (da qual a autora pretende ser porta-voz, já que ela "trabalha por ele"), mas pode levar também à conclusão de que a coletividade não vale nenhum sacrifício, não merece ser salva. Essa conclusão, induzida pela segunda estrofe citada, quer que todos reconheçam o valor "daqueles que se sacrifica(ra)m": trata-se de uma jogada de *marketing*. Um ato moral caracteriza-se, porém, por um ditado interior, longe de qualquer cálculo oportunista. Ele não é um investimento, do qual se esperam rendimentos do mercado ou glórias *post-mortem*. Ele não se pergunta se vai resultar em vantagens ou não, mas, quando ele é reduzido a esse horizonte, então ele é profanado, violentado em sua peculiaridade. Não cabe, portanto, perguntar se "contemplando a humana sorte, se aqueles por quem morremos/ merecerão nossa morte". Um político não deve tratar de morrer por uma causa, mas sobreviver para que ela se torne vitoriosa. Na lógica da autora, a "ambição gera injustiça", e esta a covardia, porque "dos heróis martirizados/ nunca se esquece a agonia" e "por horror ao sofrimento,/ ao valor se renuncia". Ora, então seria melhor não lembrar os inconfidentes para que os brasileiros fossem "morrer pela pátria". Seria melhor que o *Romanceiro* não fosse escrito.

Cecília Meireles dá continuidade à tradição anchietana que confunde catecismo rimado com poesia, e ficção com sermonário. Como é possível renunciar ao valor por medo do sofrimento, se não se chegou a afirmar o valor? Não se pode renunciar ao que não se tem. A injustiça não é gerada apenas pela ambição, e a conseqüência desta está longe de ser apenas a covardia. A "ambição" é necessária para quem queira fazer algo na vida. A maioria dos "heróis martirizados" foram esquecidos, pois interessava aos vitoriosos que eles não fossem lembrados. O problema não é serem esquecidos, pois isso é o habitual já que são derrotados, mas eles serem lembrados em função de interesses contrários aos que os destruíram. A questão está, portanto, nesses interesses. Em suma, catecismo rimado é acúmulo de bobagem rimada, passando ao largo dos questionamentos que deveriam ser feitos. No catecismo, a pergunta é apenas pretexto para a resposta, e esta não é uma resposta às questões, mas um endoutrinamento. Esse é o paradigma do cânone. Não tem nada a ver com literatura como linguagem que é crítica e iluminista por natureza.

A autora ousa dizer "à sombra de exemplos graves,/ nascem gerações opressas". Ora, os "exemplos graves" podem levar a uma ânsia de liberdade e não a um sentimento de intimidação. Se assim não fosse, a morte de Tiradentes só poderia ser evocada para ninguém fazer mais nada, como signo do que pode acontecer a quem se rebela.

Ele é lembrado exatamente para que se continue lutando pela independência do país, conforme apregoa o hino: "ou ficar a pátria livre, ou morrer pelo Brasil". Confunde-se aí, no entanto, independência com liberdade, como se a Declaração da Independência, em 1822, não tivesse significado a escravidão para a maioria dos habitantes do país e como se a abolição não tivesse sido desencadeada por pressões externas e por interesses econômicos. A autora é cínica, mas não dá o braço a torcer. O fascismo também foi, por toda parte, a favor da "independência do país" e dos "valores nacionais", sem que, com isso (e até em função disso), tenha deixado de ser opressor no plano interno e, se possível, no plano externo.

O que é um "exemplo grave"? Ele só se torna "grave" porque ele é estatuído em "exemplo". Mas o que exemplifica o exemplo? Para o reacionarismo português, Tiradentes era um exemplo do que deveria acontecer com todo aquele que se dispusesse a questionar a dominação portuguesa na colônia; para os brasileiros, Tiradentes é o "exemplo" do que deve ser feito por todo patriota. Só que o "exemplo" já não é mais morrer na forca e ser esquartejado, e sim pegar em armas para "defender a liberdade". Isso "deve significar" prestar o serviço militar. Quando alguém como Prestes, Lamarca ou Mariguela toma em armas para lutar contra a falta de liberdade e contra a falta de independência do país, então ele já não é mais um "Tiradentes". Este seria um tema real. Mas ele não é elaborado. E não adianta dizer que Cecília não podia antever o que ocorreu no pós-1964. Ela conhecia bem o Estado Novo, ao qual ela serviu. Podia ter procurado a história pregressa dos exilados e perseguidos políticos do país. Não o fez. Preferiu fazer propaganda. E fez de conta que isso era poesia.

Cecília se pergunta "quem se mata em sonho, esforço,/ mistérios, vigílias, pressas?" – E, já que perguntou, eis algumas respostas: quem se mata em sonho acorda pela manhã; quem se mata de tanto esforço vai para a cama descansar; quem se mata em mistérios é a vítima, cujo assassino o detetive trata de descobrir; quem se mata em vigílias é o monge que quer ir para o céu; quem se mata em pressas é o ejaculador precoce. Ela não domina sequer a linguagem do seu texto. É uma jornalista que faz versos e que todos acham que é grande poesia.

Se ela pergunta "quem confia nos amigos?", caberia lembrar que amizade e confiança são indissociáveis. Se a pergunta "quem acredita em promessas?" quer dizer que não se deve confiar em ninguém, isso é tão objetivo quanto acreditar na palavra de qualquer um. Em suma: mais que banalidades, a autora diz bobagens a pretexto de cultuar o patriotismo. Isso é apresentado como poesia pelo cânone. Quem acredita nisso não sabe o que realmente é poesia, a começar pelos "professores". Esse gosto malformado domina o leitor brasileiro, por culpa das escolas e dos livros escolares. Ele constitui a própria estrutura profunda da percepção estética, dentro de uma mentalidade estreita, a qual não consegue aceitar nada que transcenda o seu horizonte.

A doutrina cristã supõe que vale a pena se sacrificar pela coletividade, pois daí advém a glória eterna. Não há, porém, uma relação de causa e efeito nisso. Não há vida eterna. Tiradentes não quis se sacrificar pela independência do Brasil, como se fosse um Cristo nacional. Ele foi acusado, preso, condenado e executado. Por si, preferirira não estar envolvido nisso e nem morrer, mas é ressuscitado como mártir "em glória eterna". Nele reescreve-se a visão católica de Cristo. É atribuída a Tiradentes a capacidade de um deus previdente, o qual sabe o que vai lhe acontecer e que, assim, trata de assumir o seu destino. Faz-se uma versão local, laica, da Paixão de Cristo. A estrutura desta última impregna a autora e a maioria dos leitores. Relembrar Tiradentes é rezar uma missa. Perguntar se vale a pena o sacrifício torna-se um artifício de retórica, destinado a sacralizar o Cristo local: a resposta é anterior à pergunta, a qual serve apenas para provocar o estado de prontidão. Isso pressupõe, no entanto, uma culpa coletiva, que só pode ser a desgraça de ter nascido num país com o pecado original de ter sido colônia, e colônia portuguesa. Qual teria sido a Eva e qual o fruto proibido? Eva parece ser o nome da índia de Caminha com as vergonhas expostas como fruto proibido.

O pecado original atinge os nascidos *post-factum*, como se fossem corresponsáveis pelo erro de origem, já que são conseqüência dele. Em vez de uma luta contínua no presente, essa lógica interna de identificação hipotextual precisa de um Cristo que "decidiu morrer por todos", e atender à vontade do Pai Eterno que rege a história. Assim a história já está resolvida. Nessa lógica estrutural, que precisa do pretexto "Tiradentes" para uma invenção pós-factual, é preciso também que o representante terrestre de Jeová, o pai Portugal, seja exigente, autoritário, cruel e estranho em seu comportamento. De qualquer maneira, "Ele" é inquestionável. Acaba ajudando a redimir a brasilidade pela ação de Pombal, um neo-pombo do Espírito Santo, que engravidou a *Terra Brasilis* com o "espírito de uma nova era". Assim se sacraliza também a prepotência e a tirania, e a história havida como a melhor história possível, porque sempre regida pela Providência Divina.

Como personagem de ficção, Jesus é um herói trágico, um sujeito com quem o público pode ter uma identificação positiva e que é sacrificado sobretudo por seus méritos e valores, os quais violam o sistema de poder estatuído e levam a uma visão estranhada deste sistema, condenando-o moralmente, ainda que o poder tenha uma vitória política ao aniquilar o sujeito. O cristianismo destrói, contudo, a consciência trágica de Cristo. Ele é concebido como um Deus que sobrevive a tudo o que lhe acontece para ressurgir glorioso sem perda alguma: pelo contrário, ele sai ganhando, na medida em que se torna puramente divino, sem ter a carga do corpo e do destino humano. Mas também isso é "humano". Do mesmo modo, a vivência trágica de Tiradentes é reduzida a um ponto mínimo de sofrimento: ele ressurge glorioso no poder que se estabelece no país a partir de 1822. Quando ele tem a corda no pescoço, o olhar é tão sobranceiro que mais parece ser o cordão da glória eterna, o medalhão que o une ao céu e é confirmado pelo Estado como comenda. Ele não conseguindo ser visto como trágico, não consegue se tornar tragicômico, capaz de rir de si mesmo e, principalmente, da imagem que dele é feita (ou seja, da diferença entre o que ele deve ter sentido e aquilo que dele dizem). Sem querer, ele acaba sendo ridículo, já que não percebe o grotesco de sua instrumentação. Destinado a atingir a todos, não atinge a mais ninguém.

Não importa muito o que de fato aconteceu: há uma "versão", a qual é uma invenção de "fatos", segundo estruturas profundas que são anteriores e posteriores a qualquer um dos acontecimentos. Se o catolicismo não dominasse o Brasil, não se teria essa versão. Se alguém é morto por suas idéias, é porque ele as considerava boas. Por isso, não cabe a outros, que nada tinham a ver com o caso, assumir um sentimento de culpa que obriga a reverenciar o "herói" morto como um deus laico da nacionalidade. Ao cultuar uma variante local de Cristo, também não se resolve o pecado original de ter nascido e crescido no Brasil. Essa desgraça carrega-se mesmo quando se sai do país: daí a necessidade de culturar a imagem de brasileiros que apareçam como vencedores no exterior. Como a autora parece não ter a menor noção disso, a sua obra é ingênua, boba e atrasada, nada tendo a acrescentar (como também não tem um Guimarães Rosa, preso ao horizonte de um platonismo que nem ao menos leu Platão direito: seus personagens não têm nada novo a dizer).

O morto é heroicizado e divinizado para sacramentar o que se diz ser a causa de seu "martírio". A ideologia funciona à medida que o público acredita que ele é, naturalmente, um herói e não uma divinização laica. Toda auratização torna difícil ver o auratizado: a função disso acaba sendo sobretudo a de ofuscar para facilitar a manipulação de quem se aproveita da institucionalização do credo reverencial. Assim se valoriza quem supostamente representa a grandeza sacrificada. O mesmo processo que ocorre no âmbito religioso *strictu sensu* se dá também no cerne religioso do culto à pátria. Qualquer questionamento parece violação de tabu, ingresso em território proibido, uma atitude a exigir que se apedreje o profanador do templo pátrio.

Na tragédia clássica, o herói é, apesar de algumas reservas ocasionais, basicamente acompanhado pela simpatia do coro e pela empatia do público. Cecília diz que Tiradentes não tinha respaldo popular em sua época: procura obter assim maior adesão e compaixão do público atual, o qual se considera com um nível de consciência superior, portanto disposto a acreditar em tudo o que lhe é dito. O herói parece trágico só por aportar cedo demais na história. Para compensar a falta de adesão do público da época, a autora espera que o contemporâneo faça uma hiperadesão, ajoelhando-se, sem qualquer senso crítico, ante o monumento que é o *Romanceiro*. Nascido no bojo do nacionalismo getulista, por volta de 1950, o texto encontra neste sua inspiração e seu limite, como documento de uma época (e muito mais ele não é). Se tivesse explicitado algo como o fantasma de Prestes, Harry Berger ou Olga Benário sob a figura de Tiradentes, teria esbarrado mais rápido nesses limites. Se tivesse chegado aos limites, teria podido ultrapassá-los, mas não seria mais Cecília

Meireles. E não seria tão amada. Por isso, ela também não criou uma figura virtual, capaz de reatualizar-se em figuras de "mártires" não oficializados da ditadura militar, como Lamarca, Mariguela e Ernestino, ainda que no avesso da visão da extrema direita.

Um herói trágico teria de ter algo que transcendesse figuras históricas individuais, mas fosse o índice de uma busca de todos eles, utópica e transcrônica, sempre de novo estraçalhada pelo poder, pela maldade e pela mesquinhez. Cecília Meireles não consegue chegar a isso, pois sugere, com Tiradentes, que a independência resolveria tudo. É fácil querer no herói um sinal de glória com que se identificar, em vez de enfrentar os representantes atuais da mesma opressão que os estraçalhou. Cultivar um herói é cultuar uma luta que não é, por si, uma libertação, mas um sinal de opressão. Brecht dizia ser desgraçada a nação que precisa de heróis, porém mais miserável aquela que nem sequer pode tê-los. Um herói trágico é um sinal de maus tempos; e, cultuá-lo, sinal de que tais tempos ameaçam voltar. Um libertador pode ser tornado instrumento de opressão. Daí o tragicômico ser uma alternativa que impede isso. É o que Cervantes conseguiu constituir já em 1600 e que é ainda mais atual que os canônicos locais: em nome destes os alunos são impedidos de ter acesso à arte-mor. O cânone não faz um mau uso dos canônicos, pois eles estão de acordo.

A obra que parece estar mais próxima da consciência trágica da história brasileira é *O escravo* de Carlos Gomes, na qual o conflito das "três raças que formaram a nação" é reduzido a um triângulo amoroso, em que o índio e o branco são apaixonados por uma pretinha e o primeiro acaba cedendo seus direitos maritais para o segundo. Como num passe de mágica, o prepotente senhor branco é substituído por um filho *soft*, um sinhozinho todo cordura e gentileza, como se algumas concessões no modo de tratar as outras raças resolvesse a questão da propriedade fundiária e o conflito de classes. O drama lírico de Taunay tem as mesmas limitações de *A escrava Isaura*.

O herói é um sinal de uma limitação de opções (até para ele mesmo: ninguém se torna herói por livre e espontânea vontade, mas pelo peso das circunstâncias). A literatura que o cultua, cultiva essa limitação, embora não a reconheça como tal. O herói tende a ser a encarnação de uma característica psicológica, a qual é hipertrofiada e alçada a absoluto, numa "falsificação da realidade cotidiana". Se muitos "morrem pela pátria", raros são cultuados como heróis nacionais. De um canalha faz-se um santo; de um covarde, um herói. Ambos servem para fazer canalhice. E ambos são a projeção de um desejo que se quer coletivo: o desejo desse desejo é ser total, partilhado por todos. Daí ele tende a se tornar totalitário. Imposto a todos, passa a instrumento de opressão. Cultuar heróis é dar a mão ao opressor, pois o gesto compromete-se com o totalitarismo deles e deixa de ser respeito espontâneo, fazendo parte de uma obrigação. A coagida reverência restringe a liberdade: ao não haver respeito a si mesmo, não há respeito a outros. Escamotear o negativo da utopia é endossar como sonho os pesadelos que em cada utopia se esconde desde sua origem.

Se há problemas sociais, cabe à política enfrentá-los. Ela deve voltar-se para a concretude de cada situação. A literatura consegue universalizar o concreto, ao preço de nascer da morte das circunstâncias que a geraram. Abstrair as contradições concretas e hiperbolizar ficções de positividade é distrair o leitor do alerta quanto à manipulação, num processo de colaboração com o novo opressor. O grande texto literário contém uma recusa estrutural à manipulação. Quando adere ou abre o flanco à manipulação, perde acesso à arte para ser apenas propaganda. Esta última, por sua vez, recusa-se à multiplicidade do seu objeto. O seu êxito é proporcional à sua inconsistência crítica: ela é forte sendo fraca.

Considerar o país uma utopia não é "amor à pátria", mas a algo que só existe na fantasia. Implica uma condenação ao país real, sob a aparência de suprema reverência. Se é preciso idealizá-lo, amando o que ele não é de fato, então não se ama o que ele é. Pode-se insistir na tecla de que ele é aquilo que se imagina, mas isso não passa de engodo, no qual a maioria prefere acreditar: exagero dos aspectos positivos, descarte dos negativos. Quanto mais se aparenta adorar, tanto menos efetivamente se ama. Prefere-se a ilusão à verdade, a exaltação ao real. Não se ama o país, como se alega, mas apenas uma fantasia que o nega. Para que não pareça fantasia, convém alguns "exemplos" ditos literariamente; atribuindo-se ao dito o *status* canônico, ele parece inquestionável. Cria-se uma religião laica, cujo templo é o território: único lugar onde se pode viver e ser feliz.

A ferocidade da crença tem o potencial das guerras religiosas. Em seu nome é permitido cometer e escamotear crimes, imputar delitos e perseguir minorias. A fantasia passa a ter peso real. Pelo cânone, inventam-se "documentos comprobatórios", para chamar de "realidade" a projeção do desejo, a qual não se reconhece como tal. Torna-se "real" o que se quer que se torne. Ser de "esquerda" ou de "direita" não faz diferença, pois as estruturas profundas são as mesmas: a ideologia torna-se a sua ciência. Tudo se define num espaço delimitado *a priori*, em que outras perspectivas nem sequer existem. Impera o comando "Brasil, ame-o ou deixe-o", uma variante do antigo "ou crê, ou morre". O fascismo é a verdade desse nacionalismo.

A literatura, reduzida a cânone nacional, em vez de contribuir para o entendimento entre os povos, serve, então, para a sua mútua exclusão e denegrição, já que cada um se considera dono da história. A vida, mesmo sendo sem sentido, inventa sentidos para a sua preservação, para ser feliz porque consegue se impor. O cânone torna-se instrumento de preservação da "identidade nacional", num redu-cionismo que se entende como felicidade coletiva. Questionar isso é tocar em um nervo exposto. Há raiva contra quem questione o que parece definir essa identidade, mesmo que esta seja feita de restrições, supressões e limitações.

O país fica a embalsamar cadáveres, guardando-os no armário para que cheirem menos mal. Teme a agudização da dor mediante o corte das estruturas podres. A pretensão de "salvar a pátria" não garante que algo seja salvo. Honram-se tiranos e canalhas, enquanto os tiradentes continuam vilipendiados. Elogia-se quem deveria ser execrado; cultua-se quem deveria ser esquecido; olvida-se quem deveria ser lembrado; difama-se quem deveria ser reverenciado.

Assim como Tiradentes, Gonzaga e outros foram usados para propagar uma visão do povo e da história brasileiros, outros elementos podem ser usados, como jogadores de futebol, tenistas, compositores, especialmente se puderem servir como garotos-propaganda de mercadorias menos necessárias. A literatura só é relevante como índice de um paradigma que a transcende, o qual pode ser repetido e variado de muitas maneiras, a ponto de o seu fundamento tornar-se irreconhecível. O não-conhecimento propicia a propaganda, ainda que esta pretenda ser informação.

A ficção esquerdista

Espectros

Até que ponto o cânone suporta variações de superfície mantendo a mesma estrutura fundamental e até que ponto seu gesto semântico permite o percurso pela negação sem negar a dominante estrutural, inclusive reforçando-se com os impactos que ela organiza para si própria? – Nem toda obra a ser examinada para discernir a estrutura do cânone precisa fazer parte dele, pois obras excluídas permitem discernir de modo mais exato os seus limites e andaimes. O elemento excluído pode geralmente ser incluído por ter em si os mesmos princípios e por viabilizar uma versão menos rígida do princípio organizacional, sem que substancialmente nada se altere. Em suma, até que ponto *"plus ça change, plus il est la même chose"*?

A trilogia *Os subterrâneos da liberdade* foi escrita no exílio, após Jorge Amado ter perdido, como decorrência da Guerra Fria, o mandato de deputado federal pelo Partido Comunista Brasileiro, quando este foi posto na ilegalidade por exigência da direita americana. Logo após o golpe militar de 1964, a trilogia (junto com *O cavaleiro da esperança*) passou a ser tirada das bibliotecas e a ser proibida, como se a extrema direita quisesse afirmar a veracidade e o valor dela. Ela relata a atividade do PCB durante o Estado Novo e denuncia que o país era dominado por interesses externos e espoliado por parasitas internos. O que poderia colocar em questão a independência alcançada acaba sugerindo que "a luta continua" e que, portanto, os "heróis do passado" continuam vivos, devendo ser revitalizados com o sangue de novos heróis. Há um vampirismo histórico, em que os mortos são ressuscitados à custa do sangue de sacrifícios no presente. Apenas um "grupo seleto de iniciados" sabe os caminhos da história. Julgam ser ateus, e fazem da política uma religião.

Os subterrâneos da liberdade foi escrito à mesma época em que o foi O *romanceiro da Inconfidência,* e publicado em 1953, como testemunho da falta de liberdade em um país que, há mais de um século, afirmava tê-la assegurado com a declaração de independência. O título faz alusão à obra *Os subterrâneos de Paris* e, assim, esconde, sob o nome "liberdade", os esgotos e a podridão, tudo o que há de ruim e sujo escorrendo pela sociedade. O que no Brasil Colônia poderia ter sido (embora não o fosse por reinóis e situacionistas) considerado opressão vinda de fora se tornou opressão a partir de dentro: autônoma, nacional, legítima, endossada pelo povo.

Quando Jorge Amado louvou seus "quixotes" prestistas, faltou-lhe senso crítico e humor, pois ele não discernia os erros de seus pressupostos e as sandices a que seus devaneios poderiam levá-los, adotando até mesmo a "perspectiva do inimigo", a visão cristã de que é possível e necessário redimir o homem e salvar o mundo porque a história tem um, e apenas um, sentido. O distanciamento em relação a essas concepções, ampliado com as denúncias dos crimes do estalinismo e com o colapso do comunismo europeu de Estado, podia ter sido antecipado – como já o havia sido por Nietzsche, em 1880 –, caso tivesse sido melhor questionada a concepção de que um território teria de passar, num prazo fixo, por determinadas evoluções, como se a história tivesse um único sentido, uma teleologia a ser imposta por um grupo, que se autodeclarava – por inexplícitas teologias – dono da verdade e da justiça, mas que era, no entanto, incapaz de perceber os seus limites conceituais. Tal grupo, em sua lógica interna, via-se como antítese da oligarquia, embora fizesse parte do mesmo sistema, reproduzindo sua estrutura. Exatamente por ser um espelho, em que a figura aparece às avessas, a trilogia volta a despertar interesse na perquirição em torno da estrutura do cânone.

Jorge Amado tem sido considerado, fora do Brasil, o autor mais importante do país. Teve êxito tanto na fase engajada quanto na comercial. É lido nas escolas, é filmado e televisionado. Durante o maior período de sua produção, quando ele ainda aparecia como "escritor comunista", sofreu certo "menosprezo" do *establishment* acadêmico, que o via como um autor menor: era o preço que ele tinha de pagar por ser "de esquerda". Convinha acusá-lo de "sectário" ou "vendido". O que quer e como quer que fizesse, faria errado.

Jorge Amado teve de amargar o exílio, tendo sido até mesmo expulso da França, onde procurara refúgio. Recebeu a proteção do Partido Comunista, o qual o abrigou num castelo perto de Praga pertencente à União dos Escritores Tchecos, no qual autores podiam ficar redigindo as suas obras.

Jorge Amado bateu de frente contra eminências pardas do fascismo brasileiro, como Filinto Miller. Mesmo que depois tenha abandonado a militância partidária – antecipando o gesto do PCB, o qual fez uma revisão tão radical que chegou à autodissolução –, não rejeitou, com isso, a utopia de liberdade, igualdade e solidariedade, embora cada termo precise ser redefinido. Ainda que a obra de Jorge Amado oscile entre o panfleto de protesto e o culto do exótico, o seu banimento no âmbito acadêmico nos períodos de repressão tem, por si, o mesmo valor que a consagração canônica de sua obra comercial, na qual o povo é considerado tão maravilhoso que nada mais deve nele ser mudado. Independente da obra, o olvido, a crítica e a *laudatio* tanto podem ser índices da repressão interiorizada no âmbito acadêmico quanto da limitação dos esquemas de avaliação literária. Não são absolutos, mas sim expressão de pressupostos, e são estes que realmente importam, embora costumem ser olvidados. Em vez de olhar só os movimentos dos bonecos no palco, é preciso mirar as mentes e mãos que os manipulam. O texto ficcional ou crítico importa sobretudo como sintoma de algo que o transcende. Em suma, é preciso perguntar quão semelhantes entre si são os opostos que se rejeitam.

Um autor entra em rejeição de sua obra anterior quando parte para novas produções. Não há obra perfeita, mas há versões que não recebem mais retoques de seu autor, porque este, num certo momento, chegou ao seu limite: esse momento deveria coincidir com o momento em que a obra resiste a novas modificações, pois ela diz que elas a piorariam. Além disso, como no jogo de xadrez, a modificação de uma jogada, de um *passus*, altera o percurso do resto da partida. Jorge Amado foi acusado de ter sido "estalinista" (ele recebeu o Prêmio Stálin de Literatura, o que lhe pode ter custado o Nobel), mas, como não tinha poder naquele momento, a sua obra era sobretudo uma reação contra a política que imperava no Brasil, não apenas um reforço do centralismo antidemocrático (já que este não tinha tanto efeito quanto teve na União Soviética pelo simples fato de o PCB não ter chegado ao poder). Por um lado, a trilogia pode ser lida como um esforço contra o autoritarismo e o cerceamento da liberdade; por outro, como uma reafirmação do autoritarismo e da tirania. Embora o Partido Comunista não tenha chegado ao poder no Brasil e tais obras não possam ser acusadas de endossar uma repressão institucional, o unilateralismo repressivo também está contido nelas: mostram, pelo avesso, o que costuma acontecer no sistema e no cânone oligárquico. O texto ficcional não é indiferente ao fato de Jorge Amado ter sido um estalinista, mesmo que Zélia Gattai o apresente, *post-factum*, como antiestalinista. Ainda que a literatura não consiga por si prender, deportar, matar – ela precisa ser vista como ficção, mesmo no sentido de "não ser levada tão a sério" quanto o fazem aqueles que perseguem autores e queimam livros –, ela tende a ser "autoritária" na medida em que é "engajada". Como tal, pode ser julgada, à medida que julga. Essa literatura "engajada" mostra, à esquerda, o mesmo perfil que o cânone exibe à direita, pois este é, sobretudo, "engajado" a seu modo. Quem morre dos dois lados é a arte. O centro não é, aí, o ponto de equilíbrio, mas parte de um sistema que precisa ser superado como um todo.

 Os subterrâneos da liberdade é um *roman à clef* e foi escrito no castelo de Dobris, pertencente à União Tcheca de Escritores, a quarenta quilômetros de Praga, durante o exílio do autor determinado pela "democracia" do General Dutra e relata a ação do PCB à época do Estado Novo. À época era fácil para os iniciados identificar os personagens. Com o tempo, vem diluindo-se a consciência dos coevos para restabelecer a ponte entre personagens e pessoas, mas permanece a vocação da obra em ser antes jornalismo do que ficção. Embora seja uma obra com o impulso de ser o documento de uma época, tornando-se inclusive cada vez mais documental à medida que esta se esvanece, ela apela para a ficção a fim de se sustentar, mas não consegue decolar como ficção por estar colada a seu cronotopos genético.

 Essa obra denuncia a barbárie política de uma era, a qual se reencenou após 1964, ao atualizar o livro, como se quisesse perenizá-lo enquanto tentava destruí-lo, como a dar vida eterna a quem martirizava. Uma obra aflora mais como arte com a morte das circunstâncias que a geraram. Se ela vive só do testemunho destas, pode ser um documento da história mesmo sem ser um documento histórico, mas não é arte. Hegel já dizia, no prefácio à *História da filosofia*, que a grande obra filosófica é testemunho e expressão da essência do seu tempo, mas só consegue ser filosofia quando vai além da concretude imediata das circunstâncias que a geraram, não se deixando dominar nem se cegar por elas. Assim também a obra de arte, embora gerada a partir de vivências, precisa estruturar-se como superação delas.

Pleitear a imortalidade da obra a partir da morte do *corpus* histórico que a gerou pode se tornar uma variante do idealismo, quando só repete a duplicação metafísica do mundo, no sentido de que a alma só se pode salvar e se mostrar imortal com a extinção do corpo. O *roman à clef* tenta mumificar uma situação para que ela se preserve como corpo, mas com isso perde o espírito da ficção e a ficção como espírito. A questão é saber se a estética cai nas falácias da tradição metafísica, sem que se percebam tais implicações. A avaliação de um autor ou gênero é determinada, em seu percurso e em seus resultados, pelos pressupostos operacionais que, em geral, não são explicitados. Uma vez expostos, pode-se ver sua limitação, ou melhor, eles só podem ser "ex-postos" à medida que já se tem uma noção – ainda que vaga e intuitiva – de que há algo errado neles, um horizonte que eles não permitem acessar, mas que pode ser acessível por outra rota.

A liberdade soterrada

O tema de *Os subterrâneos da liberdade* pretende configurar uma luta contra a opressão e uma busca da utopia. Liberdade, bem-estar e felicidade são seus temas subjacentes, mas sua amplitude tende a ser olvidada pela cegueira de quem está obcecado pela luta: para este, valem mais as aparências imediatas do que os fundamentos. Ele pretende ser uma autor "materialista histórico", mas ele perde a materialidade da história na medida em que ela é apenas o espaço de projeção dos seus próprios pressupostos (portanto idealidades independentes do *hic et nunc* "espelhado"). Embora queira apresentar figuras modelares para o bem e para o mal, a trilogia tampouco consegue assumir um caráter exemplar, subtraindo das circunstâncias mesquinhas um testemunho inolvidável, capaz de transcendê-las.

Não é por optar por um tema permanente que se cria uma obra permanente. A liberdade fica enterrada em *Os subterrâneos da liberdade*. A trilogia combate o fascismo tupiniquim, para fazer uma defesa do comunismo soviético, sem ver as semelhanças entre os dois sistemas, sem conhecer bem o segundo e sem se contrapor a seu autoritarismo totalitário: sofre com a simplificação e com a falta de elaboração das contradições internas. O antigermanismo nela contido não se reduz ao combate ao nazismo, mas reproduz e fomenta o preconceito racial vigente: concretiza o avesso das intenções declaradas.

Um *passus* central da trilogia é o destino brasileiro no contexto internacional, numa postura que se pretende contrária às metrópoles, mas que não é nova já que repete a estrutura dos hinos patrioteiros do tipo "ou ficar a pátria livre":

> Londres não conta mais na vida política do Brasil. Eles possuem por aí uns restos de capital, mas por quanto tempo os possuirão ainda? Há uma divisão do mundo, Arturzinho, e a América do Sul pertence aos Estados Unidos. A Inglaterra fica pela Índia e pela Arábia; mas aí mesmo os americanos vão entrando cada vez mais. (...) Levaste a porrada de 30, a revolução de Getúlio, e não compreendeste então que os americanos haviam tomado o lugar dos ingleses. (...) Getúlio é o homem dos americanos, como Plínio é o homem dos alemães.[1]

Literatura é aí confundida com jornalismo. A simplificação é flagrante. Getúlio Vargas não foi simplesmente um "homem dos americanos". Se o Brasil realmente "pertencesse" aos Estados Unidos, como o Haiti ou o Alasca, poderia até ter sido posto em debate se não seria melhor para o operário receber em dólar: uma suposição tão pouco "patriótica" seria, porém, inaceitável para os comunistas, mas nisso eles endossam o cânone direitista. Pertencem ao sistema mais do que eles próprios conseguem admitir, estão mais próximos dos adversários do que percebem. Embora se tenha aí apenas a fala de um personagem e, portanto, não necessariamente a posição do autor, como este acreditava no mesmo, o texto não organiza uma

---

[1] Jorge Amado, *Os subterrâneos da liberdade*, v. I, p. 54-55.

contrafala que a supere. Ela acaba sendo a palavra definitiva e definitória. Caberia, então, ao leitor ficar ressabiado, não subscrever tudo o que é dito: o engajamento não aceita isso, porém, como também não o aceitaria a exegese canonizadora.

Seria essa trilogia, uma obra expurgada pela extrema direita, incompatível com a canonização? Se o cânone é a interiorização do poder na literatura, até que ponto o governo representa o Estado ou este constitui uma instância que tende a negar outros tipos de postura política? Até que ponto obras expurgadas por uma política sofrem, no máximo, um exílio temporário, já que é da natureza delas pertencerem a este espaço, não sendo sua vocação o gesto emigratório, e sim se restringirem ao horizonte de uma nacionalidade entendida de modo estrito?

Ao dizer que "Plínio é o homem dos alemães", sem que isso seja rebatido ou problematizado, quer dizer que o integralismo, cujo chefe era Plínio Salgado, seria como que uma representação da germanidade no Brasil. Ora, se os alemães não podiam ser membros do Partido Integralista, também os integralistas não eram "homens dos alemães". O alemão é aí uma personificação do demônio, preconceito que afetou muito a colonização teuto-brasileira, embora esta, ao concretizar os ideais da revolução liberal, sempre tenha estado em antítese ao ideário fascista. O autor nem sequer levanta o fato de os teuto-brasileiros nem serem aceitos no integralismo porque não eram "bem brasileiros". Além disso, eles não entraram no partido nazista, e isso não só porque não eram "bem alemães", pois o *jus sanguinis* lhes daria o direito à cidadania alemã.

Mesmo que tenha havido uma ínfima minoria da minoria teuto-brasileira que era simpatizante do nazismo, a sua proporção não era maior que no resto da população brasileira que não tinha origem alemã. Jorge Amado é, portanto, nazista, ainda que se diga um defensor da miscigenação baiana (que, por si, exclui os teutos). Além disso, ele não considera o fato de que, para os nazistas, os descendentes de alemães fora da Alemanha eram "*Beutegermanen*": pessoas de terceira classe (pois tinham a desgraça de ter nascido na atrasada América Latina), contaminadas pela inferioridade do meio em que haviam crescido. O fato de a trilogia ser dedicada a Anna Seghers, escritora comunista alemã, não implica ausência de preconceitos. Jorge Amado é completamente cego sobre o caráter totalitário da lusitanidade e que foi repassado para a brasilidade: ele é cego porque é parte do mesmo sistema. Vampiros não se enxergam no espelho.

Isso tudo não teria maior importância, seria mera reminiscência grupal de um período negro da história, se a acusação de "nazista" não ressurgisse sempre que conviesse e esse período não fosse exemplificativo de toda a história. A desconfiança paira no ar e ainda não se sabe bem o que fazer para terminar de acabar com essa "alemoada" que chegou para ficar (embora fosse melhor que não tivesse aparecido): espera-se que, com o correr das gerações, ela se dilua em mestiçagem física e desapareça em assimilação espiritual. Como a "germanidade" foi confundida com a sua versão "nazi", os teuto-brasileiros foram os primeiros a querer afastar-se de sua identidade originária ao adotar como sua a primeira identidade coletiva mais forte com que se defrontaram. Por mais que queiram assumir a identidade alheia, alienando-se, isso não tem impedido e nem impedirá que esse espectro seja ressuscitado para excluí-los. Insistem em tentar ser o que não podem, ao submeter-se ao ditado vigente e ao estrangular a sua identidade cultural de origem. São suicidas.

Isso não teria maior importância que o destino de alguns milhões de teuto-brasileiros, se não fosse também sintomático para ações similares em relação a outras minorias étnicas. A hipersensibilidade a um fator – que é de bom-tom negar que exista mediante a hipocrisia do preconceito de não se ter preconceito – é um fator heurístico que serve para delinear o perfil do cânone, pois ao ver o sistema a partir do lado de fora é possível perceber como posições aparentemente antitéticas fazem parte dele, embora insistam em nuances do mesmo espectro: revela-se a unidade e identidade do que aparenta ser totalmente antitético.

O que move a ação na trilogia não é apenas a caça aos comunistas, pois esta aparece motivada pelo interesse do capital estrangeiro em apossar-se das riquezas ditas nacionais (especialmente dos minérios). Até os comunistas esquecem aí que a fonte de toda a riqueza era, para Marx, o trabalho humano. Confundem riqueza com caça ao tesouro. Reconstituem, sem o citar (e superar), o mito da donzela a ser defendida da sanha do dragão. Os perseguidos são, *pour cause*, os grandes heróis, enquanto os governantes são dragões do mal. Divide-se o mundo em duas partes, dentro e fora do país, e supõe-se que o mal só existe dentro porque representa algo externo (que é, em si, o mal). O externo é o estranho, que é o mal, porque a suposta auto-identidade *é* o bem. Os políticos tornam-se importantes quando agenciam interesses externos (sempre à custa, obviamente, dos interesses internos).

Sob a aparência progressista, tem-se a regressão aos mais antigos chavões da tradição metafísica, sem que o "marxista" perceba como opera a dialética (ele não vê, por exemplo, o bem externo, ainda que a obra estivesse sendo escrita no exterior à base do favor ou da solidariedade proletária internacional), sem que elabore o que Marx, no Manifesto, já expôs como a tendência inelutável à globalização, e sem que veja como a internacional comunista, sob comando russo, tinha um caráter imperialista. O "soviético" foi usado para camuflar a imposição dos russos sobre os demais povos da "União Soviética", garantindo-lhes vantagens em moradias, empregos, postos estatais, etc. Isso envolveu falsificações da história, repressão de povos e revolta dos oprimidos. Em nome da luta contra a opressão, foi feita a opressão. E isso teria acontecido no Brasil também, caso os comunistas tivessem chegado ao poder (o que, por sua vez, não justifica a repressão que sofreram, pois essa foi causada pelo algoz, não pelo que a "vítima poderia ter vindo a ser").

Se a elite brasileira deriva, nessa visão comunista, da entrega das riquezas naturais do país, uma trilogia deveria ter visto como "o brasileiro" deriva do imperialismo, sendo definido por ele a começar pelo nome e pela língua. Tal elite não é elite, ela é apenas elitista. Ser herói ou bandido, santo ou pecador, deriva sobretudo do ponto de vista, dos pressupostos da avaliação, mas isso teria de ser exposto e questionado por uma obra que realmente queira ser dialética, histórica, materialista e crítica. O pecado da simplificação – num autor pretensamente marxista – é a redução da contradição a antinomias de bem e mal. Ao repetir preconceitos e estereótipos antigos, Jorge Amado reafirma velhos conteúdos sob formas nada novas. O seu novo conteúdo é, no máximo, a inversão de velhos con-teúdos manifestos, o que mantém as mesmas estruturas profundas: santos são os comunistas; vilões, os burgueses.

Ainda que a pratique, ninguém mais costuma se declarar a favor da tortura. Uma obra dialética, em vez de ver nos comunistas apenas vítimas angelicais dos demônios fascistas, poderia ter-se perguntado – além de denunciar tortura organizada pela polícia no paraíso brasileiro – se seria justa a tortura dos torturadores ou o aniquilamento dos oportunistas. Num profundo autoritarismo do autor, com o respaldo da indignação revolucionária, o impulso da obra é acabar com todos eles: ela não consegue, todavia, ver além do seu próprio nariz.

A simplificação torna-se um problema à medida que exclui contradições e nuances, ao impor a ditadura de um comando único, uma única avaliação. Quem está rotulado em certa categoria, tanto pode receber benesses como punições. A complexidade de uma situação ou pessoa é reduzida a um só fator, mais imaginário que real, e com ele se "resolve" tudo, de um jeito ou de outro. Com a simplificação lotam-se prisões, montam-se campos de extermínio, executam-se genocídios. Há um demônio na analogia que reduz fatores diversos a algo único e postula um dia do juízo final como término da história.

A questão não se resume no que as pessoas pensam de si mesmas ou declaram sobre si, mas no que efetivamente elas fazem. Personagens não se resolvem com o que supõem, dizem ou fazem no enredo, mas naquilo que por meio deles se sugere e se ilumina. Na administração pública, são freqüentes os "rolhas" ou "chapas brancas": aqueles que sempre estão com o poder, prontos a servir o governo, seja ele qual for. Para eles, fora do poder não há salvação. Ao passarem de um partido para outro, servirem a um senhor de postura contrária ao anterior, podem até alegar que eles próprios não mudaram, e sim apenas o ocupante do "governo": são "fiéis" a seu modo. Como um carro oficial, carregam quem esteja ocupando o posto. A moral deles é participar do poder, como se este iluminasse e desse vida.

O "romance" poderia ter-se perguntado, por exemplo, se tais figuras apenas queriam obter benesses ou compensar um vazio interior, uma carência; poderia ter questionado se realmente era antitética a postura dos "comunistas", já que formavam um grupo que vivia em função do poder. Ele poderia, em vez de ser apenas o relato jornalístico de uma época, ter-se tornado, então, mais universal, válido para outros tempos e lugares, e não apenas um documento parcial e unilateral de um cronotopos. Ele não consegue chegar a isso, pois é incapaz de compreender o que se passa "na alma" da direita e, por isso, também não consegue entender direito as figuras de esquerda. Estas são, para ele, absolutas, meros rótulos, ainda que falsas, etiquetadas pela direção do Partido. Não havendo a apreensão da múltipla diversidade do tema proposto, não há verdade e nem arte. E não há marxismo como ciência da história (em suas contradições e concretudes).

O revolucionário é um moralista, disposto a matar ou morrer por aquilo que ele considera correto. Então a vida não vale por si, ela só merece ser vivida em função de valores considerados mais elevados. Se há valores mais altos que a vida, também é possível e necessário matar em nome deles. Alguém ser torturado e/ou morto não é por si, nesse sentido, o pior, pois pode ser um meio de manifestar e de "provar" convicções. Uma obra revolucionária precisaria, então, reavaliar radicalmente os valores: se ela apenas reproduz o consenso do grupo, ela é o reflexo da opinião de um grupo, e não uma obra revolucionária. Jorge Amado não pára a fim de pensar, pois está convicto de estar certo: tem o tom de um coronel latifundiário do interior (que é exatamente a sua origem). Ele não é revolucionário como romancista, porque não consegue fazer uma evolução moral ao repetir o mesmo, ainda que às avessas.

Ele é capaz de decretar que determinado personagem é um pérfido traidor (como "Saquila" ou "Heitor"), deixando que nesse personagem facilmente se possa reconhecer a pessoa real à qual se refere. Mesmo que essa pessoa não seja aquilo que dela é dito, ela não tem na obra uma boa chance de defesa ou até mesmo de julgar os seus juízes. Não há dialogismo e nem dialética. Há uma difamação peremptória que, no nível simbólico, faz o mesmo que o estalinismo fez nos processos de Moscou. É uma volta à antiga caça às bruxas. É o mesmo que a Inquisição fazia. Do mesmo modo como a extrema direita tratou e trata de difamar, torturar e/ou matar quando conveniente aqueles que ela julgava serem seus inimigos, também essa "extrema esquerda" o faria (e fez). Ainda que qualquer ser humano mereça, de algum modo, que se fale mal dele, esses "tribunais" não são A instância moral capaz de decretar o bem e o mal. Antes de proferir o julgamento, é preciso cuidar de ampliar o próprio horizonte judicativo. A função da arte é ampliar o horizonte de percepção e julgamento, e não dogmatizá-lo e restringi-lo.

Também não adianta muito o Partido Comunista – como ocorreu, dezenas de anos depois, em 1987, no 8º Congresso do PCB, em Brasília – correr atrás das pessoas prejudicadas ou de seus descendentes para pedir desculpas. O estrago está feito. Quando posto num *roman à clef*, ele permanece. O juiz deve, então, ser julgado. A literatura pode ser um tribunal em que se julgam os julgadores, mas, como cânone, é antes a imposição do justiçamento de uma classe, sem nem sequer dar direito de defesa à outra parte. Sob a aparência de estar no avesso do sistema, Jorge Amado faz nessa trilogia o mesmo que o cânone: revela, sem querer, a estrutura deste, pois faz parte do mesmo paradigma, ainda que tenha, por algum tempo, invertido a superfície aparente da polarização. Ele participa do *establishment,* bem mais até do que ele próprio conseguiria admitir. Essa trilogia acaba como que se reduzindo ao protesto de um deputado com raiva de ter perdido o mandato, como se este fosse literariamente importante.

O entendimento kantiano de que a moral é uma sutil voz interior a recomendar determinada ação (ou não-ação), independentemente de vantagens que possam haver (e até mesmo contra qualquer vantagem, a ponto de exigir sacrifícios pessoais), é convertido (ou pervertido) pelos oportunistas em um sistema interior de alertas, no sentido de evitar o que possa representar perigo; ao juntar isso a um sutil faro de como obter vantagens apostando em situações ainda obscuras que lhe permitam ir, feito rolha, até o fundo para logo reaflorar com uma boa compensação. Ao fazer concessões problemáticas, o PCB conseguiu obter empregos públicos para alguns quadros, mas nunca assumiu o poder para executar o seu ideário. Assim, não precisou pagar o ônus da decisão. Embora tenha sido sobretudo vítima e não possa ser culpado pelos crimes do estalinismo (cuja ação não foi, aliás, apenas criminosa), poderia tê-los cometido, matando em nome da construção do homem melhor e fazendo injustiças em nome da sociedade mais justa, mentindo em nome da verdade.

Jorge Amado queria denunciar as atrocidades cometidas pelo fascismo brasileiro contra os "comunistas", mas, ainda que pretendesse ter uma percepção diferenciada, deixou de repensar os princípios do bem e do mal, pois os via como absolutos, preceitos de uma religião da história, tendo esta última um caminho adivinhado pelos seus profetas e traçado por uma providência divina (que apenas aparentava ser laica, mas que tinha o mesmo tom absoluto de um bando de missionários, de autonomeados donos da verdade e da justiça). A injustiça feita em nome da justiça continua sendo injustiça: citar uma justiça futura e abstrata é apenas hipocrisia. Meios (sujos) a justificar fins ("limpos") nada justificam, pois nada se limpa com panos sujos.

Além de repetir, sintomaticamente, a intencional confusão de alemão com nazista, o romance estende essa maldosa estereotipia a toda a colonização e imigração teuta:

> Eu creio que a guerra vai vir. A guerra contra a Rússia, já é tempo de acabar com esse foco de infecção. Hitler é o homem que o mundo precisava. (...) Os integralistas são os seus homens no Brasil. Além da colônia alemã, não te esqueças dela, é importante.[2]

É a fala de um oportunista de direita, que quer aproveitar a confusão para enriquecer, mas ela não isenta o autor, e o romance como um todo, de subscrever a assertiva (a acusação de que todo teuto-brasileiro era um quinta-coluna), pois ela não é rebatida e nem contestada na obra, como também não o foi pelo PCB. É fácil atribuir assertivas a um personagem, e deixar tudo por isso mesmo. O racismo é, assim, mantido vivo e cultuado no enredo, como a querer garantir que não é possível confiar em "bahianos".

Nação e noção

Jorge Amado (tomado, também ele, apenas como um sintoma para a análise de traços básicos do cânone) é incapaz de questionar a limitação do conceito de "pátria": tanto para os seus personagens

---

[2] *Idem, ibidem*, v. I, p. 56.

comunistas como para os seus direitistas, a "pátria" é a única possibilidade de vida, somente nela há salvação e razão para a existência. Mesmo quando está no exterior, só vive em função da "pátria": cada dia fora é um dia perdido. Assim, ele é parte do sistema nacional. Não há contradição absoluta entre sua obra política e comercial, pois ambas se baseiam nos mesmos pressupostos. Há uma radical diferença entre gostar de uma região, identificar-se com certa cultura, sentir-se à vontade em uma língua e, por outro lado, absolutizar uma língua, uma cultura e um território como sendo o único espaço válido de vida, o bem absoluto, em função do qual "o resto não vale nada".

Ainda que o cânone patrocine a linha que valida apenas essa visão mais estreita, apresentando-a como arte única, tal estreiteza o exclui da arte, como excluiria da ciência. Assim como não existe uma botânica brasileira, e sim apenas uma ciência botânica que, ocasionalmente, estuda plantas existentes no território brasileiro (e, em vários casos, só nele), também não existe uma ciência literária brasileira, mas apenas uma ciência da literatura que se volta, eventualmente, para manifestações literárias ocorrentes no território brasileiro. Quando o estudo se volta apenas para um território em si, ele falseia e perverte o fenômeno, pois a literatura não é específica de um país e um país não dá a sua especificidade. Não existe "literatura brasileira" como ciência: é uma opção ideológica por natureza. Embora esse aparelho ideológico do Estado se imponha como única ciência na escola quando ele nem ciência é (e exclui à força o que é uma alternativa superior para que a sua própria fraqueza e inconsistência não apareçam), só é possível alcançar objetividade de análise quando a produção literária do território é observada como parte da literatura mundial. Só assim pode haver ciência da literatura. Mesmo não sendo possível cadastrar todos os fenômenos similares, os traços distintivos e peculiares podem ser percebidos e descritos mediante a observação de exemplares representativos (tanto da espécie como do gênero em que ele se enquadra). Estes não se encontram, todavia, nessa literatura colonizada que não constitui algo realmente novo no mundo. Enquanto perdurar essa mentalidade tacanha e fechada, esse novo também não se fará.

Que o tempo participe do ser não faz com que a verdade, sendo histórica, seja redutível a uma simples manifestação de um momento e de um lugar. Isso seria negar a possibilidade de ciência e de arte, o que é feito por pessoas que não conseguem nem uma nem outra. Esperar que, para ser verdadeira, uma assertiva não derive de um cronotopos teria de esperar que ela derivasse de uma instância transcendental, porém não no sentido kantiano, de superação das limitações e idiossincrasias subjetivas: seria uma regressão à pior tradição metafísica. Insistir na historicidade "absoluta" pode ser usado para relativizar tudo e recair na regressão de que, no "território nacional", só pode e só deve ser validada a literatura nele produzida (e dentro de um período temporal determinado, escolhido para legitimar um espectro de dominação: "Brasil, 500 anos" faz parte disso). Serve também para rotular o que uma obra diz, classificando-a como "romântica", "realista", "brasileira", "portuguesa", etc. Isso reduz a obra à mímese de um cronotopos genético e não entende que o que a torna arte é a capacidade de ser mais do que isso. É inobjetivo em relação ao "objeto literário" o que aí se entende como o mais objetivo. O que torna relevante um Hölderlin não é ele ser alemão, clássico ou romântico: isso é usado para tentar encaixá-lo em algo que é secundário nele, numa tentativa de anular ou olvidar, assim, aquilo que nele não é entendido (e que é, aliás, o mais importante do que ele tem a dizer, como Heidegger já mostrou).

Embora possa ter a intenção de transformar veneno em soro antiofídico, um autor pode ajudar a preservar e a multiplicar o mau uso dele, pois faz parte do mesmo sistema. Sob a aparência de querer fazer "o bem" – embora a extrema direita não acredite nisso –, pode preservar o preconceito, ainda que sob a aparência de multiplicar o conceito. Assim, quando Graciliano Ramos coloca olhos claros no personagem Fabiano, construindo-o como mais fraco do que sua mulher, ele não fez um ato gratuito: cultiva o racismo interno, discriminador dos imigrantes alemães e de seus descendentes. Ele é um racista, como Clarice Lispector, Guimarães Rosa, Mário de Andrade, Euclides da Cunha, Graça Aranha, Machado de Assis, José de Alencar, Gregório de Matos, Frei Itaparica, etc. O cânone brasileiro é racista por natureza e, por isso, privilegia autores racistas. A intenção do autor pode não coincidir com aquela que lhe é atribuída pela exegese, mas o cânone não admite em seu *corpus* uma obra que não esteja de acordo com a sua diretriz estrutural.

Os subterrâneos da liberdade não é uma obra canônica, mas teria se tornado se o PCB tivesse realmente chegado ao poder. Todas as crianças nas escolas teriam de ler brilhantes páginas sobre os heróis do Partido, sobre a clarividência do líder máximo Carlos Prestes, sobre os traidores Saquila e Heitor e assim por diante. Os intelectuais orgânicos iriam escrever loas sobre essa grande obra e os livros didáticos reproduziriam páginas modelares e, em seus questionários, fariam as perguntas mais bobas possíveis, e deixariam as questões importantes de lado. Assim seria, assim só não foi por um detalhe da história real: a não vitória do PC. A obra trata da política do Estado Novo, mas não trata da proibição da língua e da destruição da identidade e cultura dos descendentes dos imigrantes, as quais têm sido praticadas pelo fascismo estrutural da brasilidade e se manifestaram de modo mais virulento durante o Estado Novo. Numa obra voltada contra a repressão, essa repressão concreta e real é tornada irrelevante, a ponto de nem sequer ser mencionada. Como esta repressão era algo maior do que pequenas brigas intrapartidárias, acaba havendo um endosso dela. Ao querer ser política, a trilogia fica à margem da política do Estado. Como exaltação do simplório, a obra faz parte da baianização do Brasil.

Muito do que pareceu "simpatia pelo comunismo russo" era preconceito e ódio contra os alemães (o que está de acordo com a linhagem do cânone). O fascismo foi o coroamento do nacionalismo. Este apresenta-se à esquerda sob uma forma tão medíocre, autoritária e repressiva quanto à direita. Seja de direita, seja de esquerda, a mediocridade é sempre medíocre, embora ela sempre se veja (e seja vista) como "o máximo", e dar-se até o direito de aniquilar tudo o que a supere e a mostre como ela é. O "revolucionário" tende com freqüência a ser apenas uma barata tonta, a dar voltas no mesmo lugar sem reconhecer como pratica o eterno retorno do mesmo, mais preso a estruturas metafísicas do que consegue perceber. Um cachorro que corre atrás do próprio rabo também é "revolucionário" (até cair de cansaço).

Ainda que não se possa esperar de um autor baiano que ele expressasse a cultura e a perplexidade de uma minoria étnica (que estava menos longe de seu universo político do que ele próprio supunha, e não só porque por toda parte se repetem as mesmas questões), o mínimo que se poderia esperar é que não ajudasse a aniquilar espiritualmente as minorias étnicas, mas ele acaba servindo para fazê-lo já que deseja falar em nome do "nacional", e este é um modelo que exclui e sufoca as minorias. Ele não inclui esse tema específico em suas preocupações romanescas, mas a sua ficção serve para sustentar a ficção de que o baiano é o supra-sumo da brasilidade de modo a excluir as minorias do Sul. Embora ele seja inimigo do "Deutschtum", não vê o seu equivalente na "essência do nacional". Não se pode esperar compreensão sobre tal fator comum que revela serem mais próximos do que gostariam aqueles que aparentam apenas negar a existência do "outro".

Cada um quer somente afirmar e impor a sua vontade. Não é agradável ver em si o que se nega no outro, quando se afirma em si o que se nega no outro e se afirma a si negando o outro, a ponto de querer aniquilá-lo. O "nacionalismo" é uma forma de narcisismo coletivo sob a aparência de amor à pátria. Nesta é projetada uma idealização do indivíduo, em dimensões gigantescas, e este passa a sentir-se forte e grandioso (para logo se tornar arrogante e prepotente). Esse mecanismo, que levou aos desastres do nazismo e do fascismo, continua sendo cultivado no Brasil, apesar de já ter provocado graves destruições: falta ao país a humilhação da derrota total.

Na trilogia defende-se a tese de que o anticomunismo une, como um catalisador, as forças da direita.[3] É aí que se vê colocada – de um lado e de outro – a linha divisória entre o bem e o mal, às avessas da visão fascista: bem são os comunistas, o PCB, Stálin; mal, os integralistas, os imperialistas, os nazistas, a oligarquia, os oportunistas, os colabo-racionistas. Os demônios contam com legiões mais extensas que os anjos, pois a Terra é campo de provação e luta para que, no fim, os justos venham a ser recompensados (nem que seja com a glória literária, com a redenção mediante sua consagração em uma trilogia). Ao antecipar o julgamento final, o autor brinca de ser Jeová. Assim, o "materialista dialético" não é dialético e nem materialista: apenas repete os esquemas do cristianismo. Cada rótulo já é um julgamento que é, porém, incapaz de autojulgar-se.

Bem e mal podem mudar de lado, conforme o lado do qual se olha. O mal da gazela é o bem do tigre. O bem não é, então, o avesso do mal, mas apenas o bem do outro lado; o mal não é avesso do bem, e sim o bem do inimigo. Confunde-se política com moral, discurso

---
[3] *Idem, ibidem*, v. I, p. 57.

partidário com caráter. Nessa lógica estreita do "engajado", não se admite que alguém de direita possa ser honesto e digno, como se releva a maldade de pessoas que se dizem de esquerda. O enredo oscila entre os gabinetes e salões – em que a oligarquia trança os pauzinhos de suas intrigas e negociatas – e os barracões, em que os comunistas não "tecem suas intrigas", mas apenas se sacrificam, generosamente, pela revolução. De um lado há demônios; do outro, anjos. Essa posição é a mesma da extrema direita, só que pelo avesso.

Fora disso, outras alternativas não são desenvolvidas, não só porque linhagens políticas como a de "Saquila" e dos "armandistas" são rejeitadas *a priori*, como um engano e um engodo, por ser "burguesas" (a ponto de gastar-se no texto apenas o espaço necessário para repudiá-las e difamá-las) e porque o universo do possível se reduz à opção entre estalinismo e fascismo. É um mundo pobre em opções e que, exatamente por isso, pretende ter certeza absoluta sobre qual deve e deverá ser o caminho da história: a vitória final do proletariado, corporificado no Partido. Este pretende ser aquele: se não, pior para o outro. Não se admite outra alternativa: quem não a acompanha é "alienado" (a ponto de ser "alienado" do texto, alijado como se não existisse). Isso tem o tom do panfleto, anotado no ardor da luta e na solidão fria do exílio. Quanto maior a impotência, tanto mais a autoridade do autor se torna tirania. Senta na escrivaninha como Jeová sobre as nuvens no Dia do Juízo Final, sem desconfiar que um autor de peso teria de cair de um assento tão etéreo.

Ninguém é mais fixado na pátria do que aquele que é forçado a deixá-la: ela torna-se a mãe absoluta, tirana possuída por um tirano que precisa ser aniquilado. A autor usa a pena como um espadachim, mas só consegue fazer cócegas no adversário. Zélia Gattai conta, em suas memórias, que ela serviu de modelo para a figura de Mariana na trilogia em pauta: uma comunista sempre pronta a levar avante o seu ideal. Nela espelham-se dados biográficos, como a prisão do pai dela por razões políticas, durante um ano, o que deixou os dependentes em situação de penúria e o levou à morte. Seria ingênuo duvidar do poder maligno da oligarquia autoritária, repressiva e reacionária; e seria ótimo se os seus adversários fossem todos anjos de saia ou de calça; não cabe questionar a boa intenção e o bom caráter de vários membros do Partidão, nem mesmo a enorme importância deste para o desenvolvimento da consciência e da arte no país. É preciso diferenciar melhor as posições.

Tolerância e tolice

A trilogia reflete, porém, sem qualquer espírito crítico, um lado menos modelar do Partido, ainda que este pretendesse ser pura virtude: a intolerância com aqueles que não estavam de acordo com o pensamento e a linha da direção. Isso mostra-se na discussão entre "Ruivo" e "Saquila":

> O Ruivo tomou a palavra. (...) Acusou Saquila de atividades divisionistas, de agir de forma antipartidária, levantando uma campanha contra a direção no seio das bases, criando dificuldades para o bom cumprimento das tarefas, sabotando-as em última instância já que criava confusão entre os companheiros. A linha política a ser seguida na campanha eleitoral tinha sido amplamente discutida antes de ser aprovada pela direção nacional do Partido. Aprovada que fora, cumpria aos militantes levá-la à execução. (...) E tudo indicava que Saquila era o centro de todo esse grupo, sua figura dirigente. (...) Saquila não explicou, negou. Realmente, disse, não estivera de acordo com a linha política a seguir na campanha eleitoral. Era um compromisso com as forças de Armando Sales. Acreditava possível ter sido evitado um golpe se tal aliança tivesse se efetivado. O grupo de políticos paulistas era, a seu ver, o mais democrático do país, possuía uma certa tradição liberal não desprezível, e se os comunistas tivessem participado da campanha esse grupo teria se reforçado, poderia ter feito frente a Getúlio.[4]

Tem-se aí um relatório, digno de um espião do DOPS, em que se consagra a suspeita e o autoritarismo a pretexto de centralismo democrático. É provável que a aliança com os armandistas não impedisse o golpe. E, mesmo que este fosse tomado como mal absoluto, aquela não seria, porém, poderosa o suficiente para dividir o mundo em virtude e maldade. Nesse momento, Saquila (leia-se Sachetta) ainda pode falar e, embora faça sentido o que tem a dizer, sua fala é registrada apenas como confissão pública de culpa. O argumento, de que teria havido "ampla discussão" antes de ser assumida uma linha, tende a camuflar o fato de que se trata de um processo de manipulação, em que a direção pode prever como chegar a um resultado, o qual serve basicamente para ela mesma se reforçar:

---

[4] *Idem, ibidem*, v. I, p. 172-173.

usam-se belas palavras para propósitos vis. Embora espelhe a ação de uma minoria sem "apoio de massa", faz pressupor, com a maior ingenuidade, que o correto e verdadeiro são decididos por voto, como se a maioria fosse a soma do saber, e não também a soma da ignorância e da maldade. Trata-se, em suma, de uma luta pelo poder, ainda que sob grandiosos pretextos.

Em países onde o comunismo tomou o poder, acusações como a de "Ruivo" (quem seria ele?) levaram pessoas a campos de concentração, ao ostracismo, à tortura e à morte, ou seja, fazendo o mesmo que a "democracia" se pôs a fazer com os "comunistas" nos períodos de linha dura. Supor que caso o Partido tivesse apoiado uma corrente, e não outra, a história teria sido diferente, é megalomania: é querer acreditar que o destino do país depende da vontade de um pequeno grupo (que, assim, atribui a si mesmo um peso que ele por si não tem: aí se cultiva tanto mais a megalomania quanto menos força efetiva tem). Quando se possui pouca força e se está muito ameaçado, tende-se a reforçar essa crença, para que cada um cumpra a sua tarefa, mesmo que arriscando a própria vida. Se o Partido Comunista tivesse chegado ao poder no Brasil, teria encenado processos difamatórios, torturado e matado, como ocorreu na União Soviética. A história que aconteceu não é melhor do que aquela que poderia ter acontecido, mas isso não significa que aquela seja boa e esta teria sido totalmente boa e justa (o que permitiria demonizar os agentes da havida). Sem querer, *Subterrâneos* é um documento de uma política de discriminação e intolerância: mostra que o "lado dos bons" não era e nem seria angelical.

Embora sob Stálin tenham sido camuflados e negados crimes e genocídios políticos, seria ingênuo supor que se tratava de maldade exclusivamente comunista. As tensões da guerra quente e fria não justificam as perseguições. O erro de J. Amado não é deixar um personagem como Ruivo dizer o que pensa, mas pensar tal qual ele pensa, não dando espaço para que se contraponha outro pensar além desse. Não se trata de propor a linha de Armando Sales como salvação da pátria, mas de perceber a limitação de cada uma das alternativas. A postura partidária do autor leva-o a não perceber qualquer razão objetiva na fala de Saquila.

Julgamentos políticos apressados transformam-se em literatura superficial, a qual se pauta pelo jornalístico, pelo relato político, pela denúncia de espião interno. Falta dialogismo à estória, assim como falta a dialética da história, ainda que pretenda apresentar os dois lados em conflito. Quando Homero montou a *Ilíada*, conseguiu fazer com que momentos extremados da existência e do caráter humano se acirrassem, sem afirmar *a priori* que aqueus ou troianos representavam a divisão do mundo em bem e mal, em heróis e covardes. Pelo contrário, ele duvida do valor da vitória, portanto do percurso da história. Até mesmo o aspecto aparentemente mais atrasado de sua obra, a crença religiosa, permite-lhe colocar a questão fundamental da morte, pois é sobretudo a imortalidade que distingue os deuses dos homens. Chega a ser comovente a preocupação e a impotência da deusa Tétis ante a vulnerabilidade do filho Aquiles, o grande destruidor. A guerra intensifica a presença da morte, os conflitos entre os interesses da chefia e os do guerreiro, a ambição, o desejo de glória e de destruição, a astúcia, etc.

Embora não seja pior que a média do cânone e tenha méritos por denunciar a repressão fascista, *Os subterrâneos da liberdade* não consegue ser mais do que um documento parcial de época: não chega a ser arte, pois não consegue enxergar além da superfície de sua época, ainda que tenha uma visão negativa da ideologia e da política então dominantes. Um "romance político" perde-se no político, à medida que é partidário, por confundir a realidade com a perspectiva de um grupo, e, no mesmo passo, perde-se como romance. Uma grande obra nunca se esgota em somente um nível de leitura e nem na opinião de um grupo, por mais conscientizado que este pretenda ser. Literatura enquanto arte não é jornalismo e, portanto, também não é um relato em que apenas se maquilam um pouco os nomes dos personagens. Aliás, isso até se torna mau jornalismo, pois é escamoteada a clareza e a singularidade na definição das figuras históricas, dos interesses em jogo e das constelações partidárias.

Ao contrário do autor canônico, o qual se apóia no poder, o verdadeiro escritor é um impotente diante da realidade. Sua força está em sua fraqueza. Ele não consegue modificar a realidade, por isso precisa negá-la por meio da ficção. Por mais que se sinta ferido por determinadas pessoas, por mais atingido que seja por uma constelação social, por mais revoltado que esteja com o percurso da história, precisa desistir de qualquer vingança imediata, de qualquer destruição dos inimigos. Passa a fazê-lo *in effigie*, abdicando do real imediato.

Escreve porque não pode agir e, logo, porque prefere não mais agir, já que nada mais espera de sua circunstância. Ou melhor: escrever torna-se o seu melhor modo de agir. Para isso, não basta disfarçar nomes, selecionar cenas, iluminar com um foco especial determinadas situações. Ele pode até lamentar não poder bater direto no rosto dos inimigos, restringindo-se a agir só com palavras. Longe de tudo e de todos, preserva até mesmo o inimigo ao tentar destruí-lo. O romance não é um espaço compensatório ao político sem tribuna. Assim como o ensaio filosófico, ele vive do esvaziamento aparente da concretude imediata para recriar um outro tipo de concretude, o qual vive da abstração de uma só vivência.

Artista e filósofo são entes generosos, os quais transformam a sua dor em lenitivo alheio, o obscurantismo de sua época em iluminismo de outras. Se há vingança, ela é servida fria, sublimada: as vivências concretas do autor tornam-se apenas ponto de partida para observar e apresentar tendências mais genéricas, recorrentes em outros tempos e lugares. Há estruturas que propiciam o surgimento de impulsos como a inveja, o desejo de destruir quem seja melhor, a maledicência: trocam-se os atores, permanecem os papéis. A literatura trivial insiste nos atores; a literatura maior, nos papéis.

Realismo socialista tupiniquim

Ao ver e prever sectarismos estéticos, em que só autores proletários poderiam escrever para o proletariado (assim como somente brasileiros podem escrever para os brasileiros, de acordo com o sectarismo proposto por Antonio Candido, consagrado nas universidades estaduais de São Paulo e institucionalizado no país), Lênin escreveu o elogio de Tolstói, e mostrou que o realismo deste era crítico e progressista, apesar de o escritor ser aristocrata e cristão. Não há romancista brasileiro que chegue ao nível de Tolstói. O marcante em sua escrita é, entre outras virtudes, a capacidade de construir e articular personagens de diferentes camadas sociais, e fazer com que manifestem posições ideológicas diversas, antitéticas, e que gerem uma polifonia, capaz de articular tendências políticas antitéticas e questões filosóficas inteligentes. O polifônico quase não foi buscado pelo realismo socialista, geralmente restrito a um simplório maniqueísmo, uma novela sentimental às avessas, na qual o herói positivo é sempre um operário, jamais um aristocrata, e a heroína é uma proletária (se não a própria economia socialista), cuja virtude e donzelice maior é acreditar piamente no Partido. O realismo socialista brasileiro também não desenvolveu essa dialética interna, tendo sido, por causa do dogmatismo, incapaz de radicalizar a tal ponto posições que a antítese não consistisse apenas em um esboço, com a mera função de reafirmar a tese outra vez.

A referida fala de "Ruivo" procura demonstrar quão democrático era o Partidão, que a linha política havia sido "amplamente discutida pelas bases", antes de ser assumida. Acaba demonstrando, sem querer, quão centralizado ele era. Conceitos como base, massa, comitê, vanguarda e comando reproduzem a mentalidade oligárquica, com uma minoria de "iniciados" (vanguarda, comitê, direção), a qual tudo sabe e tudo decide, e a maioria (massa, base, povo, povão, galera) que é manobrada e usada. Reproduz ainda a duplicação metafísica do mundo, e mostra quão conservador é o revolucionário: mais repete estruturas arcaicas do que ele próprio consegue entender. Se os documentos que servem de base para a discussão das "bases" são produto da "direção", o resultado está praticamente predeterminado: repete-se o mito platônico da caverna, segundo o qual só alguns sabem (os "filósofos"), enquanto o resto tem de aprender a obedecer. É o mesmo esquema da Igreja Católica (e de outras Igrejas): um pastor e um rebanho.

A dicotomia "vanguarda/ massa" reproduz e reconsagra a relação de classes em quem dizia querer acabar com a dominação de classe. Como pode o veneno ser o seu próprio antídoto? Não era a "base" que determinava a linha à direção, era esta que a instruía para, sob a aparência de um debate democrático, chegar onde ela queria que chegasse. Muito se debateria, então, para chegar onde sempre já se estivera. Se assim não fosse, não se manteria o sistema do partido, no qual a oligarquia se reproduzia. Não era a base que ditava a linha para a direção, mas esta instruía a base para que, com o reforço do convencimento, cumprisse o que dela era esperado. O centralismo democrático é mais centralista que democrático. Seria mais coerente assumir o princípio aristocrático de mando, e dizer que há poucos iluminados e que o resto é o resto. Então seria preciso questionar o princípio da igualdade, e constatar que ele próprio exige o reconhecimento da desigualdade. Como ter ainda por utopia, no entanto, o princípio da igualdade, se ele próprio exige a sua superação? A igualação do desigual é injusta, assim como é injusta a desigualação do igual. Como combinar justiça e igualdade? Eis aí uma questão teórica e prática que Jorge Amado simplesmente "esquece" (mas Dostoiévski, Tolstói ou Nietzsche não esqueceram). Tais omissões e inomissões básicas revelam diferenças qualitativas entre os autores.

Quando o princípio organizatório de um partido se torna um rígido fechamento, exclui quem não está de acordo com o comando e com os pressupostos reais do programa (não os declarados). Se a democracia deriva da confusão grega entre pensamento e palavra (logos), e leva à suposição de que o discurso articulado publicamente leva mais e melhor ao bem comum, já que se pode questionar o interesse de cada grupo, deve-se constatar que essa "democracia" ateniense de nada serviu a escravos e periecos. Aquilo que se diz em palavras não precisa ser o que se pensa. O momento de intuição da verdade é anterior às palavras e independente delas: como um soco na boca do estômago, deixa o sujeito de queixo caído, sem respiração e sem fala. As palavras acorrem depois para explicitar o que já se sabia antes de qualquer palavra. Isso se contrapõe ao fetichismo do signo, o qual parece tão refinado e é tão enganoso. Pensamento e palavra não coincidem e não são o mesmo. O moralmente correto tende a levar o sujeito a ficar mudo e a retirar-se do convívio social; quem proclama muita moralização tende a ter pouco dela.

Os grupos sociais não são todos representados proporcionalmente nas assembléias e os presentes usam manipular vontades mediante palavras e atos. Não por acaso se confunde democracia com plutocracia e com manipulação de assembléias. Publicidade e vanguarda revolucionária querem o mesmo por caminhos diferentes: impor vontades e interesses: dominar. A democracia nivela, por baixo, o que tem qualidade diferente, já que cada cabeça é uma sentença e, por outro lado, supõe que o verdadeiro e o justo se definem por maiorias, quando de fato eles não dependem de votos, pois – segundo se crê – são ou não são, independente de definições grupais. Por voto tomam-se decisões, não se definem verdade e justiça. A "democracia do voto", ao igualar o desigual, rompe o próprio princípio da igualdade. A "aristocracia do mérito" deixa o mérito ser definido pela própria aristocracia, que sempre o faz em causa própria: trai, portanto, o princípio do mérito. A "aristocracia do sangue" é injusta por natureza porque se baseia no princípio do privilégio, no qual não precisa provar que de fato é "nobre". A maçonaria, por exemplo, procurou ser mais esclarecida que as seitas, ao não definir como deve ser entendido "o grande arquiteto do universo": por isso, adeptos de religiões diversas podem participar dela. O "uni-verso" não é, porém, uma casa, um abrigo confortável. De todos os adeptos exige, porém, que acreditem em um ente superior, transcendental. Ele não pode ser apenas uma utopia pessoal, à qual é negado um plano diretivo, metafísico. Ela fica, portanto, presa aos limites da tradição metafísica. A rigor, os ateus devem ser, então, excluídos. Mas enquanto eles se definirem e se deixarem definir como "ateus", isto é, como aqueles que não têm Deus, como os sem-divindade, eles ainda continuam sendo definidos por aquilo que pretendem negar. É como se lhes faltasse algo. Desaparece assim, no rótulo, o que é um avanço de consciência crítica, portanto um nível superior do espírito autônomo, capaz de perceber os limites e julgar os estágios inferiores de crenças irracionais.

Todo sistema é fechado e excludente. Ele nunca é "democrático" no sentido de tolerar a diversidade. O diverso, que entra no sistema, torna-se o diferente, e, como tal, ou se submete à diretriz dominante, ou é aniquilado. Ficar fora do sistema é um princípio de liberdade melhor que a exclusão, pois nesta última o sujeito ainda tentou fazer parte de algo que não o quis. Não fazer parte de um sistema pode ser o único modo de chegar ao verdadeiro e ao correto. Estes não se definem por votos e nem se reduzem a palavras proferidas em público. As grandes obras somente são grandes porque elas contêm em seu sistema um ou mais anti-sistemas, os quais as tornam mais complexas e dialéticas, e permite-lhes abranger um horizonte mais amplo pelos impulsos internos de suas próprias contradições elaboradas. Assim é, por exemplo, quando, no livro X da *República*, Platão questiona e supera, com a alegoria do espelho, a sua própria formulação anterior, sobre o mundo das idéias, mesmo que esta, tendo sido proposta em forma de ironia, nunca signifique apenas aquilo que a literalidade das palavras propõe. Há um pensamento por trás das palavras que supera as palavras ditas. Ele pode ser formulável eventualmente em palavras, mas sua intuição leva além das palavras.

No Partido, como em qualquer sistema, fica excluído quem não reforça a dominante e não está de acordo com seus pressupostos. Nestes reside, portanto, o ponto nevrálgico. Não se trata de negar que a luta de classes seja relevante, mas ela não explica tudo e, às vezes, sequer é o fator preponderante em uma decisão. O homem não define a verdade e nem é o centro do universo. Ele não é a medida de todas as coisas: ele pode pretender ser, ele pode ser a medida disfarçada, mas o "universo" não se mede por ele. A história do homem não é a única história que existe e nem é a ciência das ciências. Quando se absolutiza um fator, tornando-o alfa e ômega de tudo, ele propicia a cegueira, a injustiça e a imoralidade. Se o mais vital é acabar com a exploração de classe, tudo o que fugir a isto será visto como indecente desviacionismo. Ao ser isso um pecado a ser punido, acaba por ajudar o inimigo por propiciar a injustiça, mesmo não sendo justo o argumento do inimigo. Quando algo se torna começo e fim de toda a teoria e ação, fica-se então dominado por ele e não se consegue ir além dele. O seu horizonte torna-se o limite de quem deveria superá-lo; por isso, não consegue superar.

A existência de debates para o convencimento da maioria, mesmo quando não constitui manipulação de cima para baixo, não significa, necessariamente, que se chegou à verdade e à decisão mais correta e/ou acertada. Perder, em situações injustas, é o mais correto. A política não é a medida última de todas as ações. A verdade não é democrática, no sentido de ser definível por votos, como idêntica à convicção da maioria ou até de uma minoria discriminada. A convicção é subjetiva; a verdade, o próprio ente a mostrar-se. O pensamento tornado público é uma base demasiado frágil para uma decisão melhor para a coletividade. Pode representar apenas a convicção, a crença ou o interesse de um grupo, porém longe da verdade. Esta pode nem aparecer. A verdade só é democrática no sentido de poder ajudar todos a se libertar e a agir melhor. A maioria das pessoas não quer, porém, ser livre nem autônoma. Delegar a decisão à maioria presente numa reunião é uma forma de oligarquia, em que uma minoria manipula a maioria. Todo governo é de poucos, "oligárquico", ainda que sua forma externa varie da tirania ao populismo.

Embora a Igreja Católica tenha primado em destratar o "comunismo" por este ser ateu e materialista, ela e o "marxismo" fazem parte da mesma tradição. O princípio da igualdade deriva grandemente da concepção de que todos os homens são filhos de Deus e, portanto, são "irmãos". A solidariedade dos proletários de todo o mundo pressupõe que todos se reconheçam e se queiram irmanar, como se famílias não fossem fonte de briga e de desentendimento. A Igreja Católica formou-se na luta contra a escravidão, mas conseguiu, na América Latina, fazer o milagre de apoiar a escravidão, além de se aliar a várias ditaduras. Ela própria é a ditadura de uma doutrina. O socialismo é cristão e idealista, embora pretenda ser ateu e materialista. Ele precisaria questionar os seus pressupostos para conseguir superar o seu detrator. Isso foi impossível à ortodoxia comunista, a ponto de ela impedir o dialetizar a dialética, ao reduzi-la a antinomias pré-hegelianas, incapaz de questionar os fundamentos teológicos do seu pensamento, bem como a ação da Igreja.

O PCB foi tomado, com Prestes, por dirigentes de formação e de mentalidade militares. No exército, o número de dragonas ostentadas procura definir o grau de proximidade com a verdade: manda mais quem a dragona diz que sabe mais. A direção sabe tudo; a base, o soldado raso, não sabe nada e só serve para cumprir ordens. Aí se reproduz e consagra o autoritarismo tradicional. A hierarquia militar exige obediência sem discussão. Em batalha, pouco se pode votar. Os oficiais podem discutir alternativas quando chamados, mas obedecem à decisão superior. O sistema militar é antidemocrático por natureza, assim como é anti-humanista a sua função, voltada para a destruição e a morte. Na estrutura da Igreja, o mando é proporcional ao grau de consagração, como degraus na direção de Deus, a ponto de o papa ser o preposto do porteiro do céu. Exército e Igreja têm estruturas similares. Sob a máscara de que ao maior saber deve corresponder maior poder, surge logo a perversão de só considerar como tendo maior saber quem detém mais poder. A universidade brasileira é mais "democrática", pois nela, quanto mais sabe o sujeito, menos ele manda e mais é perseguido pelo rancor invejoso da mediocridade.

Amado queria – em *O cavaleiro da esperança* – resgatar a figura de Prestes, que à época estava preso e corria risco de vida: caiu, porém, no esquema do culto da personalidade, o qual apresenta o endeusado como infalível e, assim, favorece a sua ditadura ao considerar correto tudo o que ele possa fazer. Prestes – concorde-se ou não com suas idéias e ações – foi uma figura carismática, perseguida por seus ideais: ele é um fator incômodo para a historiografia oficializante, sintoma de problemas que desmentem o ufanismo (embora ele mesmo vivesse de uma aposta ufanista no futuro, enquadrado no mesmo esquema que seus adversários). Nessa defesa de Prestes por Amado tem-se o mesmo culto à personalidade que aparece como autoritarismo na trilogia dos *Subterrâneos*, a qual encena o culto à brasilidade, ainda que às avessas da versão oficial e da política governamental. Pode-se encontrar na antítese a tese dominante para verificar a limitação do horizonte desta.

Quando se busca um bode expiatório, a destruição concretizável é proporcional à força de quem busca o bode. Que um partido pequeno e clandestino não tenha grande poder, não impede que nele se acene um processo destrutivo. Não se trata de cair na paranóia do "perigo comunista" pregada pelo fascismo, mas perceber que a injustiça pode estar contida no "movimento dos justos". A perfídia, de direita ou de esquerda, é sempre maldosa, mesmo que feita em nome de altos ideais, assim como a mediocridade, de direita ou de esquerda, sempre é ameaça ao talento. Ainda que, no plano prático, a quantidade de poder constitua uma crucial diferença qualitativa, o problema teórico já está contido naquilo que gera a maldade. Há um problema anterior a qualquer prática e que é de ordem filosófica: a teoria é concreta e prática.

O romance de Jorge Amado não discute questões filosóficas, mas apenas as reflete: reflete sem refletir. Nele há muita flexão e pouca reflexão. A suposição de que o homem nasce bom, mas que a sociedade o corrompe, sugere que apenas esta precisa ser corrigida – mediante a extinção da diferença de classes com a socialização dos meios de produção – para que aflore o anjo no homem já contém em si a ilógica separação entre homem e sociedade, como se esta não fosse constituída por seres humanos, como se um termo pudesse ser a antítese do outro quando os dois são, no fundo, o mesmo. É uma tese ingênua, que não é discutida. Ela reproduz a divisão metafísica entre anjos e demônios sob a forma de comunistas e fascistas. Não basta, porém, inverter a ideologia dominante nos anos de chumbo de uma ditadura de direita para que já se tenha uma consciência crítica.

O aniquilamento de alguém pode ser espiritual: calúnia, difamação, menosprezo, etc. são assassinatos *in effigie*. Ainda que fale em nome do amor, a trilogia é movida pelo ódio, tanto na ação de seus personagens como na sua constituição. Pode estar certa em seus ódios, mas continua confiando na salvação da humanidade, ainda que implicitamente não acredite que Cristo o tenha feito (tanto que a ação revolucionária se torna necessária, tornando-se uma *Ersatzbefriedigung*). A doutrina continua a crer que o Salvador vai aparecer sob a forma de líder revolucionário. Prestes é, então, o Cristo brasileiro: para isso, convém estar na prisão e correr risco de vida, como se fosse um Tiradentes ressurrecto. Todos os atores dançam aí em torno de um ídolo de barro: a brasilidade. Cada qual quer fazer mais bonito que o outro: precisa, então, destratar o concorrente, e alegar as melhores intenções: querer a felicidade coletiva. A utopia impera tirana e torna-se uma forma de tirania até em quem combate a ditadura. Há um desejo de justiça que, absolutizado, leva à injustiça e à má intenção (consagradas como dedicação à causa). Gera-se um mundo perverso, ditado por dicotomias tortas que instituem a perfídia. Isso não é inventado e nem criticado pela trilogia: ela apenas o reflete, sem refletir a respeito.

Aparenta repetir-se em Jorge Amado o gesto de Stendhal, o qual procurou defender a liberdade de criação mediante a alegoria do espelho: o autor é como o sujeito que carrega um espelho às costas: ora reflete o céu estrelado, ora a lama da estrada. Não seria culpa dele que a lama da sociedade seja refletida. Ora, o céu só se reflete nas poças enlameadas da existência: é a desgraça que provoca o surgimento de utopias, mas uma utopia pode fazer com que quase tudo pareça ser apenas desgraça. Há, então, pouco céu para muita lama. Desta a esquerda pretende fazer o tijolo para erguer o lar da nacionalidade. Um autor é, porém, menos inocente do que Stendhal insinuava. A pretexto de salvaguardar o direito de o autor refletir a lama, a tirania da utopia pode levar a um comprazimento no enlameado, a busca de céu estrelado só nas poças de lama: a noite existe para que estrelas apareçam. É a postura revolucionária romântica (que os românticos brasileiros nem conheceram). Gestos dos mais nobres, gentis e "humanos" podem surgir nas piores situações e de quem menos se espera, assim como os piores gestos podem surgir de pessoas com imensas dívidas de gratidão. Esse grau da dialética dos fatos passa, porém, quase despercebido por Jorge Amado.

Per aspera ad astra é o lema dos seus heróis. E é também o lema de seus bandidos: é alegado por eles, mas negado pelo autor que supõe terem eles vida toda mansa e cheia de mordomias, ainda que ameaçados pelos comunistas. Heróis e bandidos vivem, lutam e morrem em torno de idênticas questões: o deserto de ambos é o mesmo, embora se diga que uns lutam só pelo presente deles próprios e outros só pelo futuro alheio. Entre os personagens, boas intenções somente as têm os idealistas, ou seja, os materialistas; os donos e apaniguados do poder querem apenas o proveito próprio à custa do país, ainda que aleguem exatamente o contrário.

O questionamento só atinge, no lado comunista, aqueles que são considerados "traidores". A fala oficial é fazer tudo pelo progresso de todos: é a fala do fascista e da direção comunista. Não há percepção e nem elaboração dessa unidade dos contrários. Se houvesse, teria de levar à sua superação, e é exatamente isso o que o autor não quer, pois seria "trair a causa". Ele é conservador em seu revolucionarismo. Parece não entender a palavra de Lênin, de que a revolução proletária deve ser feita também contra o proletário (mas não para o autor se tornar comercial).

O mal é feito em nome do bem. Se fosse assumido como mal, haveria um princípio de correção. Não se discutem, porém, os fundamentos do que é considerado bem ou mal (Amado apenas inverte a avaliação política da extrema direita). Assim como o desejo de justiça pode levar a praticar injustiças, a injustiça é praticada em nome do bem geral. Como a mentira impera, parece objetiva a divisão absoluta entre bons e maus, ainda que invertendo o esquema dominante. As dicotomias absolutizadas tornam-se perversas, e mimetizam a perversão do mundo a que querem negar, enquanto o reproduzem às avessas, por meio de uma distorcida apreensão. A sua estética é mimética, sem senso de ironia, alegoria, sinédoque, oxímoron, etc. Por isso, é pobre, tanto na apreensão do real quanto na constituição textual. Não quer que se perceba o que predetermina e limita o seu ângulo de visão. Inverte Aristóteles: grandeza só pode haver entre proletários, jamais entre aristocratas. A poética da pobreza acaba tão pobre quanto o Mestre. Assim como somente há um tipo de grandeza a ser percebido, há só um tipo de perversão: o bem e o mal são determinados de acordo com a participação na luta de classes, no lado certo e no partido certo. O que vem primeiro: o erro político ou o erro estético? Um gera o outro, assim como a galinha o ovo, e o ovo, por sua vez, a galinha? – O ovo é a inovação da galinha. Assim, pode-se antes esperar inovação do âmbito estético do que encontrar inovação na política. A literatura partidária, dentro de um partido dogmático, constrói uma visão parcial, sem relevos, em preto e branco, e sem nuances de profundidade e cor. Não se trata de uma exceção, em que, "por cair no erro do partidarismo", a trilogia tenha se condenado ao fracasso. Pelo contrário, ela apenas assume vistosamente o que o resto do cânone pratica sem reconhecer, e a exegese canonizadora faz questão de desconhecer.

Se o Partido Comunista tivesse chegado então ao poder, obras como *O cavaleiro da esperança* e *Os subterrâneos da liberdade* teriam se tornado canônicas: não destoariam do paradigma estético do cânone oligárquico. No máximo, seria invertida a avaliação corrente de classes (o que já seria muito). O mais provável seria, porém, que se preservasse o mesmo cânone, passando-se a cultivar um escravagista como José de Alencar por valorizar o índio; um adesista, como Machado, por ser mulato; ou um enganador, como Castro Alves, por apontar os sofrimentos do negro. Os imigrantes europeus continuariam sendo desvalorizados, como sempre (mas também não seria uma revolução do cânone se algo deles fosse anexado). Bernardo Guimarães seria apontado como um autor progressista, que lutou contra a escravidão; Mário de Andrade seria considerado um crítico radical da espoliação capitalista. O cânone continuaria sendo o dis-curso de um partido como discurso de Estado. No fundo, sob a aparência de ter mudado tudo, tudo continuaria fundamentalmente o mesmo.

Se, em vez do PCB, um outro partido de esquerda chegasse ao poder efetivo e continuasse longamente nele (a ponto de desconfiar da necessidade de fazer uma reforma radical no ensino e na cabeça dos professores), também não seria diferente. Esperança, não há. A mediocridade impera na escola, na mídia e na sociedade. A única saída é pelo imaginário, embora ilusória. Em vez de ficar esperando que o messias apareça na forma de um "grande autor" a qualquer momento no território nacional, e amplie, para delícia das editoras, todas as novas publicações, em vez de acabar morrendo de velho sem ter chegado a encontrar um "autor nacional" com o nível de um clássico universal (mas jurando que dizer isso não passa de cegueira, já que gênios locais existem às dúzias, conforme alardeia a mídia), uma alternativa seria estudar escritores consistentes, não importando qual a sua nacionalidade e época: Homero, Sófocles, Shakespeare, Cervantes, Hölderlin, Poe, Baudelaire, Flaubert, Tolstói, Kafka, etc. Quem faz isso se torna um marginal no ensino e na mídia.

Aqueles que têm o gosto formado no padrão do cânone brasileiro (e são todos os escolados no país) estão por formação "fadados" a não apreciar propriamente a grandeza deles: podem até fazer de conta que gostam, mas isso é apenas temor reverencial. O gosto desses leitores não vai além do horizonte do cânone: o mediano já é o máximo para eles. Os grandes escritores não fazem parte de sua formação primária. Quando esses deformados leitores canônicos os lêem, eles tendem a reduzi-los às dimensões estreitas da estrutura do cânone nacional, em vez de reverem os autores nativos a partir de um horizonte que os transcende. Eles não conseguem ser leitores adultos. As obras clássicas universais são, então, pérolas jogadas aos porcos (os quais as consideram duras, indigeríveis, inaproveitáveis). Substitui-se, então, o maior pelo menor, mas dizendo que o menor é o máximo. Isso está consagrado nos falsos nomes dados às escolas literárias nacionais: romantismo, realismo, naturalismo, simbolismo, parnasianismo, modernismo, etc.

O "autor engajado", se reconhecesse o seu caráter partidário, poderia isentar-se da hipocrisia de quem pratica o mesmo cânone sem se dar conta: ficaria um passo avante do discurso que não toma consciência disso. Como ele acredita, no entanto, que aquilo que ele diz é a "pura verdade" e o "historicamente correto", ele não desenvolve a consciência crítica. Assim, ele também não evolui. O que importa é, porém, o registro que vai além de um documento local ou partidário. Não se separa o projeto político do projeto estético. Quem é pai de quem? Seria o projeto estético sempre um derivado do projeto político do autor?

Se já existe um ovo "de galinha" antes de se ter uma galinha, como mutação genética no ovo do antepassado, então o ovo de galinha surge antes da galinha; como não se pode saber o que ele é, ele também não pode ser o que é, a não ser que surja dele a galinha, a qual o faça ser o que ele já era. Então, ele teria de surgir depois de si mesmo, e a galinha é anterior a si própria. A historiografia não deveria determinar o caráter histórico do fato, a não ser que o próprio fato faça com que ele tenha de ser denominado assim. Ele gera o filho que o gera e supera. Se a obra engajada nasce do fato político que ela procura denominar, ela deveria cuidar duplamente de sua denominação, afastando-se da imediateza e, portanto, deixando de engajar-se naquele fato.

A obra engajada não consegue ser artística. Ela é uma forma de jornalismo, pois uma obra de arte, ainda que reflita a limitação de uma ideologia religiosa, política ou ética, sempre vai além de um discurso religioso, político ou moral. Se a *Pietá* fosse apenas a versão católica de uma cena bíblica, seria somente uma obra católica, não artística. Ou o poético consegue ir além do político, ou ele não é poético. A trilogia dos *Subterrâneos*, ao ser apenas um depoimento parcial de uma prática política, não consegue ser arte, mas, já por isso, é um sintoma do cânone, visto pelo avesso. Seus limites aparecem também em outras obras canônicas.

Costuma-se citar Fernando Pessoa para afirmar ser o poeta (ou o escritor) um fingidor, o qual finge tanto que chega a fingir ser dor a dor que deveras sente (o que foi mal copiado de Nietzsche, pois este insistia no paradoxo de que a arte precisa da "mentira", da ficção, para chegar a níveis mais profundos da verdade, os quais não se reduzem simplesmente ao fato de o autor ter ou não sentido uma dor). Há uma redução de toda gama dos sentimentos somente à dor por uma simples questão de rima: o autor, em sua *blague*, deixou-se dominar pela forma, e traiu elementos básicos do conteúdo: isso não é, portanto, poesia, mas apenas uma piada. O autor disso, como tal, também não é "poeta". Se "o poeta" é um fingidor, também finge ser um fingidor. Então, ele não percebe mais a diferença entre o fingido e o real. Dentro do imanente do seu discurso, já não tem mais sentido falar em real (como se na arte o importante e veraz seja o fato de o autor expressar de modo exato o que ele "deveras sentiu") e, então, já não tem mais sentido falar em fingimento. Se o autor não é um mero mentiroso, não pode só fingir; se o é, apenas pode fingir que finge. Quando tudo é fingido, nada mais o é, pois já perdeu sentido a distinção entre fingimento e autenticidade. O grande fingidor é aquele em que não se percebe que é um fingidor. Um grande ator jamais é, porém, um mero fingidor; o mau ator, sim, esse é um fingidor. Portanto, o autor pode ou não ser um fingidor; mas o grande poeta não é um mero fingidor.

Ora, tudo isso é um sofisma. E não traz nada de novo, pois repete o sofisma clássico grego: "todos os habitantes de Megara são mentirosos, diz um habitante de Megara". Por ser megarense, então é mentiroso e é mentira o que ele disse, não se podendo dizer que ele é mentiroso. Qualquer pólis pode ser escolhida, isso pouco importa. Se ele é mentiroso, não se pode saber se é verdade ou não o que ele disse. Ora, os megarenses não são a instância última da verdade. Isso só ocorre dentro do sistema restrito de sua pólis, nos termos estritos da proposição. Equivale ao sofisma de Sófocles: Édipo mata o pai por acreditar que iria matá-lo. O oráculo torna-se verdadeiro porque Édipo acredita no oráculo; caso não acreditasse, nada teria acontecido (e o oráculo não seria verdadeiro). O oráculo torna-se verdadeiro porque se acredita nele, para que se acredite nele porque é verdadeiro. É preciso fugir ao círculo vicioso dessa lógica interna, e introduzir outros fatores para examinar a questão, fora de seu sistema intrínseco. É preciso saber sair do cânone para entendê-lo, mas não é saída o mesmo pelo avesso.

Voluntarismo histórico

O limitado horizonte do "obreirismo" e do "voluntarismo" aparece de modo recorrente na trilogia, embora sem elaboração do seu fundamento:

> – Compreende, Ruivo: "putsch" e não luta de massas, direção da burguesia e não do proletariado... Não há diferença entre o que ele pensa em política e o que ele pensa em arte. Ao contrário, há uma perfeita harmonia: trostkismo e surrealismo são formas de luta da burguesia em planos diferentes. Essa coisa de querer colocar a arte acima da crítica da classe operária é um absurdo. Seria

como admitir que o marxismo é válido para certas coisas e não para outras. (...) É preciso liquidar com urgência esse foco trotskizante.[5]

É uma simplificação maldosa colocar trotskismo e surrealismo como "formas de luta da burguesia em planos diferentes": pelo contrário, o surrealismo francês apoiou a frente antifascista e até o Partido Comunista. Não há uma faca que corte perfeitamente para separar o que é "burguês" do que é "proletário" como se fossem distinções entre mal e bem. Na obra, a esse tipo de postura nada é contraposto: o autor (como que) endossa a posição do personagem. Há uma evidente demonização de quem representava uma divergência com a cúpula do Partido, a qual entendia a si mesma como única "representante do proletariado". Quem discordava da linha estalinista ou do realismo socialista não estava, por isso, logo "a serviço da bur-guesia". Trata-se de um dogmatismo, que manipula dados históricos e chega a difamar e a expulsar militantes como Astrojildo Pereira e Heitor Ferreira Lima.

Lênin também foi um "putchista" e contou com a ajuda da "burguesia" alemã para chegar ao poder. Supor que a cúpula do Partido Comunista seja a única representante do "proletariado" significa ser todos os outros representantes "da burguesia": são, portanto, inimigos e devem ser combatidos. Há um totalitarismo aí, que confunde a cúpula com o Partido, e o Partido com a classe. Isso não é historicamente verdadeiro e nem dialético, mas autoritário, dogmático, intolerante. O Partido não representava "o proletariado", como se este fosse uma unidade, de consciência uniforme (como se o "pólemos" existisse por toda parte, mas não no próprio Partido e nem na classe operária).

A lógica de que nada se admite a não ser a própria convicção corresponde às piores manifestações da tradição metafísica. Que um personagem diga algo assim é admissível e pode até ser necessário para desenvolver a trama, já que membros do Partido pensavam desse modo. O problema é que a trilogia endossa tal postura e não organiza uma fala ou um enredo que mostre o erro. Há um

---

[5] *Idem, ibidem*, v. I, p. 177.

dogmatismo. Daí surge uma espécie de religião laica. Essa literatura cai na tradição retórica do catecismo rimado ou da pregação nos sermões: Jorge Amado está mais próximo de Anchieta e Vieira do que ele próprio conseguiria reconhecer. Parte de seu êxito deve-se ao fato de ele repetir paradigmas básicos do cânone.

O personagem considera um absurdo supor que a arte "não está acima da crítica da classe operária" e que o "marxismo é válido para certas coisas e não para outras". Isso corresponde a supor que haja uma física ou uma química marxista, ou que a luta de classes explica todos os eventos históricos e toda a ação política. Uma doutrina ter a pretensão de esgotar plenamente o conhecimento é uma forma de totalitarismo. Ao pretender explicar a totalidade, a doutrina não entende e não admite que esta é uma ficção, pois só admite aquilo que ela própria formula. Por isso, logo se torna uma forma de autoritarismo, já que se considera a dona da verdade. Ela confunde a realidade com o ser, e o ser com a sua própria consciência (e inconsciência). O cânone também tem a mesma pretensão de explicar toda a história brasileira, embora minta adoidadamente; ainda que formado de fragmentos, ele pretende ser a única totalidade que vale; no máximo aceita que ele transborda de si mesmo. Jorge Amado desconheceu a crítica de Nietzsche à pretensão de verdade do totalitarismo. Hegel postulou que o todo é o verdadeiro, mas esse "todo" era, para ele, o objeto em suas múltiplas determinações, e não um decreto subjetivo com a pretensão de ter esgotado a totalidade.

Uma coisa é tentar proibir ou coibir a crítica da arte a partir de uma perspectiva de classe, em função de elementos ideológicos contidos nas obras e manipulações existentes no mercado; outra, bem diferente, é julgar que a arte se reduz a isso. A crítica ideológica, ainda que relevante, não explica a arte. Pelo contrário, exatamente quando vão além do ideológico e do horizonte de uma classe é que as obras começam a ser arte. Do mesmo modo, só a partir daí é que um ensaio começa a ser filosofia e deixa de ser panfleto. Isso não quer dizer que o conflito de classes e a limitação da consciência pela classe não sejam relevantes. Uma coisa é supor que o marxismo não vale nada ou que só se aplica a questões de economia e política, nada tendo a dizer sobre arte ou semiótica; outra, bem diferente, é supor que ele represente a explicação global e única de todo e qualquer fenômeno. Em vista do que se fazia em seu nome, o próprio Marx chegou a dizer que não era um marxista. Sua obra é incompleta e fragmentária, é forte sem ser dogmática.

Para uma teoria captar a totalidade, e não apenas ser totalitária, ela deve tentar captar o todo em suas contradições, como não se consegue captar quando se usam termos como universo, cosmos, céu. Quando Hegel, no final da *Pequena Lógica*, propõe que "verdade, idéia e realidade são o mesmo" quer insistir no caráter concreto da idéia (não algo apartado, meta-físico, de outro mundo). Ele não diz que não há tensões entre esses termos. Outro problema está em exigir que aquilo que se declara como "realidade" seja tomado como tal. Assim, em 1935, o PCB decretou estar o país maduro para a revolução e caiu na desgastante aventura da Intentona Comunista, o que só favoreceu a direita. Hegel, ao conceituar a idéia como processual unidade de sujeito e objeto, ao entender a realidade como algo que contém em si a sua negação e suas possibilidades abstratas, encarou-as como contraditórias, punctuais, mutantes, consistindo antes em uma busca do que apenas em um resultado rígido. É desse Hegel que Marx foi discípulo, ainda que nem sempre tenha mantido a cautela filosófica (como no prefácio de *O capital*, ao assegurar que havia corrigido a inversão do mestre).

Mesmo em nome do marxismo traiu-se muitas vezes a objetividade, principalmente quando ela não era aquela que se queria. Se há apenas um partido, só a opinião dele aparece: toda ditadura facilita a mentira institucional. O voluntarismo histórico, sob a aparência de resgatar a justiça, é uma hipertrofia da subjetividade que tende a resultar no contrário do que pretende. No bloco soviético, na década de 1980, os relatórios anuais sempre indicavam um aumento na produção, 4% além do previsto, embora o sistema estivesse indo à bancarrota. A pretexto de corrigir a inversão idealista, caiu-se em demiurgia do real, inventando-se o que se desejava e se excluindo o que não convinha. Todo poder tende a manipular dados. Partidarismo e ciência tornam-se excludentes, embora esta não exista sem aquele.

Exílio e culto da personalidade

A perseguição exercida pelo Estado Novo impôs o exílio de um modo mais duro e concreto que o decantado pelas "canções do exílio" românticas, o que antecipou a experiência amarga de milhares de pessoas durante a ditadura militar após 1964:

> A irmã se sentiria alegre ao sabê-lo em terras estrangeiras, longe das grades das prisões cariocas, liberto da ameaçadora vigilância dos policiais, sem poder ser atingido pela sentença do processo a julgar-se em breve. A camarada paulista sentir-se-ia ela também alegre ao sabê-lo do outro lado da fronteira, a caminho da Espanha.[6]

O bom da pátria é, então, estar longe dela; e o melhor que ela tem a oferecer é distância. O exílio deixa de ser imagem para ser fato; deixa de ser metáfora para ser concretude. Tem-se a inversão da "Canção do exílio", de Gonçalves Dias, sob a aparência de um denominador comum: em vez da imagem da pátria como sabiá cantando em palmeira, tem-se repressão, prisão, tortura, assassinato pelo Estado. Não há flores e nem amores. A natureza pode ser bela, mas está cheia de homens maus. Os agentes da repressão consideram-se patriotas, defensores do país. Os perseguidos políticos, por sua vez, também se julgam patriotas. Os inimigos são parecidos. Articulam-se numa unidade de contrários, mas isso não é desenvolvido, pois levaria a um horror de si mesmo. A literatura brasileira tende a só se nutrir de assunto territorial, mas não aprofunda os seus grandes temas. A trilogia não conta a experiência do autor fora do Brasil, embora pudesse ter articulado, com sua exposição, o contraponto entre o próximo e o distante.

Numa situação de perseguição, há um exílio interno, anterior ao exílio externo. É uma exclusão que atinge todas as minorias e todos aqueles que são discriminados por ter posturas críticas. Essa exclusão tem por reverso a inclusão: a facilidade que os filhos da oligarquia têm em abrir portas de gabinetes governamentais para obter vantagens. Exílio externo significa ruptura de laços familiares e sociais básicos, perda da fala e da escrita, da capacitação profissional e do sentido da existência. O exilado vive em função do que perdeu: pensa que vive em função do futuro, enquanto vive do passado. O exílio interno pode ser mais amargo do que o exílio externo, pois este propicia

---

[6] *Idem, ibidem*, v. I, p. 181.

novas vivências e aquele insiste no que o sujeito perdeu. Enquanto o exilado não se adapta à nova situação, continua dominado pelos inimigos; quando assume novos caminhos, pode até ficar grato por lhe terem dado o impulso de que precisava para encontrar uma saída. Pátria é destino como os pais: pode ou não dar certo.

Em *Os subterrâneos da liberdade*, o militante do PCB José Gonçalo, vulgo Gonçalão, embora condenado, à revelia, a quarenta anos de prisão, mantém-se de pé na medida em que acredita no Partido e em sua tarefa na região do "Vale do Rio Salgado" (leia-se Vale do Rio Doce), doutrinando os caboclos contra os interesses "ianques" em função da criação da "Companhia Vale do Rio Doce". Em 1997/1998, essa empresa foi privatizada por uma ação governamental que condenava as companhias estatais por falta de rentabilidade e por excesso de funcionários e privilégios. Os custos das falhas foram repassados à população. O que era para servir ao bem comum, passou a ser usado para o benefício privado de grupos de funcionários e partidos políticos, antes mesmo de ser privatizado. As companhias estatais representavam um esboço "socialista", tendo sido motivo para disputas mortais (e, depois, para bocejos). A evolução histórica envelhece a trilogia em vez de atualizá-la, pois ela é demasiado parcial e estreita ao expor sua temática. Aquilo que move pessoas ao sacrifício se pode tornar, em outro meio ou momento, motivo de ridicularização. Quando numa obra se absolutiza uma norma, e esta se revela estreita e dogmática, ambas perdem força. A obra naufraga com a norma.

Na trilogia, tem-se uma versão brasileira do "culto ao grande líder" que marcou figuras como Stálin e Mao, e facilitou os crimes cometidos sob seu comando: "Percorreu caminhos abertos pela Coluna Prestes, nos distantes anos 25 e 26, encontrou ainda o rastro da passagem do revolucionário na memória dos camponeses".[7]

Assim, Prestes aparece como líder popular, sonho de todo revolucionário, o qual ambiciona ser um novo Cristo e conduzir o povo ao caminho da salvação eterna. Não se trata de minorar os sofrimentos que os reacionários causaram, mas de entender também que estruturas teológico-metafísicas existem onde parecem estar negadas.

---

[7] *Idem, ibidem*, v. I, p. 195.

O culto à personalidade logo se transforma em princípio de infabilidade papal. Ele é antidemocrático, ainda que feito em nome do povo. Transfere a decisão para uma pessoa, e é uma forma de tirania. É uma atitude basilar na tradição metafísica: está consagrada – e, ao mesmo tempo, ironizada, portanto esculhambada – na figura de Sócrates, quando, na *República*, o filósofo decide sozinho o que é correto e o que não é (mesmo que a sua verdade seja um engano). A obra que apóia o culto da personalidade auratiza a regressão individual: faz o contrário do que a arte propicia. Mesmo sendo uma obra feita por ateus, retoma o padrão da arte religiosa, que obriga todos a ficar de joelhos. Acaba com a dignidade humana, a pretexto de cultuá-la mediante a identificação com um ente superior.

A trilogia elabora alguns clichês básicos: 1) o Partido Comunista como ideal, tanto por contar com os melhores quadros quanto por corporificar a razão da e na história; 2) o caráter maligno de todo dissidente do Partido; 3) o alemão como nazista, e inclui-se todos os alemães e seus descendentes; 4) o oportunismo e a podridão generalizada da oligarquia brasileira; 5) a natureza corruptora do capital; 6) o mau-caráter dos colaboracionistas. Tudo é generalizado às pressas, sem ressalvas. Sempre há dois lados, um todo bom e outro plenamente ruim. Em nome da dialética, trai-se a dialética; em nome da história, abandona-se a historicidade.

O Partido é reduzido a estalinismo (o que vem sendo entendido como ruim até pelos antigos comunistas). O mal são os supostos inimigos do Partido: os dissidentes, os agentes fascistas, o intelecto de direita, os agentes do capital, a oligarquia latifundiária, os capitalistas estrangeiros, os colunistas sociais, os policiais, etc. Os personagens não evoluem com os eventos: são o que são, e os fatos servem somente para que manifestem o seu caráter. Apenas refletem categorias anteriores a eles, sobre as quais eles próprios não refletem (e tampouco o romance). A história é apenas o espaço de manifestação de essências *a priori*: elas mesmas não têm história.

O enterro da liberdade

O diabo também é brasileiro

O século XX viu-se coagido a optar entre a liberdade sem igualdade, do capitalismo, e a igualdade sem liberdade, do comunismo. A opção comunista é falsa para os liberais, os quais consideram, embora apenas formalmente, que todos são iguais perante a lei (feita pelos donos do poder, os proprietários, e deixa os não-proprietários sob a coação da falta de propriedade, de poder e de recursos) e a liberdade precisa fundar-se na liberdade de mercado; a opção capitalista é falsa para os defensores da utopia comunista, os quais proclamam que, a liberdade de cada um, para poder se realizar plenamente de acordo com suas potencialidades, só pode ser concretizada mediante uma igualdade não apenas formal, mas econômica e social de todos.[1] Tendeu-se, na primeira opção, a desigualar o igual; e, na segunda, a igualar o desigual. Em ambas traiu-se a igualdade e a liberdade, tendo a fraternidade se transformado em perseguições e discriminações, guerras quentes e frias, internas e externas.

O liberalismo tem razão em criticar a falta de liberdade no comunismo de Estado; o marxismo tem razão ao criticar a desigualdade social crescente no capitalismo. Cada lado tendo razão em sua crítica ao outro, cada um anula a supremacia lógica do outro. De um modo ou de outro, não se cumpriram as promessas das utopias. A esperança hegeliana na superação dialética dos contrários em uma unidade superior não se concretizou. A dialética negativa imperou sobre a dialética especulativa. Isso não serve, porém, para reafirmar

---

[1] Jürgen Habermas, *Mudança estrutural da esfera pública*.

o *status quo* como o melhor mundo possível. O que o salva é a negação nele contida (e que o condena).

A trilogia *Os subterrâneos da liberdade* carece de profundidade teórica: ao adotar o dogmatismo obreirista perde-se no ativismo, sem parar para pensar seus fundamentos por ser tão crente que não consegue percebê-los como pressupostos limitadores. Se a sua política, em vez de ser perseguida, fosse vitoriosa, trataria de impedir que a reflexão teórica fosse além de seus pressupostos. O obreirismo foi autoritário, castrou a criatividade artística e teórica ao aniquilar quem discordasse de suas diretrizes. Ele é como o cânone oligárquico brasileiro, ainda que pelo avesso. Ele é também um sintoma da falta de profundidade filosófica da literatura brasileira, ao contrário do que acontece em literaturas como a russa, a alemã e a francesa. Quando o cânone brasileiro "filosofa", desfila banalidades e bobagens. Um romance pode ter figuras dogmáticas, com viseiras estreitas, mas isso não o obriga a ficar preso a esse horizonte. Pelo contrário, ele só pode mostrar estreitezas se, de algum modo, constituir um horizonte mais amplo. Se não propicia o diálogo interno, também não propicia o diálogo externo. Não se pode brigar dentro do horizonte desse tipo de obras, pois a briga é regressão. Nem sequer se pode discutir a fundo com algo que não tem idéias, mas apenas viseiras.

Jorge Amado não vai além de uma narrativa trivial de esquerda, com um rígido e fixo esquema de tipo maniqueísta, em que cada um dos termos está mal definido e a mediação entre eles é inexistente ou cega em relação aos seus efetivos fundamentos e à possibilidade de superação deles. Não é consciência crítica, a mera inversão da novela sentimental corrente, com um operário no lugar de um aristocrata e uma militante no lugar de uma doce donzela; não é consciência política de nível superior a mera inversão das posturas da extrema direita. Na trilogia, a polícia só sabe praticar o esporte de bater em comunistas; os comunistas são os patriotas mais dedicados, prontos a morrer pela pátria; os oligarcas são poços de oportunismo, vendilhões do templo; e os intelectuais orgânicos esmeram-se em exibir sua podridão (como se não fosse sua função apresentá-la como virtude).

O mundo divide-se aí em adoradores de Osmuz e de Arimã. O mal anda por toda parte, especialmente nos gabinetes do poder; mas, no Partido, ele só anda entre os revisionistas, os quais são infiltrações burguesas. Ao bem servem apenas poucos abnegados, porém a eles se promete a glória eterna, já encenada em sua redenção literária. O autor compensa, no exílio, a sua impotência, e profere, feito Jeová, um juízo final sobre os justos e injustos do país; ele realiza, no plano "artístico", a justiça que a realidade não permite e nem consente; e compensa a perda da pátria, reconstituindo-a na fantasia, com a certeza de que o horrendo presente é a promessa de uma idealidade que será cobiçada por todos. Com a foice e o martelo no peito, a pátria em chuteiras ganha o campeonato mundial da utopia.

Mediante personagens que se pretendem concretos – cópias de figuras encontráveis na realidade –, encenam-se forças e tendências históricas, como se a política fosse o palco em que se ativasse a sua natureza *a priori*. Quem nasce no palácio é mau; quem nasce no presépio, bom. Tão simples é o mundo. Basta invertê-lo que tudo fica certo e faz sentido. Há um deus que dirige a história, anunciado pelo Manifesto Comunista. Se a história teima em executar o sentido que o iniciado sabe que ela tem, então cabe aos bons fazer com que ele se realize, ainda que os maus insistam em impedi-lo. Tem-se um fraterno amor – abstrato, porém – por todos os proletários do planeta; quer-se a igualdade, mas sabendo bem que não são iguais os burgueses, vendidos, revisionistas, etc.; e a liberdade deveria ser a chance de rachar ao meio os reacionários. Assim, rápido, o mundo seria mais justo, mais ainda por se usarem categorias oriundas de necessidades do modo capitalista de produção para acabar com ele. O racismo de Euclides da Cunha, Graça Aranha ou Mário de Andrade tem estruturas semelhantes, embora use termos de superfície bem diversos.

Como os personagens só corporificam e encenam forças do bem e do mal movidos pelos cordéis do deus que dirige o curso da história – um deus presente nas engrenagens que ele constitui usando homens como bonecos –, o mal existe para que o bem se afirme e a justiça se faça. As forças são anteriores aos eventos, que apenas servem para comprová-las. Tudo já é antes mesmo de sua concretude: a historicidade esvazia a história. Esta, embora vivida concretamente, é apenas pretexto para que se escreva o texto pressuposto. Predomina um mundo metafísico, sob a aparência de negar-se a sua existência. Se a um A responde um não-A, e a um B o seu não-B, não se sabe como sair de um pelo outro. A história acaba numa prisão de antinomias.

Ninguém consegue sair da própria pele, carapaça de uma identidade perdida; ninguém consegue saltar além de sua sombra, pois não consegue dar meia-volta e desligar a luz que o ilumina (e, assim, transforma-se em sombra de si mesmo). Esse "romance comunista" não é marxista.

    Não há nenhuma dúvida sobre coisa alguma. Tudo é claro e evidente, fotograma de um só sentido. Qual é o fundamento de tanta certeza que, quanto mais se afirma, mais dúvidas provoca? Qual é a filosofia que não se afirma como tal? Será mesmo este o marxismo de Marx? Se há tanta certeza sobre o sentido da história e a redenção do homem no comunismo, por que não ficar esperando, deitado debaixo de uma árvore, e deixar que os menos iluminados se lasquem no presente? A sociedade ideal é anunciada nas grandes companhias estatais, como se o capitalismo de Estado já fosse uma forma de socialismo, não um ninho de sinecuras e improdutividades à custa do contribuinte, e sim a própria barriga da Virgem Maria, emprenhada por Prestes segundo anunciado pelo Arcanjo São Marx. Nessa história os agentes do capital só têm por função "cutucar o Cristo" para que mais rápido ele manifeste sua natureza divina. Embora eles não saibam o que fazem, ofuscados pela privatização do trabalho coletivo e pela apropriação dos recursos naturais, já estão condenados, pois logo se deve extinguir a ilusão de que a felicidade é proporcional à taxa de lucros, enquanto o inferno é não poder explorar os outros.

    Como a história toda se explica pela luta de classes, tudo fica claro: desde o bem e o mal, até o sentido de qualquer ação. Daí também ser possível matar ou morrer, ser um santo ainda que vilipendiado, ser um crápula ainda que amedalhado. Uma certeza tão absoluta tem o seu valor. O que se diz ser real, e como se diz que isso é, acaba sendo a totalidade: como o todo é o verdadeiro, e como ele se confunde com a totalidade daquilo que se conseguiu apreender ou do que se imagina que se apreendeu, torna-se, então, possível proferir um julgamento final. A obra vira panfleto rasteiro por pretender ser bíblia. O panfleto não se vê como caricatura, e sim como revelação da essência abscôndita dos fatos. Quanto mais viaja à contracorrente da ideologia dominante, tanto mais se convence de que é porta-voz da justiça, como se a negação da negação levasse por si ao positivo. Ainda que contenha realidades inacessíveis ao discurso oficial, não percebe a sua própria limitação de antítese e parcialíssimo documento cronotópico.

Pedras muradas

Essa "literatura marxista" teria de pressupor que Deus está morto e enterrado, mas prova em abundância a "Sua" capacidade de ressuscitar como fantasma. O "Seu" espírito torna-se espectro e espreita por toda parte. A teleologia da história pressupõe uma teologia; o engajamento, uma crença na redenção; a escrita, um Dia do Juízo Final. O autor engajado escreve com a determinação de um autor bíblico e a certeza de um incontestável orador sacro. O diabo aparece com tanta insistência nesse mundo que parece querer acordar os homens. A procissão de *Corpus Christi* é o recôndito enredo de *Os subterrâneos da liberdade*: os comunistas carregam o corpo do seu deus morto com a fé de quem sabe que ele há de ressuscitar glorioso ao final do terceiro dia. Embora queira a ressurreição imediata, não só para que a miséria presente fosse logo superada, mas para que ele pudesse executar a sua vingança como justiçamento, dispõe-se a admitir o sentido metafórico, sem abdicar da concepção de que a história é a salvação.

O primeiro volume da trilogia *Os subterrâneos da liberdade* abrange, segundo nota do autor, o período de novembro de 1937 a novembro de 1940. O registro da repressão policial funciona como índice de outras formas de opressão, as quais precisariam ser melhor expostas, caso não fosse da natureza do cânone excluir tais registros:

> Pelas noites, durante toda aquela semana que precedeu a visita do ditador à cidade de São Paulo, os carros de polícia – automóveis, carros de patrulha, "tintureiros" – cortaram a cidade de São Paulo e seus subúrbios em "raids" e "batidas". Os bairros operários viveram dias inquietos, as ruas do Brás, da Mooca, de Belenzinho, da Penha, da Vila Pompéia, do Alto do Pari, despertadas à noite pelas sirenes anunciadoras da polícia, indo de casa em casa, em busca de comunistas e simpatizantes. Famílias eram acordadas pela madrugada, operários arrancados dos seus leitos pobres, centenas de pessoas jogadas nos cubículos da polícia cen-

tral. Nas cidades industriais próximas, Santo André, São Caetano, Sorocaba, Campinas, Jundiaí, surgiram os investigadores vindos da Capital, trazendo com eles a ordem de uma "limpeza" completa. (...) Muitos dos presos não eram sequer membros do Partido: a grande maioria era constituída por operários fichados pela polícia devido à atividade grevista ou por gente que havia participado do movimento de massas da Aliança Libertadora Nacional, de 1935.[2]

Quando a imprensa é manietada, cabe à literatura contar o que aquela não pode. Ela faz parte, então, de uma luta pela liberdade, na qual toda denúncia é válida, pois no alerta já inicia uma luta contra a opressão. Ao registrar uma luta civil em curso, um problema é que acaba confundindo literatura com jornalismo e panfleto. As aspas (substituíveis pelo itálico) em "raids" – postas pelo autor, pela editora ou por ambos – indiciam o preconceito contra "palavras estrangeiras" (como se as portuguesas não fossem estrangeiras no Brasil), o qual coincide com o preconceito contra os estrangeiros (como se todos os não-índios não fossem "estrangeiros" no Brasil): corresponde à postura de um Olavo Bilac. Isso indica o endosso da repressão fascista contra as línguas dos imigrantes e o endosso da ditadura do proletariado contra os discordantes. A distância entre o comunista e o fascista é, então, menor do que cada um deles gostaria.

A guerra da polícia não é apenas contra as lideranças comunistas. A perseguição a uma minoria propicia a perseguição a outras, não sendo possível prever onde isso acaba. De Vargas, os trabalhadores receberam uma legislação trabalhista que lhes garantiu direitos como eles nunca haviam tido, a ponto de acreditarem que ele realmente era o "pai do pobres" (e não apenas a mãe e a mão dos ricos). O fascismo foi um movimento de massas, com forte apoio popular, inclusive na classe trabalhadora; o movimento comunista – e a trilogia de Jorge Amado – prefere omitir ou então reduzir a mera demagogia.

Ocorreram batidas, prisões, assassinatos por ordem do governo. O ditador e seus assessores continuam sendo celebrados na denominação de ruas, avenidas, pontes, bibliotecas, etc. Um país que celebra fascistas está pedindo a volta do fascismo explícito, já

---

[2] Jorge Amado, *Os subterrâneos da liberdade*, v. I, p. 229-230.

que ele o tem como sua estrutura profunda. Ao lutar pela melhoria das condições de trabalho, a liderança da classe operária pretendia estar lutando pelo desenvolvimento geral. A ampliação do mercado de consumo tende a gerar aumento na taxa de lucro. Aumentar a distribuição da renda é do interesse dos capitalistas, ainda que cada um queira que isso seja feito à custa de sua concorrência. Os fascistas inteligentes souberam manejar as reivindicações criando, em países como a Alemanha e a Itália, melhores condições de vida para os trabalhadores. Em 1989, o Muro entre as duas Alemanhas caiu porque as condições de vida dos operários no lado capitalista eram melhores do que as do lado socialista (que, por sua vez, eram melhores do que a da média do operariado brasileiro).

Um romance não é um tratado de sociologia, psicologia ou economia. Quando tais ciências conseguem preencher as lacunas de uma pretensa obra de arte, ocorre o que, em sua *Estética*, Hegel chamou de "fim da arte": a superação da arte pelas novas ciências. Isso só acontece quando não se trata de uma efetiva obra artística e não acaba com a arte que é arte. Esta só tem ainda razão de existir quando consegue dizer algo que nenhuma outra linguagem consegue fazer melhor. O que acaba é a pretensão de muitas obras serem consideradas arte. A arte começa onde acaba a ideologia, onde suas formulações não podem ser superadas pela ciência ou pela filosofia. Isso não significa que obras de arte não possam conter defeitos, desde que sejam bem inferiores ao horizonte instituído pelo restante da mesma obra. Um torso é um índice de uma totalidade e de uma fragilidade, que acrescem conteúdos significacionais ao sentido inicial da obra.

Se uma obra – que se propõe retratar o período de 1937 a 1940 – omite ou não considera fatores básicos da temática que ela pretende abordar (imperialismo, luta de classes, movimento comunista, oligarquia brasileira, intelectualidade orgânica) e se em cada um desses tópicos básicos há omissões e deformações cruciais e evidentes, ela exibe falhas maiores do que seus méritos. A trilogia é um depoimento romanceado, não uma obra de arte em forma de romance. Isso não retira certa validade "jornalística" ao trabalho nem torna injusta certa indignação moral que orienta a sua formulação. O próprio texto restringe o seu horizonte a um testemunho pessoal, limitado, em que o depoimento depende da veracidade fática do que ele relata, sem assumir o caráter de ficção e exemplaridade. Se a repressão da ditadura pós-1964 não entendeu isso ao perseguir a trilogia, é porque se tratava de um movimento muito ignorante. A história repetiu-se, então, como caricatura de uma caricatura. Nem por isso foi menos cruel.

O intelecto servil

Jorge Amado retoma um tema abordado por Lima Barreto e que é constitutivo do sistema canônico: o "intelectual orgânico". A distância desse autor em relação ao governo é o que propiciou a sua proble-matização. Não se ateve a exibir poetas rodopiando pelos salões da corte. O seu protótipo é "César Guilherme Shopel" que, salvo engano, tem por modelo básico o poeta Augusto Frederico Schmidt (que foi colaborador de Vargas: o nome Shopel talvez derive de chope, para indicar a origem teuta de modo estereotipado e preconceituoso). Nessa montagem de um protótipo do intelectual de direita, o nome Guilherme poderia, talvez, indiciar a figura de Guilherme de Almeida, assim como o nome César Guilherme pode apontar para a figura de Guilhermino César, um mineiro que fez carreira em Porto Alegre, apoiou Vargas e teve empregos no Estado.

Mas se tantos intelectuais colaboraram com o Estado Novo e/ou ocuparam postos de destaque no governo – Carlos Drummond de Andrade, Mário de Andrade, Villa Lobos, Plínio Salgado, Raul Bopp, etc. – por que será que o autor quis sugerir exatamente alguém de origem alemã, por que não usou ele um nome como Plínio Andrade ou Raul Villas? Por que passou a usar um tipo germânico para corporificar o demônio? – A dedicatória é um índice da zona cinzenta entre o ódio contra o fascista e o preconceito racial contra o teuto, o primeiro por ser um disfarce do segundo, numa obra que, ao pretextar protestar contra a repressão havida durante o Estado Novo, não perde uma linha com a repressão que ia ocorrendo, à mesma época, contra os descendentes de imigrantes dentro do país. Por meio de Shopel, Amado legitima essa perseguição (errando talvez a grafia do nome, pois Shopel deveria ser escrito Schopel). Para essas minorias, caso os comunistas tivessem assumido o poder, não teria havido maior diferença em relação à política de repressão e terrorismo implantada pela extrema-direita.

Para os teuto-brasileiros provavelmente teria sido até pior, pois o Partido imitaria Stálin, o qual deportou milhões de descendentes dos alemães do Volga para a Sibéria. Os alemães do Volga (Wolgadeutsche) eram grupos de camponeses que haviam sido chamados para a Rússia por Pedro, o Grande, e Catarina, a Grande, dentro de um esforço russo de desenvolver o país, onde viviam pacificamente. Stálin ordenou que lhes fosse tirado tudo (terras, casas, gado) e, em milhares de casos, até mesmo a vida, mesmo que eles quisessem ficar à margem do conflito teuto-russo. Qual é a validade moral de uma obra que, a pretexto de combater a repressão, endossa-a sob outras formas? Por que ela não questiona a generalização simplificadora?

"Shopel" é qualificado de "sórdido". Ele é o pior tipo que o autor consegue se imaginar. Até que ponto ele não poderia ser, no entanto, um retrato involuntário, pelo avesso, do próprio autor, a ver a si mesmo no outro? – A inimizade mortal só aparece com quem se tem uma relação profunda. Há uma convergência pelo avesso: enquanto o engajado emperra nos limites desse sistema, o grande escritor daria a volta por cima, examinando a ação como amostra concreta de leis humanas mais amplas. A tragédia reside em não conseguir sair dos limites de uma dominação.

Na caricatura "Shopel" se reúne tudo o que haveria de mais detestável num intelectual orgânico, mas, ao mesmo tempo, é cultivado nele o secular preconceito contra os alemães, intensificado pela oligarquia luso-brasileiro na medida em que as zonas colonias teutas se desenvolviam. Mais uma vez se cultiva a imagem estereotipada de um povo para cultuar outro preconceito: o "quinta-coluna", o agente infiltrado do estrangeiro a querer tomar o país já tomado pelos ascendentes do preconceituoso, fato que o descendente do conquistador passa a considerar posse natural, ao ser ele incapaz de questionar mais a fundo a história passada para projetar a futura. Ele quer reafirmar os seus direitos de conquista. O seu gesto é idêntico ao do fascismo brasileiro que, então, via nas zonas de colonização alemã um "quisto" e, em todos os descendentes de alemães, quintas-colunas. Com essa atitude, sob Stálin, foram feitos genocídios. O comunista mostra-se idêntico ao fascista. Entre Hitler e Stálin já não se sabe bem qual o maior criminoso, embora o primeiro sempre leve a palma, e isso não só por ter sido derrotado.

Sobre o historiador "Jofre" (procure-se a referência real, nesse *roman à clef* que rápido enferruja as suas chaves com o transcorrer do tempo), honesto comunista (o que, para o autor, seria uma redundância, já que todo comunista era honesto e, se não fosse honesto, não poderia ser comunista (o que é por si uma forma de desonestidade), após ler um "maldoso" comentário no jornal, segundo o qual o exército russo não era moderno, "relata-se":

> E, para variar, procurou a seção literária onde se enterrou num enorme artigo, de três colunas, sob a assinatura de um Senhor César Guilherme Shopel, no qual eram cantadas as qualidades poéticas extraordinárias do autor de um livro de versos intitulado "Nova Ilíada", cavalheiro que tinha o mesmo nome que o Ministro da Justiça. Jofre não tardou a constatar que se tratava do próprio ministro estreando nas belas-letras com um poema lírico que, no dizer do autor do artigo, renovava na literatura brasileira as melhores tradições dos "Sonetos" de Camões e da "Marília", de Tomás Antônio Gonzaga. Abandonou o artigo pelo meio, cheirava-lhe demais a bajulação política.[3]

Se Shopel representa o grau zero da consciência moral, Jofre representa aí o máximo de consciência crítica: incomoda-o o mau uso da boa tradição passada, a citação indevida. Mais longe, porém, ele não vai. Embora um processo freqüente de bajulação seja denunciado de modo certeiro, não é percebido problema algum no passado, mas só no presente. A acusação é bajular os poderosos, apresentando-os como grandes literatos, como se Camões e Gonzaga não tivessem feito o mesmo: isso só pode ser feito por um "alemão de mau caráter" (outra redundância), um quinta-coluna disfarçado de brasileiro (mais uma redundância). Nesse racismo, Jorge Amado não percebe no indivíduo o sinal de um outro sistema: não uma exceção, mas a regra de algo local. Por isso, também pôde ver em Castro Alves o defensor dos negros, e repetiu o esquema do *establishment* oligárquico.

---
[3] *Idem, ibidem*, v. I, p. 237.

Camões foi um funcionário do governo colonial, que bajulava a nobreza de sua época para obter vantagens pessoais; Gonzaga vivia em palácio, tentando gozar da confiança do preposto português. A literatura é usada pelo cortesão para obter prestígio e legitimar benesses. O próprio Jorge Amado, ao escrever a trilogia, vivia dos favores de um governo. Assim como, em troca de elogios, o resenhista esperava obter favores, num sistema de toma lá, dá cá, o próprio Amado escrevia num castelo perto de Praga. Acusava outros de fazer o que ele mesmo estava fazendo, mas não se autoquestionava, pois via-se como herói. Por isso não conseguia questionar mais a fundo a dependência da literatura em relação ao poder, relação esta que restringe a liberdade criativa. Ainda que fosse válida a denúncia que fazia, ela ficava no nível de panfleto.

Incapaz de questionar o sistema que ele próprio representava e ver além das simplórias antinomias da Guerra Fria, execrava Shopel por representar os investimentos de "Costa Vale" na região do "Rio Salgado", e jogar com alemães e americanos para ver quem lhe ofereceria mais vantagens:

> Veja o nosso Shopel: se ele fosse viver da poesia estaria desgraçado, pedindo esmolas em porta de igreja... Em vez disso ele está se enchendo de dinheiro, servindo de testa de ferro para o Costa Vale. (...) O Shopel também estava lá, saiu com ela. Esse Shopel, menino, é uma novidade. – Acrescentou, mudando de assunto: – Desde que começou a se encher de dinheiro com o Costa Vale, criou um apetite insaciável. E dizer que há uns três anos era um joão-ninguém, rabiscando uns versos choramingas, bajulando Deus e o mundo... E agora nada lhe basta: acaba de fundar uma companhia de seguros. É claro que não é coisa dele, é o Costa Vale, de sociedade com um pessoal de Minas Gerais, que está por detrás. Mas, com isso, o Shopel vai se enchendo, só com dar seu nome para lançar as empresas... Já é diretor de umas quantas companhias... Com aquela gordura toda, aquela cara de quem teve meningite em pequeno... Diz-se muito amigo do doutor Getúlio, mas anda às voltas com os "armandistas", é unha e carne com os integralistas.[4]

---

[4] *Idem, ibidem*, v. II, p. 193 e 245.

Há, como em Lima Barreto, um ódio contra quem consegue melhorar na vida. Ao confundir-se isso com "crítica de comunista", permite-se supor que a função da revolução seria apenas a de socializar a miséria. Confunde-se o reacionário com o progressista, só porque ambos são contra o *status quo*. Shopel pertence ao "partido da rolha", é um "chapa branca": sempre com o governo, seja qual for. Fora do poder não há, para ele, salvação. É coerente, a seu modo. Não ter caráter é o seu caráter, como se fosse um Macunaíma: o "brasileiro" com a fachada de homem cordial, para ser cortesão e, como tal, intelectual. Em vez de propô-lo como caso único e como típico de "alemão batata", teria sido melhor examiná-lo como exemplar do intelectual orgânico, sob a regra férrea de que o intelecto ou é orgânico, ou não é, porque o sistema não permite que seja diferente.

É difícil saber por que tantos intelectuais se vendem. Mais difícil é saber por que alguns não se vendem, e teimam na crítica apesar das surras. Parece que, com o valor e o nome que têm, os "grandes artistas e intelectuais" não precisariam dobrar tanto a espinha (como se tivessem dobradiças nela). O problema é que eles não seriam considerados "grandes" se não tivessem feito a dobradura. A opção propõe-se entre ser ou não ser um homem das artes e/ou do intelecto. Por outro lado, quem precisa fazer essa dobradura para aparecer é porque não tem tanta grandeza moral e criativa. De uma depende ter o quê dizer; da outra, a possibilidade de dizer.

Amado não via, porém, os limites do sistema a que servia e, não percebendo a si mesmo como orgânico, não discernia a união dos contrários a configurar um sistema, de cuja dialética ele não escapava (mas que precisaria superar para ser escritor, além de político). No esquema em que operava, bastaria retocar a fachada da ação política para acabar os pruridos e ele aderir ao governo, ainda que a nova elite também fosse parte da antiga oligarquia. A natureza do cânone é ser todo ele "cortesão", servir à realeza. O horror de Amado a Shopel contém mais que o horror da elite franconcêntrica contra "o boche": não querer reconhecer no outro o próprio retrato. Quantos intelectuais tiveram problemas à época da ditadura Vargas? – Poucos, e vários ainda beijaram a mão que neles havia batido.

Quando Jorge Amado teve de se exilar, isso não ocorreu por ser "escritor", e sim por ser deputado de um partido posto na ilegalidade e por ser pessoa conhecida. Quem produz é perseguido, o seu mérito não é reconhecido. Não se usava o critério justo de rebater com palavras o que ele com palavras obrava. O cassetete era o supremo argumento. Embora Amado estivesse fora do Brasil ao redigir a trilogia, isso não fazia, porém, a menor diferença, pois ele não conseguia sair da fixação no âmbito da política interna do país e ser mais que outro lado da mesma roda. O cânone está longe de ser formado por autores tão críticos a ponto de precisarem morar na fronteira. Além disso, as fronteiras hispano-americanas não acenavam liberdades. Mesmo quando um Graciliano Ramos faz denúncia crítica em *Memórias do cárcere*, fica preso ao memorialismo jornalístico: ou seja, não faz arte literária. Camufla, com o texto, o fato de ter recebido dinheiro do Departamento de Imprensa e Propaganda do governo fascista. São *Memórias* que olvidam muito.

Shopel deveria aparecer como protótipo do intelectual e não como exceção (a começar pelo nome, o qual deveria ter sido "tipicamente luso-brasileiro"). É acusado de flertar com todos os grupos do poder, ser serviçal e oportunista, vender o país e produzir literatura vazia. Em vez de servir para demonstrar a regra geral do intelecto orgânico, é usado para reativar preconceitos contra imigrantes e seus descendentes por parte daqueles que acham que são "bem brasileiros" e que, por isso, têm as virtudes que legitimam a sua arrogância. Deveria ser, também, melhor examinada a função do "intelectual de esquerda" como alguém que ajuda a oligarquia a fazer uma política supostamente mais esclarecida e exige que os "dissidentes" se arrastem no chão, e supliquem para ser adotados como "bons camaradas", jurando que não são "entreguistas".

Para o intelecto orgânico, é conveniente usar a máscara "de esquerda", enquanto faz a política do sistema oligárquico e defende privilégios (mas como se não fossem privilégios). Como se ainda se vivesse no tempo da nobreza de sangue, ele jamais perdoa o olhar que não abaixa a cabeça diante dele, o orgulho de quem não se deixa dobrar e mantém o espírito crítico. O que parece generosa complacência acaba por revelar ser a mesma arrogância do oligarca, tanto mais pretensiosa quanto mais mesquinha, quer o sujeito se apresente como liberal ou conservador, quer como comunista ou esquerdista. Ele não aceita e nem tolera o olhar autônomo, pois este pode desvelar o engodo de sua aparente sabedoria e isenção.

Trata, então, de descartar e aniquilar quem é capaz de pensar o sistema de fora do sistema, e ver suas limitações, safadezas, mentiras. O intelecto orgânico se mostra autoritário assim que não consegue intimidar com a autoridade de seus autores e exegetas. A posição do "esquerdista" pode aí ser idêntica à do fascista, ainda que ela se postule como antitética. Quem fica preso à lógica interna desse sistema sofre a sua prisão, mesmo que esta seja toda a liberdade permitida na prática. Os pensamentos não são livres, mas imaginar que o possam ser não é apenas ilusão: pode ser o início de uma nova disposição que se reserva o direito de considerar o seu íntimo indisponível para o poder e para o mercado. Quando Baudelaire via na prostituta um equivalente ao poeta moderno, ele já estava protestando contra a absolutização dessa equivalência. Sua poesia é denúncia e protesto, mas não é jornalismo mascarado de literatura.

A única alternativa do poeta como poeta é passar fome: a sua obra "não vale nada". Sem que a obra de Augusto F. Schmidt seja aqui considerada modelar, sob o horror político de Amado há, além do preconceito racial e do menosprezo pela produção do imigrante, um desprezo do prosador pelo poeta, do romancista de *best-seller* pelo refinamento artístico. Amado chega ao primarismo de considerar "frescura" toda a poesia hermética; ele não tem, no entanto, o menor senso crítico quanto à sua própria produção. Em terra de analfabeto e analfabetizado, em que o labor intelectual não é valorizado, as condições de sobrevivência do literato fora do poder são quase nulas: ou ele é oriundo da classe alta, e recebe uma sinecura, ou dificilmente consegue ser intelectual. A ruptura desse esquema de dominação, o qual fazia da cultura – e, portanto, da literatura – um agenciamento das versões, propostas e interesses das classes dominantes, com a exclusão dos demais grupos e classes sociais, não se torna questão central em *Os subterrâneos da liberdade*. A única liberdade que os membros do Partidão enxergam é a imposição deles mesmos: fora daí, nada vale, nada existe. O erro está tanto em restringi-la, como em restringi-la a ele.

Em vez de aprofundar as questões existenciais, a trilogia restringe-se ao "projeto histórico do país", proposto apenas em termos de saber se a industrialização deve ser feita com "ajuda" do capital estrangeiro ou por meio do Estado. Parece mais a pauta de uma reunião partidária. A abordagem é tão simplória que se mostra incapaz de perceber que a industrialização do país já vinha acontecendo há dezenas de anos, principalmente através das pequenas indústrias de fundo de quintal, desenvolvidas em grande parte pelos imigrantes alemães e italianos. A atitude de Amado não difere da de um coronel latifundiário (que é, aliás, a sua origem). Mesmo a estrita opção histórica e temática tomada como ponto de partida não deveria excluir questões mais amplas, subjacentes: o "romance" não tem, todavia, fôlego para desenvolvê-las.

Jorge Amado divide as alternativas "externa" e "interna" em mal e bem, sem ver que, uma vez investido, o capital estrangeiro torna-se parte do patrimônio do país e que as empresas estatais tendem a fazer a socialização das perdas e a privatização dos lucros. Se o problema todo fosse "Shopel", bastaria eliminá-lo. Seria uma volta à falácia elementar da tragédia clássica: tomar um indivíduo como bode expiatório da coletividade. Não se resolve o problema coletivo sacrificando um indivíduo. A questão reside nas estruturas sociais e mentais. Estas continuam, ainda que os papéis sejam desempenhados por outros indivíduos.

Como a denúncia contra um Shopel não impede que apareçam tipos equivalentes, isso deveria ter levado o engajado a perguntar-se sobre a validade de sua estratégia operacional, para daí poder chegar a um novo nível de consciência e a um outro modo de construção literária. Que toda fortuna privada é um roubo já havia sido postulado pelo socialismo utópico: em vez de funcionar subrepticiamente como novidade, esse postulado precisaria ser reexaminado e rediscutido. Se tudo fosse tão simples, a solução poderia ser tão simplória quanto a expropriação dos expropriadores e a estatização dos meios de produção (que levou ao que levou). No socialismo real, quase todos trabalhadores, com as exceções de praxe, acabavam fazendo de conta que se esforçavam ao máximo para fazer o mínimo possível e obter o maior número de vantagens possível. As violações éticas e legais eram contornadas pelos interesses grupais. É mais difícil ter consciência dos erros de dois sistemas do que julgar que um deles é quase perfeito.

Se toda grande propriedade é roubo, toda riqueza não só é amealhada mediante "falcatruas" como também é demoníaca, então, sob a aparência de defesa da utopia, tem-se aí um retorno do medievo católico que condenava "a usura", ou seja, toda acumulação da riqueza (o que não impediu a Igreja de enriquecer). A propriedade privada, de latifúndios e empresas, sendo legal, torna legítimo (e até bom) espoliar a mão-de-obra alheia, desde que o salário combinado seja pago. O justo é, então, o ajustado. Se o jurídico é contrário a toda ética rigorosa, então a questão é mais complexa que a caricatura apresentada por Amado. A literatura falha porque falta raciocínio. A forma é frágil porque o conteúdo é fraco. Isso não se justifica em termos de "romance didático", pois, ao ensinar-se mal, mais se prejudica do que se ajuda. Se a situação do país é ruim, ela não se resolve com documentos de denúncia que não conseguem ir a fundo nas questões que propõem. Se tudo fosse redutível à ação de um grupo de canalhas, seria fácil enfrentar o problema: a prisão e a execução dele resolveria tudo. Enfrentar mal os problemas por erros teóricos é o início de novos problemas práticos. A teoria é prática, embora muita teorização também seja feita para dar continuidade à prática ruim. O aprofundamento filosófico e literário não resolve, por si, as questões práticas do país. Como quer que se faça, ou não se faça, errado se faz.

A demonização da vítima

O personagem "Ruivo" (como se a cor do cabelo fosse bandeira política) é um representante do estalinismo, apesar do seu dizer inicial:

> Todo mundo erra, é verdade, continuou. Mas alguém que erra sempre, que é alertado sobre seu erro e persiste nele, apesar de tudo, faz o jogo do inimigo, consciente ou inconscientemente. A burguesia, Mariana, na sua luta para sobreviver, emprega contra nós todos os métodos de luta, desde o terror até os mais sutis, como o da infiltração de inimigos em nosso meio. Mais difícil era pensar que Trotsky era um agente do inimigo e hoje, quem duvida? E toda essa turma dos processos de Moscou? Eram velhos membros do Partido bolchevique, não eram? No entanto, foram desmascarados como agentes do inimigo. O inimigo não se

contenta com nos cercar. Ele procura também nos atacar de dentro. É o que Saquila faz em São Paulo. Ele e seu grupo...[5]

Esse "Ruivo" não diria em público, no entanto, que Stálin ou Prestes teriam errado em ações básicas. O poder usa as táticas do leão e da raposa, combinando-as conforme lhe for conveniente. Isso não foi invenção e nem é monopólio da "burguesia". O inferno está cheio de boas intenções, em especial das que são proclamadas para mascarar a maldade. Crimes públicos são endossados na fala desse personagem, por mais que ele jure estar bem-intencionado. É um "dedo-duro" de esquerda, tão mau quanto o de direita: a defesa do acusado não existe ou é reduzida a uma farsa. Se, por um lado, é preciso coragem para denunciar erros e maldades, isso pode, por outro, tornar-se malévola prepotência. Se Deus tudo perdoa, ele é injusto, já que nem os crimes seriam punidos. Nesse sentido, apenas o diabo é justo, mas, como não se quer a punição, ele é demonizado principalmente por aqueles que mais merecem punições. O autor não aprofunda o substrato teológico de sua "reportagem".

A trilogia de Jorge Amado não questiona assertivas como as de Ruivo: antes as endossa que critica. Ainda que não se endossem as posturas reacionárias, era ingênuo, já então, reduzir Trótski a mero "agente do inimigo" ou acreditar no teatro encenado nos processos de Moscou. Ao dividir o mundo em fiéis e infiéis, sendo piores os "inimigos infiltrados", não se ultrapassa o cristianismo. Daí se pode acusar qualquer adversário de ser um agente externo. Já não há mais espaço para o raciocínio: a crença antiga determina as estruturas fundantes. Quando se acusa de ser agente infiltrado todo aquele que discorda, não se pode mais confiar em ninguém: a suspeita torna-se universal; o estado de paranóia, defesa necessária. A fraternidade acaba postergada para a futura "sociedade comunista". Daí também não pode mais haver partido. Surge também o agente duplo como oxímoron encapado, coroamento desse sistema: a tanto não chega, porém, a elaboração um tanto "amadora" do profissional Amado.

A partir de dados objetivos, filtram-se deduções falsas e errôneas. No esquema da paranóia, dados do real são reinterpretados segundo necessidades internas, as quais não são afloradas em sua natureza,

---

[5] *Idem, ibidem*, v. I, p. 245.

mas constituem um sistema lógico fechado que parece objetivo e coerente. O cânone literário brasileiro é uma longa paranóia, na qual os brasileiros são induzidos a acreditar por meio da exegese canônica e do sistema escolar. A função do pensador, do artista ou do psicanalista não é, porém, ficar preso à lógica interna de um sistema e aceitar as suas malversações como se fossem a instância última da verdade. Ele não pode abanar o rabo de contente ao ouvir a genial terceira margem do rio: tem de mergulhar mais fundo, em meio à lama obscura da história. Se não, apenas reitera e sustenta a loucura, ainda que ela impere como ciência e arte nos manuais e nas escolas. Ao aderir, torna-se comparsa da maldade consagrada. Mesmo que ostente as melhores intenções, faz parte de um sistema cuja máscara já caiu e que não tem mais nada a dizer, embora continue reinando. A fantasia gnoseológica encenada como fato não é a totalidade, tem brechas por todos os cantos, nas quais a miséria humana fica gritando por socorro, mesmo que abafada e anestesiada pelos comparsas do *establishment*.

O fascista pretendia estar servindo à pátria, ao progresso, ao povo; o comunista, a uma classe, ao futuro da humanidade, à justiça histórica. Cada um suplementava o outro: eram, mesmo a contragosto, um tanto parecidos. Jorge Amado teve uma fase política em sua produção e, mais tarde, deu o salto dialético da pipoca, e abandonou a linha estalinista. Ao cultivar a visão européia do exótico tropical, levou adiante os padrões que marcam a formação do cânone brasileiro, fez sucesso comercial, pois reiterava normas estéticas vigentes no público. O que ele havia escrito permaneceu, porém, como estava. De uma fase para a outra, houve apenas mudança de erro, mas garantiu sempre o apoio de instituições. Se o autor não abre espaço para a fala do outro, daquele que não representa a sua perspectiva dentro do romance, tende a prejudicar a sua obra, na medida em que não permite a ampliação de horizontes. A obra, que não seja índice de algo maior que ela, acaba sendo rala, rasa e rasteira: documento histórico, relato jornalístico, mas não arte.

A falta de tolerância pode apresentar-se sob a perspectiva da possibilidade de reconhecer o erro. Pode-se querer justificar o injustificável, estetizar o não-estetizável. Por outro lado, a alternativa primeira é a indiferença ao febeapá, o festival de besteira, o que obriga, no entanto, a fazer uma exílio interno ou a viver fora do país, onde outras circunstâncias obrigarão a decisões ainda mais difíceis. Uma coisa é a intenção do autor, que provoca, pela fala do personagem, uma adesão do leitor; outra, antitética, é querer uma rejeição de suas posições. Tanto em um caso como no outro, o leitor não é obrigado a seguir a intenção do autor (embora a exegese atue quase toda apenas nesse sentido). O leitor pode inverter a intencionalidade autoral e conseguir, assim, penetrar mais fundo no texto. Isso significa ler a obra a contrapelo, reconstituí-la segundo novos parâmetros, por meio dos quais se vai além do horizonte que a constituiu. O autor responde pelo que escreveu, mas ele não é a última instância de consciência e julgamento: importa mais o que o leitor faz a partir do texto. Ler "contra a tradição" torna-se o modo mais exato de ler: a traição alcança maior fidelidade. O leitor não pode culpar o autor por querer induzi-lo a errar, pois tem de assumir a sua própria responsabilidade até por se deixar engambelar, por não saber ir além do horizonte proposto pela obra. Só quem violenta esses limites consegue perceber a extensão da obra.

Se um Jorge Amado, à época que escreveu a trilogia, acreditava que os trotskistas e os acusados dos processos de Moscou eram agentes infiltrados da burguesia, sem perceber aí conflitos internos do Partido, o qual impunha uma linha ditatorial e centralizadora que conseguiu, a médio prazo, acabar com o próprio Partido e com o socialismo de Estado, o erro político, mesmo que recheado de boas intenções, deixou seqüelas similares às do autoritarismo de direita, ainda que pretendesse ser sua antítese. Por isso, o excluído é o espelho involuntário, no qual a oligarquia não quer se mirar. O autor engajado julga reunir o belo com o bom e o justo quando se apresenta bélico. Ora, ele pode fazer o jogo do inimigo quando não percebe o mais importante e dá todo destaque ao secundário. Ele tende a ser tanto mais parcial quanto mais verdadeiro pretende ser. A dúvida é banida não só porque parece fraqueza, mas porque pode apontar fraquezas de quem a bane. Onde o autor vê a força de seu texto, reside sua maior fraqueza; onde vê o perigo de enfraquecer o postulado, desperdiça a chance de fortalecer a ficção. Ao querer dizer tudo, obriga o leitor a preencher lacunas: a assertiva monológica provoca o surgimento de uma resposta que quebra a sua intenção. Bakhtine não percebeu isso, pois achava que a estrutura interna da obra se torna, por si, a estrutura da leitura.

A opinião de uma pessoa ou de um grupo, quando parece interpretação definitiva dos "fatos", não pretende ser só uma interpretação, e sim a própria realidade. Obnubila, assim, a sua chance de ir além de si mesma e de superar a limitação inerente a qualquer posição. O dogmatismo reforça-se ao pretender ser a encarnação da justiça. O erro pode basear-se no acerto (Sócrates estava certo ao criticar o geocentrismo, mas errava ao crer no heliocentrismo). Se uma minoria vive no luxo, à custa da miséria da maioria, aqueles que querem alterar essa estrutura tendem a ficar tanto mais míopes quanto mais justamente indignados. Há uma falácia no protesto: não adianta explicar a calhordas o que eles são, pois sempre sabem alegar boas razões para seus atos. Os prejudicados dificilmente têm chances de dar uma resposta à altura: tendem a ser ainda mais prejudicados enquanto procuram justiça.

Consenso em um grupo não é garantia de correção e justiça: pode ser um erro coletivo. A verdade pode ser usada para mentir melhor. Quando um grupo político, que tem consciência de enormes problemas sociais e da vontade da oligarquia em não resolvê-los, radicaliza, tende a tornar violenta a perseguição movida contra ele. Rompe, assim, a paz aparente, que é opressão de fato. A consciência da repressão interioriza-se no grupo, tornando-se padrão de pensamento e ação. Quando há militantes presos, torturados até a loucura e a morte, a discordância logo se torna "dissidência", não se tolera a diferença. Como é mais difícil enfrentar o inimigo e, mais fácil, o aliado fraco, o dissidente é responsabilizado pelas perdas, num processo de antropofagia grupal. Assim, ao ferir-se na própria carne, o grupo tende ao suicídio a pretexto de extirpar cancros e limpar feridas. Relatos de sofrimentos tornam-se uma justificação do dogmatismo e da falta de diferenciação das contradições. As vítimas são criminalizadas para que criminosos melhor apareçam como homens de bem. É uma lógica perversa que reproduz, em si, a do sistema em que vive, ainda que propale a vontade de romper com ele.

Jorge Amado – tomado aqui como sintoma de uma linhagem ampla da "esquerda" – procurava opor-se à lógica de que o homem de bem é o homem de bens. Tão fácil quanto supor que todo rico é um ladrão seria cair na crença cristã e budista de que pobreza é virtude. Nem pobre gosta de pobreza. Acreditar que os proletários seriam a redenção da história é uma variante de postulados bíblicos: "os últimos serão os primeiros"; "bem-aventurados os pobres de espírito, porque deles é o reino dos céus"; "vinde a mim os que têm fome e sede de justiça"; "deixai vir a mim os pequeninos; "é mais fácil um "camelo" passar pelo buraco de uma agulha do que um rico entrar no reino dos céus", etc. O comunista não discutia, porém, os pressupostos teológicos contidos no materialismo dialético: permanecia preso a uma noção de moral e justiça que não via seus pressupostos e suas limitações. Rezava por um catecismo que ele aparentava negar. Não percebia o inimigo em si. Precisava da perseguição para cumprir o seu ideal de mártir. Era católico, não marxista.

Ruivo é o bem, o justo, enquanto Shopel é o mal, a perversão: são "suplementares", mas à maneira das antinomias, em que cada um só se apresenta como avesso do outro, sem tomar, contudo, conhecimento do outro em si próprio. É uma lógica de exclusão, complemento necessário do imperialismo da identidade. Nela, só duas alternativas – definidas de modo parco e definitivo – entram em jogo: *tertium non datur*. A pretexto da historicidade, destrói-se a história. A obra é reduzida a documento de um momento: ela vale só como testemunho punctual. A literatura é reduzida a jornalismo rasteiro; e a "arte", a mímese como cópia de algo que pretende ser a realidade, mas que é inventado segundo presunções indiscutidas e que acaba sendo imposto como se fosse fato. O autor reconstrói reuniões dos comunistas, conversas em gabinetes do poder, prisões da ditadura, negociatas de capitalistas estrangeiros e oportunistas locais, pretendendo, assim, delinear o perfil político do país, mostrar o substancial. Confunde a "crônica da corte" com a história social. A vocação do comunista é ser colunista social, ainda que pelo avesso. Não se perde aí, portanto, um escritor para ganhar um autor. Perde-se em literatura o que se ganha em engajamento.

O resultado é precário. Resta saber por que ainda lutar como se o mundo existisse para se tornar literatura e a esperança fosse possível. O mundo nunca foi fácil, mas torna-se mais difícil quando é reduzido ao espaço da "pátria", algo tão entranhado que jamais é questionado: fora dela, tudo é exílio. Torna-se preferível o inferno a nada ter após a morte. Embora a trilogia tenha sido escrita fora do Brasil, está presa à síndrome do exilado: pensamento fixo no país, não o questiona como tal, e sim apenas um governo, que se torna culpado de tudo (e não a expressão do todo). Se a fidelidade dá força ao empenho, o gesto de escrever denunciando, como mártir, é uma fonte da fraqueza romanesca. Perspectivas e vivências que transcendam o horizonte da disputa governamental na pátria são descartadas de antemão, como se jamais tivessem existido. Assim não se percebe a limitação do próprio enfoque.

O enfoque do exilado tende a destacar o lado leão na ação governamental, e reduz o lado raposa a pequenas espertezas privadas. Daí não se percebe a leonina raposa que estrutura todo o sistema do país, inclusive sua cultura e sua interpretação da história. Em decorrência disso, parece absoluto o que é apenas relativo. Como o singular não consegue ser visto como representativo de tendências mais genéricas, existenciais, frustra-se o artístico. Este não se recupera sequer pela insistência da história nacional no sentido de recair em ditaduras e cometer os mesmos erros. A maldade na ação do governo foi tratada mais radicalmente, por exemplo, por Sófocles, que se perguntou como um "filho da mãe" podia ser governante, e por Shakespeare, que, no *Ricardo III*, mostrou o poder como demoníaco e sedutor ao mesmo tempo.

O Estado Novo teve apoio da maior parte da intelectualidade brasileira. Não foi propriamente um estado de exceção, mas um período em que a regra geral se manifestou de modo mais claro. Da perspectiva dos pobres e oprimidos de todos os tempos, pode ser visto como uma síntese representativa da história brasileira, tão marcada pela intolerância, opressão, destruição. Embora muitos brasileiros sejam cordiais (como também existem muitas pessoas cordiais em outras nacionalidades), a auto-imagem do brasileiro como homem cordial é narcisismo e ocultamento da violência: a pretensão de ter o monopólio da cordialidade redunda em hipocrisia, engodo e cinismo.

A trilogia *Os subterrâneos da liberdade*, ao reverter a imagem romântica do país como terra do amor e da liberdade, explicita que gostaria que o país fosse como a imagem idealizada diz que ele é. A obra é escrita para que essa fantasia se concretize (ainda que no futuro), mas é incapaz de questioná-la como fantasia. Gostaria de desmentir os fatos, que ela tem o mérito de espelhar. Sua solução é dar o poder ao Partido, o qual, já para se manter no poder, mas principalmente por vocação estrutural da nacionalidade, iria dar continuidade à violência. Na imagem idealizada, se existem palmeiras e sabiás, estes cantam apenas para alegrar os homens, e não como um desafio e uma declaração de posse. Beber água de coco ouvindo o sabiá já é todo o paraíso que essa pobre fantasia consegue delinear.

Ao encobrir mais do que descobrir, a ficção torna-se mentira. A literatura só se justifica, porém, quando permite captar e dizer coisas que o conceito não conseguiria abranger. O que é contado na trilogia poderia estar substancialmente em um ensaio político, em um relato jornalístico, em um livro de memórias. Na trilogia, aparece uma elite brasileira alternativa, representada na figura do arquiteto "Marcos de Souza" como se esse servidor da elite fosse absoluta antítese à oligarquia tradicional.[6] A "luta de classes" reduz-se, destarte, a briguinhas entre intelectuais – rancores, picuinhas, difamações, perseguições – como se a razão não surgisse além disso. O *roman à clef* em o defeito de se reduzir a julgar pessoas e atos singulares em vez de julgar tipos de comportamento e de personalidade. Ele, em geral, morre com seus modelos.

Miséria e misericórdia

O autor pretende claramente a luta de classes, e induz o leitor a simpatizar com os pobre e oprimidos:

> Carlos viu as plantações imensas de café e as pastagens a perder de vista, onde o gado preguiçoso engordava. Mas viu também as choças imundas dos trabalhadores, os homens esqueléticos, as crianças exercendo misteres de adultos, as barrigas empanzinadas, o rosto pálido, viu as mulheres envelhecidas aos 30 anos de idade, aquela humanidade sem nenhum direito. Ouviu o fazendeiro gritar-lhes nomes, tratá-los como a escravos. E as palavras do Ruivo sobre a necessidade de trabalhar com os camponeses, no

---

[6] *Idem, ibidem,* v. I, p. 250-251.

informe pronunciado na última reunião da regional, voltavam-lhe à memória. Sim, era urgente ganhar essa massa, despertar-lhe a consciência política, construir a sua aliança com o proletariado.[7]

Se o gado fosse apenas preguiçoso, não engordaria. Pastar, remoer e digerir são atividades. O fazendeiro cuida do animal para matá-lo: Amado passa ao largo desse topos, já tratado no final das *Metamorfoses* por Ovídio. É inadequado dizer ter ouvido o fazendeiro "gritar-lhes nomes". A postura comunista de que "era urgente ganhar essa massa" contém em si o princípio oligárquico, o qual menospreza aqueles que ele aparenta defender. É tão simples a descrição desse mundo: os pobres são pobres porque os ricos são maus. Mais longe não vai essa "dialética amadora". Tudo se resolveria, nessa ótica, tirando a terra do fazendeiro e dando-a aos camponeses. Eliminados os demônios, imperariam os anjos (desde que comandados por alguns bons arcarjos comunistas). O autor parece a própria trombeta de Jericó, a abrir as portas do paraíso, para a invasão e a tomada de terras de outras gentes.

O fazendeiro *é* horrível, pois trata os peões como escravos, mas estes não têm responsabilidade alguma pelo que lhes acontece: são apenas vítimas que precisam ser salvas... Por isso, formulações como "ganhar essa massa", "despertar a consciência política" e "aliança com o proletariado" pretendiam exaltar, e não arrepiar as consciências críticas. Ao tratar camponeses como "massa", o sujeito autodenomine-se "elite", "missionário", "dono da verdade", e supõe que só ele tem a consciência correta e sabe o caminho da história justa. A "aliança" com o "proletariado rural" só se pode tornar, então, um processo de doutrinação e dominação, mas feito em nome de uma classe, considerada esta como um sujeito único, com procuração passada para um grupo de iluminados falar e agir em nome dela.

Não se trata de negar que exista prepotência de latifundiário, crianças trabalhando em vez de estar na escola, pessoas doentes e mal nutridas, falta de consciência e organização política. Não se trata, também, de dizer que nada deva ser feito e/ou denunciado. O cânone, a seu modo, sempre quis "salvar a pátria": ele é engajado mas à direita. Quando alguém julga ser o único dono da solução, sua "atitude

---

[7] *Idem, ibidem*, v. I, p. 316.

missionária" leva-o a crer que deve impor a solução aos outros e a convicção se torna coação: repete o autoritarismo oligárquico e o império da identidade metafísica. Nesse sentido, a trilogia poderia participar do cânone. Ela repete o esquema católico dominante, como variante da postura do "platonismo", representada numa caricatura exemplar no mito da caverna, no livro VII, da *República* de Platão.

Porém, como Platão já observou, querer convencer os outros da "verdade" pode ser um perigo, pois as pessoas não querem ser perturbadas em sua veneração das sombras e nem contemplar o que o outro considera ser a verdade. Para Sócrates, esta se definia no heliocentrismo. O "filósofo" precisa impor a "verdade" aos outros, quer eles queiram ou não. É o que fizeram os missionários cristãos e os povos conquistadores e colonizadores. O martírio como reação dos "ímpios" serve para convencer ainda mais os companheiros do mártir de que só eles estão certos. Quanto maior a tortura, mais se reforça a fé. O sofrimento torna-se, então, provada correção da crença. Se o mártir é um malfeitor para aquele que lhe facilita o acesso ao céu, canalhas de hoje podem ser heróis amanhã, conforme gire a roda da fortuna.

As diversas incoerências existentes na alegoria da caverna são um índice do caráter irônico da proposição. No livro X da *República*, Platão desfaz a pretensão do "realismo absoluto do mundo das idéias" quando Sócrates diz a Glauco que ele também pode recriar o mundo a partir do nada, bastando que saia pelos campos com um espelho, dentro do qual ele poderia fazer tudo ressurgir, até a si mesmo. Aí se ridiculariza a concepção de que é possível criar o mundo a partir do nada e as idéias aparecem como mero reflexo das coisas reais. Se a Igreja não leu que as "idéias" são ficções, também não o leu a militância comunista. Se os comunistas tivessem assumido o poder no país, obras como *Os subterrâneos da liberdade*, *A locomotiva* e *Memórias do cárcere* teriam se tornado obrigatórias nas escolas como literatura de primeira água. Quem ensina literatura costuma não saber o que é boa literatura.

Se o impulso revolucionário pretensamente materialista, ateu e antimetafísico não consegue perceber seus fundamentos teológicos, ele fica tão preso ao que combate quanto a religião que aparece como sua antítese. O denominador comum preexiste a ambos. Socialismo e marxismo surgiram da doutrina judaico-cristã, e esta se transpôs para o interior deles, com outros nomes ou sem nome algum, sem que tais fundamentos tivessem sido questionados. Como já se viu, a concepção de igualdade baseia-se na de que todos são filhos de Deus; a de revolução, na promessa de redenção; a de comunismo, na de paraíso; a de fraternidade, na de que o Messias irmanou todos os homens, etc. Já em 1881, Nietzsche zombava a respeito:

> Onde quer que se venere, se fique maravilhado, se formulem votos, se tema, se tenham esperanças, se façam adivinhações, ainda está enfiado o Deus, que nós havíamos afirmado estar morto – ele se insinua por toda parte e só não quer ser reconhecido e denominado por seu nome. Ou seja, ele *se apaga* aí feito a sombra de Buda na caverna –, mas *continua vivendo* sob as condições mais estranhas e novas, pois *já não se crê mais nele*. Ele se transformou, entrementes, em espectro! Com certeza![8]

Um escritor precisa estar no topo da consciência do seu tempo. Se ele ainda está preso a concepções ultrapassadas e não consegue discernir suas limitações, ele nada tem a dizer. Pode ter até sucesso de público, ser importante para o desenvolvimento da consciência popular, mas não é arte o que ele produz. Explicitar pressupostos é parte do processo de sair deles. Assim, o perfil do cânone só pode ser delineado por quem não acredita nele e duvida que ele consista em uma seleção só por qualidade artística. Isso não significa que o materialismo dialético esteja esgotado: estão ultrapassadas versões partidárias estreitas. De modo exemplificativo, a trilogia de Jorge Amado perde-se em uma vertente limitada, sem que esteja superada a sua problemática subterrânea (que ela não soube expor, pois nem sequer soube discerni-la). Vale, porém, rediscuti-la, quando não se quer que se repita a sua negatividade. Seria preciso chegar aos subterrâneos de *Os subterrâneos da liberdade* para alcançar a liberdade da arte.

Na trilogia, os "capitalistas americanos" são reduzidos a aproveitadores e inimigos, sendo simplesmente imorais os "colaboracionistas brasileiros". Não se questiona, por exemplo, a história e a legitimidade da posse territorial. Sem nem ao menos pôr

---

[8] Friedrich Nietzsche, *Sämtliche Werke – Kritische Studienausgabe*, Band 9, p. 626.

em questão a história pretérita (pelo contrário, endossando-a como simples fato), é condenada a história presente, em nome de um porvir que jamais viria a ser. Desvalida-se o ser em nome do nada, enquanto se acredita que um quase-nada é tudo, sem saber o que se está fazendo. A validade literária não se resolveria sequer com a concretização política – não ocorrida no Brasil – das teses postuladas pelo comunismo. A sua estreiteza torna-se, porém, um efetivo problema literário no texto que envelheceu mais rápido que o próprio autor. O modelo político, de fechar as fronteiras numa cortina de ferro, vem sendo praticado pelo ensino pátrio: e deu no que deu, ainda que não se queira perceber as seqüelas.

Fechar grandemente as fronteiras e procurar um desenvolvimento interno foi tentado nos países comunistas europeus. Conforme se sabe, ela malogrou diante do mundo globalizado. Muitos recursos foram gastos inutilmente em pesquisas atrasadas, mais ainda em armamentos, exércitos e espionagens inúteis. Aos cidadãos tornou-se intolerável a restrição, pelo Estado, do direito de ir e vir. A igualdade foi entendida como igualação geral, inclusive do diferente. Quando os salários são iguais, cada um tende a não só trabalhar o mínimo possível, como também a fingir que faz o máximo.

O mesmo ocorria com os preços no socialismo real. O Estado fazia uma divisão entre artigos considerados de primeira necessidade e artigos de luxo, mas segundo critérios já ultrapassados pelo desenvolvimento mundial. Os primeiros (inclusive a cerveja) passavam a ser vendidos por um preço menor do que os custos de produção, enquanto os outros (inclusive a televisão) eram elevados para compensar o rombo (e acabavam sendo caros demais, especialmente quando se podia compará-los com os produtos do capitalismo próximo). Essa ideologização dos preços ocorreu na Europa sob o regime comunista. Nenhum preço, então, estava certo. Todos estavam em desacordo com os custos de produção (como sempre também estão os preços no capitalismo, já que consumidor e operário precisam repassar o máximo de mais-valia possível ao proprietário dos meios de produção). A sociedade toda se torna falsa (como o capitalismo também tem na falsidade a sua essência). As relações pessoais tornam-se falsas, fato que é ampliado pelo cancro da espionagem interna, o qual retira a confiabilidade entre as pessoas.

Passados os primeiros anos de entusiasmo revolucionário, tudo isso acaba por gerar um atraso geral e uma falsidade tão grande quanto a da publicidade capitalista. Com tecnologia ultrapassada, falta de produtividade e falência axiológica, tal "socialismo" quebra por dentro. Essa é a utopia pela qual querem matar e morrer os heróis de Amado sem o menor senso crítico. A proposta de fechar as fronteiras do país vem sendo seguida pelo cânone brasileiro, e não tem conseguido gerar grandes obras. É um sistema falido por natureza, ainda que tudo sufoque e domine dentro do país. A crença que a trilogia procura transmitir é a de que o "amor à pátria", o "espírito de sacrifício" e a "vontade de construir o futuro" bastam para que todos tratem de dar o máximo de si para construir o bem comum, é uma crença que a extrema direita também poderia subscrever. De fato apenas pequena minoria a cumpre, e por pouco tempo.

Em meio século de socialismo real, não se garantiu nele que a grande maioria das pessoas se tornasse melhor, mesmo no sentido de fazer com que estivessem dispostas a trabalhar sobretudo pelo bem coletivo (e não usar o coletivo para o interesse privado). A população não mantém, muitos anos a fio, o impulso de trabalhar generosamente pelo bem comum: cada vez mais gente, em especial quem tem mais chance de se aproveitar, ou seja, o dirigente, trata de obter o máximo para si com o mínimo de esforço (à custa do esforço alheio). Um autor, ainda que não possa prever o futuro, deve enxergar alguns problemas básicos do sistema que prega (e que, no caso de Jorge Amado, não ia muito além da criação de algumas empresas estatais). Se não, vitima a sua obra com as suas convicções inconsistentes. O que lhe daria mais força – abrir espaço para o embate de posições antitéticas – é o que o enfraquece, pois ele mesmo não está aberto à dialética dos fatos, ainda que se apresente como marxista e comunista.

O drama dos fatores antitéticos precisa ser estendido além de cada um deles, estendendo cada um além de si mesmo, já a partir da consciência de que ele sempre é demasiado parecido com o seu inimigo. Ele torna-se, então, adversário de si próprio, ainda que não o queira. Os antitéticos não se tornam idênticos, mas parecidos: um não pode se livrar simplesmente do outro e nem pode ser usado apenas para negar o outro (já que, ao negá-lo, afirma-o mais uma vez).

Perseguidor e perseguido, torturador e torturado, fascista e comunista, fazendeiro e peão, capitalista e operário, oligarca reacionário e líder proletário – constituem unidades de contrários polarizados, fato que não se reduz a estarem no mesmo espaço, confrontando-se em uma situação, definindo-se cada um pelo avesso do outro. A identidade de cada um está em seu outro, no diferente que é seu inimigo.

Essa é uma forma de tirania que sufoca o fato polarizado mais que uma espinha de peixe na garganta. Isso leva a buscar a superação dessa constelação, pois corre o risco de ser transformado de tal modo que já não possa mais reconhecer a si mesmo. Cada um quer aniquilar o seu outro. Quando o consegue, aniquila a si próprio enquanto outro. Precisa buscar, então, uma nova identidade (por exemplo, o governo precisa ser passado às mãos de um novo grupo da mesma classe, com concepções mais "modernas"). A percepção dessa identidade determinada pelo inimigo pode levar à auto-reformulação mediante a superação dos fundamentos comuns. O oprimido pode querer, por exemplo, emigrar ou tornar-se melhor que o opressor, em vez de apenas internalizar a opressão e ser a eterna vítima. O texto engajado deveria servir para a percepção disso. Ele emperra, porém, no espaço da negação predeterminada. Apenas a arte, a filosofia e a ação concreta libertam.

Na perspectiva dos militantes, os intelectuais têm o defeito de quererem, para qualquer ação mínima, discutir todo o pensamento ocidental desde Adão e Eva, caindo, assim, na inação e, portanto, no conformismo. O problema é, porém, que essa discussão não é suficientemente aprofundada, o que gera seqüelas práticas graves. O ativismo é uma forma de dogmatismo que teme discutir os seus pressupostos, especialmente na medida em que desconfia de sua fragilidade. No plano prático, o ativismo desenfreado leva a ações contraproducentes. É melhor "perder tempo", debatendo, do que apressar erros. A discussão não é por si, no entanto, garantia de acerto teórico e nem de ação correta.

Os personagens da trilogia dividem-se entre estóicos da esquerda e epicuristas da direita, sem que o temor e tremor de ambos ante a morte sejam debatidos. Uns querem usufruir ao máximo a vida, mesmo à custa da pátria e dos outros; outros não consideram a vida o valor fundamental, e sim o que dela se faz. Não param, portanto, para pensar. Embora mergulhados em questões filosóficas, não estão dispostos – ao contrário do que acontece em Dostoiévski, Tolstói ou Thomas Mann – a questionar os fundamentos da ação e da existência. São ingênuos. A rigor, não querem que se pense, mas apenas que se pense como eles "pensam". Qualquer tentativa de pensar adiante – mesmo como terceira ou quarta linha política (armandismo, trotskismo), fora da opção entre fascismo e "comunismo" como únicas alternativas da burguesia e do proletariado – é posta logo de lado como dissidência, engodo, falta de perspectiva e inconsciência política. Nada existe fora do que se quer que exista. É uma forma de idealismo sob a máscara de materialismo.

Em nome do marxismo, há uma anulação da dialética e uma desmaterialização da sociedade; em nome de categorias *a priori*, incapazes de apreender nuances, descarta-se a multiplicidade de fatores atuantes numa situação; em nome da história, oculta-se a possibilidade de atos transformarem-se no contrário do intencionado. A dialética dos fatos é, porém, mais forte que as intenções. O tom peremptório e autoritário, de quem acha que possui um princípio universal de explicação, acaba por repetir a postura oligárquica e, ao tornar-se orientação didática, reduz o texto à doutrinação, e deixa de ser um depoimento confiável de uma época. A obra falha no que poderia ser sua salvação: o caráter documental. Isso não significa que o testemunho seja intencionalmente falso. O painel, ao ser parcial, induz a conclusões errôneas. Embora se discuta bastante na trilogia, ela não é espaço para debate. A sua "dialética" é predeterminada. Ao evitar a má-infinitude de querer considerar todos os fatores, desconsidera "variáveis" fundamentais.

O horizonte dos problemas em debate não esgota suas alternativas básicas com agrupamentos como "armandistas" e "dissidentes de Saquila". Se Jorge Amado tivesse tentado "documentar" menos e se disposto a ficcionalizar mais, o resultado teria sido melhor. Poderia "testemunhar" outras alternativas. Isso estava, porém, descartado por seus pressupostos. Ele é um prisioneiro de si mesmo. Quanto mais preso, mais esperneia e menos acha saída. O autor é um lutador: tudo se reduz a seu campo de batalha. A "ideologia revolucionária" restringe a visão, prejudicando a ficção. A opção partidária torna parcial o proposto. Isso que se escancara à esquerda costuma ocorrer à direita e está institucionalizado no cânone, ainda que a exegese vigente não o perceba nem permita que se diga. Sem querer, a trilogia presta um serviço, e reproduz à contracorrente o que prepondera no cânone. Explicita, às avessas, o que está implícito no cânone e no gesto semântico que o organiza. Os mestres do cânone são ideólogos da direita conservadora e reacionária, mesmo que votem em partidos ditos de esquerda. Ideologia atrapalha a arte. Esta começa onde aquela acaba.

Todo sistema gera o seu anti-sistema. Este não consegue, em geral, sair do âmbito do que ele nega, mas já é um passo adiante, pois permite reconhecer a limitação do vigente. Ele é prisioneiro da dominante. Fica debatendo-se contra suas grades, como se a dominante fosse toda a esperança. É como a pantera enjaulada, de Rilke, a qual fica andando para lá e para cá, vendo o além, o espaço de liberdade que não lhe é dado percorrer. No máximo uma porta se abre para que ela vá até as grades do picadeiro, onde exibirá a sua humilhação diante do público. Sonho de um além, a utopia é gerada a partir de contextos apocalípticos, como redenção pela fantasia, feito um Barão de Münchhausen a arrancar-se da lama puxando-se pelos cabelos. A grande obra consegue, todavia, elaborar essa contradição, pela qual aponta para além de si mesma; a trivial sufoca alternativas e emperra em uma versão fechada e regressiva. Todo partidarismo perturba a arte, ainda que pretexte cultivá-la.

O voluntarismo procura evitar o autoquestionamento, e insiste no desespero da situação e na premência de chegar à utopia. Na prática, ele consolida uma tragicomédia entre a tragédia de estar entalado, cheio de razão, sem conseguir sair da impotência, e a comédia dos próprios erros somados à gozação do inimigo que se regozija com o seu desespero. Quando, apesar da recôndita identidade com o inimigo, há barreiras intransponíveis para colocar-se na posição do outro, vendo os fatos de sua perspectiva (o que o político logo veria como "traição" aos ideais e ao partido), não se consegue superar o drama político mediante o riso, e tudo acaba se tornando um melodrama, no qual o partido, como príncipe, busca a princesa, a utopia, prisioneira da burguesia e vigiada pelo dragão da polícia secreta. A trilogia tematiza questões que a tradição literária vem operando há milênios, mas como se eles existissem pela primeira vez. Centrada na história, perde a historicidade. A incultura prejudica o autor. Ao não incorporar a tradição literária, a obra torna-se superficial e supérflua, mas tudo se passa como se apenas a "burguesia" a condenasse ao silêncio e à noite. Convém supor que o inferno são os outros.

A ordem perversa

Barros (talvez máscara de Filinto Müller), delegado responsável pelo DOPS, encarregado da espionagem e da repressão política, declara:

> É preciso mostrar a essa canalha que não estamos mais num regime liberal... Agora é o Estado Novo, é obedecer ou levar porrada. Não aja com meias-medidas... É preciso cortar a cabeça dos comunistas de uma vez. E eu vou cortá-la. Tenho carta branca, não tenho medo de nada. Se for preciso atirar, atire. Vou lhe mandar mais gente.[9]

Aí não apenas se evidencia por que essa obra foi perseguida durante a ditadura militar pós-1964, que se via aí espelhada e continuou tendo em Filinto Müller uma eminência parda. O comunista no poder talvez fizesse o mesmo. E não só ele, mas também um fundamen-talista, um membro da Opus Dei, etc. Cada um pensaria estar a fazer o melhor, mesmo ao fazer o pior. E isso, que se passa no nível público, ocorre também nos lares e nas escolas, ainda que em outros termos. O sacramento da confissão católica faz de conta que pode apagar os pecados com um pequeno tributo a Deus e à Igreja. Os católicos acabam acreditando no "perdão" como apagamento das dívidas. Essa é uma ideologia que convém à oligarquia, até mesmo para não pagar impostos. Os agentes do mal costumam permanecer impunes. Para fazer justiça plena, é preciso, porém, cometer injustiças. Nada fazer é tão incorreto quanto querer corrigir tudo, mas a virtude também não está no meio.

---

[9] Jorge Amado, *op. cit.*, v. II, p. 36.

Há um episódio em que a negra Inácia é espancada pela polícia na rua, o que resulta em costelas quebradas e espinha fraturada.[10] Levada a um hospital por mãos piedosas, acaba morrendo. Assim, em meio às piores demonstrações de crueldade, perfídia e prepotência aparecem gestos inesperados de solidariedade, porém não se estuda como a bondade pode surgir independentemente das filiações partidárias. Nos capítulos X, XI e XII do terceiro volume, relata-se a tortura sofrida por Josefa no DOPS, em que usam até a filha pequena da vítima para forçá-la a confessar. Para que tais episódios nunca mais ocorressem e o país se civilizasse, seria conveniente inserir trechos assim nos manuais escolares. Isso não aconteceu entre 1945 e 1964, como continua não ocorrendo. Por seu colaboracionismo de direita, os professores de literatura tornam-se corresponsáveis pelo retorno da repressão, ainda que não o reconheçam. Tais trechos são olvidados, pois provocariam outras questões, como as homenagens públicas a criminosos entronizados no poder.

Episódios terríveis de prisão, espancamento, assassinato de líderes operários são relatados. Não eram mera ficção. E não estão incluídos no cânone. Seria melhor o país se o fossem, e seria melhor o país se fossem lembrados. Como não são, indiciam o enterro da esperança. São a antítese do país como terra da promissão, do brasileiro como homem cordial. Por isso, não entram no cânone, são olvidados e escamoteados. A pesquisa sobre tais assuntos não é fomentada. Professores foram perseguidos por professores, e a estes últimos nada aconteceu. Quem quis insistir em tais tópicos foi perseguido, até eliminado do ensino. Quem usou a denúncia e a tortura para obter privilégios não teve de assumir responsabilidades: nem após 1945 nem após 1985 e, com cara-de-pau, ainda desfila pelos corredores (incluindo-se aí os do cânone) e fala grosso. O intelecto fica mancomunado com isso, e deixa correr, como se a esperteza fosse toda a inteligência. Em vez de enfrentar a causa da dor, prefere paliativos.

Shopel, como protótipo do intelecto orgânico, faz piadas e "mutretas". A obra pretende mostrar que o reverso dele é a perseguição aos comunistas, a miséria do operariado, o desequilíbrio social. Seria, então, fácil resolver tudo: bastaria cercear um sujeito. A solução perfeita seria o *paredón*. O mundo não se tornaria, porém, mais

---

[10] *Idem, ibidem*, v. II, p. 104-110.

engraçado e justo. De que adianta eliminar um indivíduo se uma estrutura faz com que logo apareçam três ou quatro em seu lugar? Uma simplória e rígida divisão entre bem e mal, a qual não reconhece o potencial de maldade do "lado bom" e nem consegue repensar as concepções morais, serve para descartar, sem discutir, a relação universal de culpa. O autor entroniza-se na escrivaninha como Jeová nas nuvens, enquanto a editora é a medianeira de todas as graças. Ao colocar-se num espaço metafísico, não mostra como todos são prejudicados pela perversidade do país, até mesmo o autor (e não só quando é exilado, pois o exílio ajuda a entronizar no transcendental). Nos "redentores", a maledicência aflora como se fosse justiça. A literatura engajada torna-se uma "cantiga de maldizer". A percepção da dialética é abortada pelo maniqueísmo.

O cânone não assume a negatividade do sistema que ele defende. Essa negatividade não é reconhecer aqui e ali alguma pequena coisa ruim. Só quando ela é assumida como total, também é possível elaborar alternativas, mudanças radicais. O cânone faz parte da ideologia reacionária; a exegese canônica, da conservadora. Ele prefere o infantilismo de uma visão idealizada, sem enfrentar pontos dolorosos do passado e das estruturas em que ele crê; ela prefere evitar as questões cruciais e as perguntas inconvenientes. Ambos não querem que o sujeito pense por si; querem pensar por ele, impor-lhe uma versão que é projeção da vontade de poder. O cânone comporta-se como o neurótico que foge do psicanalista assim que a análise começa a apertar ou como o doente que evita uma cirurgia necessária.

O gesto literário engajado, por mais que denuncie a negatividade, apenas opera na superfície e em tópicos ocasionais, e guarda a recôndita esperança de que, um dia, o país ainda há de ser o paraíso. Faz parte do ufanismo, mesmo que pelo avesso. Não se escapa ao cânone com a mera inversão de jogar a utopia de 1500 para o final da história. Sempre se teria um certo "jesuitismo", a imposição da salvação no outro, quer ele a queira, quer não.[11] Não por acaso, Thomas Mann camuflou, em *A montanha mágica*, na figura de um jesuíta, os traços de Georg Lukács.

---

[11] Friedrich Nietzsche, *op. cit.*, Band X, p. 315.

No terceiro capítulo do terceiro tomo de *Os subterrâneos da liberdade*, o comunista "Carlos" é espancado no DOPS para que denuncie o movimento:

> Barros seguia a cena, interessado. Falaria ou não falaria? Quando conseguia que um falasse, sentia-se feliz, como se a medida do homem para ele se marcasse pelo terror do sofrimento físico. Aqueles que não falavam, que resistiam silenciosos a todas as torturas, esses ele considerava uns monstros, não podia entendê-los e sentia-se, no fundo, humilhado por eles. Quando um desses seres saía daquela sala quebrado de pancada, reduzido a um trapo, com sua carne torturada, sem ter falado, Barros se sentia vencido, sentia existir algo superior a ele, mais além de sua condição de homem, e nada podia irritá-lo tanto. Por isso os odiava, a esses comunistas... Certos investigadores falavam com admiração da tranqüila coragem dos comunistas presos. Suportavam como homens as torturas. Barros não os admirava, ele os odiava, incapaz de compreender aquela superioridade, aquela convicção profunda que enchia de medo certas noites suas quando lhe parecia impossível dominar e vencer aqueles homens...[12]

Afirmar que "suportavam como homens as torturas" é machismo: ainda pensa que as mulheres são o "sexo frágil". Glorifica-se o torturado, numa versão que pretende ser política e laica, mas que reencena o martírio cristão: o "algo superior, mais além da condição de homem", deve ser um santo. Como ser novo com categorias tão antigas? Quase vale para Amado o que ele disse sobre o modernismo: velhos conteúdos, sob novas formas. Fica na variante: velhas formas para conteúdos aparentemente novos.

Por que o demoníaco Barros haveria de se sentir vencido, e não apenas desafiado, estimulado a criar novas torturas, mais eficazes? Que adversário era esse, que podia ser morto a qualquer hora? – A pretensão de vitória moral é um modo de não assumir a derrota: vive da separação entre corpo e espírito. Um comunista heróico não garante que todos sejam anjos e que o seu partido geraria o homem superior. Aquilo que se atribui ao inimigo, cultiva-se em si mesmo: narcisismo e fantasia compensatória em meio à tortura, como os de Cristo a imaginar, na cruz, ser filho de Deus e estar salvando toda a humanidade. Um

---

[12] Jorge Amado, *op. cit.*, v. III, p. 34.

iluminista teria de questionar tais fundilhos teológicos, mas o "materialista" apenas os repete. Sob a doutrinação, cultua – na "boa tradição do cânone", de Gregório a decantadores de Tiradentes e escravos – a identificação com Cristo sofrendo por um mundo melhor: sob a aparência de fundar-se na história, afunda-se em metafísica. Dessa forma acaba auratizando o sadomasoquismo, que é viga-mestra do cânone brasileiro.

Entre as duas reações possíveis ao torturado, falar ou não-falar, a síntese dialética aparenta ser falar-não-falando: fazer de conta que se disse tudo o que o torturador queria para não dizer nada que importe. O salto de quem está amarrado emperra na descrença de quem tem a força: qualquer opção do torturado acaba sendo errada, já por causa da situação em que ele está. Como quer que faça, erra. É a dialética negativa que impera. Duas aparentam ser as reações possíveis ao policial ante a não-fala: admiração ou ódio. A síntese é uma só: ódio admirativo. É o que o autor atribui ao torturador, ao querer que o leitor acredite. Poderia acrescentar: admiração a qual leva ao ódio, fingir admirar para melhor destruir, etc. O "romance engajado" requenta a doutrinação religiosa. Cabe no cânone como Anchieta, Vieira, Gregório. Mais ainda porque também ele esqueceu de ser arte. Sob o espectro ficcional, prepondera o fator político-clerical. A arte é um espectro que ronda as obras e condena quase todas. Por isso a "literatura brasileira" tem tanto horror à verdadeira teoria da literatura e prefere a mera "introdução aos estudos literários".

Sob a aparência de "romance engajado", tem-se a angiografia; sob a aparência de revolução, a regressão ao medieval. Como numa aula de catecismo, apregoa-se aí o fato de o torturador render-se à superioridade do torturado, o qual, mesmo morrendo, não se rende jamais às pressões do torturador. A carne pode ser maltratada; o espírito mantém-se intangível, impoluto. É o mártir. O comunista parece não querer ser mártir, como se tudo lhe fosse imposto contra a vontade. É, porém, "o destino". Nenhum mártir queria ser mártir. Mesmo o seu protótipo, Cristo, teria suplicado: "Pai, afasta de mim esse cálice", para logo emendar o "seja feita a vontade divina". O que não se questiona é que deus ou pai é esse que condena o próprio filho à tortura e à morte, sem que este tenha cometido crimes. Não se rejeita tal pai, como não se rejeita "o Brasil". Assim também se legitima a prepotência paterna, o arbítrio patriarcal, o açoitamento nos filhos dos escravos, a prepotência maldosa com os subordinados. O hipotexto de Amado é, porém, católico. Nessa constelação, submeter-se à vontade do torturador é aceitar o seu "jogo". Resistir à tortura torna-se, para quem não pode mais lutar, um modo de continuar lutando. Como ser fiel aos ideais, sem se render ao inimigo, sem se submeter à sua lógica? Na cena da tortura, repete-se a cena de Gonzaga pedindo para ser lembrado pela amada (que já estava acasalando com outro).

A cena de prisão e tortura não é real, mas não sabe que não é, e que apenas intensifica a vivência diluída no cotidiano. Na lógica perversa da relação entre torturador e torturado, o homem torna-se a desmedida de todas as coisas, sem mostrar como reitera relações perversas como senhor e escravo, conquistador e conquistado, patriarca e dependentes, etc. A medida do homem é reduzida à capacidade de resistir à tortura. O que dimensiona o pretenso mensurador universal é perverso. Ninguém testemunha pela testemunha. Resta apenas o testemunho que não percebe o que testemunha. A relação entre torturador e torturado tem uma lógica interna louca, a qual, porém, não percebe quão louca é. O problema é transpor essa dupla loucura para fora como se fosse heroicidade do mártir comunista, pois essa faz do torturador um elemento necessário para que o outro lado manifeste a sua grandeza. Daí acaba parecendo ter grandeza o que não tem grandeza alguma. O homem, reduzido a um trapo, não consegue dizer o que, no fundo de sua miséria, seria de fato superior. Em vez de avançar, ele regride à crença cristã, sem arrancar a máscara de seus termos. Não é revolucionário esse catolicismo disfarçado que, ao pretender ser a ultrapassagem do idealismo, apenas requenta a teologia judaico-cristã. Aparenta superar a metafísica para recair ainda mais nela. O marxismo é máscara que precisa ser arrancada dele. Isso não é compactuar com o torturador. Shakespeare teria sabido fazer muito mais de uma cena como a citada. Ele e Cervantes são mais "brasileiros" do que Jorge Amado, Drummond e Cecília.

O comunista martizado perde o agora para ganhar uma estátua num regime que não viria a ser: ele vive e morre por um nada, como o cristão. Esse "materialismo" é nihilista como o cristianismo (pois ele é cristão). A "obra de arte" vale como hagiografia, testemunho de martírios. O autor é o justiceiro que o capitalismo selvagem não é, mas esse defensor do operariado também não entra em fábrica ao longo da obra. Tudo se agüenta em nome da igualdade. Fossem dadas chances iguais a todos, o que se faria, porém, com aqueles que só buscam o fruto do esforço alheio? O que significa igualar o desigual? Se cada ser é diferente, até que ponto tem ele o direito à sua diferença? Como entra em sintonia com os demais? Quem garante a correta aplicação do princípio da igualdade? O que fazer com aqueles que ora estão se apropriando do labor alheio? Existe uma solução final?

Sugere-se que, para garantir a igualdade e impedir a ganância privada, bastam grandes empresas estatais. Pressupõe-se que todos têm espírito coletivo (desde que elas fossem ocupadas pelos verdadeiros patriotas, os comunistas). O que é de todos costuma ser visto, porém, como não sendo de ninguém: daí cada um tende a tirar o máximo para si, e dar o mínimo de si. Cada um tenta se converter em minicapitalista, à custa de todos. Cada um se torna capitalista e proletário do outro: quer emprego, mas não trabalho. Acaba por ser o proletário de si mesmo. Mais pessoas ocupam postos do que serviço há. Inventam-se vantagens e mordomias, pequenas e grandes. A produtividade cai e, quanto mais cai, mais os relatórios dizem que ela continua crescendo e que todas as metas foram atingidas e superadas. Basta, então, a ditadura "do proletariado" para que, ao controlar o noticiário, isso pareça fato. Até que a calça cai.

O "remédio coletivo" parece ser, para o neoliberalismo, a privati-zação dessas empresas estatais, para que elas se tornem novamente produtivas e se realize, pela concorrência, o bem coletivo. A imprensa, toda comprada, procura difundir essa crença. A empresa capitalista existe para, a pretexto de atender a necessidades, arrancar o máximo que puder de um máximo possível de consumidores. Faz de conta, no entanto, que apenas quer a felicidade geral. A falsidade é o princípio constitutivo do capitalismo. O país e os trabalhadores são sugados em prol de minorias, as quais desperdiçam em luxos o que falta aos explorados. A mídia ensina a admirar quem alardeia mercadorias como se fossem pedaços do paraíso. A utopia pessoal torna-se conse-guir explorar os outros também. Daí se diz que o sonho acabou para que persistam as estruturas de espoliação. A literatura precisa redes-cobrir aí sua função de registrar aquilo que não se pode dizer nem fazer. Ela peca em palavras para salvar pensamentos que não podem ser atos. E suas palavras são inúteis, pois perdem-se nas gavetas: elas não são propagadas na imprensa e nem consagradas no cânone.

Diferença e indiferença

Intolerância à divergência

Jorge Amado trata de modo ligeiro questões bastante cruciais. Isso se mostra na fala de um personagem:

> Não, o Hermes é diferente. Ele é socialista mas não tem nada a ver com os comunistas. Ele mesmo me disse, uma vez: "Não compreendo como um intelectual pode ser stalinista. É o mesmo que suicidar-se." Mas os outros, esses vêem em Stálin um Deus. O Marcos de Souza afirmou numa roda, não faz muito tempo, que Stálin era o maior homem do século XX.[1]

Esse registro não é desenvolvido e nem é criado um contraponto interno, pois prepondera na obra o endosso ao estalinismo (como se uma definição política russa resolvesse os problemas brasileiros, como se tal esquerdismo não mantivesse a mentalidade colonial). Como pode um autor ser tão cego, passando tão próximo a uma porta que poderia abrir caminho para maiores graus de verdade? Sair de suas convicções seria como trair a moral e colaborar com os algozes. O autor está "colado" demais nas posturas e nas falas de alguns personagens, como se fosse um técnico de futebol que quer jogar no lugar de metade dos seus jogadores. Carece de distanciamento crítico.

Como esse "Marcos" é um anagrama de Oscar Niemeyer e como ele aparece como protótipo do "gênio bom", o que ele diz assume o caráter de algo infalível. Após denunciados os crimes de Stálin e derrubado o seu regime, ninguém querer ser estalinista não elimina essa questão, como também não extingue a da justiça ou a de

---

[1] Jorge Amado, *Os subterrâneos da liberdade*, v. III, p. 52.

que o "grande homem" é um "monstro": anomalia e mostruário. Não basta supor que um intelectual não possa ser estalinista: é preciso perceber como o autoritarismo decorre da crença de ser "dono da verdade", o que se manifesta em um largo espectro de posições políticas e religiosas. Com isso não se elimina a convicção pessoal e nem a afirmação de princípios morais. Não se propõe uma dúvida que se roa e corroa tanto que já nada mais se sustente: o que não resistir à "crítica feita com o martelo", é melhor que despenque. Melhor estar ao relento do que sob um castelo de cartas que possa cair sobre o sujeito. A trilogia não está, no entanto, à altura do seu tema. Perde-se no relato jornalístico do singular, sem ver nele o afloramento do universal: reduz-se a um testemunho parcialíssimo de uma época e de um lugar. Ele tem medo de duvidar e, por isso, inibe sua ficção. A ficção é o império da dúvida e a negação do que pretende ser realidade. Nas asas da dúvida revoa a ficção: pesquisa do ignoto, não pregação doutrinária.

Dostoiévski perguntava-se como Napoleão podia ser um genocida e, ao mesmo tempo, ser considerado um grande homem. Para uma pergunta tão aguda, ele não soube, contudo, sugerir mais que a resposta bastante mediana de que nada justifica uma morte, mesmo que a pessoa seja responsável pela destruição e miséria de muitas outras, pois é possível haver vítimas inocentes. A pergunta poderia ter sido exacerbada no sentido de saber por que, com a possível e incerta exceção dos gênios criativos, alguém deve estar vivo. Não basta responder que a história é feita com sangue, ou que a maioria dos humanos, sendo medíocre, não aceita o homem superior e, por isso, tenta domá-lo e rejeitá-lo dizendo que é monstruoso. Enquanto os literatos tergiversam, a questão ética mostra-se tão aguda que os filósofos a evitam: não conseguem ir mais longe que Nietzsche.

Há na trilogia uma crítica dos comunistas ao "individualismo burguês", em que em nome do coletivo se exige a abdicação do pensar autônomo:

> Nada depende de você pessoalmente, nada depende de mim, nada depende de nenhum de nós pessoalmente, tudo depende do Partido. Ou você pensa que você é insubstituível, que o trabalho do Partido vai parar, vai vir abaixo só porque você não está?[2]

---

[2] *Idem, ibidem*, v. II, p. 55.

Costuma-se dizer que "ninguém é insubstituível". Isso pode valer para peças de reposição; não vale, porém, para criadores geniais. Portanto, a partir de premissas corretas, de que não se faz sozinho a história, chega-se à falsa conclusão de que tudo depende de um partido, como se nada mais houvesse. Há indivíduos que podem ser decisivos para o encaminhamento da ciência, da arte e da história, embora o afloramento de sua genialidade dependa sempre de circunstâncias favoráveis. Há gênios potenciais que nunca chegam a frutificar. Confundir democracia com ditadura da maioria, e esta com sua manipulação por uma minoria, é forçar a abdicação da consciência e impor a mentalidade de rebanho: assim se castra a criatividade. Caso o PCB tivesse assumido o poder, ter-se-ia, então, sob a aparência de revolução, a manutenção de muitas regressões antigas.

Mais adiante o autor ainda assevera:

> Sua angústia nascia de não poder compreender e, não compreendendo, não poder aceitar. O Partido sabia mais que qualquer homem sozinho, ele aprendera numa experiência de todos os dias que a razão está sempre com o Partido. Quantas vezes certas opiniões suas não tinham sido vencidas em discussões no seio da célula? Comprovava depois, na prática, que a decisão fora justa que sua idéia não era a melhor.[3]

O que se tem aí é uma antiga forma de autoritarismo e de abdicação da consciência crítica individual. Marx não subscreveria isso. Parece positivismo, como preponderância do geral sobre o particular, mas poderia ter sido dito por um padre: bastaria substituir Partido por Igreja, líder por bispo, Stálin pelo papa. Sob a aparência de democracia, afirma-se o autoritarismo e o totalitarismo. E se alguém precisa reconhecer tantas vezes que errou, não é um líder. Ele erra novamente ao crer que o Partido sempre está certo. Isso não significa que o marxismo foi todo ele apenas erro.

O costume de, em reuniões de um partido clandestino, repassar informes e cada um dar palpite pode ser um meio de impor a todos uma única linha de conduta e, assim, facilitar o controle interno e externo. A palavra pública tanto pode somar sabedorias quanto

---

[3] *Idem, ibidem*, v. III, p. 268.

multiplicar bobagens, tanto serve para expor como para escamotear pensamentos: de um modo ou de outro, visa a manipular mentes. Eles serem tornados públicos não garante a veracidade. Pelo contrário, o cânone, por exemplo, é uma palavra pública, sobretudo porque mente para manipular mentes. A publicidade comercial e política maximiza o engodo em massa já praticado pelas igrejas. Dizer que hoje mais pessoas têm consciência de que são manipuladas tende a ser um modo de endossar a manipulação vigente.

Uma organização política clandestina ser um centro de troca de informações e debates facilita a espionagem; e não ser leva ao centralismo, o qual tende a manipular de acordo com as conveniências de quem está no poder. Numa situação de guerra civil, em que a paranóia se torna necessária, isso é um erro. O centralismo contém, no entanto, a fé em pitonisas. Supõe que o "líder máximo" sabe tudo. Como ele fica isolado pelo poder, nem sempre ele é o mais informado. O sistema partidário não permite a dúvida radical. Ela é apenas tolerada em detalhes menores. A obrigação do membro é aceitar as premissas e as decisões do partido. Torna-se "verdade" o que é projeção do desejo: a sobrevivência do grupo, a imposição da vontade de uma minoria, o sonho maior que a dura realidade.

Nos "partidos proletários", a contradição entre líderes operários e intelectuais costumou ser resolvida contra estes – sob o pretexto de que a educação formal gera "burgueses por formação" –, em especial porque aqueles não tinham condições de desempenhar as funções pretendidas por eles. Em países comunistas, ocorreu a queima de bibliotecas, a extinção de cursos humanísticos, o interdito a filhos de intelectuais terem formação acadêmica, exercerem cargos elevados, etc. É o "obreirismo", uma forma de "estalinismo" que, a pretexto do caráter classista de conceitos e valores, não percebia a sua própria limitação, enquanto veiculava inveja e mesquinharia, e inibia a criatividade, como a justificar a contrapropaganda da direita contra "os comunistas". Por outro lado, o regime comunista fez, em geral, mais pela educação e pelas artes do que costuma fazê-lo o capitalista.

Ainda que não se deva pinçar um ideologema de personagem e atribuí-lo ao autor, isso é correto quando este se projeta em diletos *alter-egos*. A citação torna-se sintomática do gesto semântico que enforma a obra. Nem sempre um ideologema claramente falso precisa ser rebatido: assertivas sem fundamento podem propiciar a reação contrária do leitor. Mas apenas citar "dissidentes" para rebatê-los equivale a conclamar o diabo para exorcizá-lo dentro da segurança de um templo, de um sistema conceitual fechado que não dá espaço ao que outros teriam a dizer. O dogmático tem horror ao "reformismo": este último sempre é considerado "burguês", uma traição ao "proletariado". Repete, à esquerda, o tom patriarcal autoritário. A pretexto de defender o sistema, acaba conseguindo afundá-lo mais depressa, pois impede as reformas necessárias no momento certo. Ao alegar defender o marxismo, quer, de fato, cessar a dialética e escamotear a materialidade histórica.

Quando tudo é apenas perseguição aos "comunistas", e o governo é mau, eles como que se tornam solução para tudo. Isso é uma falácia, pois a negação do negativo não redunda automaticamente em algo positivo, como numa conta de multiplicar. Numa reunião do Partido, a questão reaparece:

> Quando a narração terminou, após Gonçalo ter lido os materiais, o número da *Classe Operária* com a notícia da expulsão de Saquila e do seu grupo, a denúncia das falcatruas de Heitor, a caracterização da "linha política" dos cisionistas como o mais sórdido reformismo a serviço do latifúndio e do capital estrangeiro, disse a João:
> – Eu estava como se tivesse todo o peso do mundo em cima do coração. Agora estou aliviado... Só que eu queria ter esse canalha aqui, na minha frente, para lhe ensinar.[4]

Ao demonizar quem pensa diferente, aponta-se uma solução fácil, que é, em si, um problema. Esse "ensinar" equivale a "punir", "impor", "aniquilar a alteridade", mas não permite o afloramento de outra visão: quanto mais motivos há para desconfiar de sua falta de fundamento, tanto mais autoritário e dogmático se mostra. O termo "ensinar" não é totalmente errado, pois apreende o perfil do ensino tradicional. Se o militante tivesse poder e força para concretizar a sua "idéia", não agiria, em muitos aspectos, diferente dos fascistas e dos agentes da

---

[4] *Idem, ibidem*, v. II, p. 273.

ditadura. Que os membros do Partido Comunista Brasileiro não tenham chegado ao poder e tenham sofrido mais do que fizeram sofrer, não elimina o potencial de destruição. A direita usou esse potencial, multiplicado por suas próprias paranóias, para justificar a destruição que ela mesma promovia contra o "perigo vermelho". Por outro lado, para tornar mais justa a deformada sociedade brasileira seria preciso muita violência. A injustiça exige justiça, e esta última acaba por gerar injustiças. Essa justiça vive longe do sistema jurídico vigente, pois este é a defesa e o exercício da injustiça.

Ainda que a impotência da esquerda diminua a sua responsabilidade fática, não elimina o potencial de injustiça. Será que "Heitor" (seria ele o historiador Heitor Ferreira Lima, que foi pessoa boa e de caráter?) realmente fez tais "falcatruas"? À esquerda como à direita, acusações podem ser inventadas e veiculadas para aniquilar pessoas honestas e competentes, capazes de pensar por si. São agredidas "justamente" por suas qualidades. Será que "cisão" não foi apenas um nome dado pelo grupo dominante para impedir que se articulassem conteúdos de verdade? Será que a imitação dos "processos de Moscou" no Brasil não era uma forma de mentalidade colonial, cultivada por quem parecia tão antiimperialista?

O problema não está em Jorge Amado ter retratado o que se passava dentro do Partido, mas em ele endossar a repressão obreirista. O engano político converte-se em erro autoral, pois impede a elaboração de camadas textuais que permitam expor mais a fundo a vivência proposta. Se a repressão organizado pelos fascistas serviu para impedir que os comunistas chegassem ao poder, inibindo o sonho de uma sociedade mais justa e humana, ela acabou por prestar, sem querer, um serviço a quem ela reprimia. Isso não justifica a repressão. Se a história fosse a única ciência a ser reconhecida, então ela deveria propiciar uma avaliação diferente – mais justa – do que a imposta pela política do momento. Se a obra de arte sobrevive por ser mais que um documento, a política partidária (tal qual a religiosa) tende a condenar o artista a limitar-se ao horizonte dessa direção: sua obra morre assim que mudam as circunstâncias originais e novas avaliações se impõem.

Embora uma "dissidência" possa ser – e até mesmo tenha sido – usada pela oligarquia para enfraquecer o adversário, abrindo espaço na imprensa para que a dissidência pudesse difundir suas idéias, essa utilização pelo adversário ainda não elimina a validade do que possa haver de acerto nelas. Nem Marx nem o marxismo souberam articular mecanismos políticos adequados para o trânsito da divergência, a alternância no poder a fim de executar projetos alternativos. No marxismo, repetiu-se o imperialismo da identidade excluidora da diferença, um traço típico da tradição metafísica (que ele pretendia ter superado). Em nome da igualdade de oportunidades e direitos, caiu-se no igualitarismo, tratando-se de eliminar a diferença e suprimir a divergência, como se fosse possível acabar com a contradição. Se ser "homem de partido" significa abdicar do ques-tionamento e não dizer ou escrever algo que a direção suponha prejudicar o partido, então há uma incompatibilidade entre ser intelectual e ser orgânico, ainda que, na prática, só possa aparecer como intelectual quem é orgânico. O intelecto encolhe a crista ante o poder. Abdica de si próprio, sob a aparência de preservar-se.

Nietzsche pôs o dedo na ferida: "'Homem do partido' – quero transformar isso em xingamento. (...) Os seres humanos *não* iguais: assim fala a justiça."[5] Se justo é reconhecer que cada ser humano é diferente de outro, isso significa que "igualdade" significa reconhecer e valorizar essa diferença, e não achatá-la, nivelando por baixo. Faltou a Nietzsche, aí, esclarecer se pretendia também "justificar" com isso a injustiça social decorrente da espoliação da maioria pela minoria. Seria, porém, simplório dizer que o filósofo, ao supor ser produto de um *Seitensprung* de um nobre polonês, estaria simplesmente defendendo os privilégios da nobreza de sangue.[6] Mesmo que, sob esse golpe contra o nacionalismo alemão, o seu nome tenha sido de fato uma germanização de um sobrenome polonês (Niëtzky), ele próprio sempre foi pobre. Perdeu o pai cedo, teve dificuldades para estudar, viveu com parcos meios e sem reconhecimento. Não teve nenhum benefício da aristocracia. Assumiu a luta familiar contra a discriminação

---

[5] Friedrich Nietzsche, *Sämtliche Werke – Kritische Studienausgabe*, Band X, p. 347 e 362.

[6] *Idem, ibidem*, Band IX, p. 681: "Man hat mich gelehrt, die Herkunft meines Blutes und Namens auf polnische Edelleute zurückzuführen, welche Niëtzky hießen und etwa vorhundert Jahren ihre Heimat und ihren Adel aufgaben, unerträglichen religiösen Bedrückungen endlich weichend: es waren nämlich Protestanten."

religiosa e defendia uma aristocracia do espírito, o que não é o mesmo que defender privilégios materiais de uma classe. Por outro lado, não se deve ler literalmente o que Nietzsche redigia, pois ele era um ficcionista teórico que explorava as possibilidades virtuais da linguagem para ir além do pensamento vigente.

Faltou ao marxismo discutir melhor os fundamentos da igualdade que pretendia implantar; a prática do partido excluía a igualdade já por dividir o partido entre direção e dissidência, a sociedade entre membros e não-membros do partido e, no plano internacional, por só valorizar a solidariedade entre proletários de carteirinha, enquanto cada partido comunista nacional não admitia em seus quadros pessoas de outras nacionalidades. Nisso eles eram idênticos aos partidos fascistas. As carências teóricas e os erros práticos são suplementares. O prejuízo político e a falta de melhor juízo político transformam-se em prejuízo artístico, já que as obras desse espectro não têm fôlego e nem abrem espaços internos para a efetiva articulação da palavra divergente. Essa divergência só é tolerada na "democracia", quando ela é tão fraca que não altera os resultados desejados pelos detentores do poder.

A trilogia continua dentro da tradição do cânone, de o autor ser representante da autoridade. Assim como a falta de reforço da identidade do partido, por meio do debate interno e externo e da articulação da divergência, acabou fazendo prevalecer uma identidade analítica simplificada, também a falta de articulação da divergência no romance fez dele uma peça de propaganda, a qual encena pelo avesso o cânone dominante. Este jamais quer arrancar a máscara de consistir em pura arte, jamais quer mostrar o seu rosto. Este último precisa ser escancarado por meios diversos, até pela radiografia da estrutura e pela ecografia dos tecidos mais resistentes.

Direito à diferença

Octávio Paz fez, em "*Los hichos de la Malinche*", uma análise um tanto simplória do desaparecimento do indivíduo na massa como decorrência do capitalismo:

El obrero moderno carece de individualidad. La clase es más fuerte que el individuo y la persona se disuelve en lo genérico. Por que ésa es la primera y más grave mutilación que sufre el hombre al convertirse en asalariado industrial. (...) Los regímenes totalitarios no han hecho sino extender y generalizar, por medio de la fuerza o de la propaganda, esta condición. Todos los hombres sometidos a su imperio la padecen. En cierto sentido se trata de una transposición a la esfera social y política de los sistemas económicos del capitalismo. La producción en masa se logra através de la confección de piezas sueltas que luego se unen en talleres especiales. La propaganda y la acción política totalitária – así como el terror y la represión – obedecen al mismo sistema. La propaganda difunde verdades incompletas, en serie y por piezas sueltas. Más tarde esos fragmentos se organizam y se convierten en teorías políticas, verdades absolutas para las masas. El terror obedece al mismo principio. La persecución comienza contra grupos aislados – razas, clases, disidentes, sospechosos –, hasta que gradualmente alcanza a todos. Al iniciarse, una parte del pueblo contempla con indiferencia el exterminio de otros grupos sociales o contribuye a su persecución, pues se exesperan los odios internos. Todos se vuelven cómplices y el sentimiento de culpa se extiende a toda la sociedad. El terror se generaliza: ya no hay sino persecutores y perseguidos. El persecutor, por otra parte, se transforma muy fácilmente en perseguido. Basta una vuelta de la máquina política. Y nadie escapa a esta dialéctica feroz, ni los dirigentes.[7]

"El hombre" pré-capitalista não era tão evoluído como aí se supõe, para que o capitalismo fosse "la primera y más grave mutilación", da qual o totalitarismo seria apenas uma conseqüência. Pelo contrário, o totalitarismo era inerente ao cesarismo e ao catolicismo: o terror romano contra os adversários e o terror da Inquisição mostraram isso. O capitalismo propiciou um maior afloramento da individualidade, já que exigia empreendedores ousados para se desenvolver. Octávio Paz apresenta a massificação e o aniquilamento da individualidade como intrínsecos ao processo de industrialização, sendo o sistema totalitário apenas sua expressão política. É uma visão tacanha, que, formulada em 1950, quando os regimes fascistas estavam em

---

[7] Octávio Paz, *El laberinto de la soledad*, p. 81-83.

regressão, volta-se sobretudo contra o socialismo, desobrigando-se de questionar a história imperial, o totalitarismo católico ou o "Partido Revolucionário Independente" (PRI) mexicano. Aponta no olho alheio a "trave" que tinha no próprio. Assim como os filmes sobre a máfia mostram práticas do capitalismo que o *establishment* não quer reconhecer, as acusações contra o "totalitarismo" são desvios de pontos nevrálgicos mais próximos.

Fascismo e comunismo foram sistemas complementares sem serem equivalentes. Não basta dizer que os crimes do fascismo foram maiores que os do comunismo, ou que os avanços sociais dos regimes comunistas foram maiores para tornar desprezíveis os benefícios do fascismo pré-guerra para o operariado. Ambos foram respostas exacerbadas a antagonismos exacerbados e levaram à guerra. Esta foi vista como horror tanto quanto como "necessária higiene" do planeta. Ambos foram, porém, sobretudo expressão de uma tendência intrínseca à tradição metafísica: a vontade de dominar e de impor como verdade absoluta as próprias "idéias". Estas se tornaram tanto mais exacerbadas quanto mais problemáticas, quanto mais expressavam apenas os interesses de um grupo.

Caso os comunistas tivessem chegado ao poder no Brasil e quisessem acelerar a industrialização, também teriam tido de acumular capital à custa da espoliação do operariado. Jorge Amado não critica o potencial de destruição na mentalidade dominante no Partido, mas registra o suficiente para fazer-se uma leitura avessa à sua intenção aparente de defender o Partido. Não apenas, em sua lógica, o inferno sempre são apenas os outros, mas a lógica repressiva e totalitária da direção do Partido aparece de tal maneira que acaba dando fundamento à visão que dela tem a extrema direita. A trilogia acaba sendo um alerta contra o "perigo vermelho" e não favorece a tomada do poder pelo Partido. Pelo contrário, a obra poderia ter sido escrita por um esperto agente integralista infiltrado no Partido e se poderia ter um resultado semelhante.

Na trilogia, o perseguido tem todo o potencial de se tornar também um perigoso perseguidor. O que aparece na obra voltado apenas contra companheiros, cujo desgaste e sofrimento pessoal não é retratado, logo poderia ser transformado em perseguições, torturas e mortes de um espectro insondável. Quanto mais insondável se mostra, mais perigoso parece. Se, por um lado, há um "prazer cristão" em mostrar-se como vítima, há também o potencial de o masoquismo se converter em amplo sadismo, pois este também já é indiciado como antropofagia interna do Partido. Os militantes comunistas são incapazes de uma ação efetiva contra os agentes da repressão, o que facilita a leitura de que eles poderiam fazer o mesmo assim que tomassem o poder: não fazem atos de justiçamento contra agentes da repressão como se eles fossem a expressão dos seus próprios desejos mais recônditos. Apenas se correlacionam no plano externo as negociatas, a postura da elite e da oligarquia, o capital internacional e a repressão aos comunistas, como se não se pudesse falar de um sem-falar de outro. Não há psicologia nesse jornalismo de aparências.

A personagem Manuela registra uma diferença entre ser "de direita" por convicção ou apenas por oportunismo:

> Seu irmão pode ser anticomunista, Cícero, mas pelo menos diz o que pensa. O Shopel é capaz de prometer o que vocês quiserem e ir, por detrás, entregar vocês dois à polícia. É o sujeito mais hipócrita do mundo.
> – Esse gordinho é mesmo sinistro... – apoiou Marcos. – Você sabe que eu estou construindo um bloco de edifícios para o Banco Colonial Lusitano. Pois outro dia jantei com o Comendador Faria, esse milionário português diretor do Banco e com o Shopel, eles são muito amigos. Pois bem: durante todo o tempo o gorducho não fez outra coisa senão me provocar com conversas políticas até que me irritei e comecei a defender a Rússia que ele insultava. A intenção de Shopel era clara: denunciar-me ao Faria. Tudo isso misturado com declarações de amor à minha arquitetura, você sabe como ele é. Só que o Comendador não ligou, estava empazinado, tinha comido como um cavalo.[8]

"Manuela" deve ser codinome de Zélia Gattai, assim como "M-a-r-c-o-s" deve ser o anagrama de O-s-c-a-r Nie͟meyer. Na conversa, "Shopel" joga verde para colher maduro: sua conversa é isca, engodo, para levar o outro à perdição. A intenção é, ao tecer elogios ao arquiteto, mascarar a intenção de destruir o "arquiteto de esquerda". Quer que este autodenuncie as suas tendências políticas,

---

[8] Jorge Amado, *op. cit.*, v. III, p. 62.

o que Marcos acaba por fazer ao cair no jogo do adversário, salvando-se, porém, pela aparente indiferença do Comendador (o qual podia ter percebido que o arquiteto lhe era útil, não importando as suas crenças políticas ou religiosas). Se Marcos não reagisse, acabaria sentindo-se mal consigo mesmo: é um "homem autêntico".

A opção entre calar (o que seria compactuar com o inimigo, e submeter-se) e dizer o que pensava seria de qualquer modo ambígua: ao falar, fazia o jogo do inimigo; ao calar, parecia dar-lhe razão. Como quer que agisse, agiria mal. Caso falasse, poderia estar prejudicando profissionalmente a si e a seus colegas; caso calasse, deixaria correndo solta a perfídia, e isso seria moralmente ruim. Fazendo algo ou não, faria errado. Uma vez, para fora; outra vez, para dentro. Não haveria possibilidade de um agir plenamente correto em meio a um mundo ruim e perverso. A aporia só poderia ser dissolvida na indiferença do dono do dinheiro e do poder, aparentemente por estar farto demais para se incomodar, de fato porque sabia que o "esquerdinha" não representava ameaça alguma. O grande problema do arquiteto é ser arrastado para a perfídia mesquinha do intelectual orgânico de direita. Essa não era, todavia, a única questão moral. Não era, aliás, a questão relevante, pois o que importa aí é um padrão de comportamento, e não o ato isolado de uma pessoa.

Naquele momento, a perfídia fica sem êxito imediato, mas continua a roer e a corroer por dentro, como se fosse o centro ético. O arquiteto poderia ter sido dispensado da construção. O "romance" poderia ter-se perguntado, porém, como é que "Marcos" podia fazer o prédio de um banco, e servir e fortalecer, portanto, um sistema que ele pretendia negar, assim como poderia ter perguntado como um arquiteto materialista se dispunha a construir capelas e igrejas, como um arquiteto comunista se dispõe a colaborar com um governo fascista e construir prédios marcantes. Há uma contradição não elaborada entre convicções morais e ação profissional, cuja resposta não é dada com a beleza dos prédios, com a possibilidade de eles poderem servir para outras funções, com a assertiva de que isso faz parte da cultura nacional, com a destinação de parte do dinheiro para a subversão, etc. Em suma, a real "questão ética" não é enfrentada pelo autor. É como se o arquiteto comprasse o silêncio da crítica mediante contribuições para o Partido. Isso recoloca mais uma vez a

Diferença e indiferença 391

questão ética. Qual é o compromisso possível entre sobrevivência profissional, compromisso político e acerto moral? Na lógica restrita da trilogia, o arquiteto poderia ter perdido a concessão do projeto, e nisso ela não estaria sozinho. Poderia perder não apenas um emprego, mas ser difamado a ponto de não obter mais nenhum trabalho, já que o profissional vive de seu prestígio. Não basta ser o melhor: é preciso parecer o melhor. A questão envolveria o trabalho de dezenas de auxiliares, que ficariam desempregados se a atividade fosse suspensa (dentre os quais vários provavelmente teriam a mesma ideologia), mas, como questão moral, a contradição não se resolve com o emprego imediato ou com o reconhecimento de que a necessidade prática obriga a servir o poder. Quem faz pequenas concessões acaba fazendo as maiores. Deve o talento vender-se a mecenas retrógrados? Tem o artista a possibilidade concreta de menosprezar compradores por ter reservas morais, religiosas ou políticas? Mesmo que o arquiteto e seus auxiliares não mais conseguissem emprego em outro lugar e nenhuma tarefa maior, mesmo que todos fossem rondados pelo espectro da fome e da falta de função social, mesmo que nunca mais pudessem tornar pública sua genialidade, há uma questão moral subjacente que não se reduz à picuinha, fofoca ou luta de classes transposta para o plano profissional. Essa questão não é, contudo, enfrentada e nem sequer aventada, embora seja o substrato da cena.

O profissional liberal vive do seu renome. Quando é achincalhado em função da política, acaba sendo ameaçado em sua sobrevivência espiritual e física. Pode ficar sem espaço profissional. Isso não é apenas hipótese, é ação concreta. A "picuinha" torna-se uma fábrica de zumbis. Leva ao exílio interno e à marginalização. Não se trata apenas de mero *gossip*, mas de uma variante – que se pretende *soft* – da prisão, da tortura, do exílio, do assassinato. Sob a aparência da morte *in effigie*, põe-se em curso um processo de destruição profissional que acaba levando a pessoa à morte em vida. Isso não é, porém, monopólio da direita, mas o autor faz de conta que é e, já por isso, também é incapaz de questionar o idealizado "Marcos".

A pessoa pode reagir à repressão ao produzir, ao dar o seu testemunho, mas há semelhanças entre construir a sede do PCF e uma catedral católica, maiores do que se supõe. Se a vítima se deixasse abater, nada mais produzindo, daria a vitória antecipada ao repressor. Ao produzir, o mundo também não fica menos imperfeito. O que o sujeito produz com uma intenção pode ser usado por inimigos em outro sentido, e fugir ao seu controle de artista ou pensador. Não produzir pode parecer menos inconveniente, já que descarta a possibilidade de uso inadequado. Como não descarta, porém, que outro faça pior, não ocupar espaço é tão inconsistente quanto ocupá-lo mal. O produto precisa defender-se do mau uso. Isso não acontece, porém, se ele já é predestinado à regressão mental e à auratização do totalitarismo.

A questão que não é explicitada na trilogia, mas que está subjacente ao conflito em pauta, envolve a coragem de perguntar se o gênio criador não deveria abdicar de criar, para não propiciar o mau uso de sua criação. Seria a atitude do asceta ou de todo aquele que se retira da sociedade. Não bastaria responder que o mundo não seria melhor sem a sua criação ou que o vazio da não-produção propiciaria a ocupação do espaço pelo inimigo, pois sempre se teria um julgamento *post-factum*, dando legitimação à causa a partir do efeito – em que o pragmatismo seria a instância decisória –, para algo que precisaria ser decidido antes de qualquer ato. Não basta ter aí algumas reservas morais em relação ao empresário, não ser amigo do direitista, ter horror ao intelectual orgânico ou dar dinheiro ao PC: tais atitudes seriam pequenas compensações, como que penitências a um pecado já cometido.

Em termos claros, isso poderia significar não projetar a Igreja da Pampulha e a Catedral ou a Esplanada dos Ministérios de Brasília. A resposta de quem conhece os prédios é de impaciência ante a pergunta, pois parece óbvio que tudo isso deve existir, como se a sua existência fosse natural e necessária. Se os prédios eclesiais são destinados a propagar a ilusão de uma vida eterna e toda uma mitologia inaceitável para um materialista ateu, se os prédios do poder servem para abrigar safadezas e a continuidade da exploração secular de classes – algo também inaceitável para uma materialista histórico –, com que dialética autor e personagem querem justificar a contradição entre moral privada e aquilo que publicamente ele faz? Aristófanes já havia tratado dessa questão, que é "deixada de lado".

Essa pergunta esta contida na assertiva: "Você sabe que eu estou construindo um bloco de edifícios para o Banco Colonial Lusitano".

No "Você sabe" há um envolvimento do ouvinte, como se ele fosse parceiro e confidente, exigindo-se que ele aceite as regras do jogo. Não há "problema moral" aí. A questão moral reduz-se apenas à "safadeza de Shopel" por fazer provocações: e "Marcos" mostra a sua integridade moral ao defender a União Soviética. Assim se liquida a questão moral. O problema não é Niemeyer como pessoa ou como profissional. Essa é a limitação do *roman à clef*, na medida em que ele reduz o problema a uma pessoa real, como se a resposta privada dela resolvesse toda a questão. Ora, essa pessoa é apenas um caso exemplificativo de algo que a transcende e que atinge todo intelectual crítico. Sob a cena existe um problema ético grave: o uso da competência do intelectual de esquerda pelo sistema de poder, a contradição entre ele ter espaço para desenvolver a sua capacidade e, com isso, acabar por ser usado para o contrário daquilo que ele em princípio gostaria que fosse usado. Não seria melhor, então, não fazer nada?

Essa pergunta não é colocada. Em suma, tem-se aí um conflito moral, uma questão ética que a trilogia não desenvolve (e que não se resolve com a antinomia rasteira, em *Farda, fardão, camisola de dormir*, entre romance popular e hermetismo alienado, já porque hermetismo é confundido com "preciosismo parnasiano"). Uma obra que se pretenda "engajada" deve ir até o fim na discussão dos pressupostos morais e filosóficos, pois só assim pode ajudar a evitar erros e prejuízos práticos. Se não o faz, ela é apenas engatada num partido: reduz-se à propaganda, e não é arte. Todos querem ser imortais: imortalizar-se pela obra, seja ela qual for, é uma variante da crença na imortalidade da alma. Também nisso a trilogia é cristã, pois nem consegue pôr em dúvida essa busca.

Embora o comunismo brasileiro não tenha tido poder para montar algo equivalente aos processos, assassinatos e genocídios do estalinismo, o potencial existia nele, como se mostra sob a aparência de denúncia:

> Saquila estava publicando, através da rede da *Transamérica*, uma série de artigos contra a União Soviética, nos quais procurava mostrar como "a revolução e os trabalhadores tinham sido traídos pelos burocratas soviéticos".[9]

---

[9] *Idem, ibidem*, v. III, p. 170.

Se a imprensa burguesa abria espaço para esses artigos, ela não o fazia por amor à verdade, e sim porque pretendia desmoralizar a esquerda. Mesmo assim, e embora a censura não impusesse nenhum veto, seria incorreto concluir disso a absoluta inverdade da crítica, ainda que se discorde de conceitos como "revolução" e "trabalhadores". Não se pode aderir a um partido esperando que não tenha defeitos: há, porém, graus de erro a ser premensurados. Se não, o engajamento é a véspera do arrependimento.

O interesse tanto pode ser um impulso para falsificar como para obter a verdade. Ele, por si, não prova a "falsidade" da assertiva. Pode haver falsidade na intenção do autor sem que seja falso o que ele diz, assim como o autor pode ter boas intenções e, mesmo assim, ser falso o que afirma. Pode-se atribuir falsidade a um autor, sem que ele seja falso, assim como ele pode parecer autêntico, embora ele seja movido sobretudo pelo verme da traição e da perversão. Decifrar em teorias e em obras de arte interesses de classe não é o mesmo que reduzi-las a tais interesses, suspendendo toda validade artística. O filosófico e o artístico podem estar marcados e até impulsionados por motivos classistas, religiosos ou partidários, mas são capazes de transcendê-los, assim como podem ser lidos a contrapelo das primeiras intenções constitutivas. Pode haver conteúdos de verdade contrários ao intencionado pelo sujeito, como na fala de um paranóico que, quanto mais quer convencer alguém de algo, mais permite decifrar o engodo em seu discurso. O problema não se reduz ao primeiro discurso. A hermenêutica dele tende a endossar o engano, mas ela pode decifrar a verdade sob as máscaras da classe, da religião ou do partido. Sem essas máscaras, a verdade poderia ser ainda mais difícil de ser exposta e apreendida.

O reino da mediocridade

Em vez de dividir as pessoas em boas e más conforme sejam de esquerda ou não, reconhecer que há oportunismo e mediocridade na esquerda como na direita já seria um passo no exame da estrutura mais fundante, não restrita a manifestações superficiais. Uma diferença entre o conservador e o oportunista de direita é que o primeiro tem caráter, sabe-se o que esperar dele, enquanto o segundo tanto pode agir para um lado como para o outro, ou dizer que simpatiza com uma posição para melhor agir a favor de outra. Ter caráter independe de classe, raça, credo político, religião. Uma perversão que cresce no totalitarismo – seja ele de direita ou de esquerda – é perseguir os melhores e fazer aparecer como ótimos aqueles que são, sobretudo, os mais convenientes ao poder, dando poder e prestígio não segundo o mérito, ainda que apresente a conveniência como se fosse apenas qualidade. Assim como a democracia capitalista é uma plutocracia, culturalmente tende a imperar nela o que vende mais, sendo a venda determinada pelo gosto médio do público (que é baixo, mas não é mostrado como tal). A cultura acaba por ser, com a massificação, o império da mediocridade e a opressão da qualidade.

    A cultura mais refinada aparenta encontrar refúgio apenas em pequenas ilhas de sobreviventes ao grande naufrágio da arte e do pensamento, mas, como ela sempre esteve subordinada ao poder e ao dinheiro, e como a maioria nunca foi refinada no gosto e preferiu crendices ao pensamento maduro, a situação não parece tão catastrófica, já que nunca houve a concretização do ideal. O comunismo no poder tentou transformar a busca romântica do ideal em ação prática (partituras e livros a baixo custo, teatro para os operários, casas de ópera por toda parte e entradas a baixo preço, academias de arte e ciência, milhares de artistas financiados pelo Estado, etc.). Apesar de vários erros e desperdícios – não apenas ocasionais –, conseguiu realizações que a contrapropaganda tem procurado diminuir ou olvidar: mesmo assim, o comunismo europeu não se salvou como sistema nem garantiu o surgimento de mais obras de alta qualidade. A natureza é sovina na distribuição do gênio e do talento.

    Se, por um lado, à época em que Jorge Amado escreveu a trilogia, muitos crimes do estalinismo não eram ainda conhecidos, havia, por outro lado, indícios suficientes para não idealizar o regime, e não apenas por suspeitas quanto à santidade de uma práxis que traía os ideais que afirmava realizar (essa consciência é descartada com Saquila), mas em função mesmo do colonialismo mental que tinha de postular como ideal do Brasil uma pseudo-realidade de um país distante e completamente diverso. Era mais fácil difamar dissidentes do que testar o ideário em sua validade intrínseca e em sua concretização, ou questionar o desejo implícito de que os caminhos da história fossem submetidos ao ideário previsto. Há um autoritarismo de coronel de fazenda que se disfarça de consciência comunista. *Os subterrâneos da liberdade* retrata operários cujos salários estão abaixo do mínimo necessário para viver com dignidade (como se isso não pudesse ficar pior). Eles deveriam receber pacotes de alimentos como doação, mas recusam, preferindo ter salários mais decentes. A consciência comunista descarta o assistencialismo. Pretende-se demonstrar a grandeza moral do operariado e a hipocrisia do intelecto orgânico. É mais fácil difamar Shopel do que questionar a adesão do proletariado ao fascismo na Europa e na América. Se o intelecto é um engodo contínuo, mais fácil é apontar isso no inimigo do que reconhecê-lo em si próprio. Shopel publica, com grandes caracteres, um poema em uma revista luxuosa, editada em colaboração pelo Ministério de Propaganda de Portugal e pelo Departamento de Imprensa e Propaganda do Brasil (não aparece, porém, uma lista dos colaboradores da revista: tudo se reduz a um ato isolado, não se vendo um padrão). Nesse poema, Shopel declara-se desesperado ante o egoísmo dos homens e seu frio materialismo:

> Meu Deus, quero renunciar ao fausto,
> às mulheres, ao sonho; nada possuir,
> ser apenas teu poeta humilde e solitário.[10]

Shopel não queria, de acordo com o enredo, renunciar ao fausto, às mulheres e ao desvario, mas justamente isso o que diz querer; ele não quer ser humilde nem solitário, mas é o que declara querer. O texto do poema é exatamente o contrário do que a trilogia afirma ser a personalidade do autor: literatura torna-se palco de hipocrisia. Isso valeria, também, para "Pasárgada" de Manuel Bandeira e tantos outros textos. Não seria uma exceção, mas antes a regra. Que "Shopel" tenha sido prestigiado pelo poder, comprova que não interessa a "literatura autêntica", e sim a palavra conivente. Isso aparece, no entanto, como exceção, e não como regra. Apenas "um inimigo" faz isso. O inferno é só esse outro. A contradição entre aquilo que o texto diz e aquilo que o autor é faz com que um se torne amostra de

---

[10] *Idem, ibidem*, v. III, p. 170.

hipocrisia e o outro, de cinismo. Nenhum tem nada a dizer, pois não tem autoridade moral. Só o autor tem, como um missionário diante dos pagãos. Se a direita sugerisse algo semelhante em relação aos intelectuais dos Partido, seria apenas contrapropaganda...

Sobre qualquer autor, obra ou corrente estética é possível apresentar objeções, fazer críticas negativas, sugerir superações. Mas as grandes obras de arte e de filosofia resistem, pois sempre resguardam novos níveis de leitura, correlações internas que ainda buscam o seu significado. O autor pode redigir uma obra para servir o justo e o bom, pode querer concretizar algo belo e verdadeiro: quanto mais precisa rechear-se de boas intenções, tanto maior a probabilidade de que há de chegar a maus resultados. É como o músico que precisa rezar para não cometer erros: é mais provável que os faça quando não domina suficientemente a parte técnica a ponto de poder esquecê-la. Apresentar um partido ou seita como única via de salvação é falta de inteligência, já porque cada um divide a sociedade entre não-membros e membros como se fosse uma divisão entre joio e trigo. Esperar de um autor que tenha honestidade ante a folha em branco pode ser *conditio sine qua non* para a amizade, mas não garante um bom texto. Ter moral não basta; talento, também não.

Jorge Amado reflete o francocentrismo da elite brasileira:

> A Paulo, o que o preocupava era a fisionomia exterior de Paris, aquilo que era o seu Paris: a vida noturna, um pouco os museus, as galerias de arte, os cafés de literatura Era tudo que conhecia da vida francesa. Do povo francês nada conhecia. Será que a ocupação nazista vai mudar a vida de Paris? Será que, ao voltar, encontrarei a cidade diferente, perdida sua alegria de viver? – perguntava-se.
>
> Porque ele partia, fora transferido para Lisboa, a pedido da Comendadora da Torre. Deixara para seguir nos últimos dias, aquela dor de Paris em vésperas de ocupação, aquele aflito passar de gente em fuga, aquele ar de agonia das ruas e das pessoas, era algo a espalhar o fastio quotidiano de sua vida. Mandara Rosinha na frente, acompanhada do Conde Saslawski, este munido de um visto brasileiro em seu passaporte. (...)
>
> Voltava a ler a carta de Shopel, aquelas notícias do Brasil, incidentes comerciais e sociais, pareciam ridículos e insignificantes, lidas ali, num café de Saint-Germain, ante aquela cidade sob o peso de uma catástrofe.[11]

---

[11] *Idem, ibidem*, v. III, p. 294.

A preocupação de "Paulo" restringe-se ao lado boêmio e artístico da cidade, com algumas tinturas culturais, mas nada tem a ver com o destino do povo francês em meio à guerra. Jorge Amado esquece de contar que o "povo francês" não estava preocupado em "ser conhecido" por um brasileiro. Paulo dispõe-se a ajudar um estrangeiro, mas só porque pertence à elite aristocrática: para os amigos, tudo; para os inimigos, a lei. Ainda que se esboce um desprezo pela "visão burguesa" do *mon Paris*, há o duplo desejo de viver na "capital do mundo" e de vê-la livre dos "boches". No contexto da citação, há ambígua maldade em apresentar o "aristocrata polonês" acompanhando a esposa de Paulo: sugere-se tanto que ele "não representava perigo" por ser homossexual quanto que o diplomata pouco estava ligando em ser "enganado" pela esposa, a qual era para ele antes uma aparência conveniente do que uma preferência sexual. É a "burguesia decadente".

O "autor crítico" vinga-se destilando veneno. No gesto de vingança – que ele vê como de justiça –, há o horror explícito ao tipo de diplomata arrogante, metido a intelectual. Paulo encena certo "bovarismo", um enfado pretensamente afrancesado que, a rigor, não entende *Madame Bovary* e que suspende a crítica feita por Flaubert à cultura e à imagem da classe dominante. O bovarismo foi a castração dessa crítica, dando um "ar filosófico" ao sem sentido existencial de quem não precisa lutar pela sobrevivência, já que tem mais que o pão garantido e não se vê ameaçado. O pequeno gesto de vingança, quando leva à pequenez, é uma concessão ao inimigo, uma vitória dele, pois deixa que dite o que deve ser dito.

Enquanto as esquerdas brigam entre si em defesa da "união do proletariado", membros das camadas dominantes consolidam uniões pragmáticas em suas reuniões. Se há pendengas entre setores da direita, os direitistas sabem unir-se sempre que encontram um inimigo em comum e vêem o seu poder ameaçado. Paulo é retirado da embaixada em Paris quando o perigo se torna maior, assim como tinha sido indicado para a "melhor cidade do mundo". Há um sistema de apadrinhamento e nepotismo que beneficia os membros da oligarquia tradicional em detrimento do mérito. Os "servidores públicos" dividem-se em três categorias: os filhos de Deus, que sempre estão nos melhores lugares e perto de suas famílias; os filhos da pátria, que ocupam postos de destaque e fazem a partilha entre o "certo ou errado"; e os filhos da puta, que devem ir para o diabo que os carregue...

O drama de milhões de comunistas, dissidentes, judeus, ciganos e outros perseguidos europeus não entra nas cogitações desse diplomata brasileiro. Para o filho de Deus, a diplomacia é um modo de manter um padrão pretensamente aristocrático de vida, à custa do contribuinte. A coisa pública é usada como coisa privada: a *res publica* é *res privatissime*. Dinheiro, poder, prestígio cultural e refinamento conjugam-se contra o rancor comunista, rancor este que sonha com outros padrões de mensuração. Como o "possuído pelo demo" não tem chances de assumir o poder, também não tem condições de fazer prevalecer sua avaliação. O romance-depoimento é uma tentativa de romper esse bloqueio, como se fosse uma ala dissidente da classe dominante.

Alternativas do intelecto

Shopel corporifica o "artista que vendeu a alma ao diabo" e que, portanto, não é artista, mas apenas diabo. Ele repassa informações em carta a Paulo:

> A mais sensacional notícia é a nossa atual aliança com Lucas Puccini, o irmão de Manuela. Somos sócios num grande negócio e agora o "lambe-botas" é "persona-grata" não só em casa de Costa Vale como na casa da Comendadora, na tua casa. Não sai de lá, é visto em toda parte com tua cunhada, a Alina. Não te admires se terminar em noivado...[12]

O nome Puccini lembra um músico genial; o compositor mais importante ligado ao Estado Novo foi Villa-Lobos, mas o leitor não pode ter certeza de que este seja a "inspiração" do personagem: na busca de uma leitura mais adequada, pode ficar perdido. Num *roman à clef* o leitor passa a enfiar a chave em buracos cada vez mais errados, como se o tempo o embebedasse.

Paulo só se interessa por aquilo que lhe assegura uma boa vida no exterior. Acena-se o "subir na vida" para quem esteja disposto a servir à oligarquia sem quaisquer escrúpulos. Lucas é irmão de

---

[12] *Idem, ibidem*, v. III, p. 294.

Manuela, a qual havia sido amante de Paulo, o qual, por sua vez, a havia abandonado em função de um casamento que lhe trouxera riqueza e boa vida. São exemplos da "decadência burguesa". Os "fatos" são narrados conforme as conveniências dos preconceitos do autor. Manuela luta para sustentar-se como dançarina, o que a coloca à beira da prostituição. É apresentada como pessoa íntegra, que rejeita as propostas de Shopel em se tornar sua amante para, em troca, obter facilidades na vida profissional. Por ter caráter, ela faz exatamente o contrário do irmão.

Os dois são índices de alternativas para os intelectuais: fazer o jogo do poder, atendendo aos interesses da oligarquia, ou servir aos "justos anseios populares" e ao "desenvolvimento nacional". Há intelectuais que, quanto mais egoístas e oportunistas, tanto mais apresentam suas ações como movidas por razões de interesse coletivo e por princípios elevados da arte ou da ciência, enquanto difamam aqueles que representam alternativas mais justas. Tem-se em Amado, novamente, a redução da dialética histórica a antinomias simples, em que a ação do tempo e a complexidade dos fatores são descartadas. A dialética é castrada por um espírito cartesiano, analítico, simplificador, numa obra que pretende ser marxista, e não é.

Está aí, implícita, a teoria de que há dois tipos de literatura: uma, hipócrita, mentirosa, comprometida com a oligarquia; a outra, engajada, popular, desmascaradora. Não será suplementar o que parece antitético? Como o mundo, a arte divide-se aí de modo antinômico em bem e mal, sem que seja considerada outra divisão: entre obras de qualidade e obras fracas. Não é percebido quão comprometido está com a ideologia da classe dominante isso que aparenta contestá-la. O autor, obviamente, vê-se como paladino do bem. Embora a arte engajada seja pouco tematizada no texto, ela está presente de modo constitutivo nele todo, já que o autor se projeta a si próprio na citada antinomia, sem perceber que há outras alternativas.

O duplo gesto possível aparece numa cena quase ao final da obra, em que no vale do Rio Salgado se celebra uma festa, na qual representantes do capital e do governo norte-americano se reúnem com membros da elite governamental brasileira:

> Às dez horas, o baile começou. Os soldados do posto da Polícia Militar, estabelecido em permanência no vale, afastavam da pro-

ximidade do armazém convertido em salão de baile aos operários que vinham espiar os convidados e o *jazz*. O salão estava iluminado pelos refletores que haviam caçado os caboclos nas margens do rio. A frase de Marieta: não dormir, dançar, beber e comer a noite toda, até a hora de embarcar nos aviões, corria de boca em boca. Por volta das duas horas da manhã, o poeta Shopel, suando em bicas, bastante bebido, declarava-se a Suzana Vieira, tentando declamar-lhe poemas de amor
"Ó! virgem pura, enlamear-te quero,
de pecado vestir tua inocência..."
Mas Suzana, rindo às gargalhadas, recusava declarações e poemas, exigindo respeito à sua condição de noiva:
– Muito respeito, Shopel, sou um senhorita noiva...
– Noiva? – Shopel esforçava-se para recordar-se daquela história de noivado, algo ouvira sobre o assunto, – Noiva de quem?
– Daquilo... – apontava Suzana, rindo loucamente.[13]

A cena quer mais uma vez exibir a "decadência burguesa" e, para isso, não lhe ocorre nada melhor do que indicar o desrespeito à "sagrada instituição do matrimônio", enquanto procura demonstrar a liderança comunista como única esperança de redenção. O autor engajado torna-se sectário. É como se não pudesse haver amor ou lealdade entre membros da *society*, reduzindo-se tudo a engodo, sexo, farra, oportunismo, privilégio. Só entre bons comunistas de favela e intelectuais engajados – como Marcos e Manuela – pode haver aí caráter e amor de verdade. Não resta sequer a hipótese de que o dinheiro possa comprar até mesmo amor de verdade. Dificuldades existenciais tendem antes a perturbar relacionamentos amorosos e talentos profissionais do que a favorecê-los. Para quem está na miséria ou é perseguido político se torna mais difícil – mas não impossível – manifestar bondade ou generosidade: tais gestos se revelam, então, ainda mais valiosos.

A "oligarquia" abre o flanco para que se "denigra" um membro dela; o comunista apressa-se a registrar a "decadência da burguesia" como se fosse um serviço à revolução, enquanto repete velhos padrões católicos e abafa um nível de consciência que transcenda os estereótipos vigentes. Shopel afirma querer vestir de pecado a

---

[13] *Idem, ibidem*, v. III, p. 268.

inocência da virgem, e sugere que ela não é nem inocente nem virgem (como se inocência e virgindade fossem sinônimos); ela despreza o homem com quem irá casar por conveniência. O casamento é uma forma de prostituição: a única coisa a ser ainda discutida é o preço a ser pago. Shopel está menos enganado do que a bebedeira sugere, ao ironizar o vestir de pecado uma inocência que não é inocente. Se o casamento é uma forma de garantir vantagens, um modo de manter-se na classe alta, pode-se viver com isso. Quanto mais elevado o preço, tanto mais se legitima a oligarquia. A moça "exige respeito" como piada. Ela e Shopel sabem operar com o riso numa região de conjunção dos contrários que falta aos sérios "materialistas dialéticos". Se a elite governante conhece seus erros, sabe que não deve revelá-los longe de sua intimidade, na qual os "pecados" são todos apenas veniais (e até necessários, já que, sem eles, a vida é aborrecida demais). Sob a aparência de defender posturas revolucionárias, a trilogia fica na contramão da história.

Da teleologia da história

Tem-se embutida na trilogia (tomada aqui apenas como sintoma de algo mais amplo) uma teleologia da história incapaz de se questionar. Esta teleologia também não consegue explicitar a teologia que a orienta, pois é incapaz de percebê-la como teologia e, principalmente, como uma estrutura profunda idêntica ao que pretendia estar revolucionando. Critica a polícia, a oligarquia, o imperialismo, o intelecto orgânico e assim por diante, em função de um ateu *Atheos absconditus* que não pode se manifestar para não mostrar quão frágil é. Quando os fatos não estão de acordo com "Ele", tanto pior para os fatos: esse "marxismo" torna-se uma forma de idealismo. A história real torna-se, então, a pior das histórias possíveis, com a política oligárquica a impedir a concretização da política que deveria ser feita para a igualdade social. Tudo o que é, é como é para que não seja o que deveria ser. Mesmo assim, acredita-se que tudo será como deveria ser, pois há mártires da utopia cujo recôndito sonho não está, porém, tão distante do fascismo quanto eles gostariam que estivessem. Repete-se o *credo qui absurdum*, sem perceber que está sendo repetido.

O que para alguns redimiria a obra de Jorge Amado (e de outros "autores engajados") de seus erros é a boa intenção com que eles foram cometidos: o autor não queria ser malvado mesmo quando se mostra mau, como ao condenar "dissidentes" e intelectuais orgânicos. A avaliação do PCB de que os interesses "nacionais" e os do "imperialismo" eram antagônicos e incompatíveis não tem possibilidade de evoluir, pois ele rejeita *a priori* a perspectiva de Saquila, dos armandistas, dos "agentes da burguesia", etc. O que orienta a sua visão e avaliação não é questionado. A única alternativa implícita, a vitória dos comunistas, é uma não-alternativa, já que não tem chance de passar de possibilidade abstrata a concreta. Isso não quer dizer que a história que é concretizada seja a melhor e que as utopias não tenham valor. A generosidade mal empregada precisa questionar a quem favorece a própria ingenuidade. Ela não se defende com acusações do tipo "fornecer munição ao inimigo" ou "regredir a posições superadas". Uma doutrina que teve de demonstrar, em muitos episódios de prática insana, a sua incapacidade de resistir à crítica já tinha a fragilidade em sua teoria antes mesmo de se tornar prática. Marx está acima desse marxismo.

Jorge Amado pinta em preto e branco, sem nuances de cor. Ele não importa aqui em si, mas apenas como representante de uma tendência, a qual tem a mesma estrutura dominante no cânone, ainda que pareça seu avesso. Se essa estética estivesse no poder, trataria de impor não apenas fidelidade à sua imagem do real, como a uma imagem idealizada da classe operária e demonizada da "burguesia" e do "lati-fundiário": é a mesma coisa que a oligarquia vem fazendo mediante o cânone. Acabaria fomentando como boa literatura o que seria apenas propaganda, a trivialidade de esquerda, num maniqueísmo sectário, a viver do inimigo imaginado: seria o próprio esquema do cânone, ainda que pretendesse ser a sua revolução. Nem sequer seria ele pelo avesso, embora seja o avesso em que ele mais uma vez mostra o que é. Que o PC não tenha chegado ao governo na América Latina não impede que se perceba o que essa estética poderia ter feito naquilo que, com pouco poder, ela esboçou.

Há uma visão idealizada dos operários e dos membros do Partido. É como se, para os fins do enredo, os operários se reduzissem a membros do Partido, e estes – descontados os dissidentes (excluídos do caminho do paraíso) –, a tipos ideais. Essa idealização já é uma tentativa de legitimar qualquer ato que fizessem. Assim, o autor facilmente se torna um intelectual orgânico do ditador de plantão. Se surgem alguns pruridos, eles permitem a adesão ao primeiro oligarca com aparência civilizada que vier a assumir o poder.

Descobrirem as razões que fizeram a história ser como foi não precisa, necessariamente, justificá-la, passando-se a reforçar o discurso dos vencedores. Tudo compreender significa, então, tudo perdoar. Assim se olvidam os gemidos dos vencidos, boas oportunidades naufragadas, crimes dos heróis nacionais. A utopia tende a escamotear a monstruosidade da situação que a gerou e os monstros que ela mesma se põe a parir. Em seu nome se fazem juízos peremptórios, jogam-se pessoas e alternativas na lata de lixo, sem que a literatura consiga reciclar as promessas perdidas da esperança.

Um perigo do partidarismo na arte é produzir para o partido, o que acaba com a arte. Arte e sociedade acabam malservidas. Tais erros não invalidam que se percebam enganos e engodos no discurso pretensamente artístico da oligarquia: pelo contrário, eles permitem perceber o retorno das mesmas estruturas, ocultas num discurso que se pretende antitético. Arte é algo raro e difícil. Mesmo elaborar um pequeno poema dá muito trabalho: a opção feita nele, já com as primeiras palavras, tanto abre possibilidades quanto impede caminhos. A teoria da arte pela arte engana-se ao postular que a obra não tem nenhuma função nem finalidade social, que não há nela uma intencionalidade a marcar seu percurso: perdendo a força crítica de Kant e Baudelaire, essa teoria acaba por se perder em formalismos e detalhes, em obras irrelevantes e enfadonhas; a teoria da arte engajada confunde a obra com um documento político e a intenção do autor com a intencionalidade do leitor, por fim, tende ao autoritarismo, sem realizar arte e nem engajamento

O depoimento engajado não alcança o caráter alegórico, a força, por exemplo, de cenas escritas por Proust, em que populares contemplam, através da janela de um restaurante, membros da camada dominante como se estes fossem peixes em um aquário. Ainda que Proust não quisesse ser engajado nem fazer realismo socialista, ele conseguiu ser mais crítico e corrosivo do que a maioria dos "comunistas". A cena torna-se mais significativa quando é significante de um sentido que transcende a singularidade do momento, para tornar-se expressão de uma situação existencial permanente. Seja mostrando o universal no singular, seja desencavando do singular a sua universalidade, o que se tem na arte é uma concretude que é mais que ela própria, por ser representativa de e para outros momentos e lugares, e traz inscrita sentidos para pessoas alheias à situação que originou a obra. Num "romance" que é depoimento só vale a pena contar o que é mais do que um depoimento: justamente isso é o que o engajamento da trilogia não consegue perceber e nem quer que se perceba.

Em arte, o importante não é a pessoa do artista, mas o que por intermédio dele se faz e se constitui. Quando o autor só quer aparecer ou exige que se veja mais na obra do que está contido nela, não se trata de um artista, mas de um impostor, mesmo que bem intencionado. Há gradações de "universalidade" no texto, nas quais o autor pode querer indiciar mais do que é possível ler, assim como se pode ler mais do que ele conseguiu dizer. Ainda que a escrita seja uma leitura e a leitura seja uma reescrita, a leitura sempre é uma atividade secundária, inferior. Até mesmo o autor se estranha quando se revê como leitor, como se não tivesse sido ele a escrever aquilo.

Há diferença entre o autor "de direita" e o autor "de esquerda", além da difícil e terrível diferença entre ser e não-ser realmente um escritor? Aparentemente, o primeiro busca o bem privado, já o segundo, o coletivo; um quer a vantagem pessoal, o outro busca a verdade, mesmo à custa de si mesmo; o primeiro serve aos interesses da oligarquia, o segundo procura servir ao povo; um cuida só da forma, o outro dá primazia ao conteúdo, etc. Sempre se tem aí uma estética do poder ou uma antitética ao poder. Como "poder" implica, sempre, "poder fazer algo", quem nada consegue produzir pode querer culpar os outros por sua incapacidade, como se não lhe fosse possível dizer o que supostamente teria a dizer. Por isso, na fala de oposição, por mais que seus escritores tenham sofrido, eles costumam continuar dominados por aquilo que gostariam de negar. Dados externos como ameaças, prisão, desemprego, exílio dão aparente valor moral à fala para quem nada mais tem senão certeza moral, caneta e papel. Apesar de todas as estruturas de produção vigentes serem inibidoras e apesar de todas as dúvidas sobre o que se considera valor, o desafio primacial permanece preso à qualidade textual.

Parte IV
Pós-modernismo

Das conveniências do cânone

Breves pinceladas

O cânone é um sistema fechado que aparenta estar duplamente aberto: no sentido de absorver novos autores e no sentido de fazer algumas modificações em suas seleções tradicionais. Ora, nenhuma obra entra no cânone se não estiver de acordo com suas diretrizes estruturais; e as inserções e exclusões na seleção pretérita também não violam tais diretrizes. Pelo contrário, todas as modificações servem para reforçar a mesma estrutura. Quanto mais ele muda suas estruturas de superfície, mais ele continua sendo o mesmo em sua estrutura profunda, como se o tempo não a atingisse; e, quanto mais auto-idêntica a estrutura profunda, tanto mais é necessário variar as estruturas de superfície. O sistema é uma prisão, na qual se limitam os sonhos dos brasileiros (para o regozijo da direita). É a ignorância instituída como saber, a prepotência como princípio geral de adesão.

Não é possível prever quais os autores vivos que entrarão na consolidação das paredes e grades dessa prisão. Quanto aos já falecidos, é bastante claro o padrão vigente. Não é necessário examinar todos os autores, assim como não é necessário examinar todas as obras deles que não entram no cânone. Uma vez entendidos os mecanismos dominantes, começam a tornar-se repetitivos e enfadonhos os seus esquemas de manipulação e engodo. Como nas grades de uma prisão ou nos tijolos de uma parede, tem-se aí um "eterno retorno do mesmo". Quanto mais idêntica a estrutura profunda tanto mais variadas são as estruturas de superfície. Essas variações servem para desviar o olhar da percepção da ossatura subjacente. Basta examinar alguns exemplos para logo ser possível entender o que se passa em outros casos. Exames em profundidade feitos anteriormente exemplificam também como essas anotações rápidas poderiam ser desenvolvidas, caso se quisesse detalhar a análise das obras.

Alcântara Machado, bom filho da oligarquia paulista, consegue ser imortal em poucas páginas, pois comparece no cânone com apenas um conto, "Gaetaninho": a história de um menino pobre, da periferia de São Paulo, descendente de imigrantes italianos, que sonha passear de automóvel numa época em que isso era privilégio da aristocracia do café. Ele morre atropelado e, enfim, consegue andar de carro fúnebre até o cemitério. O conto aparenta nutrir simpatia pelos "carcamanos", dos quais os "brasileiros legítimos" esperam eterna gratidão por lhes terem dado abrigo no país, ao declarar que os recebeu com os braços mais abertos que o Cristo Redentor no Corcovado. O sentido desse conto é, contudo, manifestar o menosprezo aristocrata contra esses "mortos de fome" que "invadiam" São Paulo no início do século XX. O cânone é racial e racista, e discrimina quem não seja luso-brasileiro. A sua ficção é tão marcada pela hostilidade contra os imigrantes alemães e italianos, assim como contra a industrialização e a emancipação feminina, que a leitura dessa narrativa como "simpatia e empatia" pelos "carcamanos" revela ser ingênua. Nela se projeta o desejo de a história ter sido diferente do que ela efetivamente o foi.

Ainda que a exegese faça de conta que ingressar no cânone decorre apenas do valor literário do texto, não há aí imediato reconhecimento da qualidade literária do autor: eventuais qualidades técnicas são usadas para uma finalidade que é precipuamente ideológica. Um autor pode ter todos os méritos e mais alguns, mas, mesmo assim, ele não será reconhecido se isso não convier ao sistema. Por isso, não cabe propriamente perguntar por que "artistas de tanto gabarito" se "rebaixaram" e apoiaram governos autoritários: se não o tivessem feito, não seriam considerados "grandes artistas" e ninguém saberia sequer que eles existiram. O artista fica entre a cruz do oportunismo e a espada da desaprovação do poder. Quase não há grandes talentos injustiçados no passado. O oportunismo de direita é a regra geral do intelecto brasileiro. O que o *establishment* de direita tem feito é auxiliar a quem poderia auxiliá-lo com a sua habilidade de manipular a pena. A direita é inteligente. Ela não investe em quem não lhe é conveniente. O intelectual brasileiro é tão orgânico que nem lhe ocorre pensar que um escritor *não* ter sido perseguido por uma ditadura fascista é que representa um problema sério. O mínimo que a descência poderia esperar é que ele fosse perseguido pela direita. Pelo contrário, considera-se natural ele ter sido *colaborateur*. O que se tem, na média dos intelectuais canônicos, não é sequer o perfil de pessoas autônomas, independentes do Estado, mas pessoas de confiança de governos oligárquicos e autoritários. No Estado Novo, por exemplo, "grandes nomes" não eram apenas simples funcionários do Estado, e sim agentes do governo, em cargos de confiança e/ou agindo diretamente na propaganda e/ou na censura. Orgulhavam-se disso, ao invés de se envergonharem. Nenhum era menor de idade, nenhum podia dizer que não sabia o que estava fazendo. Tais intelectuais não são confiáveis, como não o são aqueles que os endeusam. Todos eles não têm autoridade moral para dizer coisa nenhuma, mas têm todo o espaço para dizer tudo, e sufocar as vozes alternativas. Por eles a decência só poderia sentir horror e ódio.

A exegese canonizadora trata de inverter isso, e cria simpatia pelos autores, mesmo que ficcionalizando a sua biografia. Ela usa elementos da verdade para mentir melhor. Como na propaganda política e na publicidade comercial, alguns fatos são destacados enquanto outros são omitidos, mas os próprios "fatos" são filtrados e coloridos conforme as conveniências. Quanto mais são postulados detalhes "fáticos", mais isso serve para aumentar a mentira. Há pontos nevrálgicos que a versão oficial não quer ver contados, e exatamente tais pontos cegos são cruciais para o deciframento correto dos "fatos" e dos textos. Tudo é interpretação, até mesmo a omissão relevante dentro da constelação constituída pelo "autor", ou seja, sua obra consagrada e a sua figura como ente ficcional.

É com horror que deveria ser contemplado esse cânone e, como apêndice, os professores de literatura que endossam as suas safadas manipulações, feitas a pretexto de cultivar a arte. Não existe, porém, esse horror: aceita-se tudo. A exegese canonizadora nem sequer entende aquilo que ela aparenta entender tão bem, enquanto defende a honra nacional contra os "ataques indevidos dos radicais incompetentes". Idolatrar uma literatura menor é cultivar a pobreza de espírito, e supor ser desses pobres o reino de Deus (para que os ricos continuem aproveitando as boas coisas da terra). A manipulação impera como se fosse plena dedicação ao bem comum. A ela interessa consagrar obras que a consagram.

E o que se pode sentir por aqueles que aceitam o parâmetro do cânone como algo somente positivo e grandioso? Não deveria a decência sentir horror e ódio também por eles, já que endossam aquilo que tanto faz por merecer horror e ódio? – A resposta pode ser positiva num primeiro momento. Num segundo momento, a crescente sensação de piedade acabaria por endossar o negativo, deixando-o como está, como se fosse irremediável destino e não afetasse ninguém. Num terceiro momento, como o horror está demasiado próximo ainda à sua causa e como o ódio se deixa facilmente dominar pelo que ele odeia, o que pode ser ainda cultivado, como se flor fosse, é o distanciamento e a indiferença. Se a brasilidade é isso que o cânone postula e a exegese canonizadora defende, então é melhor não ser "brasileiro".

A seqüela é, porém, deixar o oportunismo refestelado em seu trono, como se o excluído pudesse criar um espaço próprio, esotérico, no qual se cultuariam as melhores manifestações mundiais da arte. Como isso não é acessível no plano local, os livros de arte precisariam ser complementados com viagens a metrópoles culturais ou até com a emigração. Não basta a valorização dos bons artistas da região em que se vive. Onde passado e presente se dão as mãos em termos de opressão e mediocridade, não há esperança de que o futuro coletivo seja melhor. Interessa ao *establishment* que seja mantido o estado de regressão em que vegeta a maioria da população: o poder não quer ter um povo que possa contestá-lo. Esperar que este busque a sua própria libertação é ingênuo. Prepondera o culto religioso, a comprovar o estado de regressão em que vegeta a coletividade.

Dos "regionalistas"

O modernismo não é muito mais que um regionalismo paulistano que dominou os demais (e continua dominando por meio do colonialismo interno do eixo Rio-São Paulo). Isso ainda não faz dos regionalismos uma alternativa ao sistema dominante. Pelo contrário, eles são um suplemento necessário, uma confirmação do Eixo. Resta aos autores locais o sonho de tornarem-se os representantes de sua região no "panteão nacional". Usam geralmente a política para aparecerem como autores, assim como usam a literatura para promoverem-se como políticos. Acabam não sendo nem grandes escritores e nem grandes estadistas, o que não os impede de terem uma rede de acólitos que os promovem. São a política mais "esclarecida". A "esquerda esclarecida" acha que sua função é colaborar com essa direita iluminada. O país todo fica brilhando com tanto esclarecimento.

José Lins do Rego conta a história das grandes plantações de cana-de-açúcar no Nordeste, da perspectiva do latifundiário e de sua família. A industrialização, em vez de aparecer em sua obra como progresso e libertação do trabalho penoso e improdutivo, torna-se apenas "fonte de fogo morto", de fazendas desativadas na produção de açúcar por não terem sabido se adaptar às tecnologias industriais. Não há a menor empatia com o sofrimento dos escravos e dos peões. Parece natural ao narrador que a história seja contada apenas da perspectiva do grande senhor e de seu herdeiro, pois, já que os filhos dos peões não conseguem estudar, seria ilógico e pouco natural eles produzirem uma literatura que contasse a sua existência. O direito de o filho do senhor ir estudar na escola distante, enquanto o filho do peão fica desde pequeno trabalhando na fazenda, aparece basicamente apenas como sofrimento do primeiro (pela saudade da boa vida do campo) e saudade do segundo (por não ter a companhia do patrãozinho). Para o autor, já parece muito democrático que o herdeiro do latifúndio brinque com o filho do peão.

Uma obra canônica como *Menino do engenho* cumpre o mesmo esquema de outras obras do cânone – como *Paixão segundo GH*, de Clarice Lispector, e *São Bernardo*, de Graciliano Ramos –, as quais procuram mostrar e demonstrar quão preocupados estão os membros das classes altas, no campo e na cidade, com a vida dos pobres que os servem. Aparentam ser obras muito diferentes e distantes, mas o impulso que as constitui é idêntico. Ele repete a postura que aparece no *Dom Casmurro*, quando Bentinho mostra os seus escravos a Escobar, ao querer provar que eles gostam de ser escravos, conformam-se com a sua situação e veneram o sinhozinho. Dessa perspectiva, a abolição da escravatura é só um ato de compaixão e irmandade do senhorio, como aparece em Castro Alves ("O navio negreiro", "A cachoeira de Paulo Afonso", etc.) e em Taunay (em *A escrava Isaura* ou no libreto de *Lo schiavo*), mas sem nenhum direito a qualquer indenização. Na hora do negro ou do índio exigir justiça e cobrar o que lhe é devido, ele deve ser "irmão", e ficar calado no seu canto e a endossar a dominante histórica. Esse é o "esquerdismo" do cânone. Nele não entra, por exemplo, a redistribuição da propriedade fundiária.

Graciliano Ramos representa uma questão semelhante à constituída por Lima Barreto, ou seja, como autores que costumam ser considerados "de esquerda" servem, de fato, à direita, fazendo parte do *establishment* canônico. Há momentos em que se torna conveniente parecer "democrático", "liberal", "quase-socialista". O que se oculta então, é algo, por exemplo, como o fato de Graciliano Ramos ter recebido, durante anos, dinheiro do Departamento de Imprensa e Propaganda da ditadura Vargas, insistindo-se só no fato de ele ter sido preso. Fabrica-se uma biografia retocada. Faz-se do autor um personagem de ficção. Ora, esta prisão, que durou apenas alguns meses, deu-se por um excesso de um general truculento, em função da política alagoana. Esse excesso de um chefete militar foi "corrigido" por intelectuais ligados ao regime e que puseram a mão no fogo por ele. Eles não fariam isso por um real inimigo.

O próprio autor alimentou a versão heroicizante e esquerdista de sua biografia, ao escrever *Memórias do cárcere* e *Viagem* e ao ingressar no PCB (vários anos após ter sido preso). Por que não escreveu ao menos uma crônica sobre "Como colaborei?" Isso tudo não teria importância – reduzindo-se a mero detalhe de uma biografia – se não fosse parte de uma imagem fictícia montada pela exegese canônica, que quer fazer dele um autor de esquerda (como se o cânone fosse aberto e democrático), enquanto a sua obra canonizada serve à direita. Que outras obras do autor, como *Insônia* e *Infância*, possam ser lidas como crítica à opressão e ao patriarcalismo (como também podem ser lidas na perspectiva de considerar esses fatores como naturais, já que "estão aí"), isso não tem maior importância, pois, da perspectiva do cânone e da institucionalização da leitura, é como se essas obras não existissem, como se jamais tivessem sido escritas. O que conta é o que entra na conta das obras a serem lidas obrigatoriamente e que "são" o autor para o público escolar.

Graciliano ter se tornado membro do Partido Comunista após a Segunda Guerra Mundial, quando a União Soviética era um dos vencedores junto com os Aliados, foi um endosso do totalitarismo estalinista, o qual, descontada a preocupação social, tinha o mesmo espectro básico da tradição autoritária patriarcal brasileira. Ora, ninguém recebe cargos como o de diretor da Instrução Pública e o de diretor da Imprensa Oficial de um estado como o de Alagoas sem ser uma pessoa da mais restrita confiança de uma das oligarquias mais fechadas, reacionárias, criminosas e terríveis do país. No Rio de Janeiro, recebeu também a sinecura de inspetor escolar do Distrito Federal por meio de Carlos Drummond de Andrade, que era chefe de gabinete do Ministro da Educação, Gustavo Capanema, auxiliar direto do ditador fascista Getúlio Vargas. Em 1941, recebeu prêmio do Ministério da Educação e Cultura (MEC) em pleno auge fascista e passou a escrever regularmente para a revista *Cultura Política*, a qual era sustentada pelo governo, e cujas colaborações eram bem pagas (num país que costuma não pagar nada por textos publicados em revistas). A colaboração foi até 1944, durante todo o tempo de existência da revista.

Ao contrário do que se costuma afirmar, Graciliano Ramos não é um autor marxista e nem comunista. Para ser marxista, teria de ter mais dialética, mais disputa em torno do poder, mais consciência das alternativas de modos de produção; para ser comunista, teria de ter mais esperança, mais tipos exemplares de proletariado industrial, mais engajamento político e mais luta em torno do poder. A intenção aparente do autor é desenvolver a consciência crítica, combater a mentalidade autoritária, denunciar a miséria do Nordeste e a repressão existente no país. Sua obra reproduz, no entanto, a repressão como se fosse algo natural, auratiza a miséria, consagra o autoritarismo e é menos crítica do que se costuma supor, a começar pela falta de senso crítico quanto ao estalinismo e à pobreza de espírito.

Duas são suas obras canonizadas, ainda que outras possam provocar admiração em alguns leitores: *Vidas secas* e *São Bernardo*. Pode-se supor que *Memórias do cárcere* (que não se apresenta como ficção, mas como memorialismo) seja obra mais densa e ampla, que *Infância* seja um documento marcante, que *Insônia* seja a delícia dos psicanalisandos e assim por diante, mas isso não altera o fato de que aqueles dois romances, especialmente o primeiro, sejam as obras dele mais lidas nas escolas e mais citadas nos manuais. Ambas apresentam uma coletânea de personagens tão desinteressantes quanto a paisagem ao seu redor, figuras de uma secura de espírito equivalente à da caatinga: não têm nada a dizer e nem fazem algo que seja minimamente interessante. Não há uma diferença de temperatura entre as personagens e a obra suficente para provocar o salto dialético na direção da grande literatura. Essas obras não são maiores que a soma de seus limitados personagens. O leitor médio do cânone não percebe essa limitação, pois ele próprio é a mediania na leitura.

Vidas secas mostra – numa síntese em que a forma é tão pobre, seca e mirrada quanto o conteúdo – a miséria no interior do Nordeste, e acena com a migração para o Sul Maravilha como a grande alternativa. Isso era de grande interesse para a oligarquia nordestina, pois a migração para o Sul servia para descarregar o Nordeste de imensos conflitos sociais, tanto em torno da posse da terra como dos bolsões de miséria nas regiões urbanas; servia (e serve) também para legitimar a canalização de recursos do Sul para o Nordeste, mediante a qual, a pretexto de combater a miséria, foi beneficiada sobretudo a oligarquia regional. Dizer que essa obra não poderia ser maior que os seus minguados personagens é desconhecer que grandes personagens e obras surgiram em meios ainda mais antigos e atrasados. É um modo de defender o padrão do cânone como se fosse o máximo que poderia ser feito (mínimo que realmente continuará sendo o máximo enquanto perdurar o padrão desse cânone).

Mesmo que haja, na obra, alguma consciência da diferença do nordestino em relação à cultura dominante e, ao mesmo tempo, certa distância crítica em relação às superstições do peão nordestino, essa dupla diferença não chega a constituir um patamar de assertivas interessantes, num nível capaz de dialogar com o desenvolvimento filosófico e artístico da época. A novela – centrada numa família de sertanejos nordestinos tão pobres de espírito quanto de bens materiais, incapazes de articular claramente suas limitações, suas perspectivas e seus sonhos – não tem um instrumento adequado para discutir a ideologia dominante no país e, menos ainda, acrescentar algo à filosofia e ao romance mundial. Ela não tem sequer propriamente um centramento no conflito em torno da posse da terra no Nordeste. O azar todo é a falta de chuva: portanto, destino, natureza. Tudo é como é, porque a natureza assim o determina. Isso serve para reforçar o determinismo natural e a ideologia de que "o sertanejo é sobretudo um forte". O "marxista" Graciliano está, assim, mais próximo do nazista Euclides da Cunha do que se tem admitido. A miséria dos personagens não justifica a pobreza mental da novela.

Se a falta de chuva é a explicação básica da miséria física e mental que domina tudo e todos, tudo se torna destino. Cabe seguir a natureza das coisas, pois está de acordo com as coisas da natureza. Isso não consegue ir além da pieguice cristã na variante de que o intelectual é bom quando gosta da pobreza. Atrás disso o autor pode esconder a sua estreiteza mental, como pode "explicar" a falta de iniciativa, de esforço e de tecnologia do sertanejo para encontrar soluções mais definitivas ao eterno retorno da seca e da miséria. Acaba-se consagrando a mentalidade estreita e repressiva. Cria-se simpatia pelo "pau-de-arara", torna-se compreensível a presença de milhões de nordestinos em centros urbanos como Rio, São Paulo e Brasília. Justifica-se ainda a expropriação de recursos do Sul em benefício dos políticos e das oligarquias nordestinas. Não tendo a oligarquia interesse em resolver a miséria no Nordeste, já porque a solução faria com que ela fosse superada, convém tornar canônica uma obra que põe a culpa toda na seca e consagra a migração para o Sul.

Quando Graciliano Ramos fez de Fabiano um tipo de olhos claros e cabelos ruivos e, ao mesmo tempo, um sujeito fraco, um mero "cabra", sob a aparência de atacar o arianismo caiu no lugar-comum oligárquico de atacar os tipos germânicos, portanto basicamente os teuto-brasileiros: ele está muito bem situado ao lado de Aluísio de Azevedo, Graça Aranha, Mário de Andrade e tantos outros consagrados no cânone porque cultivam o preconceito e a discriminação. Essa linhagem constitutiva do cânone continua babando veneno na literatura brasileira contemporânea. *Vidas secas* é uma obra racista, o que alegra luso-brasileiros que, ao promovê-la a obra-prima, podem apresentar-se como donos do país (da universidade, do departamento, da academia, etc.) sem precisar se apresentar como racistas e senhoriais (embora o sejam). A sua tirania procura apresentar-se como valorização da arte, enquanto se mostra incapaz de apreender a real grandeza das obras clássicas e de ultrapassar o limitado parâmetro canônico brasileiro. O leitor canônico não consegue superar o âmbito limitado de seus deuses e acha que pode ser impunemente racista, só porque a sua ideologia domina e sufoca as culturas do país.

Se o ambiente da seca é o conteúdo manifesto, cujo conteúdo latente é a repressão, a opressão e o estiolamento vital que dominavam o país em torno de 1937 de um modo mais acerbo que o habitual, isso não constitui por si uma denúncia do totalitarismo, pois o mostra como algo natural, uma força da natureza, um destino contra o qual nada se pode e nem se deve fazer. A única solução de qualquer coisa passa pelas mãos do grande fazendeiro. Só a oligarquia tem vocação para o poder e para a política. Essa é a lógica da direita. Tal definição da nacionalidade é proposta como uma definição da natureza (e de uma natureza falsamente entendida como algo que não muda). E assim tem sido. Isso corresponde ao gosto médio dos professores de português e dos literatos brasileiros: um nível rasteiro, mas que é considerado grandioso e sublime. Isso tem abrigo na imprensa, a ponto de modificar o Sermão da Montanha: bem-aventurados os pobres de espírito porque deles é o reino da mídia. E a reinação nas academias.

Aos personagens de *Vidas secas* não ocorre nenhuma ação profilática contra a seca. Tudo é aceito como destino, não há luta contra a fatalidade, a natureza é mais forte que tudo: obedece quem tem juízo, enquanto manda quem sempre teve poder. O marxismo pleiteou a permanente mudança de tudo, incluindo-se aí a ruptura abrupta dos antagonismos mais acirrados; o materialismo filosófico foi uma luta contra a mistificação e contra as estruturas que obrigam a projetar a salvação no âmbito além do aqui e agora; o comunismo foi uma aposta na capacidade de o homem tomar o destino em suas mãos e fazer a sua própria história. Quando o máximo do sonho é uma cadela a delirar com preás ou uma nordestina miserável a querer uma cama de varas, também não se amplia mais o horizonte do desejo, para conseguir extrair do lugar em que vegetam algo melhor, embora os donos das terras vivem bem melhor do que os seus "cabras". É um horizonte medíocre, de uma obra medíocre, que faz da mediocridade um fato natural, em vez de demonstrá-la como decorrência de estruturas econômicas, de uma história social e de uma incapacidade de superação. Personagens postos à beira da existência deveriam permitir avaliar o sentido da vida que levam; quando estão também à beira, porém, da debilidade mental, deles nada mais pode sair do que débeis conclusões. Ao *establishment* interessa o fato de os peões de fazenda não terem um horizonte maior do que o de Fabiano e sua família. Também interessa o fato de o leitor canônico não ter personagens muito inteligentes, questionadores e ousados.

A falta de comunicação entre os personagens pode ser lida como decorrente da opressão que sofrem. De fato, porém, eles não têm nada a dizer. O silêncio da arte moderna é um silêncio que se diz mediante a diferença em relação à linguagem da mídia. Não é o que ocorre nessa novela. Uma coisa é estar calado por não ter nada a dizer; outra, bem diferente, é ficar calado por ter sido emudecido e sufocado. É preciso, no segundo caso, buscar um modo alternativo de dizer, como a pedra que, silenciosa, consegue falar em forma de escultura. Não adianta querer projetar nos sertanejos e nos caipiras do primeiro caso a situação do segundo, conforme a exegese canonizadora procura fazer com Graciliano Ramos e Guimarães Rosa. Trata-se de um embuste intencional para "salvar" sempre o mesmo.

São Bernardo aparenta ter sido escrito com a intenção de fazer a desmontagem crítica da oligarquia autoritária; serve, todavia, para despertar a admiração por ela e pelo *self made man*. Faz com que todos saibam quão sensível e humana é a classe alta, com sua admiração pelos paus-d'arco em flor e com sua profunda preocupação pela pobre professorinha que pereceu com seu ideal humanitário. Assim, mais uma vez é refeito o discurso senhorial predominante no cânone e as professorinhas de português são sensivelmente representadas na gentil figura de Madalena, uma "quase-socialista" prenhe de humanismo cor de rosa, preocupada com um tratamento *soft* dos peões e a escola das criancinhas, mas que se prostitui ao casar por oportunismo, sem amar e sem agüentar as pontas nas contradições em que se enfiou. Quer ser vista como santa, enquanto age como oportunista. Madalena é a oposição que a direita deseja, assim como Paulo Honório é a direita com que sonha a esquerda.

Como posição política, ela não vai mais longe do que um assistencialismo barato; como personagem, não tem vigor próprio e só existe como reflexo de uma reflexão, sem luz própria, sem força e sem assertivas marcantes. Por intermédio dela a oligarquia reproduz-se e continua mantendo-se no poder. Sem querer, ela é o emblema das professorinhas que, por baixo salário, assumem e propagam a ideologia da oligarquia como se fosse a salvação popular e como se, por aderirem à ideologia dominante, já pertencessem à classe dominante. Ela é uma variante da escrava Isaura em tempos de pós-escravidão: o seu "Álvaro" não é tão perfeito quanto o antigo, mas Paulo Honório é todo ele uma demonstração de que a oligarquia está no bom caminho: já se arrependeu das prepotências pretéritas e promete um reino de puro amor para todos. Repete-se aí a ideologia da "oligarquia esclarecida que de uma geração para outra ficou boazinha" existente em *Lo schiavo*, de Carlos Gomes. É um engodo, uma caricatura que não é vista como tal. Expressa o ridículo intrínseco ao cânone e que é levado a sério pela "crítica".

Como "história de amor", o que se tem no "velho Graça" é uma repetição do mais banal petrarquismo, segundo o qual o amor só deve ser celebrado como rememoração da amada morta. Madalena passa a valer como espectro. Ela é amada como espírito, mas não enfrentou conflitos suficientemente sérios para justificar a sua morte. Paulo Honório escreve só à medida que a rememora. É incoerente e ilógico que ele seja o autor da obra, pois nunca teve vocação para as letras, não teve formação escolar suficiente para escrever uma redação sem erros, menos ainda centenas de páginas e, por seu caráter, não seria dado a "ficcionices". A sua falsidade como autor serve para justificar a falsa consciência que ele encena.

O latifundiário aparece como um homem que se fez apenas por si, a partir do nada: junta, assim, a figura do grande herdeiro rural com a do empresário. A questão da propriedade fundiária transmitida por herança é invertida: aparece como herança a ser transmitida, a exigir um herdeiro, quando de fato costuma ser oriunda de espólios. Fica assim suspensa toda a contradição entre manter os privilégios de casta sob a capa do amor filial e a questão da exploração da mão-de-obra alheia como meio de enriquecimento privado. Nesse sentido, a obra não vai mais longe do que a ficção de Alencar, Machado e Bernardo Guimarães, os quais sempre "deixaram morrer" os patriarcas geradores de fortunas, para que não fosse questionada a origem social da riqueza a partir do trabalho escravo e o sistema de poder do país, e ser tudo assumido como algo natural, como "dádiva do coração preocupado de um pai".

Graciliano Ramos mostra o grande latifundiário como aquele capaz de arrependimento e de belos gestos, com a grandeza do humanismo e da autocrítica. Paulo Honório é um membro da oligarquia como a "esquerda ingênua" gostaria que essa classe dominante fosse, mas não é, e como ela gostaria de ver a oligarquia, chorando arrependida os seus múltiplos pecados (e que ela também não faz). Um espetáculo de hipocrisia e ingenuidade é aí encenado. Não se trata de "esquerdismo", e nem de esquerdismo infantil: trata-se de uma ficção de direita, a qual quer convencer todos de que a oligarquia "é boazinha". Esse *passus* acaba proclamando como moderno e ainda mais aceitável a perspectiva senhorial que sempre dominou o cânone brasileiro, mesmo quando aparentava dar voz aos "servos", a membros de classes dominadas e de minorias étnicas.

Para entender melhor as limitações de *São Bernardo* basta compará-lo às duas obras com as quais ele têm algumas semelhanças estruturais: *Antígone* de Sófocles e *Ana Karênina* de Tolstói. A obra do brasileiro não está no mesmo nível (ainda que os patriotas digam que até as supera), o que se pode mostrar e demonstrar mediante uma comparação detalhada. A comparação só se justifica para que se entenda a limitação estrutural da obra de Graciliano. Do ponto de vista desta, Madalena precisa ser como Madalena "é": limitada, dependente, chorona, frágil, assistencialista, incapaz de desafiar o marido, inviável no sentido de postular uma revolução no sistema de propriedade e gestão, imprópria para expor os antagonismos mais fundamentais do sistema em que opera.

Antígone é uma prova antiga de que a personagem feminina não precisa ser frágil como Madalena, mas, pelo contrário, pode tomar a peito a ruptura radical com as ordens do poder instituído e agüentar até o fim o repto que lança para se manter de acordo com as normas morais em que ela acredita. Comparada com Antígone, a fragilidade dramática de Madalena é tamanha que se torna absolutamente ridículo Paulo Honório chegar a suspeitar que ela pudesse traí-lo. Ela não tinha coragem para erguer os olhos em fúria (e, menos ainda, de enfrentar a fúria dele até o fim). Ela, que morre por um grito, a rigor também não tem o que dizer. É a adversária que a oligarquia gostaria de ter (e quase sempre teve: um engodo de oposição). Ela apenas deseja que Paulo Honório se apresente numa versão mais *soft*, e imprima algum cunho assistencialista à fazenda-empresa: essa é toda a sua "modernidade".

Para que *São Bernardo* pudesse ser um romance e ter estrutura dialética, seria preciso que à tese, representada por Paulo Honório, se contrapusesse uma antítese de mesmo peso. Madalena não consegue chegar a tanto. Não há dialogismo. O personagem Padilha poderia ter sido uma encenação da antítese, mas ele é tão fraco e tão ridículo que chega a parecer conveniente ele ser humilhado pelo oligarca. Tudo isso fragiliza o texto, o qual tenta ser "dialético" ao apresentar um Paulo Honório viúvo-escriba como síntese de si mesmo com Madalena. Não há, porém, antítese suficiente para superar o eterno retorno do mesmo: isso é um sintoma de todo o cânone brasileiro, cuja fragilidade se evidencia quando confrontado com a força do romance russo do século XIX em expressar contradições radicais.

Não se trata de um "romance de esquerda". Falta-lhe até fôlego para ser um romance de peso. O leitor canônico não percebe isso, pois o seu próprio perfil é baixo. Se o autor tivesse encenado vozes alternativas que realmente pudessem desafiar o protagonista, e fizesse com que a obra fugisse ao seu limitado horizonte de narrador, o resultado poderia ter-se tornado maior. A obra não é, porém, mais que ele mesmo. A escolha do ponto de vista narrativo limita as possibilidades dos demais personagens, mas a opção por esse ponto de vista e pela limitação dele ocorre de acordo com as limitações do autor. Este quer levar o leitor a compadecer-se com os sofrimentos exacerbados do senhor, para que ele possa entender quão humanitária é a oligarquia, preocupada com as dores dos pobres e arrependida dos eventuais males que possa ter feito (não tanto por sua culpa, mas por exigências da vida, que é brutal e obriga a brutalidades). Como o cânone, *São Bernardo* não sai do âmbito da voz patriarcal e oligárquica. Não há protesto aí, mas endosso. É a direita em marcha triunfal, a pedir o apoio popular e a simpatia de todos aqueles que "ainda têm um coração". Esse é todo o "esquerdismo" do cânone.

Madalena é a dependente e "culta" mulher dos sonhos do patriarca, um espectro que jamais seria o pesadelo do patriarcalismo.

Ela é exatamente o contrário de Ana Karênina, construída por Tolstói como um repto à oligarquia patriarcal russa. Ana é capaz de mudar completamente de vida ao descobrir que o seu casamento não é autêntico. Ela fracassa na tentativa de ter a guarda dos filhos e de constituir um novo casamento, mas esse fracasso é uma condenação ao patriarcalismo e à aristocracia. Esse trágico romance transcende o horizonte de sua protagonista, uma mulher culta, forte e corajosa, capaz de romper com um casamento e com uma sociedade ao descobrir a hipocrisia que lhes eram constitutivas. Madalena não tem esse tipo de coragem: como personagem é tão fraca quanto o seria como pessoa.

Aleksei Karênin não é mau como pessoa, ainda que iniba o desenvolvimento de sua esposa, a qual se vê muitas vezes obrigada a se anular para não confrontá-lo. Ele representa o comportamento de um estamento ligado ao poder aristocrático russo. Ana poderia ter até tido o conde Vronski como amante, e manter as aparências do casamento. Ela se recusa a esse tipo de hipocrisia. Ela é autêntica no duplo sentido de romper com o falso casamento e de assumir a paixão que a avassala contra a própria vontade. Para Vronski, ela também não é uma simples aventura; pelo contrário, ele a assume como companheira, ainda que não consiga preencher o vácuo que nela fica por não ter acesso ao filho. Todo filho de Ana com Vronski seria legalmente filho de Aleksei, já que este decidiu não conceder o divórcio (e tinha o direito de não concedê-lo, sem que alguém pudesse fazer algo). E, como senhor, tinha o direito de impedir que a "esposa fujona" visse os filhos. Ela sucumbe diante dessas circunstâncias, mas o seu suicídio é a mais grave forma de protesto que se podia inscrever no texto. O que Tolstói não fez foi dar a ela o direito de ser feliz em um novo casamento, longe da aristocracia russa. Nisso ele está de acordo com a tradição de Sófocles e Shakespeare, os quais valorizaram a resistência moral do indivíduo diante da prepotência, mas sempre o mostraram sendo aniquilado pelo poder. Kafka, em *O processo*, também mostrou esse aniquilamento do sujeito.

As obras não precisam ter enredos idênticos ou sequer semelhantes, mas todas as grandes obras são baseadas em grandes personagens, personalidades marcantes capazes de dizer a que vem. Isso não significa que precisem ser brutamontes como Paulo Honório. O que dá força à obra é a capacidade do autor em estender os pólos da contradição como se fossem as pontas de um arco para conferir força máxima à flecha que dispara na direção do leitor. É o que faz um Homero, na *Ilíada*, ao mostrar a grandeza entre os vencidos e a mesquinharia entre os vencedores. Essa força não existe quando a "antagonista" é apenas um fraco suplemento do protagonista e quando ela não consegue expressar, por palavras e ações, uma postura crítica e uma alternativa em relação àquilo que a sufoca. Deixa de haver antagonismo para haver apenas uma tentativa fracassada de união do suplemento, sem que sejam contestados os fundamentos da postura dominante.

Os "romances regionalistas" perdem-se no detalhe localista. De tanto verem pequenos entes não enxergam além do limitado horizonte de sua "gente do interior", a qual, na visão oligárquica, é limitada e medíocre, incapaz de formular algo substantivo, que vá além do horizonte do curioso e do folclórico. Nos pobres percebe-se a limitação dos ricos. É preciso não confundir o "pessoal do interior" com esses "personagens do interior". Por mais que os autores da oligarquia façam de conta que "amam o seu povo", eles o tratam como quem gosta do seu gado: pronto para ser mandado à castração ou ao matadouro assim que convier ao dono. Os personagens oriundos desse povo não podem ir além do horizonte dos seus donos. Os problemas que lhes são permitidos colocar não lhes permitem questionar a propriedade privada do latifúndio e nem a exploração do peonato. Também não podem pôr seriamente em dúvida os princípios que estruturam a ideologia dessa dominação, como o catolicismo, o patriarcalismo, o machismo, o autoritarismo e assim por diante. Nada do que é moderno os atinge. Nada novo têm a dizer. A limitação deles não é só deles, mas da oligarquia que controla o seu dizer.

Guimarães Rosa

Guimarães Rosa é o gênio de um só romance e de alguns contos canonizados, dos quais o mais conhecido é "A terceira margem do rio". Sempre se insiste em sua genialidade de poliglota, como se conhecer várias línguas não fosse uma condição primária para qualquer intelectual. Procura-se apresentá-lo como alguém acima dos partidos, mas de fato ele aderiu à ditadura Vargas, tendo se apresentado como voluntário na força pública durante a "revolução constitucionalista" e, em 1946, ele passou a ser um assessor de confiança no gabinete de João Neves da Fontoura. Como diplomata e como intelectual, destacou-se por seu perfil conservador. Ele foi um autor muito conveniente ao período da ditadura militar, quando subiu aos píncaros da glória. Permitia que se fizesse de conta que se discutia literatura e se promovia cultura, enquanto se esvaziava o debate ideológico. Caracteriza-se pela hipertrofia da forma e pela atrofia do conteúdo, não conseguindo realizar a síntese perfeita de forma e conteúdo que caracteriza a grande obra de arte.

Grande sertão: veredas é um milagre, pois o autor pretende ser o narrador oral de um texto escrito: não precisa comer nem beber, dormir ou ir ao banheiro. Para contar o que contou, necessitaria de dias e dias, e litros de saliva, falando arrevesado como ele só, engambelando o leitor com o faz de conta de que este estaria ouvindo um tropeiro mineiro-baiano como se fosse o tipo mais sábio do planeta. Por meio da falsidade intrínseca ao narrador, o leitor é fisgado para aceitar o resto da falsidade da história como plausível e natural. É relatada a história de um conflito de jagunços sob a forma de memorialismo de um participante, de maneira que os conflitos não aparecem com a vivacidade dos acontecimentos, mas apenas como passado morto e enterrado. Isso tira interesse à história que, para uma luta longa, é pouco pontilhada de eventos marcantes e episódios rocambolescos. Evita-se uma visão panorâmica dos fatos: o parcialismo é sua lei.

A maior preocupação do protagonista é ter se apaixonado por um homem. Quanto mais apaixonado por um macho, mais machão precisa se mostrar, numa andança que é ridícula tanto no aspecto machista quanto no de brigalhão. Se ele ao menos se tivesse assumido como homossexual, poderia ter sido novo ou/e engraçado. Ele leva-se tão a sério que não percebe quão ridículo ele é. Após anos e anos de convivência no cerrado com Diadorim, dia e noite, descobre por fim – *mirabile dictu!* – que o seu homem era uma mulher, com todos os apetrechos no devido lugar, e que, portanto, ele próprio não era um "anormal" (como se fosse normal não descobrir que era uma mulher o que tinha a seu lado e não ter tratado de decidir a atração de um jeito ou de outro durante os anos de convivência). Exige-se mais que ingênua crença do leitor: uma absoluta *suspension of disbelief*. Só que, quando o esperto protagonista descobre tudo, já é tarde demais, pois o suposto-macho está morto. Se isso não é ridículo, então é a repetição do mais banal petrarquismo, o antiquado esquema espiritualista de que o amor só deve ser celebrado como rememoração da amada morta. Também é banal – ainda que dominante no cânone brasileiro – a redução da luta a uma simplória antinomia entre o bando dos "hermógenes" (como diabos montados a cavalo) e o bando do próprio narrador (entendido como formado por arcanjos justiceiros). É uma narrativa trivial que a exegese canônica apresenta como grande literatura. O *establishment* despreza a inteligência dos alunos brasileiros, e estes fazem por merecer tal desprezo.

Parece profundo, e até metafísico, discutir se Deus e o diabo existem, e mostrar a sedimentação popular disso ao reproduzir dezenas de nomes dados a tais entidades, para chegar, no fim, à mui avançada e banal conclusão de que "o que existe é homem humano", o que o leitor minimamente esclarecido já sabia antes de começar a ler. No conceito de "humano" é que está contido o problema (e, por derivação, no termo "homem"). Isso Nietzsche havia cansado de postular. Heidegger publicou o marco filosófico que é *Ser e tempo* em 1927 (portanto uns trinta anos antes de surgir o romance): a suspensão de termos como "homem" e "humano", passando a utilizar o neutro *Dasein*, era um índice da crítica à ontologia e à tradição metafísica (a tradução de *Dasein* como "presença" ou "ser-aí" é um erro, pois significa sobretudo estar-aí). Guimarães Rosa recai de quatro no platonismo, sendo incapaz de ultrapassá-lo. Por ser atrasado é adequado ao cânone, embora nada novo tenha a dizer.

O leitor esclarecido já sabia a preciosa conclusão antes mesmo de iniciar o romance. A leitura mostra-se inútil, pois nada acrescenta ao que interessa. Para quem não é atrasado como esses caipiras do interior, trata-se de perda de tempo. As brigas entre bandos de jagunços, em regiões primitivas, parece não ter outra motivação que não a da vingança, mas não se elabora a questão de saber se a justiça é apenas vingança sublimada ou prepotência de classe. Também não é conscientizada a questão de saber se a história é, toda ela, movida apenas por querelas pessoais, em que os crimes ocorrem como que por acaso, e acarretam sempre novos crimes, num crescendo que leva a campanhas e a batalhas campais. Será que realmente se pode explicar assim a história? Não seriam os heróis, então, meros criminosos com a lei a seu lado por serem os mais fortes, a ditar a versão que lhes é mais conveniente dos fatos? Ora, não só o foco narrativo impede aí o desenvolvimento dessas questões fundamentais para o enredo e a ação. Ao contrário da arte, essa obra não quer, contudo, esclarecer, e sim continuar a mistificação dominante.

Como a obra tenta durante centenas de páginas encontrar testemunhos e indícios da existência do demônio, como a história toda se volta para consolidar a convicção de que os "hermógenes", o bando inimigo, é uma alcatéia de demos, quando o leitor, no final da obra, depara-se com a assertiva de que "o diabo não há", a última coisa em que ele, em princípio, acredita é que ele não existe. A maldade assume uma configuração mística, parece um princípio eterno, além do humano, e, com isso, ela não é entendida como malignidade pessoal. Não se trata, portanto, de uma obra que leva às pessoas um maior discernimento crítico. Pelo contrário, elas são enfaticamente levadas à mistificação e à regressão (mas como se fossem esclarecimento e progresso). O que Guimarães Rosa faz não é nada mais nada menos que reafirmar a antiga e antiquada cosmovisão católica, a qual é constitutiva da invasão e da colonização portuguesa. Por isso, ele encaixa-se tão bem no paradigma do cânone. O senso crítico, o espírito autônomo, o progresso, a liberdade e a arte começam, no entanto, num horizonte além desse paradigma.

No conto "A terceira margem do rio", um caboclo manda fazer uma canoa, coloca-a no rio, e fica morando nela, afastado de todos. Não há nenhuma explicação que diga por que o sujeito decidiu se afastar da família, e virar eremita. Também não há nenhum acréscimo para o leitor quanto às sabedorias que ele teria alcançado. Tudo parece profundo e aberto, o que permite a cada um imaginar mil coisas, mas, de fato, deixa o leitor no vazio do "ora veja". A grande tragédia, pelo contrário, culmina no solilóquio do protagonista, em que ele transmite – num poema lírico – a culminância de sua consciência crítica quanto a história que teve de viver; a grande lírica tem também um tom trágico subjacente que a faz aflorar como se fosse a ponta de um *iceberg*. Nada disso se tem no referido conto. A concepção de uma "terceira margem" (a superfície) do rio não é nova: já está em

Nietzsche. Só que este estava preocupado ainda com a "quarta margem do rio", aquele fundo que o carrega, encaminha e sustenta, sendo o imutável num meio todo mutante. Rosa fica devendo essa quarta margem, pois permanece apenas na superfície, na aparência externa da terceira, e perde as eiras e as beiras. Os seus truques de construção verbal são fáceis de fazer, mas não se justificam em termos de conteúdo.

A atrofia do conteúdo é "compensada", disfarçada pelo autor mediante um abundante malabarismo verbal, em que tenta elevar a pseudolinguagem caipira a uma suprema linguagem literária. Quem tem raízes na roça mineira pode gostar disso, mas poderia matar saudades com uma viagem, em vez de julgar ser tal caipirice cosmopolitismo de primeira água. Em todos os contos de Rosa, o conflito proposto não é levado até o fim em suas contradições. A hipertrofia da forma não compensa, ainda que camufle, a atrofia do conteúdo.

Na época da repressão ditatorial, isso permitiu abundante discussão em torno da maravilhosa criatividade do autor. Como a ditadura foi apenas um exacerbamento do estado de "normalidade", a mesma estética falseadora continua vigente, pois interessa ao sistema uma literatura que não diga nada. Esse fascínio pela forma vazia faz parte da tradição retórica preponderante no cânone brasileiro. A hipertrofia da forma em função da atrofia de conteúdo gera uma contradição não resolvida entre forma e conteúdo, conflito que as obras clássicas sempre conseguiram resolver numa síntese em que toda a forma é conteúdo e, todo conteúdo, forma. Assim sendo, cada um permite ver além do outro, não levando a um obnubilamento mútuo.

Um outro conto bastante referido é "O famigerado", no qual um perigoso jagunço vai perguntar a um "intelectual do interior" o sentido da palavra "famigerado", com a qual ele havia sido rotulado, sem entender se era um elogio ou algo pejorativo. O intelectual devia saber, obviamente, que o sentido era pejorativo, mas, com medo do vilão, assegura a ele que se trata de um elogio. Se o conto servisse para desvendar a covardia e a acomodação generalizadas do intelecto brasileiro, talvez ele fosse um ponto de partida para uma perspectiva mais esclarecida. Não é isso, porém, o que pretende o conto e nem é o registrado nos livros escolares. De modo geral, a covardia é interpretada como "esperteza", como um "saber se virar" diante das circunstâncias e como uma forma de respeitável inteligência de quem soube "ter juízo". Essa leitura é propiciada pelo conto. Essa conjunção de conto e exegese permite que nas escolas se repasse o princípio da frouxidão moral, da esperteza como inteligência prática e da astúcia como forma de superar obstáculos. O que fica de lado é a moral mais conseqüente, a inteligência de buscar a verdade sem concessões ao oportunismo e a sabedoria que se afirma sobranceira contra as vantagens do poder. Tudo isso faz com que esse conto se insira muito bem dentro do paradigma do cânone brasileiro. A brasilidade acaba sendo definida aí desse modo.

A hipertrofia da forma para ocultar a atrofia do conteúdo repete-se em todos os contos de *Primeiras estórias*, bem como nos demais livros de contos de Guimarães Rosa. Nenhum chega ao nível dos contos de Kafka ou Borges. Sempre se tem em Rosa uma situação de conflito, que é ponto de partida para o desencadear da história, mas nunca há o pleno desenvolvimento desse conflito. Quando a situação esquenta, levando a rupturas e a novas situações, há sempre um recuo, um abandono do antagonismo, uma acomodação conservadora, um silenciamento. A exegese canonizadora procura fazer de conta que esse recuo é toda vez um grande avanço, mas sua mistificação é apenas um suplemento da mistificação dominante no autor. Ambos não conseguem avançar sua proposta de desencobrir o desconhecido. Apenas envolvem tudo em nuvens de fumaça, aparentando revelar o absoluto para acabar escondendo até mesmo o pouco que havia sido revelado.

O conservadorismo político de Guimarães Rosa levou-o a castrar os impulsos de escrita revelado no início de suas ficções. Elas sempre perdem o fôlego, são impedidas de avançar nas contradições que elas próprias levantam e o leitor acaba saindo vazio da história. É como se Shakespeare tivesse desistido de fazer Hamlet e Macbeth recitarem os seus famosos monólogos e como se eles fossem forçados a parar suas ações por conveniências do momento. O medo de assumir e de entrar realmente a fundo nas contradições mais antagônicas tanto pode decorrer do conservadorismo político do autor, impedindo-o de chegar ao horizonte dos escritores maiores, como – e o que é mais provável – o seu conservadorismo político e seu reacionarismo escritural ser decorrente da incapacidade de ele chegar ao patamar dos grandes gênios literários e ao fundo das questões. Sua "profundidade filosófica" não vai além do horizonte do mais rasteiro platonismo, o que faz com que a sua postura não chegue sequer ao horizonte da discussão filosófica que, há mais de um século, já está estabelecida. Guimarães Rosa é um engodo e um engano, tanto mais consagrado quanto mais equivocado é.

Clarice Lispector

Clarice aparenta representar um horizonte novo na literatura brasileira e tem basicamente duas obras consagradas no cânone: *Paixão segundo GH* e *A hora da estrela*. Além disso, há alguns contos seus que são citados com freqüência, como "Medo da eternidade", "Amor", "O búfalo", "Feliz aniversário", "O ovo e a galinha" e "A menor mulher do mundo", nos quais se quer ver o registro de uma epifania, com um evento que súbita iluminaria as profundezas da alma e da existência. No primeiro conto citado, a autora relembra uma experiência de infância quando entrou pela primeira vez em contato com uma "bala eterna", ou seja, um chiclete. Ela perde o primeiro chiclete e, assim, aparentemente a eternidade se desfaz. Poderá ter, porém, um segundo, um terceiro e assim por diante. Ora, isso que parece a desmontagem de uma categoria metafísica central não atinge a tradição do platonismo, pois qualquer "cristão" sabe a diferença entre um chiclete e a eternidade: a sua crença no eterno não será abalada por uma comparação tão "infantil". Não se abala a tradição metafísica com um chiclete.

Clarice Lispector é oriunda de uma família que saiu da Ucrânia como protesto contra o advento do comunismo. Por volta de 1940 ela entrou para a Agência Nacional, um órgão oficial de informação do governo e que logo foi transformado no DIP, o Departamento de Imprensa e Propaganda, um órgão de defesa e propaganda da ditadura fascista. A atividade na imprensa permitiu-lhe contatos com intelectuais, os quais a ajudaram a publicar seus trabalhos. Ao ter estudado Direito, casou em 1943 com um rico diplomata, o que lhe permitiu conhecer cidades como Nápoles, Berna e Washington. Quando solicitou a cidadania brasileira a Getúlio Vargas, citou os seus préstimos ao governo. Retornou ao Rio de Janeiro, em 1959, com o fim do seu casamento, e passou a ser jornalista e cronista de diversos jornais. Teve um emprego na Secretaria da Administração do Estado do Rio de Janeiro. Participou, em 1968, na "Marcha dos 100 mil" contra a ditadura militar, mas não foi propriamente atingida pela censura e nem deixou de ter espaço na imprensa pós-64. Não abriu fogo, em sua trincheira literária, contra a ditadura. Faleceu em 1977.

O que parece novo na "grande ficção" de Clarice é, em grande parte, não mais que a inserção da temática do existencialismo francês – Camus, Sartre, Beauvoir & Co – na ficção brasileira, mas sem passar propriamente por sua fonte alemã mais densa, Nietzsche e Heidegger. A versão francesa foi uma diluição jornalística dos pensadores alemães, sendo, portanto, a versão de Clarice a diluição de uma diluição. O retorno ao original obrigaria a uma rediscussão mais aprofundada de temas como a crença na salvação cristã, o niilismo religioso, a duplicação metafísica do mundo, o sentido da igualdade, o preconceito racial, as limitações do nacionalismo, o sentido da morte e assim por diante, engajando-se na crítica a suas equivalências no Brasil. De modo geral ela ficou na superfície dos temas ou tratou de evitá-los.

O que marca o existencialismo francês é, em Sartre, a incompreensão da natureza da obra literária, reduzindo-a a um panfleto engajado e, em Camus, a redução do sentido da existência à sua falta de sentido. O que aí se reflete é o clima de uma cultura católica que já não conseguia mais acreditar em seus velhos mitos, mas também não conseguia se livrar deles e dar a volta por cima. Nesse clima, a lógica de Clarice é, se Deus não existe, a vida é tão ruim quanto comer barata. Então é melhor haver Deus, Jeová e Javé.

Sendo Clarice de origem judaica num mundo católico, um tema óbvio e central – não elaborado propriamente por ela – seria o sentido da "epifania", da história revelada a propor a divisão dos tempos em um mundo pré-salvação e um mundo já salvo. Para os judeus, Jesus não foi um deus, mas um mero profeta (ou agitador). A humanidade não foi, portanto, salva até hoje. Eles esperam o advento do Messias a qualquer momento (e que nunca ocorre). Os judeus mais esclarecidos, ainda que se sintam vinculados à história de seu povo, não acreditam nos princípios religiosos do judaísmo, mas aproveitam seus impulsos para diferenciarem-se da limitada cosmovisão cristã. É o que se tem na obra de escritores como Freud, Kafka, Benjamin e Celan. Não se sente, porém, tal impulso duplamente crítico na autora brasileira. Ela parece profunda, sendo sobretudo uma sensitiva.

Clarice procurou produzir uma "literatura da revelação e do milagre": o texto como produto e afloramento de uma súbita iluminação desencadeada como que por graça divina, na qual um sentido transcendental afloraria. Assim, a autora seria uma espécie de anjo, mensageira do divino ou do profeta, destinada a revelar aos homens a sabedoria divina. Se Clarice ficou presa a uma estética de pressupostos religiosos, foi sobretudo pelo judaísmo. Ela procurou não abrir, contudo, o flanco para uma discussão religiosa quanto ao determinismo místico de sua cosmovisão e produção. Perdeu a oportunidade de discutir uma diferença que seria algo original em relação à tradição católica preponderante no país. Ela poderia, talvez, perder público e incompatibilizar-se com o poder e com fortes instituições religiosas do país. Foi-lhe oportuno reduzir tudo a psicologia e a sutileza da palavra. Assim escondia os grandes temas concretos. Tinha habilidade na manipulação das palavras e sutileza na percepção: isso contava mais que montar peripécias no enredo. Dentro de sua obra, é significativo o que o cânone decidiu selecionar e valorizar.

Paixão segundo GH é a rememoração e a meditação de uma patroa desquitada ao deparar-se com o desenho de um casal no armário da ex-empregada. Aparece uma barata, a qual é mordida como se fosse o emblema da miséria humana. Mais não acontece em centenas de páginas. A recordação do casamento desfeito não encena episódios que expliquem o seu drama e desfecho. Sob a aparência de a patroa lamentar que nunca realmente conheceu a empregada como pessoa, ela sente pena de si mesma, "curte" o fracasso matrimonial. A "outra" é pura ausência e a piedade por ela é abstrata e vazia, não levando a nenhum gesto concreto. O que fica basicamente para o leitor é a profunda piedade da madame – como emblema das classes dominantes – pelos pobres e deserdados da terra brasileira. E, num segundo momento, tudo indica que gostar de pobre é tão ruim quanto comer barata.

Sob a aparência de retomar o padrão moderno, baudelairiano, de um membro da classe dominante criticar a dominação de sua classe, o que se acaba por imperar no cânone é, mais uma vez, a pretensa demonstração de como essa classe é sensível, compreensiva, preocupada com os destinos do povo. Ora, desde o início fica bem claro que a empregada é empregada e nada mais que isso. Apesar de se conceder, *in abstracto*, que ela seja gente, ela é antes uma ausência do que uma presença: apenas uma vaga e distante possibilidade de contestação ou/e solidariedade, num grau que consegue ser mais vazio que o de Capitu, em *Dom Casmurro*, e de Madalena, em *São Bernardo*. Não se trata mais, porém, da postura de dizer que gente oriunda de classe inferior não é confiável ou que escravo gosta de ser escravo, como ocorre em *Dom Casmurro*; ou que a mulher só tenha chance de subir na vida caso se identifique com a classe senhorial, como em *A escrava Isaura*. Também não chega a se constituir uma convivência íntima como em *São Bernardo*, embora a autora guarde com Graciliano Ramos o denominador comum alagoano de certa má-consciência, uma aparência de esquerdismo que só serve para mostrar quão preocupada com os outros é a classe dominante. Não há uma ridicularização do humanismo burguês, na linha de Heine ou de Marx. O "feminismo" do romance reduz-se ao fato de protagonista e personagem-narrador serem agora uma "madame", e não um senhor patriarcal. Sob as diferenças de superfície, a estrutura profunda é, porém, a mesma.

A autora procura cativar o leitor para que ele entenda a "angústia existencial" de uma madame entendiada que não trabalha, não precisa lutar para sobreviver e não sabe ao certo o que fazer com o seu tempo. Não tendo o que fazer, faz literatura. É de toda conveniência encenar piedade, em vez de exibir a madame no luxo e na vida fútil. A autora não desconfia do caráter cômico e grotesco de sua narradora: leva-a a sério, como se a literatura fosse o escarro da sociedade ou a psicanálise pública. Às avessas da inversão baudelairiana, descarregar a má-consciência não tem servido no cânone brasileiro para criar um distanciamento crítico em relação à ideologia dominante, mas para confirmar mais uma vez a dominação, e mostrar a bondade, o humanismo, o espírito caritativo, a grandeza d'alma e a sensibilidade das classes dominantes. Esse bovarismo é neurose de rico que não tem o que fazer, mas pretende ter toda a metafísica da alma humana. Não tem o vigor momentâneo e localizado de Sartre que questionou em sua obra os *colaborateurs*, aqueles franceses que cooperaram com os nazistas durante a Segunda Guerra.

Por motivos biográficos e canônicos, Clarice não podia "herdar" esse tema central de Sartre para colocar contra a parede os intelectuais e os políticos orgânicos brasileiros. O equivalente no Brasil teria sido, de 1945 a 1964, questionar os intelectuais "cooptados" pelo Estado Novo e, após 1964, bater de frente contra aqueles que colaboravam com a ditadura militar. Participar de uma greve ou passeata também não garante por si espírito oposicionista, caráter íntegro ou qualidade literária. Heidegger recusou-se a encontrar-se com Sartre, dizendo "não recebo jornalistas". O francês nutriu-se de suas idéias e foi um autor bastante restrito ao seu cronotopos. O exis-tencialismo francês foi uma versão local do existencialismo alemão. As obras de Sartre envelheceram rapidamente, enquanto as de Nietzsche e Heidegger ainda hão de perdurar – de modo vigoroso e inovador – por muito tempo. Uma obra literária não deve "copiar" idéias filosóficas: deve ir além do horizonte do conceito. Clarice Lispector esteve longe de ser, porém, o equivalente brasileiro de Sartre e Simone de Beauvoir, os quais bateram de frente contra o *establishment* francês.

A barata de seu romance lembra *A metamorfose* de Kafka, em que o inseto só é uma barata em más traduções. Gregor Samsa já era um inseto antes de se descobrir como um inseto. Ele converte-se em sua própria metáfora e, assim, tem um percurso na direção de uma vida mais autêntica. O processo de sua desalienação constitui o enredo, a qual vai sendo descoberta e desmontada enquanto é descrita. Clarice não chega a tanto. A sua madame empetecada não conseguiria se descobrir como uma parasita social, a ter numa barata cara o seu próprio retrato.

Quando Heidegger, em *Ser e tempo*, escreveu que o homem é um ser para a morte, ele não o fez para provocar a reação de que, então, nada mais tem sentido ou que a vida é tão ruim quanto comer barata. Ele também não disse que é preciso comer baratas para o sujeito se tornar autêntico. Heidegger postulou, indiretamente, que o homem não é um ser que deve dispender a sua vida como se estivesse destinado a ir para o céu ou para o inferno depois da morte. Nietzsche rotulou essa postura de nihilismo, na qual se desperdiça a vida em função do nada. Trata-se, sobretudo, de uma ironia, mas com a séria conseqüência de que cada um precisa assumir o seu morrer para fazer uma reavaliação dos valores em função dos quais vive. Isso atinge a ricos e pobres: é a *condition humaine*. Perder uma empregada não é o fim do mundo, mas consegue sê-lo para a madame de Clarice. Tem-se aí uma bagatelização da temática existencialista: não por acaso, foi posta no cânone.

A hora da estrela reflete uma mudança de tom – ao contar a história de uma migrante nordestina no Rio de Janeiro – como se deixasse de fazer uma literatura da perspectiva da classe dominante, e passasse a fazê-la a partir da classe dominada. A narrativa tem por protagonista não uma madame, mas uma migrante nordestina medíocre e feia que, por si, não vale um romance inteiro, a não ser como encômio à piedade. É uma figura limitada, por meio da qual é feito um exercício de compreensão da pobreza material e espiritual. Como datilógrafa e migrante, tentando vencer na vida, pode ser lida como uma caricatura da própria autora, em que falta, no entanto, a diferença entre ambas, diferença que a obra não consegue realizar no sentido de mostrar um horizonte mais amplo do que o da protagonista. Por outro lado, o migrante não costuma ser tão limitado quanto a protagonista. Não se trata de um "retrato" que os pobres gostariam de ver de si mesmos.

Macabéa tenta trabalhar, namorar e sobreviver na grande cidade até que um dia é atropelada por um Mercedes Benz dirigido por um motorista loiro. Bastam duas rápidas citações: "E enorme como um transatlântico o Mercedes amarelo pegou-a" e "mas não depende de mim dizer que o homem alourado e estrangeiro a olhasse".[1] Ora, em 1977, quando foi publicada essa história, o contexto brasileiro dava um sentido bastante unívoco a isso: o imperialismo está matando a brasilidade. O que importa é, portanto, a defesa do "nacional e popular". É estranho que esse carro esteja pintado de amarelo. Quem iria estragar um carro tão bom com uma cor tão feia? Esse homem

---

[1] Clarice Lispector, *A hora da estrela*, p. 98 e 99.

alourado e estrangeiro que aí aparece, tudo indica que deve ter sido quem dirigia o carro, cuja cor é uma extensão ampliada e berrante da cor do cabelo: uma hipérbole por metonímia. O Mercedes não era no Brasil, na década de 1970, um carro usual. Era carro de milionário e de estrangeiro. Ora, a lógica de toda a narrativa leva a concluir que os capitalistas estrangeiros estavam caçando nordestinas pobres pelas ruas para matá-las. É bobagem supor que eles estivessem no Brasil para caçar e matar nordestinas pobres. Tinham coisas melhores e mais importantes a fazer. Se o chofer é emblema do capitalismo transnacional, Macabéa o é da cultura brasileira. Então ela indica que é melhor que essa acabe de uma vez.

Ora, as empresas multinacionais não vieram ao Brasil para matar nordestinas pobres e/ou a cultura brasileira. Vieram lucrar. Colaboraram, mesmo que não fosse seu propósito básico, para acabar com muito atraso, muita pobreza material e muita estreiteza mental. Tornaram-se parte do patrimônio e da história do país. Clarice não percebe isso. A posição dela é do nacionalismo mais estreito e infantil, cuja alternativa seria a Fábrica Nacional de Motores no lugar da Mercedes Benz, Volkswagen, Ford, Fiat e assim por diante. Essa alternativa estava superada em 1977, pois até a FNM já tinha falido. Não houve condições históricas para construir um parque industrial brasileiro à base de empresas estatais. As empresas criadas tornaram-se patrimônio privado de políticos e grupos de funcionários. Onde esse modelo foi desenvolvido de modo mais amplo – no bloco socialista europeu –, os resultados foram tão parcos que o sistema acabou falindo por carências internas. O que é essa "brasilidade", em nome da qual se faz a condenação do capital internacional? Não seria ela algo de formação nazista, já em sua origem lusitana?

Sob esse estreito e gritante nacionalismo há algo mais, porém. O homem é loiro, portanto um tipo ariano. Essa loirice é tornada gritante na coloração absurda do carro. Não se trata de um carro qualquer, mas de um carro alemão. Clarice retoma o preconceito contra os alemães cultuado no cânone brasileiro desde Graça Aranha, como extensão de outros preconceitos tradicionais, cultivados desde os primórdios do cânone. Isso atinge principalmente a quem? – Aos teuto-brasileiros. Em nome da nacionalidade, é preciso persegui-los. Quem for brasileiro deve ajudar a aniquilá-los. E, eles mesmos, se quiserem sobreviver no Brasil, devem aniquilar a sua própria cultura e identidade, a começar pela língua. Esse preconceito antiger-mânico corrente no Brasil é tão estreito quanto o anti-semitismo nazista. E a judia Clarice caiu nele. Mostrou-se mesquinha e pequena, o que corresponde ao seu comprometimento com o DIP. Seria melhor que, em vez de colocar tudo em termos de "sugestão", como produto do "acaso", ela realmente assumisse e enfrentasse o racismo, a crítica ao capital internacional, o conceito de brasilidade, etc.

Já que não há nenhum motivo para esse acidente como necessidade decorrente do enredo, o atropelamento da nordestina pobre de corpo e de espírito é um *deus ex-machina* negativo: o "Destino" que bate à porta. Embora ele fosse possível como acaso de cidade grande, a novela tem a pretensão de ser uma alegoria da história brasileira, ele faz aflorar, de repente, um misto de preconceito racial e nacionalismo barato, o primeiro explicado pela tradição do cânone brasileiro e pela origem judaica da autora e, o segundo, por uma tendência a querer culpar os alemães, os ingleses, os "ianques" e aos demais povos das metrópoles por toda a miséria existente no "terceiro mundo". Ora, essa pobreza já existia quando Cristóvão Colombo aportou na América (ele mesmo registrou, aliás, o seu choque com a miséria dos indígenas, tão pobres que nem roupas tinham).

No enredo o atropelamento não é um evento ocasional, pois tem sentido global, emblemático: é uma síntese alegórica. Ainda que tenha havido e haja exploração internacional, é simplório acusar os países ricos de serem "culpados" pela pobreza. Pelo contrário, eles são hoje, concretamente, uma chance de superar a miséria e o atraso por meio dos investimentos, especialmente na área da indústria. Isso não quer dizer que uma parte da riqueza das metrópoles não deriva da exploração das colônias americanas e nem quer dizer que essa espoliação continua. Ela existe. Não é, porém, uma Macabéa o melhor símbolo de resistência. Talvez ela até represente parte da esquerda brasileira, mas é incapaz de formular alternativas teóricas e práticas. Não é uma abordagem rasteira como a de Clarice Lispector que realmente permite enfrentá-lo, pois o seu enfrentamento está predestinado a perder.

Fazer o elogio da mediocridade existencial e do baixo nível intelectual é querer que eles permaneçam como estão. Sob a aparência de esquerdismo, é uma forma de conservadorismo; sob a aparência de opção pelo popular, é um elogio à miséria; sob a aparência de nacionalismo, é um racismo camuflado. A autora não se pergunta se o enredo que ela faz aflorar como se fosse algo sintomático não contém – sob a aparência de nacionalismo e de antiimperialismo – um preconceito judaico contra o tipo ariano, o que por si é tão estreito quanto o anti-semitismo, embora seja feito em nome da justiça histórica. Sem que chegue a verbalizá-lo, pois é da natureza do preconceito não formular seus pressupostos, o rancor esconde-se sob uma máscara (como havia feito em Fabiano). A intolerância marcou a história de Israel, não apenas como perseguição de outros povos contra os judeus, e sim, conforme está registrado no Antigo Testamento, também como intolerância, belicismo e imperialismo dos judeus contra outros povos. Bastava não saber pronunciar "corretamente" uma palavra (shiboleth) para que cabeças fossem cortadas. Considerar-se um "povo escolhido" é uma forma de narcisismo, com a crença na própria superioridade, o que envolve desprezo e discriminação contra outros povos.

A verdade da cena final de *A hora da estrela* pode ser o deslocamento e a inversão do que foi narrado. Um grande escritor faria o estudo dessa inversão e desse deslocamento, ao expor os motivos reais que levaram à sua concretização. O narrador de Clarice parece não saber o que significa a cena final. Apenas reproduz a obsessão como quem não assumiu nem elaborou a sua história, prefere transformar tudo em misticismo psicologizante: um carro que surge de repente, por força do "Destino", e atropela a moça. Um escritor maior teria se puxado pelos cabelos para fora desse pântano.

Como a autora apela a Deus com orações católicas ("Macabéa, Ave Maria, cheia de graça, terra serena da promissão" etc.) e como a novela tem um sentido político bastante unívoco e claro, pode-se supor que a intenção era captar o público de uma frente ampla contrária à ditadura militar, que era rotulada de "entreguista". A obra teria, portanto, a vocação do panfleto, da obra jornalística destinada a um limitado público de época. Sob a aparência de piedade pela miséria, há rancor contra a riqueza. Então seria melhor tematizar esse rancor, em vez de fazer de conta que Macabéa é que importa. Ela é apenas usada para algo que nada tem a ver com ela. Há uma hipocrisia disfarçada de piedade. Mesmo que o rancor ao rico seja uma vingança da autora contra o ex-marido, o mais importante na novela é aquilo que ela não centraliza. Acaba sobrando, mais uma vez, o preconceito racial contra o ariano. Esse é o ponto em que a judia se encontra com a luso-brasilidade. É um encontro ruim e seria melhor que ele próprio fosse tematizado, em vez de ser disfarçado sob o tom da piedade pela pobre.

Claro é que, com os investimentos estrangeiros por toda parte, o "atraso nordestino" precisa ser superado: esse tipo de gente não serve mais para o mercado. Macabéa queria o seu próprio desenvolvimento, a sua superação, ainda que não o conseguisse. O carro usado pode representar antes a prepotência e a arrogância da oligarquia interna, mas aí também se trata sobretudo de uma visão de fora, externa à própria camada dominante, antes uma projeção de preconceitos do que uma análise objetiva. Se a oligarquia fosse apenas como um carro disposto a atropelar inocentes, ela não teria sobrevivido durante tantos séculos. Acusar o "tipo ariano" de ser agressivo e bárbaro acaba sendo um modo de reforçar o preconceito que, no Brasil, volta-se concretamente contra a minoria dos teuto-brasileiros, mais do que contra o executivo alemão de alguma multinacional.

Arcaicos modernos

Voltaicos modernistas

Modernista é quem finge ser moderno para melhor continuar sendo antigo. Ele precisa insistir tanto em afirmar que é moderno porque é antiquado, superado antes mesmo de surgir. Por isso precisa fingir que ultrapassa todas as limitações do seu tempo para poder dar uma versão do "novo" de acordo com os parâmetros já estabelecidos no cânone. Como não se está aqui a escrever mais uma "história da literatura brasileira", e sim tentando decifrar a estrutura do cânone, basta tomar ainda alguns exemplos retirados de cartilhas escolares para comprovar essa sistematicidade. Certa predileção por autores mortos advém do fato de serem a grande maioria, de ser *the way of all flesh* e de sua obra já estar acabada (supondo que, dos autores vivos, seria possível esperar surpresas, a capacidade de superarem a si mesmos). Trata-se de mera hipótese abstrata, a qual dificilmente será concretizada, já que, por inserirem-se no paradigma do cânone, eles já foram todos ditos antes e nada substancial têm a acrescentar além de pequenas e eventuais variantes de superfície.

Os autores vivos estão, nesse sentido, tão mortos quanto os já falecidos. Apesar de toda a badalação da mídia e da escola, eles próprios se enterram em suas páginas. Quanto mais se esforçam para aparecer, tanto mais demonstram o seu fracasso. Suas obras são atestados públicos de competência menor. Isso não impede a "crítica" de catar gênios em cada esquina de algumas grandes editoras. O autor é auratizado para que também resplandeça aquele que procura auratizá-lo.

Os autores que teriam condições de dizer algo novo (para o que teriam de perceber as limitações do cânone) ficam cerceados pelo inconsciente coletivo formado pelo sistema de normas estéticas socializadas pelo cânone. Eles não conseguem ser reconhecidos como valor. Não recebem prêmios, não são classificados em concursos, não obtêm apoio de editoras, não são badalados pela imprensa, não são convidados pelas universidades. Eles não são nada, e acabam sendo: ninguém. É como se não existissem: e acabam não existindo. Não há no país um agrupamento coerente e de alto nível capaz de desenvolver uma proposta de superação dos limites canônicos. Onde esse grupo já teve potencial de se desenvolver, o *establishment* logo tratou de aniquilá-lo, até mesmo mediante cassações, demissões, boicotes, perseguições, etc. Embora a real literatura brasileira ainda esteja por ser escrita, não há, portanto, esperança. Não há gênios a resgatar. É preciso voltar-se, portanto, para o passado comum como profecia de futuro algum.

Jorge de Lima tem no início do seu "Poema do cristão"[1] a assertiva:

> Porque o sangue de Cristo
> jorrou sobre os meus olhos,
> a minha visão é universal
> e tem dimensões que ninguém sabe.

Quem tem sangue lambuzando os olhos enxerga menos, não mais. Ele apenas acha que tem uma "visão universal", que tem dimensões "que ninguém sabe", enquanto ele próprio é o primeiro a não perceber o que se passa. Em sua lógica, o sangue de Cristo é o par de óculos que ele usa para corrigir a miopia geral. Quanto mais sangue, melhor a visão. Será que a lógica da imagem não é exatamente o contrário? Ao usar a figura de Cristo e a crença religiosa, quer induzir e intimidar o leitor a cair em um temor reverencial diante do "mistério", do qual ele se julga ser o supremo profeta, mas que não é mais do que a crença cristã e católica que o assola: a profecia do que já foi, o novo como o velho reenunciado.

Ele quer transformar a sua "visão" parcial em algo universal, e o limitado, em absoluto. Ele acredita que "católico" realmente seja universal. Tem em si um espírito autoritário, e acha que somente ele

---

[1] Faraco e Moura, *Língua e literatura*, v. 3, p. 204.

está certo, devendo todos se submeter ao seu ditado. Esse é o espírito do cânone, como é o espírito da oligarquia e também é o percurso autoritário da formação e da expansão de Portugal. Precisa contar com um público de fiéis para municiar a arrogância e fazer assertivas pretensiosas, num tom tanto mais peremptório quanto mais problemático é o que ele afirma. Trata-se de uma regressão psicológica e política, a qual é consagrada como se fosse o maior progresso a que o sujeito pode aspirar.

Já de Murilo Mendes[2] costuma ser lembrada a estrofe:

> A mulher do fim do mundo
> Dá de comer às roseiras,
> Dá de beber às estátuas
> Dá de sonhar aos poetas.

O que é ou quem é essa "mulher do fim do mundo"? Isso é tão profundo que ninguém consegue entender. Parece que o *"status* de poeta" dá ao sujeito o direito de dizer absurdos, sob a aparência de ser profundo. O pobre leitor, que não consegue entender bem o que é "dar de beber às estátuas" e suspeita de que se trata de um ato lunático, é intimidado a considerar-se um débil mental por não entender a "lógica superior da poesia", quando ela pode não passar de um conjunto de crendices simplórias e pressupostos falsos. Não existe "a mulher do fim do mundo", pois o mundo é exatamente o que não tem fim: não tem término e nem tem finalidade. Se a um homem interessa uma mulher que ele tenha encontrado na roça, no fim de uma picada, ela não costuma ser um tipo que cultive roseiras, tenha estátuas para dar de beber e seja musa de poetas. Ele bem que poderia se interessar por outras coisas que ela pudesse dar, não solicitadas no texto.

Poesia hermética não é amontoar assertivas sem nexo. Surrealismo não é qualquer dizer arbitrário, sem pé nem cabeça, mas uma tentativa de ruptura radical com o mundo burguês cristalizado, uma ruptura com a visão católica de mundo (visão que continua contida na concepção de "fim do mundo"): usa-se aí a técnica do surrealismo para descartar o seu cerne. Há uma filiação para melhor apunhalar

---

[2] *Idem, ibidem*, p. 201.

os mestres pelas costas, o que constitui um paradigma do cânone. O hermetismo na poesia decorre de uma recusa a repetir a linguagem comercial e o discurso ideológico dominante. Dá-se como busca de um dizer novo, diferenciado, que tem algo a dizer que nunca foi dito antes. A poesia hermética não acrescenta dificuldades inúteis ao difícil do que ela tem a dizer. Pelo contrário, ela é simples, pois diz como diz o que tem a dizer porque não há outro modo, mais simples, de dizer aquilo que ela tem a dizer.

É diferente do que acontece nessa estrofe de Murilo Mendes, na qual apenas se criam dificuldades e aberrações para dizer *non sense*. Se o texto levasse realmente a sério o que diz sobre roseiras carnívoras, estátuas que bebem e o fim do mundo, teria na *science fiction* um gênero mais adequado para formular o nada do que tem a dizer. Como a poesia hermética e o surrealismo foram atitudes de ruptura, esse "hermetismo surrealista" de Murilo Mendes consegue estragar ambos, tirando espaço ao que realmente seria uma dimensão que transcende os parâmetros do cânone e do catolicismo.

De João Cabral, é sempre citado o poema "Tecendo a manhã":[3]

> Um galo sozinho não tece uma manhã;
> ele precisará sempre de outros galos.
> De um que apanhe esse grito que ele
> e o lance a outro; de um outro galo
> que apanhe o grito que um galo antes
> e o lance a outro; e de outros galos
> que com muitos outros galos se cruzem
> os fios de sol de seus gritos de galo.
> para que a manhã, desde uma teia tênue,
> se vá tecendo, entre todos os galos. (...)

A exegese canonizadora insiste, então, na beleza de como o autor cita um galo, depois outro galo, enquanto o texto se tece como se fosse o próprio amanhecer, fazendo ele mesmo a representação "icônica" daquilo a que ele se refere. É a "saudade do matão" que move a composição e a crítica: "o belo mundo interiorano, tão cheio de paz e de poesia". Além de ser uma imagem falsa do mundo rural, e de esconder a natureza opressiva da relação entre fazendeiro e

---
[3] *Idem, ibidem*, p. 275.

peão, desconhece a natureza do canto do galo, metáfora da perspectiva senhorial. Um galo não canta para chamar o outro e provocar uma cadeia de solidariedade. Pelo contrário, com o canto ele afirma o seu domínio sobre o seu recanto. É, portanto, sobretudo um desafio e uma agressão, mais que cada galo afirmar que não está se intrometendo na propriedade do outro. Bastaria um galo entrar fisicamente no território do outro para que fosse agredido e uma briga logo se desencadeasse.

Sem querer discutir detalhes como aceitáveis faltas de completude ("esse grito que ele", "que um galo antes"), básica é a incompatibilidade entre os conteúdos do sistema metafórico e aquilo que o autor procura dizer por meio deles. Isso não é elaborado, porém, como ironia. Pelo contrário, o autor acredita estar dizendo o certo pelo meio mais correto, enquanto está a dizer bobagens por meios incorretos. A ironia surge contra a vontade do autor, quando o leitor percebe a diferença entre o que ele quis dizer e os recursos usados para dizê-lo. O leitor domesticado do cânone e toda a exegese canônica são incapazes de perceber isso. Pelo contrário, fazem rapapés e ficam fascinados diante da incoerência que lhes é recitada e decretada. A ironia da distância entre o sentido das palavras e o real significado delas – como a distância entre "espírito de união" e afirmação de posse territorial – poderia ter propiciado um poema de sentido mais rico. Não é essa, porém, a intenção do autor e nem a do texto. Pelo contrário, até o último verso considera maravilhosa essa encenação de machismo interiorano.

O ponto de partida do poema é uma variante do provérbio "uma andorinha só não faz o verão". Pressupõe-se que muitas andorinhas juntas façam o verão. Mesmo juntas, elas não fazem, porém, um verão nem meio-verão, assim como os galos cocoricando não fazem uma manhã e, menos ainda, um amanhã. Elas aparecem no verão porque o verão acontece, independente delas, assim como o dia se faz sem os galos. Há uma inversão, em que o efeito é apresentado como causa, e a causa como efeito. Está-se de cabeça para baixo, achando que, porque está se vendo tudo sob uma ótica diferente da habitual, já está se vendo mais e melhor.

Segundo a sábia lógica interiorana de João Cabral, onde não houver galos não haverá amanhecer nem manhã. Portanto, não existem manhãs nas grandes cidades. Mesmo que o cidadão levasse um galo para o seu apartamento, isso não bastaria, pois seria preciso uma resolução do condomínio, obrigando cada morador a ter um galo, para que o sol surgisse no céu. Essa é a lógica de Chanticler, já inserida no Hino da Independência. Trata-se de um texto machista, em que só contam e somente cantam os galos. As galinhas, os pintos e os frangos não merecem sequer ser citados. É a glorificação do patriarcalismo nordestino, o atraso proposto como vanguarda.

Os cantos de galo são considerados "fios de sol", portanto fios dourados e – por que não? – fios de ouro. Eles sustentam o país, sustentam a natureza e a vida. Essa é a ideologia do patriarcalismo latifundiário que se considera a fonte de toda a riqueza nacional e até mesmo a única possibilidade de vida. O texto é todo um encantamento com a "solidariedade" dos galos e o espírito de união desses entes interioranos, a ponto de considerá-lo uma lei natural, ou melhor, considerar as leis naturais como regidas por esse regime social.

Ao supor que a lógica simbólica não precisa respeitar nenhum elemento da lógica do real, da lógica dos entes tomados como elementos significacionais, pressupõe que, pelo contrário, quanto mais a "lógica simbólica" rompesse a "lógica do real", tanto mais artística ela seria. Isso seria dizer que o sistema simbólico do texto poderia estar sempre em contradição com o seu sentido lógico, não constituindo ambos uma unidade textual. No poema de João Cabral, o amontoado de metáforas repetidas retoricamente não diz nada mais do que algo que seria possível parafrasear com conceitos lógicos e formulações prosaicas muito mais curtas e que não ficariam devendo nada ao "dito" pelo poeta. Esse hino à união dos grandes latifundiários procura escamotear o seu sentido último, para que todos o considerem maravilhoso na proporção em que não o entendem ou são dominados por essa ideologia.

Uma "leitura avançada" do texto procuraria demonstrar como o texto dito poético pretende se autodemonstrar por paranomásia de si mesmo, fazendo a linguagem poética conter a sua própria metalinguagem. A palavra "galo" formaria um tecido que seria o próprio texto. Assim ele asseveraria a sua absoluta verdade. Ora, isso é ridículo, um truque banal de construção. Os poetas seriam, então, os galos da madrugada; seus poemas, o cocoricó nacional.

Nem mesmo todos os galos poéticos reunidos no poleiro do cânone conseguem, no entanto, fazer do país uma pura manhã, paraíso e utopia, por mais que um conclame o cantar do outro e todos juntos formem um coro sucessivo, em que nenhuma outra voz possa aflorar. O que se tem aí, requentada, é a ideologia do *fascio* como constitutiva da brasilidade. Mais vale, no entanto, uma andorinha solitária, a proclamar que não se fez ainda o verão.

Dos concretos

A poesia concreta é abstrata e não é poesia. Não é uma invenção brasileira, pois já existia há séculos na Europa, reativada por Mallarmé, Apollinaire, Gomringer e outros. Não é necessário ser poeta para fazer um texto concreto, o qual é o "poema" mais abstrato (no sentido de vazio) e o menos filosófico. A concretude poética é diferente da pretendida pelo assim chamado poema concreto, pois este busca apenas a concretude do significante como grafema, o que não quer dizer que nele se realize a conjunção de singular com universal, a presentificação do universal em um ente singular. O poema concreto não é concreto. Não basta escrever, por exemplo, a palavra "velocidade" de maneira a, supostamente, lembrar o conceito de velocidade para, com isso, já se ter concretizado a experiência da velocidade. Dizer que assim já se apreendeu o significado dessa experiência, isso é mera fantasia. Nada foi ainda efetivamente dito sobre a velocidade. Dizer que nada se queria dizer, mas apenas produzir um objeto estético, com a existência gratuita da arte, é pressupor que se produziu arte, que a arte seja gratuita em sua função social e que nada dizer seja o melhor dizer.

O concretismo procurou apresentar-se como vanguarda, mas foi politicamente antes uma "retaguarda", com autores acomodados ao sistema vigente no país e apoiados pelo poder político, jornalístico e editorial; também se apresentaram como grandes questionadores do sistema literário, quando foram de fato continuadores de algumas das suas mais oligárquicas tradições. Sob a aparência de uma inovação da forma, mantiveram antigos conteúdos (ou a retórica ausência de conteúdos). Sempre tiveram apoio do poder, não foram perseguidos pela ditadura militar, a mídia abriu para eles ampla possibilidade de apresentarem a sua obra teórica e ficcional, e, mesmo assim, quiseram ser vistos como boicotados inovadores. O que diziam convinha, ou não era inconveniente, aos que detinham o poder. Os concretistas constituíram, internamente, uma ditadura, a qual discriminou a quem não seguia seus postulados. O dogmatismo tornou-se, então, proporcional à sua superficialidade.

O seu tipo de novidade não questiona a estrutura ideológica dominante, mas pretendia ter o carisma da novidade e até da ruptura questionadora. Isso era interessante da perspectiva jornalística. Eles foram uma vanguarda para que não houvesse vanguarda, para que não houvesse uma ruptura mais séria com a tradição oligárquica e o capitalismo. Foram convenientes à linguagem da publicidade comercial, da propaganda de mercadorias. Podem ser considerados intelectuais orgânicos de direita, porém não mais da oligarquia latifundiária, e sim da indústria internacional. Nada novo foi inventado pela poesia concreta: se Mallarmé chegou a usar a técnica das manchetes e das notícias na página do jornal para fazer poemas, os concretistas nunca conseguiram textos com a densidade do autor francês, embora pleiteassem qualquer "novidade" sempre positiva e um valor em si.

Um texto concreto típico, de José Lino Grünewald,[4] citado em antologias é:

vai e vem

e   e

vem e vai

Ele se constrói sobre a expressão "vai e vem", a qual pode ser lida na linha horizontal superior, da esquerda para a direita, como também na vertical, do canto direito inferior para o canto direito superior, ou na horizontal, do canto direito inferior para o canto esquerdo inferior. Acontece que sempre se lê o mesmo: repete-se o esforço para não avançar nada. A sua contrapartida na expressão "vem e vai" pode ser lida da esquerda para a direita na linha superior, na

---

[4] Augusto de Campos *et alii*, *Teoria da poesia concreta*, p. 181.

vertical do lado direito, ou, em sentido inverso, de baixo para cima, no lado esquerdo. Desdobra-se o esforço para também não avançar. Lendo as cantoneiras em forma de X, lê-se "vai-vai", "vem-vem", enquanto o e quatro vezes forma não só um losango, mas uma contrapartida aos quatro vaivém, dos verbos colocados nos cantos, enquanto o e está sempre no interior do quadrado. A mesma coisa que o texto diz, ele a mostra em sua configuração espacial. As palavras vai e vem apenas vão e vêm.

O que aí se diz é completamente banal, não quer dizer nada, não tem qualquer mediação que nos dê algum sentido: é uma brincadeira. Mesmo o gesto de ir e vir, aí enunciado, não tem qualquer explicação, não chega sequer a andança de uma barata tonta, pois desta se sabe a razão e a graça do desvario. Ele é, porém, um sintoma do cânone, o qual vai e vem para ficar no mesmo lugar. Também não é um gesto gratuito, pois este acaba também tendo um sentido, que é o de se contrapor ao sentido vigente. Dizer que este poema tem por sentido se contrapor aos poemas que querem ter sentido não se confirma no texto: os dadaístas, quando fizeram isso, deixavam perceber contra o que se contrapunham. Esse texto nem sequer chega a dizer que o ir e vir não tem sentido, pois para ele isso tem um sentido, que ao menos é o quadrado, de escrever imitando na grafia o sentido das palavras usadas ao escrever. Como sintoma típico do seu gênero, não acrescenta nada à questão da linguagem poética imitar a si mesma, perguntando sobre si própria. Não chega ao horizonte colocado por Mallarmé, Rilke ou Celan.

Há textos que são plurívocos sem serem, por isso, mais artísticos. Uma piada, um ato falho e um texto publicitário costumam ser plurívocos, sem serem poéticos. A plurivocidade não é garantia de qualidade artística, assim como executar a mal apelidada função poética da linguagem não garante poeticidade. O bom texto conjuga o singular com o universal de modo particular. No texto citado, a singularidade parece estar na forma de escrever as três palavras, enquanto a universalidade estaria no caráter genérico do movimento registrado em "vai e vem": tudo se move. Dizer que tudo se move, ou que tudo acaba retornando ao mesmo ponto num processo cíclico, ou que tudo anda para lá e para cá é banal e questionável. Se a universalidade é vazia, a singularidade pode ser engraçada, mas é ordinária. A sua graça, como a da piada, gasta-se como um palito de fósforo: uma vez, e nunca mais. Como o leitor médio não se detém no texto, este parece que não precisa conter mais do que isso. O poema concreto se esvai no instante mesmo do seu uso: quando revisto, perde o caráter de surpresa, de anomalia, que era a razão única de sua existência. Como um fósforo já usado, torna-se inútil. Um texto artístico é antes como um isqueiro, capaz de gerar fogo muitas vezes.

Ao contrário do poema hermético, que tanto mais diz ao leitor quanto mais este se detém nele, o poema concreto diz tanto menos quanto mais tempo se perde nele. A sua única força está na comunicação imediata, simples, direta: mas que comunicação é essa, em que nada é dito? – Ainda que utilize elementos da "função poética da linguagem", ele está mais próximo da publicidade do que da poesia, só que aquela procura veicular um produto, não apenas a si própria. Sob a aparência de aproximar-se do poema hermético e, ainda que se apresente como herdeiro de Mallarmé, quanto mais se examina o poema concreto, tanto mais ele se mostra como o seu antípoda. Os relacionamentos que ele sugere se esgotam em si mesmos, não constituem uma articulação verbal em que seja apresentada em miniatura algo da obscuridade do mundo, com a leve chama de uma intuição iluminadora. No poema hermético, a obscuridade é o máximo de clareza possível para articular aquilo que busca romper a barreira do silêncio. No poema concreto, a clareza é o máximo de obscurantismo diante daquilo que realmente haveria a articular no tópico que suas palavras-chaves poderiam pretender acenar.

No poema concreto, a configuração gráfica pretende criar metáforas visuais. Os possíveis momentos de identidade, que levariam à comparação, tentam explicitar-se no desenho final do texto. Só que isso não acrescenta nada que seja informação nova, surpreendente. A validade da grande metáfora não está, porém, apenas nos momentos de identidade entre os elementos que nela são aproximados, e sim justamente na aproximação do diferente e na diferença entre o que parece parecido. Quando dois elementos são aproximados e, pela comparação, diz-se que um contém elementos de identidade com o outro, cada um se torna também idêntico ao outro, perdendo, assim, provisoriamente sua própria identidade e deixando de ser idêntico a si mesmo. Um texto moderno não precisa montar as suas metáforas apenas à base da identidade, mas pode operar nelas a diferença entre os seus elementos.

A definição da metáfora, em Aristóteles, costuma embasar a oposição entre linguagem direta e linguagem indireta. Assim, dizer que Aquiles é forte, majestoso e corajoso seria linguagem direta, enquanto dizer que Aquiles é um leão seria linguagem indireta. Antes de se poder, no entanto, dizer que o leão seria corajoso ou forte, é preciso emprestar ao animal a qualidade humana da coragem; para dizer que ele é forte, é preciso ter comparado a sua força com a força média do animal (considerando-se a relação entre peso próprio e peso carregado, uma formiga é mais forte que um homem ou um leão); para dizer que o leão tem realeza ou majestade e que ele é o rei dos animais, é preciso emprestar à estrutura social dos leões a organização de um poder monárquico (sabe-se hoje que a estrutura social permanente desses animais é determinada pelas fêmeas, enquanto o macho apenas pertencem ao grupo enquanto outro macho não o eliminar). A linguagem "indireta" é a linguagem indireta de uma linguagem que já é indireta; portanto, não se pode, a rigor, assegurar que se trata de uma linguagem indireta. Antes é preciso rever, abandonar, o próprio conceito de linguagem "direta". O con-cretismo não soube elaborar tais questões na teoria e na prática textual.

A novidade aparente do poema concreto é a distribuição das palavras na página, como se a escrita, diferindo da palavra falada, pudesse fazer da distribuição espacial uma nova sintaxe, das aproximações e dos distanciamentos entre as palavras um modo de relacionamento semântico. Ora, o poema tradicional, ainda que aparente copiar a fala, também se baseia em uma espacialização diversa da prosa. A palavra inicial de um verso aproxima-se da palavra inicial dos outros versos; mesmo a rima não é apenas uma aproximação fônica para um contraste semântico, mas acaba resultando em uma proximidade espacial. Na fala cotidiana, palavras soltas em contextos inusuais podem ter conotações significacionais que elas não teriam normalmente. Palavras podem conter um eco de outras palavras próximas, fazendo com que aflorem significados inesperados. A piada, o ato verbal falho, a *pointe* são também exemplos de tais conotações novas. Uma inovação parte de um salto dado a partir de elementos oriundos da tradição. O verso linear nunca foi apenas linear. Todas as assonâncias, rimas, contrastes fônicos, repetições de palavras, acrósticos, chaves de ouro e assim por diante são rupturas da linearidade, um implícito ou explícito destaque de palavras e reminiscências, de maneira a criar cruzamentos múltiplos e diversificações no texto, e romper aquilo que parece ser uma característica marcante da fala, a linearidade, o fato de um fonema vir após o outro e, portanto, um grafema vir após o outro.

A técnica torna-se então tudo, não se perguntando mais o que foi feito com ela. O meio torna-se a sua própria finalidade. É como se a "inovação" valesse por si, não pelo que seja alcançado por meio dela (e que, no caso do concretismo brasileiro, foi antes um oportunismo do que uma inovação). O conteúdo do texto seria, então, um mal, nem sequer necessário, mas a ser expurgado, em função de uma concepção pela qual não só o conteúdo é apenas forma da forma, o significado de uma palavra apenas outra palavra: não se fala sequer mais de "conteúdos". A realidade é excluída, substituída por assertivas sobre ela, tornada uma imensa ausência. É como se não houvesse mais história, e sim apenas historiografia, e passasse a valer como história aquilo que sobre ela se dissesse: tudo seria texto, para se acabar dizendo que o texto é que seria tudo, sob o pressuposto de que o texto que vale é somente o próprio texto (gesto que, aliás, corresponde ao gesto semântico do cânone). Fundamental nesse processo não é apenas a "hipocrisia", em que tudo tende a ser o contrário daquilo que se afirma: a "verdade" é reduzida a um sistema interno de coerências, cujos pressupostos não são mais examinados e nem discutidos.

Se a assertiva do hipócrita fosse o exato contrário da verdade, seria possível supor que ele teria em si a suspeita do que é a verdade. Ele a diria, então, pelo avesso. Isso seria algo considerável. Tão simples não é, no entanto, a relação da hipocrisia com a verdade. Esta última começa além da inversão, fora do parâmetro da proposta apresentada pela "hipocrisia". Não há, porém, uma verdade última e definitiva para julgar o hipócrita. Supõe-se ser ele aquele que sabe o que é a verdade, dizendo, no entanto, algo diferente de modo intencional para defender certos interesses. Há, no entanto, uma hipocrisia de quem não sabe conscientemente o que é a verdade e "mente" sem saber que mente. Supondo-se que o seu inconsciente saiba o que é a verdade, seria uma hipocrisia em segundo grau. Isto significaria confiar demais, no entanto, na razão do irracional. Tornam-se vagos os limites entre o mais e o menos "hipócrita".

Os concretistas, ainda que se declarassem sobretudo preocupados com detalhes da forma, sempre tiveram o seu forte no lado publicitário de sua atuação. Forneceram ao público jornalístico, com sua mediana cultura, uma semi-cultura que aparenta refinada erudição, mas que é superficial, sem densidade teórica e nem abrangência analítica. Confundiram a obra de arte com o signo, quando o que a caracteriza é sua capacidade de ir além do signo. Como a cultura mais densa não tem quase eco na grande imprensa, pode-se entender o êxito da fórmula. É a banalidade consagrada como refinamento. E a suposição de que os "antiformalistas" não cuidam da dimensão formal do texto é um engodo, propagado a todo momento.

O critério básico da seleção praticada pelos concretistas quanto ao passado foi o da inovação formal-espacial, sempre para fins de sua autolegitimação. Seria possível fazer uma "história" da literatura nacional à base disso, assim como ela tem sido feita à base da imagem da terra e do homem nativo ou da formação da nacionalidade em "momentos decisivos". O que se mostra, de um modo ou de outro, é o caráter ficcional daquilo que pretende ser ciência histórica, o seu caráter de *constructo* artificial, cuja verdade não está tanto no passado quanto nas intenções e nos interesses do presente. A verdade do poético é, nesse sentido, o político. A grande poesia começa, no entanto, apenas onde acaba esse nível do político esperto. Na tragédia clássica os heróis costumam desdobrar a sua real grandeza quando não se confundem mais com cargos governamentais.

Para se autopromoverem, os concretistas fizeram algo entre uma "construção" e uma "reconstrução" do seu passado literário, à base do critério da inovação formal-espacial. Não foi propriamente uma "reconstrução", pois esta seria refazer algo tal como existiu, e não foi isso que realizaram; não foi também apenas uma construção fictícia, pois baseava-se em autores e aspectos que existiam em textos. Como que usaram peças, pedaços de obras, para remontá-los segundo as suas próprias conveniências. Dispuseram do passado conforme as suas necessidades. Fizeram uma montagem dele, conforme gostariam que tivesse sido, para aparecerem como culminância da história. Não respeitaram a integridade dos fatos; manipularam dados conforme o desejo. Inventaram uma história da sua conveniência. Suas traduções não são confiáveis. Sob a aparência de erudição, não respeitaram a objetividade dos dados. Fizeram cada autor dizer aquilo que melhor conviesse a eles próprios, sem captarem o cerne daquilo que ele fez. Reconstruíram algo que não tinha sido assim como disseram que foi, tomaram o que lhes era conveniente, deram-se um passado fictício para que ele se visse neles como sua única prorrogação e melhor alternativa. Inventaram o que teria sido, conforme queriam que fosse. Foram ficcionistas enquanto pretendiam estar sendo cientistas; e pretenderam ser cientistas quando eram ficcionistas. Esse tipo de procedimento não foi inventado por eles, mas neles fica claro o que é comum à maior parte daquilo que se chama de "história".

O poetinha Vinicius

O mais moderno dos modernistas – como que uma exceção no parâmetro geral – parece acabar sendo alguém como Vinicius de Moraes, um autor que superou alguns parâmetros seculares da "poesia brasileira", mesmo não sendo inovações no plano mundial. Não é, porém, a sua parte mais moderna que ingressa no cânone. É muito desigual o perfil de sua produção. Quando o pai faleceu, Vinicius, que estava nos Estados Unidos, escreveu uma elegia – que não é canônica, mas crônica –, na qual relembrava uma cena infantil:

> Era belo esperar-te, cidadão. O bondinho
> Rangia nos trilhos a muitas praias de distância
> Dizíamos: "E-vem meu pai!" Quando a curva
> Se acendia de luzes semoventes, ah, corríamos
> Corríamos ao teu encontro. A grande coisa era chegar antes
> Mas ser marraio em teus braços, sentir por último
> Os doces espinhos da tua barba.
> Trazias de então uma expressão indizível de fidelidade e paciência
> De quem se deixou ser. Teus ombros possantes

> Se curvavam como ao peso da enorme poesia
> Que não realizaste. O barbante cortava teus dedos
> Pesados de mil embrulhos: carne, pão, utensílios
> Para o cotidiano (e freqüentemente o binóculo
> Que vivias comprando e com que te deixavas horas inteiras
> Mirando o mar).[5]

Não se trata, obviamente, de uma elegia com a pretensão filosófica das *Elegias de Duíno* de Rilke ou das odes e elegias de Hölderlin; apesar de certo perfil jornalístico, também não é totalmente simplória ou banal. Pelo contrário, corrige uma lacuna da filosofia tradicional pouco preocupada com a felicidade, com a infância, com a alegria possível. Esse recorte do cotidiano registra uma pequena felicidade possível, ao mesmo tempo que registra uma busca que transcende o círculo familiar, abrindo-se, com o binóculo que perscruta o mar, para o mundo e para o sonho, através do azul infinito do mar. Ainda registra um filho a cumprir o mandato poético que ele não viu ser realizado pelo pai: o filho, ao mesmo tempo rival e cúmplice, trata, então, de cumprir.

Este poema foi composto em Los Angeles, na madrugada em que Vinicius recebeu a notícia da morte do pai. A palavra poética aflora não simplesmente como compensação de uma perda, mas como reação a uma circunstância em que o cotidiano, o familiar e o conhecido sofre um baque, ficando o mundo habitual fora dos gonzos, enquanto o homem tenta elaborar essa experiência, transformá-la em palavra para poder domá-la, para tornar-se senhor quando se vê reduzido a uma palha jogada pelo vento do acaso. O lírico aflora de um fundo trágico. O poema é o pincel em que ele ainda se pendura quando a escada em que pousava desaparece e ele se vê solto e perdido no ar. Enquanto se abre o abismo sob os pés do poeta, ele rodopia no ar, preocupado em ornamentar a parede com signos legíveis e que não sejam apenas sinais do seu desespero privado.

Vinicius compôs outro poema – que também não é canônico – em memória da mãe, como aquela que, além de lhe dar a luz, também o adotou e assumiu como filho, ficando para sempre a lembrança do

---

[5] Vinicius de Moraes, *Poesia completa e prosa*, p. 278.

regaço, onde encontrar abrigo, mesmo que fosse apenas como fantasma de um tempo perdido, como registra no poema "Minha mãe",[6] que também logo exemplifica a sua primeira fase, no livro *Sentimento do sublime:*

> MINHA MÃE, minha mãe, eu tenho medo
> Tenho medo da vida, minha mãe.
> Canta a doce cantiga que cantavas
> Quando eu corria doido ao teu regaço
> Com medo dos fantasmas do telhado.
> Nina o meu sono cheio de inquietude
> Batendo de levinho no meu braço
> Que estou com muito medo, minha mãe.
> Repousa a luz amiga dos teus olhos
> Nos meus olhos sem luz e sem repouso
> Dize à dor que me espera eternamente
> Para ir embora. Expulsa a angústia imensa
> Do meu ser que não quer e que não pode
> Dá-me um beijo na fronte dolorida
> Que ela arde de febre, minha mãe.
>
> Aninha-me em teu colo como outrora
> Dize-me bem baixo assim: - Filho, não temas
> Dorme em sossego, que tua mãe não dorme.
> Dorme. Os que há muito te esperavam
> Cansados já se foram para longe.
> Perto de ti está tua mãezinha
> Teu irmão, que o estudo adormeceu
> Tuas irmãs pisando de levinho
> Para não despertar o sono teu.
> Dorme, meu filho, dorme no meu peito
> Sonha a felicidade. Velo eu.
>
> Minha mãe, minha mãe, eu tenho medo
> Me apavora a renúncia. Dize que eu fique
> Dize que eu parta, ó mãe, para a saudade.
> Afugenta este espaço que me prende
> Afugenta o infinito que me chama
> Que eu estou com muito medo, minha mãe.

---

[6] *Idem, ibidem*, p. 84.

Essa mãe é memória, mas como memória, como fantasma da mãe que ele teve um dia, ela é sempre repouso e aconchego, reconforto diante da fragilidade humana. O que o assusta, ameaça e angustia não é dito aqui, e pouco importa qual seja a causa imediata que desencadeia essa sensação. Ele está na tradição de Hölderlin, que também tratou desse tema, como no poema:

A Pátria

De ilhas distantes alegre retorna o navegante
   Ao rio tranqüilo, quando conseguiu colher;
      Assim também eu voltaria à pátria, tivesse eu
         Tantos bens colhido quanto dores recolhi.

Ó margens caras que outrora me criastes,
   Acalmais vós as dores do amor, e vós, ó
      Bosques da minha juventude, prometeis,
         Se eu voltar, paz e repouso ainda uma vez?

No fresco riacho, onde o jogo das ondas eu vi,
   Junto ao rio, onde singrar os barcos eu vi,
      Em breve estarei; e a vós, montes fiéis,
         Que outrora me abrigastes, da terra natal

Límines seguros e venerandos, da casa materna
   E dos irmãos que me amam os abraços, a todos
      Em breve hei de saudar, e vós ireis me envolver,
         Para que, como em bandagens, o coração me cure.

O lar que se evoca é um lar que não se tem mais, mas que pode ser evocado porque uma vez já existiu. E porque se teve, podem ser suportadas as dores colhidas pelo mundo, como se pode suportar a angústia dos espaços infinitos, o pavor que, nas palavras de Pascal, a distância infinita dos astros pode provocar. É uma regressão, e não é. O poema surge como uma catéxis, um recolhimento das forças para poder enfrentar tarefas superiores àquelas forças de que dispomos, uma busca que se faz em função de uma ausência e de um vazio, para encontrar algo que é mais que o preenchimento da lacuna, pois constitui algo que é um presente dado a outros tempos e outros lugares, um aperto de mão que se estende do alto de um píncaro solitário, mas que é solidário com todo aquele que estiver disposto a apertar essa mão, entendendo o gesto de que a poesia se impõe ao poeta, mas não se impõe a mais ninguém: ela apenas se expõe e, se expondo, fica à disposição dos espíritos bem dispostos, e transporta tempos e lugares com o frescor de sua fala, seu recolhimento e seu silêncio.

Afinal, não podemos nos furtar às questões mais graves da existência, e uma delas, das mais primárias, é como os pais que geram um filho o condenam, no próprio gesto de gerá-lo, ao destino de todo ser vivo, à morte. Os gregos distinguiam os seus deuses não por serem sem defeitos, não por serem sem dor, não por serem onipotentes ou onipresentes, não por purgarem erros e defeitos de vidas pregressas, mas por serem imortais. Daí o grande dilema de uma deusa como Tétis, que gerara um filho o qual era mortal: a tentativa de salvá-lo dos perigos da guerra imergindo Aquiles em águas que o tornariam invulnerável, o providenciar-lhe uma armadura que o tornasse inatingível por lanças, espadas e dardos, protegê-lo do desgosto, etc. Daí talvez um secreto motivo de Calipso ter entendido que, ao lado do amor que ainda via nos olhos de Odisseu por Penélope, era preciso permitir que ele fosse embora antes de envelhecer: ajudou-o a fazer a sua jangada e lançar-se ao mar.

O destino de cada mãe é o destino da terra: condena à angústia da existência, às dores do corpo e do coração, condena à mortalidade todo filho que ela gera, seja homem, seja planta, seja animal. O gesto do filho que volta ao regaço materno é o gesto de quem aceita o destino, aceita a vida que lhe foi dada, pois lhe foi dada com amor, e, quando algum amor se tem, seja a pessoas ou a ideais, a ideais e a pessoas, também vale a pena ser mantida.

Durante o Estado Novo, o pensamento do jovem Vinicius ainda estava muito próximo do da direita católica. Ele chegou a ocupar o cargo de censor cinematográfico. No sítio de Octávio de Faria escreveu elegias e foi estimulado a publicar o seu primeiro livro *O caminho para a distância*, não por acaso na Schmidt Editora. O próprio Vinicius confessou, em crônica não por acaso de fevereiro de 1965, a sua posição e a dos intelectuais em geral à época do Estado Novo:

> Nós éramos todos "de direita". Torcíamos pela vitória do fascismo e líamos Nietzsche como quem vai morrer. "Escreve com o teu sangue, e verás que teu sangue é espírito!" Ah, como amávamos

essa palavra sangue... Ah, que conteúdo tinha para nós essa palavra espírito... (...) Depois eu cresci e vi que não era nada disso. Vi que nem eu era gênio, nem queria destruir coisa alguma. Queria era namorar, conversar com os amigos, tomar sol na praia, empilhar fichas de chope e escrever palavras simples.[7]

Liam Nietzsche, mas liam mal, pois Nietzsche foi um feroz inimigo do nacionalismo estreito, do anti-semitismo, da arrogância bélica, da prepotência, a ponto de ter rompido com Wagner por alguns desses motivos. Vinicius fez, em 1942, aos 29 anos, uma extensa viagem ao Norte do Brasil, em companhia do escritor norte-americano Waldo Frank, o que mudou radicalmente a sua visão política, tornando-se ele não só um antifascista convicto, mas um autor preocupado em defender e valorizar as camadas mais pobres e marginalizadas da população, o que lhe acarretou, mais tarde, perseguições durante o regime militar. Ele fez uma opção permanente pelo povo, sem cair na demagogia e procurou não sacrificar a poesia. O povo entendeu isso e o adotou como seu poeta, como a voz que dizia a sua vida e a sua esperança. Implícita na sua opção popular estava uma revolta contra a pseudocultura dominante, contra a arrogância dos donos da riqueza e do poder, mas, principalmente, uma crença – ainda não se sabe bem, se ingênua ou fundada – na capacidade de grupos marginalizados poderem manifestar a sua cultura, a sua perspectiva, a sua identidade diferenciada.

Vinicius de Moraes manteve essa opção pelo popular, e nisso ele reflete bem um clima que havia em torno de 1960 e que foi levada avante pela União Nacional de Estudante, nos assim chamados CPCs, os Centros Populares de Cultura. Cite-se um trecho de "O operário em construção", registrado por Luciana Stegagno-Picchio, em sua *História da literatura brasileira*:[8]

>... certo dia
>à mesa, ao cortar o pão
>o operário foi tomado
>de uma súbita emoção
>ao constatar assombrado

---
[7] *Idem, ibidem*, p. 634.
[8] Luciana Stegagno-Picchio, *História da literatura brasileira*, p. 653.

> que tudo naquela mesa
> - garrafa, prato, faca -
> era ele quem os fazia
> ele um humilde operário
> um operário em construção
>
> E um fato novo se viu
> que a todos admirava:
> o que o operário dizia
> outro operário escutava.
> E foi assim que o operário
> do edifício em construção
> que sempre dizia *sim*
> começou a dizer *não*.

Boa intenção não garante qualidade poética, ainda que má intenção sempre a perturbe. Trata-se de uma clara opção pela consciência operária, pela valorização do trabalho, pela ruptura com a submissão secular ao ditado da oligarquia, pelo fruto do trabalho ficar com aqueles que o geraram, portanto não com a minoria que vive da exploração do esforço alheio para gozar uma vida cheia de supérfluos, enquanto os trabalhadores passam necessidades. Essa consciência demorou a chegar à literatura brasileira.

Houve em Vinicius um período de regressão ao nacionalismo estreito, em que lhe pareceu lógico compor, repetindo *ad libitum:* "Só danço o samba, só danço o samba", sob a alegação de que "já dancei demais o twist e o tchá-tchá-tchá", como se a música fosse redutível apenas a essas três alternativas. No âmbito público a música foi, no entanto, num certo período, quase reduzida pela indústria cultural americana a esse horizonte. Tão estreito quanto o imperialismo cultural o é, porém, o nacionalismo de só aceitar determinada música popular carioca. Mesmo quando Vinicius diz "só danço o samba", como se o samba fosse a única expressão musical brasileira, com uma obsessão reiterativa a mostrar por si a fragilidade do argumento, o que ele queria dizer com essa redução era algo mais que reducionismo: era defender a diversidade cultural do planeta, contra a dominação por parte da baixa cultura norte-americana. O ponto não está tanto na assertiva do "só danço o samba", mas no contraponto ao imperialismo cultural, na defesa da diversidade. No plano interno a sua opção tornava-se, no entanto, imposição de unidade e castração da diversidade. Era uma regressão ao fascismo de sua juventude. Isso interessa ao cânone.

Em sua produção especificamente literária, Vinicius também arranjou espaço no cânone com a sua produção mais mistificadora, como o "Soneto da Separação", citado por Alfredo Bosi, na *Histórica concisa da literatura brasileira*:[9]

> De repente do riso fez-se o pranto
> Silencioso e branco como a bruma
> E das bocas unidas fez-se a espuma
> E das mãos espalmadas fez-se o espanto.
>
> De repente da calma fez-se o vento
> Que dos olhos desfez a última chama
> E da paixão fez-se o pressentimento
> E do momento imóvel fez-se o drama.
>
> De repente, não mais que de repente
> Fez-se de triste o que se fez amante
> E de sozinho o que se fez contente,
>
> Fez-se do amigo próximo o distante,
> Fez-se da vida uma aventura errante,
> De repente, não mais que de repente.

Ora, o que quer dizer isso? Por que é tão valorizado isso que até comete o erro do cacófaton ("branco como"), capaz de quebrar o tom sublime do soneto? Tem-se aí uma peça retórica – não por acaso na forma tradicional do soneto –, na qual repetições abundantes fazem variações em torno da vivência de mudanças súbitas, que se reduzem ao horizonte pessoal, principalmente amoroso, com a exclusão das grandes revoluções sociais. As únicas mudanças radicais aceitáveis ocorrem no plano privado, jamais na esfera pública. Isso é consagrável e consagrado.

Há uma insistência aí na concepção de que tudo ocorreu "não mais que de repente". Ora, essa é uma falta de percepção dos fatores

---

[9] Alfredo Bosi, *História concisa da literatura brasileira*, p. 511.

mediadores que fazem eclodir mudanças súbitas em comportamentos e atitudes. Tudo acontece (como que) "por milagre". Apenas essa palavra é evitada, mas a concepção católica está aí presente, como que a insistir na presença do miraculoso, portanto do divino e do demoníaco, na vivência cotidiana. Trata-se de uma regressão à visão metafísica do mundo. A regressão é consagrada, não a ruptura com a tradição.

O "Soneto de Fidelidade"[10] foi escrito no Estoril, em outubro de 1939, e até hoje continua mantendo o mesmo frescor. Ele pode tanto ser lido como uma declaração de amor eterno e único, quanto ser transformado, como já aconteceu tantas vezes em diversos meios não-literários, no "Soneto da cantada", em que o Don Juan quer destacar a importância do momento:

> De tudo, ao meu amor serei atento
> Antes, e com tal zelo, e sempre, e tanto
> Que mesmo em face do maior encanto
> Dele se encante mais meu pensamento.
>
> Que vivê-lo em cada vão momento
> E em seu louvor hei de espalhar meu canto
> E rir meu riso e derramar meu pranto
> Ao seu pesar ou seu contentamento.
>
> E assim, quando mais tarde me procure
> Quem sabe a morte, angústia de quem vive
> Quem sabe a solidão, fim de quem ama
>
> Eu possa me dizer do amor (que tive):
> Que não seja imortal, posto que é chama
> Mas que seja infinito enquanto dure.

Essa concepção de "que seja infinito enquanto dure" foi uma ruptura com a promessa matrimonial católica do "até que a morte vos separe", entendendo-se a morte como morte física dos parceiros e não como morte daquela relação amorosa. Há, portanto, mesmo onde não pareça haver, uma postura filosófica em Vinicius de Moraes

---

[10] Vinicius de Moraes, *op. cit.*, p.183.

que está na linhagem de Nietzsche de Heidegger e do existencialismo, em que valem o momento, a vida concreta, o presente. Sob a aparência de um cantador da sensualidade, da vida carioca e do povo mais simples, tem-se nele, apesar de todas as regressões e falhas, um poeta que também é um pensador. A sua produção surge de um estado súbito de ruptura.

Vinicius de Morais foi também um exilado, um poeta que, em sua primeira fase, buscava a alvura do cisne, a fluência da elegia e a fôrma perfeita do soneto. Vivenciou eras de guerra e obscurantismo, espalhadas pela América Latina e pelo mundo. Não se deixou, porém, abater. Ele não se colocou simplesmente a repetir a tradição do cisne excluído, o qual não tem mais espaço para viver no mundo moderno. Enfrentou as águas poluídas e tratou de melhorá-las. Tornou-se, mais do que nunca, o representante do país, assumindo representar e apresentar o povo, em vez de representar apenas um governo. Ele não confundiu o povo com o governo, nem o Estado brasileiro com eventuais mandantes. Idealizou a gente simples, os excluídos. Denunciou o exílio, falou do que não se devia falar. Em vez de ficar na lamentação inútil do exílio, da brancura do cisne sacrificado pelo duro inverno de toda a desesperança, ele cantou o rebolado da "garota de Ipanema",[11] e fez uma variação em torno do *topos* de "A une passante" de Baudelaire, que havia, por sua vez, se inspirado em "O homem da multidão" de Edgar Allan Poe.

> Olha que coisa mais linda
> mais cheia de graça
> é ela, menina, que vem e que passa
> num doce balanço, caminho do mar... (...)

Essa "menina" é também a poesia, que vem e que passa, num doce balanço, a caminho do ar. A mulher que aparece em meio à multidão, que em Baudelaire ainda estava vestida de luto e troca um olhar com o poeta, é transformada numa ninfa quase desnuda, primeiro

---

[11] Mário Mascarenhas (Org.), *O melhor da música popular brasileira*, p. 31-33. Confronte ainda Vinicius de Moraes, *Poesia completa e prosa*, Rio de Janeiro, Nova Aguilar, 1986, p. 392: "Olha que coisa mais linda/ Mais cheia de graça/ É ela, a menina? Que vem e que passa/ Num doce balanço/ Caminho do mar..."

quase intangível com uma deusa, mas nem por isso menos observável, no rebolado de suas cadeiras, nem por isso menos cantável e namorável.

A uma passante

Ensurdecedora urrava a rua ao meu redor.
Alta, elegante, toda de luto, na dor majestosa,
Passou uma mulher, com a fastosa mão
Erguendo, balançando a bainha e o festão;

Ágil e nobre, com a sua perna de estátua,
Eu, eu bebia, crispado como um extravagante,
No seu olho, lívido céu que gera o furacão,
A doçura que fascina e o prazer que mata.

Um clarão... a noite após! Beleza fugidia,
Teu olhar me fez renascer num repente,
Será que ainda terei de novo um dia?

Tão longe daqui! tão tarde! Talvez nunca; no além!
Não sei para onde foste, não sabias para onde eu ia,
Ó tu que eu teria amado, ó tu disto sabias!

Em vez de apenas decantar a perda irreparável, em vez de apenas cantar uma amada perdida e a ser amada apenas como memória e espírito, Vinicius cantou o encontro amoroso, possível porque desejado, como na "Valsinha":[12]

Um dia ele chegou tão diferente
Do seu jeito de sempre chegar
Olhou-o de um jeito muito mais quente
Do que sempre costumava olhar
E não maldisse a vida
Tanto quanto era seu jeito de sempre falar
A poesia não o deixou a sós num canto:
Pra seu grande espanto convidou-o para rodar:
Então a vida se fez bonita
Como há muito tempo não queria ousar.

---
[12] *Idem, ibidem,* v. 1, p. 108-109.

Eles deram-se os braços
Como há muito tempo não se usava dar
E cheios de ternura e graça foram para a praça
E começaram a se abraçar.

E ali dançaram tanta dança
Que a vizinhança toda despertou
E foi tanta felicidade que toda a cidade se iluminou.

Mais do que ver nisso apenas o preço pago à tradição retórica da literatura na tradição brasileira, e um tributo pago à popularidade mediante uma certa facilitação jornalística do poema, com o perder-se na singularidade do evento e com a perda da densidade, é preciso reconhecer que há certo encantamento banal nesse decantar as pessoas do povo e no cantar o concreto, o plebeu, o sensual. Está em antítese à tradição petrarquista. Exatamente o que lhe dá popularidade pode ser o que lhe retiraria perenidade, o que lhe conferiu atualidade momentânea é o que lhe retiraria permanência, atualidade no agora. Mesmo quando procurou ser mais fácil, porém, ele não facilitou de todo não caiu no prosaico, pois sempre mantinha a elegância no dizer, o andamento rítmico, uma assertiva cheia de achados curiosos, que o tornaram mais que testemunha e documento de uma época. É difícil ser tão fácil.

Desconclusão:
para concluir o inconcluso

O nacional *versus* o artístico

Essa listagem poderia prosseguir até com autores que ainda não foram enxertados no cânone ou hipóteses que nem sequer nasceram. É cansativo, porém, trocar tanta fralda de bebê. Há uma literatura mais adulta a ser cuidada, uma que é arte, e não apenas aparelho ideológico do Estado, instrumento de propaganda de uma linha política, de um racismo, de uma seita religiosa. A saída não é a regressão à literatura infantil, como se esta preparasse um leitor melhor, mas a volta aos grandes escritores e pensadores (nenhum dos quais é, por enquanto, brasileiro). Há mais a entender e fazer nesse horizonte não regressivo do que consegue sonhar o intelecto orgânico. Este último não interessa mais, pois não tem nada a dizer, ainda que ocupe quase todas as cátedras e catedrais de pedra, madeira e papel. Há um exílio permanente de quem não se submete ao sistema que utiliza o literário para fins pragmáticos. Talvez a arte seja problemática por ser um espaço do ócio e por tornar suportável a vida, mas isso talvez seja entender pouco a função do devaneio.

O leitor canônico há de considerar os comentários resumidos como demonstração da falta de consistência na argumentação negativa apresentada ao longo da trilogia; o leitor com alguma empatia pelas posições assumidas há de lamentar a falta de aprofundamento analítico, de um detalhar melhor as observações resumidas em tom peremptório; o autor pode ter considerado o renome dos autores mais recentes como um gigantismo causado pela própria proximidade e, por isso, tratou de reduzi-los a proporções históricas, e considerou ainda que análises mais detalhadas de obras anteriores podem servir de parâmetro para que interpretações mais longas destes e de outros autores ainda possam ser feitas. Cerra-se aqui a porta, e joga-se fora a chave, mas deixa-se uma cópia dentro da trilogia, a qual fica à disposição de quem quiser recolhê-la para abrir, por sua vez, outras portas textuais.

A presente conclusão nada conclui, pois seu objeto continua rodando no tempo, a fingir a história que ele próprio não tem: ela apenas encerra, por enfado, as suas observações, como quem morre por excesso de imagens na retina. O cânone é um "eterno retorno" da mesma estrutura fundante. Ele só precisa de novos disfarces para impor a mesmice. O seu "progresso" é apenas um modo de "refinar" os disfarces para que não sejam percebidos como tais. O ensaio contradiz-se ao sugerir novas máscaras enquanto desmonta antigas estruturas.

O cânone está no tempo e fora dele ao mesmo tempo. Contém uma sucessão de escolas e períodos literários que reiteram a mesma estrutura, como se tudo acontecesse para nada acontecer, como se tudo mudasse para ficar sempre igual. Ao fingir obedecer ao ditado da estética da mímese (fazendo de conta que copia para melhor escamotear), as obras são reduzidas a seu momento e local de gênese, documentos de uma escola, meras amostras do que se queria então produzir. Há o olvido de algo primário: as grandes obras artísticas e filosóficas caracterizam-se por ultrapassar o horizonte e cronotopos de sua gênese (mas em virtude das qualidades já contidas nelas desde o início). Elas não precisam ser vampiros, a nutrir-se do sangue das novas gerações, para manter a estirpe dos antigos senhores, como ocorre com as obras do cânone.

O cânone brasileiro chega a dar a impressão de ser literatura de medianos que se consideram muito sábios só porque são poderosos, na medida em que fazem o que corresponde à ideologia dominante e o que interessa à estrutura vigente de poder. Os professores dessa literatura são tanto enganadores quanto enganados. Conseguem a proeza de serem dois ao mesmo tempo, sem saber que são um e outro. Acreditam que estão ensinando maravilhas, pois nunca tiveram um sério acesso à literatura maior (da qual também não percebem as limitações); por outro lado, são pessoas de má-fé, que corrompem a juventude com ensinamentos errôneos, ainda que suponham estar a levá-los para o caminho da salvação. São fábricas de medíocres, e julgam estar fazendo o melhor que podem pelo país.

Uma norma a seguir para fazer parte do cânone é tratar de descobrir uma nova tendência literária na metrópole, e tratar de reproduzir algo semelhante no Brasil, com algum colorido local, pois o paradigma canônico serve para civilizar o território, contrapondo-se à sua tendência à "barbárie afro-índia"... A civilização é entendida como afrancesamento. Paris é para o Brasil independente a sua capital cultural (até ser substituída por Hollywood). Tomam-se tais fontes como sugestão para elaborar algo que pareça expressar prementes problemas nacionais: o modelo externo parece adaptado às necessidades internas, fingindo-se que representa uma linha autônoma de reelaboração, com o nível das conquistas técnicas e temáticas dos países mais desenvolvidos.

A tese corrente de que a literatura brasileira surge como sistema em Minas Gerais, na segunda metade do século XVIII, contém embutida a concepção de que, ao ser a "Inconfidência" confundida com um movimento sério e organizado em prol da independência e da liberdade, ela seria parte estratégica de um impulso de autonomia e soberania. A sua verdade é exatamente o contrário. Os inconfidentes mineiros nem eram tão inconfidentes como se tem pretendido, como também não eram tão libertários como se alardeia; os seus textos originais, descontados aqueles que se diz terem sido escritos na prisão, antes convidavam os lusos a recrearem a sua ambição de ouro nos rios mineiros do que faziam qualquer protesto contra eles.

A educação tradicional dada nas escolas católicas treinava os jovens a servir ao senhorio. O intelecto era uma linha auxiliar interna da dominação "externa" (e que já estava internalizada, pois o interno ecoava o externo). Precisavam imitar todos os trejeitos e esgares do falar e do escrever lusitano: daí a gramática normativa e a retórica. A estética da Igreja Católica valorizava modelos europeus, em detrimento da genuína experiência e da vivência local. Consagrava a alienação. Precisava provar que todos haviam sido bem domesticados. A valorização católica evitava fazer da arte a expressão mais direta dos problemas mais candentes locais. Havia uma identificação com vivências, figuras e problemas alheios, longínquos no tempo e no espaço, para que as circunstâncias do aqui e do agora não se tornassem a instância mais legítima do impulso criativo e da elaboração da vivência. Isso servia para adotar como própria a língua e a mentalidade do invasor e dominador, passando-se a servi-lo como se fosse a única ética certa. Com a "Independência" aprofundou-se a interiorização da dependência. Não só os mineiros foram estratégicos na formação e na continuidade desse processo de dominação.

A literatura dita brasileira não é simplesmente uma grande manifestação de soberania nacional. O que nela se entendeu como autêntico e próprio sempre foi alienado e determinado de fora para dentro. Ela foi e é um instrumento de dominação interna, para aniquilar a língua, a cultura e a identidade espiritual de todas as "minorias" que formam a maioria do povo dito brasileiro. Ela manifesta a voz do senhor, dá a versão da história que convém a ele, impõe a todos uma falsa identidade como se fosse a sua mais autêntica expressão. Ela reitera as estruturas mentais já formadas e impede que se pense, sob a aparência de melhor pensar.

Quem é dominado pelo demônio da alienação que o manipula não sabe que ele próprio é uma marionete, um boneco, cuja única "vontade" é atender aos comandos que lhe são impostos e que ele supõe serem de si mesmo. Quanto mais frágil é a autenticidade de sua identidade tanto mais autoritário se torna para impor aos outros o que nele mesmo foi imposto. Ele é uma carcaça vazia que acha que está replena de sabedoria. Trata de impor a sua pretensiosa superficialidade como grande arte. Cultua-se o narcisismo grupal. Cada um trata de saber como salvar a sua "alma poética" para a eternidade sem saber que só não a perdeu já porque nunca a teve. Trata-se de um culto de autores, longe do que realmente seriam "escritores".

Um gênio não é necessariamente apenas a flor que luz no pântano. Pode ser o coroamento do pântano. A língua portuguesa não produziu nenhum grande filósofo. Os dois mais renomados escritores portugueses, Camões e Pessoa, fazem parte da "síndrome luso-nazista": expansionistas, autoritários, prepotentes, bélicos, fascistas, racistas, intolerantes. Não são um acaso. Expressam a "pura cepa lusitana". E esta última gera a oligarquia brasileira. Ainda que não se creia em seus valores, há uma contaminação tanto por ela estar por toda a parte como pelo gesto que se aproxima dela, quer ser aceito por seu sistema, fica infeliz por estar do lado de fora. Não identidade própria. Isso não apenas se constitui em uma postura anacrônica e ridícula na era da globalização, como acaba sendo também injusta com o próprio país, à medida que tende a consagrar a repressão externa e interna, bem como a cercear possibilidades de desenvolvimento mediante o diálogo com outros povos e culturas.

Arte é transcendência, não no sentido religioso de advento de uma instância metafísica, e sim no duplo sentido de arrancar o sujeito de sua circunstância e permitir o acesso a algo além do aqui e agora. A arte é sempre subversiva, no sentido de arrancar o sujeito da tirania de sua circunstância e de seu conformismo. Ela é sempre um desafio, um convite ao crescimento, um princípio de desautomatização. Ela é o anticanônico por excelência. Somente pode ser gerada a partir de uma experiência de choque e de uma vivência de exclusão. Ela é a elaboração de um abismo o qual separa o sujeito de sua circunstância e o leva ao espaço privilegiado de alguma espécie de moldura, dentro da qual ele opera o seu milagre criativo. A obra gera o êxtase porque é gerada num *ex-stare*. Ela supera suas circunstâncias porque faz delas a instância de superação do aqui e agora.

A exclusão do mundo cotidiano, pessoal e profissional, o ficar fora de seus gonzos pode propiciar o advento do *daimon*, o qual permite ao homem descobrir a si e à sua circunstância, desencobrir o padecimento que lhe é imposto pela fatalidade de sua gênese mediante a descoberta de sua liberdade e de sua capacidade de julgar. É esse *daimon* que propicia o advento da diferença, do juízo maduro e da capacidade de criar melhor. É como se ele contivesse algo demoníaco nele mesmo. Só que esse "demoníaco" já não aceita mais a sua submissão total aos princípios "cristãos", "raciais" ou "nacionais" os quais o negam: a negação pode constituir a moldura em que ele opera, mas, se a moldura penetrar no espaço em que se realiza a negação da circunstância, ela aniquila o artístico. Fausto só vale como sombra e mão de Mefistófeles: assim que ele foge ao seu âmbito, é possível fingir que ele se salvou, mas ele já se perdeu então para a arte e não interessa mais. Não se trata de justificar a punição, pois continua perdido para sempre o que poderia ter sido feito de positivo e deixou de ser feito, impossibilitado pelo cerceamento à liberdade, ao direito de exercer a profissão, pela perversão dos valores.

A exclusão permite a inclusão no difícil percurso da visão diferenciada que pode se sedimentar numa obra de arte. A inserção num grupo literário aparenta afastar essa exclusão, e propicia certa acomodação, um discurso que nada acrescenta ao que já foi dito. O artista encontra-se, porém, sempre solitário com o seu desafio, excluído de tudo e de todos na hora em que o *daimon* aflora e exige o registro de seu ditado. Ao incluir-se na vida sem ser perguntado, tem-se nela o direito permanente de exclusão, ao ter de aprender com ela a inevitabilidade da exclusão. Não há "imortalidade" acadêmica ou artística que apague ou diminua esse fato. Frágeis e mortais como os homens são os textos que produzem. Proust, no último volume da *Recherche*, lembrou-se de que também as obras literárias hão de perecer e que, quando lidas, elas são apenas lentes através das quais os leitores lêem a si mesmos.

O texto aparenta incluir e concluir o artista na página. O que fica é, porém, algo que se exclui dele, algo que não se inclui no leitor, por mais que este imagine estar lendo o autor ao ler sua obra. De certo modo o artista nem se diz a si mesmo. Ele apenas serve ao *daimon*, ao *genius* que dele se apossa e que dele exige a sua manifestação, como se esta fosse a sua mais autêntica expressão. Esse *daimon* não é imortal, mas morre com o artista para ressurgir de outro modo em outros, como se todos servissem a um fim superior (que não existe, mas vai sendo construído por todo artista). Quem sobrevive por alguns anos, nas parcas páginas que ainda merecem releitura, não é o artista: é o *daimon* que dele se apossou e dele se serviu. Isso não tem nada a ver com misticismo e consagração canônica, formas de beatificação pela hipocrisia, fingindo uma coisa para ser outra. A arte existe para que a vida se torne suportável, só que também isso ela precisa pôr em questão, como se não valesse a arte que só se justifica em termos de resistência e refúgio.

A leitura é um ato solitário; a escrita é um ato solitário; a literatura é uma ação solitária e solidária. Mesmo que ela não o queira, sua arte maior é para poucos. Os bons escritores precisam conformar-se com o fato de não serem muito lidos. Se não ser lido não garante artisticidade, mas, pelo contrário, tende a ser um índice de precariedade textual, os autores que queiram ser apreciados pelo grande público precisam fazer concessões que tornam os seus textos precários e vulneráveis, ainda que o leitor comum não perceba isso. Concessões desse tipo podem tornar os autores bastante conhecidos,

mas não os tornam escritores. Eles são apenas aqueles que muito falam, sem ter o que dizer. Há uma simplicidade que é difícil de alcançar. A poesia mantém-se como contato entre pessoas raras, a arte é uma reserva para espíritos mais refinados. O aumento da quantidade de público tende a ser inversamente proporcional à qualidade do texto. Ter "êxito" constitui um fracasso, embora o fracasso de público não garanta qualidade textual. Ao insistir em desenvolver uma cultura própria, com espírito autônomo, pensando, sentindo e apreciando por si, o artista pode contribuir para a descolonização e para o amadurecimento da cultura nacional, e, à medida que o faz, tornar-se também um mestre com reconhecimento internacional.

Critérios da crítica

A longa tradição autoritária interiorizada nos aparelhos ideológicos de Estado, reforçada por sucessivas ditaduras e pela vocação de escamotear interesses nevrálgicos, faz parecer natural o seu espectro e constrangedor qualquer questionamento. A partir de uma capciosa concepção de imanência textual, chegou-se a alardear como falsa e inadequada qualquer abordagem "extratextual". No máximo se admitia uma "sociologia da literatura" destinada a consagrar o cânone e incapaz de questionar as relações entre texto e contexto. As sucessivas escolas, postuladas como "história", nada acrescentando de substancial ao dito pelas escolas imitadas, apenas fingiam haver história, para que ela realmente não houvesse.

Como as escolas literárias brasileiras têm sido sempre a traição do espírito mais crítico dos modelos externos, basicamente europeus, a exegese canonizadora não quer um efetivo confronto com estes modelos, e sim a redução da análise à refração local. A citação apressada de alguns nomes "externos" serve, então, só para reafirmar o mesmo, não para perceber e ultrapassar os próprios limites. É-se incapaz de pular além da própria sombra, enquanto se dão rasteiras em quem possa mostrar os limites e demonstrar a mediocridade do vigente. Para ir além da própria sombra, é preciso, todavia, mudar de percurso e desligar a lâmpada dos pressupostos. Quem o faz, fica fora do sistema e no escuro. É o preço que paga o pioneiro. A pesquisa importante precisa ser feita à margem dos órgãos de fomento, das universidades e das grandes editoras.

Geralmente se supõe que, com o tempo, o texto bom acaba ficando, enquanto desaparece o que é apenas inconsistente engodo. Isso constitui um duplo engano. O cânone literário brasileiro é uma extensa demonstração da permanência de obras de baixa qualidade. Faz-se de conta que tem valor o que permanece, porque permanece por ter valor, enquanto, de fato, é mantido porque interessa ao poder que permaneça por motivos ideológicos, distantes de qualquer valor artístico. Assim como não é bom tudo o que permanece, também não é necessariamente ruim tudo o que desaparece.

Há também o que nunca pôde ser escrito, embora fosse necessário, e o que foi escrito mas sequer consegue aparecer, assim como há o que morre por ser publicado apenas em uma pequena editora, revista ou jornal. Há grandes segmentos populacionais que não encontraram espaço na literatura para se expressar, embora o cânone faça de conta que deu voz a todos (embora sempre conforme a perspectiva senhorial). Há produções que ficam restritas a um âmbito local, porque não se destinavam a outro público. Apresenta-se ainda como poeta federal muito autor que apenas circula vento. Difícil é obter ouro onde se confunde pirita com ouro, no reino da bijuteria do espírito. Desde 1964, com a extinção do ensino do latim, do francês e do espanhol e suas literaturas, impera absoluto o cânone brasileiro nas escolas, impondo a sua medíocre ditadura por todo o país.

Homero foi esquecido por toda a Idade Média, mas Virgílio, que é inferior a ele, foi valorizado porque a Igreja Católica achava que, ao descrever Iulo (ao querer legitimar a família Júlia, que o patrocinava), o autor estava profetizando o advento de Cristo. É possível mostrar, porém, como a *Ilíada* e a *Odisséia* são melhores em termos artísticos que a *Eneida*, e esta é melhor que *Os lusíadas*. O valor de um texto pode ou não ser reconhecido pelas normas estéticas vigentes no público. Rabelais foi perseguido por seu bispo por cometer o crime de ler grego, e não só latim. Se os árabes não tivessem salvo muitos textos gregos, ainda um menor número deles teria escapado à sanha antipagã dos cristãos. Se o monopólio da escrita pelos monges propiciou a falsificação de documentos, para assegurar propriedades e privilégios, eles podiam inventar também um passado literário assim como apagavam outro. Shakespeare não foi considerado um grande autor durante os séculos XVII e XVIII, enquanto preponderou o neoclassicismo francês, pois ele não obedecia às normas da unidade de tempo, lugar e ação. Ele só foi redescoberto com a tradução para o alemão, feita por volta de 1790, por Tieck e Schlegel, e que fez eclodir o romantismo. Hölderlin demorou a ser entendido; Heine e Vítor Hugo foram exilados; Baudelaire e Flaubert tiveram por prêmio serem perseguidos pela justiça. Se Goethe não tivesse providenciado uma tradução e uma edição alemã de *O sobrinho de Rameau*, esta obra não existiria. Diderot achava que o escritor devia morar na fronteira. Kafka, Joyce e outros foram menosprezados. É fácil acusar os europeus; difícil, admitir as safadezas e injustiças cometidas por perto.

A carência de iluminismo continua. Se a publicação mais volumosa de filosofia no país está nas mãos de uma editora religiosa, por mais esclarecida que esta queira ser, no seu nódulo ela é crente e dogmática, e sufoca a dúvida filosófica radical. Não é a qualidade editorial que determina o valor de mercado, mas o valor de mercado, mediado pelo ditado midial, que determina a quantidade editorial. O cânone brasileiro é a única formação literária que as crianças têm na escola. Ele é mais fraco e limitado do que se acredita, e é mais calcado em interesses ideológicos do que na qualidade artística. A estrutura profunda do cânone forma o sistema do gosto público, os quais se reproduzem no gosto dos críticos, nos julgamentos de prêmios, na seleção de obras a ser publicadas, na decisão de adquirir livros, assim como a má-formação artística nas escolas e a falta de bons museus fazem com que se pendurem quase só quadros ruins nas paredes, e deixar muitos bons artistas na penúria.

Não basta o adulto ler Sófocles ou Tolstói para tentar preencher as lacunas de sua formação basilar. Ele tende a reduzir tudo ao horizonte dessa base, e daí não consegue construir um prédio maior do que o possibilitado pelos fundamentos que lhe foram impostos desde pequeno. Por isso, não se pode confiar nos resultados dos concursos literários, nas apreciações jornalísticas, nos pareceres universitários, nas avaliações das editoras, etc. Tudo o que não estiver dentro do horizonte primário dessa formação, não conseguirá ser percebido como valor. Todo texto que tiver mais densidade e complexidade do que o parâmetro médio do cânone não conseguirá ser apreciado, entendido, inteligido. Será, então, posto de lado, como algo que não tem valor. Ele parecerá não ter valor justamente por ter mais valor.

Todo julgamento "justo" será injusto, pois estará apenas ajustado aos padrões vigentes na estrutura profunda do cânone, da qual os julgadores não têm sequer consciência, e muito menos vontade de questionar. Pelo contrário, tenderão a repelir com horror o que estiver fora do enquadramento canônico. Farão isso de modo instintivo, com argumentos cuja superficialidade não aflorará porque não se tem um saber sedimentado quanto ao nível mais denso do artístico e do filosófico. Como se sufoca, pela falta de incentivo, espaço acadêmico e publicação, o que vai além do parâmetro teórico ou literário vigente, ele nem sequer consegue aparecer. Assim, o medíocre não aparece como medíocre. Fica sendo "bonzinho", sendo mau. Quanto mais maldade fizer, mais forte fica. Quanto mais destrói, mais é glorificado.

Isso não é apenas futuro ou algo que aconteceu com outros, mas presente local e passado usual: muitas injustiças em avaliações já foram feitas com a "maior honestidade". Não se trata apenas de "marmelada", de compadrio em julgamentos, para que os membros das comissões possam ter a sua parte, ao entrar no *do ut des*. Isso existe. Aqui se questionam sobretudo, porém, os julgamentos "justos", "honestos", "criteriosos". Não se trata só de julgar os julgadores, testar as testemunhas, no sentido de duvidar que consigam ser criteriosos. O problema está nos próprios "critérios", nas normas ditadas pelas estruturas profundas e que são reproduzidas nas apreciações literárias. Essas normas não são, em geral, percebidas como normas e como limitações, mas pressupõe-se que aplicá-las é fazer justiça.

Toda literatura, que apresente o ponto de vista e a vivência dos excluídos e malversados do cânone (como índios, negros, mulatos, caboclos, imigrantes), não tem tido efetiva chance nesse sistema (embora este aparente incorporá-los, e incorpore, até como autores, à medida que adotem e representem a perspectiva do senhorio). Isso significa que, ou se desenvolve uma literatura de gueto que realmente seja de gueto, portanto de exclusão da esfera pública brasileira, ou, se aparecer alguma literatura de gueto oficializada, ela será sempre uma forma de traição do que realmente deveria ser a perspectiva e a vivência desse gueto. No primeiro caso, há de imperar o silêncio (que existe, por exemplo, em relação à literatura brasileira em língua alemã); no segundo caso, hão de glorificar-se os oportunistas de sempre, cujo discurso servirá para silenciar aquilo que realmente precisaria ser dito. Continuará, então, o sistema em que o alienado é que pretende ser o autêntico, a máscara quer ser o rosto para melhor poder ocultá-lo.

Ao contrário do que acontece nos países mais desenvolvidos, nos países socialistas e em vários países da América Latina, no Brasil apenas se ensina o cânone nacional nas escolas, excluindo os clássicos da literatura universal. Assim, perde-se muito tempo com obras de pouco valor para não dar tempo algum a obras de grande valor. Trata-se de uma profunda perversão de valores, mas que parece normal e até aparece como defesa dos valores mais altos, os de uma falsa "brasilidade". Em nome desta, tudo se destrói, a pretexto de tudo construir. Do mesmo modo, por toda parte se constroem igrejas e quartéis, mas poucos teatros e conservatórios; consagram-se criminosos como se fossem heróis para melhor olvidar os verdadeiros heróis. Esta é a ordem, a normalidade. Não se percebe mais quão perversa ela é: parece perverso apenas quem supõe que ela é perversa.

A literatura é uma prostituta que não só vai para a cama com todo leitor, mas deixa que cada amador trate de penetrar em sua intimidade e tenha nela o seu gozo. Ela própria só goza, porém, com quem tem talento. Todo aquele que vive à custa dela acha, porém, que, por ser gigolô, já consegue fazê-la gozar. A exegese canonizante finge que ela goza com muitos, pois organiza um coro que imita a sereia a cantar de prazer toda vez que passa o barquinho de um canônico. Mais ainda loas entoa quando o canônico é algum cônego que carrega a sagrada hóstia da comunhão nacional. A sereia apenas finge, porém, que canta, e deixa que finjam por ela, como se deveras estivesse a cantar. O coro, ao ouvir a sua própria voz, acredita que ouviu a sereia, pois nada mais maravilhoso, para ele, do que a ilusão de que a sua voz é a própria sereia cantando.

Muito autor e crítico tem apenas o mínimo de talento para camuflar a sua efetiva falta de real talento, mas é promovido porque repassa as intenções de seu grupo e de sua classe sem que elas apareçam claramente como intenções. Eles são considerados, então, grandes autores, são consagrados, recebem prêmios, espaços públicos, publicações. O poder tradicional distribui postos, prêmios, verbas, de acordo com suas conveniências, com a intenção básica de manter o próprio poder e a estrutura de classes, a pretexto de servir à arte e ao bem comum. Como é conveniente e vantajoso participar dessa ciranda, intelectuais dão-se as mãos e dançam conforme a sua música. Harmonizam os resultados, pois partem dos mesmos pressupostos, já sedimentados na estrutura profunda do cânone. O que não está de acordo com ela não parece belo, verdadeiro, justo. Assim, estabelece-se uma *kalokagátia* com as musas a decantarem a glória de Zeus. Os excluídos não são reconhecidos como boa literatura, boa crítica, boa filosofia. Quando não se percebe a limitação do canônico, ao invés de ele ser um horizonte para novos avanços, converte-se em barreira que impede produções melhores. O cânone tornou-se um impasse para a criação.

A palavra-mercadoria

Os jornalistas não têm ousado e nem podido enfrentar a questão vital de como se distribui o espaço na imprensa para a resenha de livros, quais são os fatores que determinam que três ou quatro editoras tenham os seus livros badalados, como se fossem todos de qualidade, enquanto o resto não tem vez. O espaço na imprensa para escrever sobre literatura não é proporcional à qualificação literária. Os jornalistas conseguiram um monopólio na imprensa, excluindo os literatos, e podem, por isso, dar palpites em público sobre áreas nas quais não dispõem de maior competência. Com isso, excluem outros, melhor especializados. Sob o ataque de jornais a autores locais, existe uma afirmação de um monopólio jornalístico do mercado da palavra. As palavras dos bons poetas são, por outro lado, tão preciosas que ninguém paga nada por elas. Eles estão em situação de mercado pior que os pintores, os escultores, os arquitetos ou os profissionais liberais. Todos estes não trabalham de graça, enquanto eles têm até de pagar para ser lidos.

Há um consenso, entre os literatos, de que a crítica literária acabou, enquanto juízo criterioso e autônomo de uma pessoa bem formada e isenta. Foi substituída pela resenha publicitária, em que se "pré-determina" se um livro vai ser elogiado ou condenado, de acordo com as conveniências dos grupos de poder, na área editorial e jornalística. Talvez a crítica isenta só não tenha acabado porque ela nunca existiu. O que havia, no passado, com as exceções confirmadoras da regra, era um discurso de reforço, pelo comentário aparentemente crítico, do discurso ficcional feito de acordo com a perspectiva e com os interesses da oligarquia mais ou menos esclarecida. Não há um passado glorioso a lamentar em função de um péssimo presente imposto como se fosse presenteado. A crítica literária é algo ainda a ser construído num país sem sólida tradição iluminista.

A crítica não foi apenas substituída pela resenha publicitária, feita de acordo com diretrizes de grandes casas editoriais: enquanto juízo autônomo e competente, ela sempre foi antes uma esperança que um fato. Nem o passado foi tão bom quanto se quer acreditar, nem os jornais e as editoras são apenas instâncias repressivas ou permissivas do talento. Todo autor tende a achar que é um gênio a ser recomendado pela imprensa. Os jornalistas de carteirinha fizeram do jornal, por lei, uma reserva de mercado, e passam a invadir o território de outras profissões, como o economista e o crítico de arte.

Nada garante que o crítico literário exerceria, porém, o trabalho com mais isenção e objetividade do que o jornalista. Quer este último faça a resenha, quer a encomende fora da redação, o resultado tende a ser o mesmo, já que a editoria pode pré-selecionar a avaliação, conforme a escolha que fizer do crítico e, se não vier o que quer, simplesmente não publica (pode até pagar e daí não publicar). Básico não é o arbítrio do "crítico", mas o sistema de normas subjacentes, os grupos de pressão, a concatenação de interesses, o oportunismo. Sobre isso, não se escreve. Difícil mesmo é produzir texto de qualidade perene para não vê-lo aceito, mas sem ter a garantia de que a não aceitação prova a qualidade.

A situação do autor é ainda mais difícil quando não há uma grande editora comercial na região em que vive. Não adianta enviar o manuscrito às editoras do Rio de Janeiro, de São Paulo ou de Porto

Alegre, pois, segundo experiência geral, vai ser ignorado ou recebê-lo intacto de volta. Não se tem o editor com faro, capaz de perceber o inédito de qualidade, em meio a centenas de outros. Quem tem faro, não tem dinheiro; quem tem dinheiro, não tem faro. Ele não é desenvolvido nas universidades, pois estas não dão boa-formação profissional. Só para exemplificar: os alunos de Letras nem sequer estudam os clássicos da literatura universal e os grandes filósofos. São, em geral, ignorantes com diploma. Como o cânone brasileiro, base da formação do gosto, é constituído por textos sem densidade e sem valor artístico de primeira grandeza, tudo conspira contra a seleção qualitativa.

Os editores ecoam o mau gosto dos leitores, e este reproduz o daqueles. A imprensa fica ensanduichada nessa pinça, e não consegue ou não quer driblar a mediania, em que também a maioria dos autores se sente à vontade, sem saber que só teriam algo a dizer indo além desse horizonte. Ela funciona à base do *press release*, do exemplar enviado pela editora e de outros tipos de acerto, enquanto a seleção dos textos a ser publicados funciona sobretudo à base do contato pessoal do escritor com o dono da editora. Esse contato e apoio o escritor distante não tem.

Ainda que só apareça à medida que vende no mercado, o artístico como tal é anterior e posterior à sua metamorfose em mercadoria. O valor de mercado não define a qualidade artística. Esta continua idêntica, ainda que o preço da obra passe do nada a uma fortuna. O jornal só trata da literatura, porém, à medida que aparece no mercado. Há gêneros que quase não têm mercado, embora sejam básicos.

O *best-seller* é o referencial básico da mídia, mas ele é uma redução da obra à mercadoria, colocando-se dentro do horizonte médio do público comprador já como estrutura textual, à medida que repete clichês, banaliza a ciência e nada novo tem a dizer. Quanto mais banal, mais vende. É um texto que, no máximo, pode ser lido uma vez; feito um fósforo, na segunda não queima mais: exatamente o contrário da grande obra, que exige diversas releituras para ser entendida em parte. As editoras querem promover os seus autores como se todos fossem grandes escritores. Os jornais são extensões do departamento de publicidade de algumas editoras. O *star system* editorial não consegue, porém, apresentar um escritor de nível clássico, ainda que encene cada um como tal. Os clássicos conseguem ser lidos como contemporâneos, mas os contemporâneos não sustentam ser lidos como clássicos.

O poder faz com que a literatura seja usada para o autor aparecer como intelectual, a fim de facilitar a sua carreira profissional, que se dá fora da literatura. Há também muita vaidade que tende a ser inversamente proporcional ao talento. Muitos querem aparecer, e quase todos se acham maravilhosos. Quem tem poder, é bajulado. Tende a ser elogiado como escritor, embora seja apenas um autor. Junto ao poder, ele precisa ficar preso às limitações partidárias, as quais inibem o espaço da escritura. Esse problema é permanente. Há erros crassos de concepção em obras que não são apontados porque não convém ofender a quem tem poder. Como os autores dependem, em geral, de favores do governo, não aproveitam a sua vivência para desvelar os bastidores do poder: perdem, assim, o seu melhor tema. Por outro lado, num país de gosto pobre, o artista precisa sobreviver exercendo outras profissões o que já faz com que diminua a qualidade de sua produção.

Quem confunde literatura com jornalismo não exige que o texto diga muito em poucas palavras. Prefere, aliás, que diga pouco em muitas, desde que seja unívoco e claro, legível de uma só tacada, sem deixar nada nas entrelinhas. Ora, exatamente isso é o que não é poesia, e sim prosa rasteira, ainda que em versos. O poema é um encontro desencontrado, um aperto de mãos entre duas ausências que se encontram acima do topo da montanha do conhecimento conceitual, mirando de longe o vale da linguagem comercial e usual. O bom poema diz mais de uma só coisa de uma só vez, sugere sentidos ainda não apreensíveis pelo conceito lógico. Em poucas linhas demanda longas interpretações, sem que o leitor possa afirmar que conseguiu apreender tudo o que está contido nelas. Na poética da concentração e da densidade, o verso torna-se espaço de perquirição além do horizonte do conceito, pois só tem sentido à medida que diz algo que não pode ser dito em prosa e em linguagem comum.

A imagem poética concretiza uma intuição que contém uma indução lógica. Esta última não ousa logo se afirmar, pois interrompe sua assertiva com algo que é, por exemplo, um *enjambement* e não é, pois se interrompe e não se interrompe ao passar de um verso para o outro. Não se tem uma categoria retórica que indique exatamente o que aí se passa, pois o termo *enjambement* insiste apenas na conexão de um verso para o outro, enquanto fundamental pode ser a separação, a suspensão da assertiva, o vazio do branco. No poema hermético, sentidos diversos são reunidos em uma só assertiva, que não apenas se suplementam como também se problematizam, e podem até negar-se entre si, sugerir um sentido que está em todos e, ao mesmo tempo, em nenhum, e está além de todos, mas que ainda não pode ser dito. Cada verso se escreve à beira de seu silêncio, como véspera de sua abolição.

Confrontado com isso, o texto jornalístico, mesmo em forma de crônica ou poema, é longo, como se pudesse dizer mais usando mais palavras. Quanto mais fala, mais repete o já dito. Fala muito, para dizer pouco. E, o que ele diz, é banal, esgotando-se em uma leitura. Embora pretenda ter validade universal e grandeza, o texto de perfil jornalístico não tem universalidade, pois reduz-se a um registro singular de uma *petite histoire*. Perde-se em detalhes irrelevantes do cotidiano: de tanto ver entes, não percebe o ser. Como a telenovela.

Quem faz apenas variações em torno de uma nota só, acaba não dizendo o que importa. Um dos motivos estratégicos da canonização de um autor é não apenas aquilo que ele apresenta como versão da história conveniente à oligarquia, mas também aquilo que ele não diz, os assuntos que ele não toca. O silêncio representa um endosso de pontos problemáticos, os quais criariam problemas se fossem realmente explicitados, e não fossem deixados como um hipotexto que não quer ser sugerido, mas permanece como sugestão, não de um espaço ignoto, ainda não percorrível pelo conceito, e sim de posições políticas e posturas ideológicas que desvelariam a sua fragilidade assim que viessem à tona.

O cânone exige que todos assumam que os seus autores são os "poetas de todos", mesmo quando representem a negação de sua origem e história. São um sintoma do intelecto orgânico. Entra ditadura, sai ditadura, muito autor continuou tendo todo o espaço que queria no jornal que quisesse. Era amigo do rei, o qual queria dar-lhe esse espaço (mas se queixava de não ser). Ter espaço público significa não expor o nevrálgico, mas repetir o consagrado para ser consagrado também. A imprensa nem sempre é o quarto poder, autônomo e crítico que ela pretende ser; também os intelectuais deixam muitas vezes a intelecção mais profunda de lado, em favor do conveniente conivente.

Costuma-se crer, e exigir o credo, de que o "escritor" tem espaço na imprensa porque tem talento, e tem tanto mais espaço quanto mais talento tiver. É uma falácia: pode aparecer como escritor quem como escritor pode aparecer. Ele é, porque aparece, e não é quem não pode aparecer. Ora, alguém pode ser, sem que apareça. A facilidade de publicar não é proporcional à qualidade do texto, assim como a chance de lecionar na universidade pública não é proporcional à qualidade do candidato. Pelo contrário, qualidade atrapalha. O que prepondera é o pacto da mediocridade: a mediocridade atrai a mediocridade na proporção das massas e sem razão inversa do quadrado das distâncias. Ela jamais se reconhece, porém, como tal. Quem está num meio em que ela impera, não escapa à sua ação corrosiva.

A triagem entre o escrever e o publicar não faz aflorar apenas o que tem melhor qualidade. Se o sujeito não tem contatos pessoais e apoio, ele sequer é publicado. A estrutura profunda do cânone determina o gosto, formando os filtros vigentes: quem é maior que os buracos não passa, embora só ele tenha algo diferente e importante a dizer. Com a "maior honestidade", cometem-se os maiores erros, porque há uma deformação que é institucionalizada, que pode começar com o ensino de literatura restrito ao cânone brasileiro e com o interdito dos clássicos, mas não acaba aí. O gosto do público é formado num horizonte baixo e medíocre para não conseguir perceber o que está além dele. Daí, o que é bom, não vende; e, o que é ruim, pode tornar-se *best-seller*. Há uma inversão dos valores que não é percebida como tal, mas tem ódio do que representa a sua superação.

A imprensa reproduz o sistema dominante e reduz o número de autores a um *star system* basicamente em função das vendas; as grandes editoras estão interessadas em ver os seus autores propagados e são contra qualquer ameaça a suas expectativas de lucro (uma crítica pode, porém, aumentá-los, sendo melhor do que o silêncio, que é mortal). Os textos não são escolhidos por sua qualidade artística ou teórica, mas por sua venalidade. A quantidade de vendas torna-se praticamente a única qualidade que conta. Quanto melhor o escritor tanto mais difícil ele se tornar autor, pois o melhor parece pior, quando o pior aparece como o melhor. Quanto mais badalado o autor tanto mais provável que não seja um grande escritor. Ser divertido, "fácil de ler", inteligível, etc. são qualidades jornalísticas, não necessariamente literárias.

    O texto canônico revela, em geral, carência de densidade, que é escamoteada mediante um processo de incensamento recíproco que empalidece alternativas críticas e de horizontes mais amplos. Não é por ter espaço na imprensa que um autor é maior: ele pode parecer grande, porque assim aparece por uma decisão inexplícita de política cultural, mas que sempre tem mais de política que de cultura. Profissionais de várias áreas, como médicos, advogados e jornalistas, metem-se na literatura sem ter a formação específica, e acabam sendo tão competentes quanto diplomados em letras a escrever receitas de remédios, a dar pareceres jurídicos ou a fechar a pauta de um jornal.

    Quem escreve de modo retórico gosta de autores retóricos: defende a si mesmo ao promovê-los. O poeta de jornal investe o seu talento menor para que pareça máximo: ele é, sobretudo, um publicitário de si mesmo. Quanto mais aparece, mais desaparece. Na era do monopólio do jornal pelo jornalista registrado, a raça dos escritores de jornal não desaparece, mas várias vezes se transforma, com o espaço que podem abrir para o editor, em jornalistas metidos a poetas e a romancistas que em geral não são nem bons ficcionistas e nem bons jornalistas.

    Quando o autor tem espaço para publicar, a exegese deixa implícito que isso ocorre por causa do seu reconhecido talento. Ora, espaços não são concedidos em função da qualidade do texto, mas da política e da ideologia midial. Quanto maior o veículo, maior o controle. Para um autor garantir um público e uma repercussão, precisa fazer sérias concessões ao tabu e ao jornalístico: certa falta de densidade, abundância de palavras para não dizer o nevrálgico, falar de coisas que não explicam o essencial, etc. Ele não costuma "fazer concessões", pois não tem talento e nem alento para ir mais longe. A tradição retórica é, para ele, um cômodo abrigo.

    A maior parte dos leitores nem sequer se incomoda com isso, pois o seu nível só lhe permite entender textos fáceis. Não quer, portanto, outra coisa. A poesia hermética acaba sem leitor, embora seja o mais denso e refinado dos gêneros. Ela perde-se ao querer salvar-se como laboratório em que se cultiva o artesanato da palavra, para aperfeiçoar a comunicação. A poesia sobrevive como texto financiado pelo autor para os amigos, mas muitas vezes também não se pode pagar nada por ele porque simplesmente não vale nada. Não há espaço público para o texto que opta pela densidade, pelo transconceitual e pela busca de caminhos: sem ter leitores, o poeta escreve para si, esculpe o texto como se lapidasse jóias para um tesouro a ser enterrado no ignoto. Sem leitores, deixa que se danem os coevos. Ao escrever, aposta, porém, no futuro, como se dele pudesse esperar redenção.

A literatura opõe-se ao jornalismo não só porque este se volta para o cotidiano e se basta no dia seguinte, enquanto ela só tem sentido se continuar valendo depois do ano seguinte, embora não continue valendo necessariamente apenas por qualidades artísticas. Nas brigas literárias, cada um tende a supor que é o máximo e que o "inimigo" não vale nada. Quem escreve, mesmo que queira se retirar de tudo, acaba envolvido e, portanto, usado: em geral deixa que o usem, embora queira ter para si a desculpa de estar dizendo algo válido. Há sabedoria no escritor em abandonar toda pretensão de aparecer em jornal e se dedicar a uma obra que ainda consiga dizer algo depois de sua morte (e isso não por pretender alguma forma de imortalidade, e sim porque somente esse tipo de obra é que merece, a rigor, ser publicada). Essa exclusão leva, porém, ao olvido e à manutenção do *status quo*. Mais que uma negação do negativo, ela é a sua própria negação. O progresso não é proporcional ao avanço tecnológico: há neste último uma multiplicação de procedimentos regressivos. Em vez de ter uma população cada vez mais esclarecida, tem-se cada vez mais gente manipulada pelas sombras, com horror de quem possa pensar e ser diferente.

A maior parte do que aparece como literatura não é arte; a maioria dos autores não é escritor. Aparece como literatura o que não passa de jornali smo. Acaba-se lendo literatura como se fosse jornalismo, sem perceber a diferença que a faz começar além dele e contra ele. Enquanto o texto jornalístico vai para o arquivo morto, o bom texto literário ressuscita a cada leitor. Isso é imperdoável para quem suspeita que não conseguirá fazer isso, por mais que o queira: prefere, então, fazer de conta que é grande literatura o que é apenas mercadoria de uma editora grande, a qual consegue espaço na imprensa para divulgar seus produtos. Sob a aparência de crítica, tem-se a manipulação do público para induzi-lo a comprar os livros de determinadas editoras: elas são grandes porque seus livros vendem, e eles vendem porque elas são grandes. A manipulação pelo mercado equivale à manipulação ideológica pelo totalitarismo. Quem perde sempre é a arte, o espírito autônomo e esclarecido. Há uma vitória constante da mediocridade. O pior parece melhor.

O espaço para publicar e a badalação na mídia não são proporcionais à qualidade e ao talento. O texto torna-se mercadoria à medida que se vende, e a venda dele é promovida à medida que se torna mercadoria. Como ele é comprado à medida que atende ao público, e como este público tem um nível médio baixo (ainda que superior ao nível médio da população), tende a ser badalado o que tem nível ruim. Essa ruindade não é demonstrada pela crítica, pois não interessa que seja mostrada, já que interessa despertar o apetite do público para que ele compre. É um *fast food* literário que exclui a educação do público com textos de qualidade. O público acaba tendo o que merece, pois quer o que tem.

Cronotopos

O problema não está em alguém escrever uma ficção: cada um publique o que quiser. O problema está em transformá-la em cânone, quando se torna palavra oficial, não apenas expressão subjetiva e diversão, mas discurso do poder, padrão a ser louvado e obedecido, palavra de patrão e, sobretudo, uma estrutura inconsciente. Nesse caso, significa não se aceitar e nem se tolerar mais a ficção que lhe seja antitética, fora de seus padrões, ainda que a supere. Há um padrão de gosto, o qual é uma mentalidade-padrão, cuja axiologia os seus agentes nem reconhecem, mas impõem. O problema está ainda em transformar a obra em mercadoria, dentro desse padrão, formando o gosto médio do público.

Há pouca liberdade de criar, sob a aparência de total liberdade. Alguém até pode escrever um texto fora do padrão canônico: mesmo sendo de boa qualidade, ele não encontra editora, não é premiado em concursos de inéditos, não tem apoio de jornal. O escrito torna-se inútil. É um aborto que não tem condições sociais de se tornar uma obra reconhecida. Para o padrão vigente, ele é um monstrengo deformado e perigoso, de mau gosto e sem qualidades. Supõe-se que isso acontece apenas em povos distantes e em épocas ignaras, mas não se admite que esteja acontecendo aqui e agora, e é o fundamento da historiografia vigente no país.

A crítica literária cotidiana morreu no Brasil, embora nunca tenha se desenvolvido plenamente. Morreu prematura, por subnutrição. Foi substituída pela resenha publicitária. Nos jornais não há mais críticos ativos, há apenas redatores de propaganda, os quais transcrevem o *press release* de parcas editoras. Os últimos críticos retira-ram-se da grande imprensa. Um a um. Se algum sobrou, é apenas a exceção que confirma a regra. Por que aconteceu? Como aconteceu? – Sobre isso não se tem escrito; sobre isso não se quer que se escreva. Tocar nesse nervo exposto é tornar-se polêmico, é expor-se a problemas. Faz-se de conta que é normal tudo como está aí, que, como está, por estar, é normal. Essa "normalidade" tornou-se norma-tiva. Ela pune quem desvenda o mistério da nudez do rei.

Há um avesso na manipulação que, em nome da crítica, se exerce sobre o público – cujos reais interesses não são levados em conta –, sob a aparência de ele estar sendo servido do melhor modo possível. A imprensa, que tanto gosta de denunciar a corrupção, precisaria ser investigada no sentido de saber como funcionam, dentro dela, mecanismos diretos e indiretos de "influência", os quais fazem, por exemplo, com que determinada editora tenha quase todo espaço na grande imprensa para os seus lançamentos, enquanto os livros de outras editoras são silenciados ou estraçalhados.

Jornalistas são, por função, pessoas com espaço disponível para escrever e falar para um público determinado, espaço que não está disponível, do mesmo modo, para pessoas de outras profissões. O jornalista escreve sobre medicina, sem ser médico; sobre construções, sem ser engenheiro ou arquiteto; sobre arte, sem ter uma rigorosa formação artística. Basta ele ter um interesse amadorístico ou ser encarregado de fazer a matéria, para já ter o poder de manipular dados, analisar, julgar e propor alternativas. É o entendido em nada que se propõe e se impõe como entendido em tudo. O jornalista responsável pelo setor de livros, rádio, música e televisão pode pôr-se a ditar leis a respeito de tudo o que aí é produzido. Tanto escrevendo como silenciando a respeito de algo, ele é o juiz daquilo que o público deve ou não deve consumir como deve receber ou deixar de receber essas "mensagens". A mídia, como passagem da mensagem, é a massagem daquilo que, no momento, se pretende que seja considerado cultura. O jornalista é, nesse sentido, o tradutor de um assunto para o público.

 O tradutor ideal é aquele que, além de dominar perfeitamente a língua de origem e a língua de chegada, domina também o assunto que está sendo traduzido. Dominar uma língua significa, também, conhecer a história e a cultura dos povos que a utilizam, saber das peculiaridades de sua fala, perceber onde estão as armadilhas verbais que sugerem um sentido e, na verdade, significam outro. Como os campos semânticos não se correspondem de modo exato de uma língua para a outra, o tradutor deve – especialmente o tradutor literário – ser capaz de reinventar *correspondances*, e compensar uma perda aqui por um avanço acolá, sem, contudo, trair o original de maneira que este não seja mais encontrado na nova versão. A exigência de o tradutor dominar bem o assunto se impõe (mesmo que não costume ser cumprida na prática), pois, do contrário, ele traduz apenas superfícies.

 Qualquer dicionário demonstra o caráter dissimulado dos signos. Toda palavra que se preza nunca significa tão-somente uma coisa. Ele abrange um campo semântico diversificado, cuja delimitação e precisão depende do contexto, que, por sua vez, é variável e impreciso. Uma grande habilidade do homem é falsificar o significado efetivo das palavras, atribuindo-lhes sentidos que elas não têm. Não se trata apenas da ironia, em que se diz uma coisa para significar outra, mais profunda, mas de uma falsidade sistemática, em que as palavras são usadas para não dizer o que efetivamente se pensa. A ironia deixa transparecer, para quem não seja desavisado, o sentido intencionado, mas, ao mesmo tempo, ela queima-se quando se efetiva. O que se tem, com freqüência, no discurso oficial, é uma "ironia" inconsciente, em que o público esperto pode decifrar aquilo que o autor quis de fato dizer, embora ele próprio, o autor, queira que se entenda literalmente aquilo que ele fez de conta que disse.

 Assim como as palavras têm essa maleabilidade de campo semântico, que só se esclarece – permite uma tradução perfeita –

caso haja domínio pleno do assunto, entendimento do texto e convivência íntima com as línguas de chegada e partida, também a escrita exige mais que a atividade jornalística, ter acesso a um público e conseguir redigir sobre um assunto. O problema é que qualquer um que lê um livro ou que vê um filme pode imaginar que, só por isso, já pode se pôr a crítico literário ou crítico cinematográfico, especialmente se tem espaço à disposição e certa habilidade em manipular palavras. A "crítica cinematográfica" é manipulada conforme as verbas de propaganda dos filmes. A televisão devorou quase todo o cinema: liberdade de crítica televisiva, isso não há. Quanto maiores os interesses em jogo, maior o controle e a manipulação. A "liberdade" costuma ser um sintoma de irrelevância e impotência. A esfera pública não está, em geral, disposta a pôr isso em discussão.

Sobre qualquer livro, sempre se pode dizer alguma coisa de bom, ou alguma coisa de ruim; assim como em qualquer tradução é possível encontrar algum bom achado ou apontar alguma falha, discordar de uma solução ou propor alternativas. Sobre qualquer livro, sempre se pode encontrar alguém que fale bem dele, como se pode encontrar alguém que o critique com o prazer de um canibal a devorar uma criancinha. A questão não está, portanto, naquilo que de bom ou de ruim é dito a respeito de um livro, mas na decisão que faz com que sobre determinado livro apareça – ou deixe de aparecer – uma opinião positiva ou negativa.

O crítico literário foi substituído pelo editor de jornal, o qual decide o que vai ser resenhado e qual a resenha que há de ser publicada. Quase não há mais a simbiose antiga, em que a um crítico competente se reservava um espaço no jornal para que ele expusesse o seu julgamento a respeito dos livros que lhe parecessem dignos de atenção. Obviamente, também aí ocorriam parcialidades, favorecimentos de amigos e apadrinhados, injustiças com bons livros que não eram comentados, ou críticas acerbas contra textos que iam além dos pressupostos – muitas vezes errados – do próprio crítico. Podia haver, no entanto, mais competência no julgamento e mais vontade de acertar. Isso acabou. Virou "acerto". As editoras estão preocupadas em envolver, de algum modo, jornalistas com poder de decisão sobre o espaço do jornal, para que os seus livros sejam resenhados e, assim, aumentem a sua tiragem.

Essa é a lei do mercado. Quem não a cumpre, está morto, e não sabe. Quem está perdendo é o público, que é apenas manipulado por interesses outros que não os seus. Quanto aos modos como jornais e jornalistas são envolvidos, sobre isso impera o silêncio. Aventar a questão parece, hoje, apenas perigosa e irresponsável maledicência de quem está de fora (seria bom, aliás, se fosse apenas isso). Chamar de "manipulação" a esses mecanismos de envolvimento parece forte demais, inadequado, a todos os que deles participam. Não prepondera o dever de informar o público. Portanto, tudo precisa ser desmentido antes mesmo de ser dito.

O crítico literário é um juiz de livros. Ele deveria ser uma instância neutra, na qual a sociedade poderia confiar por ter uma avaliação objetiva da literatura posta em circulação pelas editoras nacionais e estrangeiras, informada sobre os temas em pauta e a qualidade dos produtos para fazer a sua seleção das obras que se destacam e que merecem ser lidas. Se os "grandes críticos literários" se retiraram, porém, da "grande imprensa brasileira", eles o fizeram basicamente porque foram expulsos, não puderam comentar os livros que queriam comentar, não viram publicadas as críticas que contrariavam a "linha do jornal", segundo a qual determinadas figuras tinham de ser elogiadas, enquanto outras não podiam ser apoiadas. Os suplementos literários foram extintos. Perdeu-se, assim, um espaço para o debate de idéias, substituído por fofocas sobre atores de televisão. A massa do público quer isso. Milhões de moscas não podem estar erradas.

O que se passa nos bastidores dos jornais, isso o público não sabe. Na época da ditadura militar, a frente ampla de resistência civil criava espaço para aqueles que ousavam tentar pendurar o guizo no pescoço do gato. Em 1985, a censura governamental foi substituída por uma censura interna do próprio jornal ou emissora, mas como se ela não existisse. Na década de 1990 "os jornais" já sabiam, de antemão, que os lançamentos de determinada editora eram importantes, que certos autores só mereciam os maiores elogios enquanto outros não prestavam, devendo ser aniquilados pela difamação ou pelo silêncio. A metamorfose da crítica em campanha publicitária, ao tornar-se transparente ao público – como há vários anos já se tornou evidente para escritores, críticos e editores –, passa a perder toda a eficácia. O público gosta de ser enganado, mas talvez um dia desconfie que, sob a aparência de estar sendo informado, vem sendo manipulado: então dificilmente há de gastar o seu dinheiro em livros recomendados por esse sistema.

No capitalismo vige a lei da metamorfose da palavra em mercadoria, o que reduz a crítica à resenha favorável a quem melhor pode pagar e a quem oferece um produto que, mesmo aparentando ser crítico, divirta e possa reforçar a ideologia dominante. Os livros não envolvem, em geral, tanto dinheiro que só o aumento da vendagem explique essa necessidade de aniquilamento da crítica imparcial e judicativa. A corrupção nas obras públicas tem sido considerada o óleo necessário ao funcionamento da máquina, para que obras como rodovias, escolas e pontes fossem construídas. Do mesmo modo, as pequenas vantagens, de jornalistas terem seus livros publicados facilmente em grandes editoras ou poderem fazer uma rápida copidescagem de manuscritos, não explicam suficientemente o jogo de se dar um bom espaço público a certos livros e não concedê-lo a outros. Nesse jogo há mais em jogo.

O livro não é apenas um objeto de comércio. Ele é um veiculador de idéias. O seu lado comercial – ainda que seja básico para a sobrevivência das editoras – é um elemento acessório, de veiculação. O livro é essencialmente um produto não-material, um bem espiritual. Aí a sua força, aí a sua fraqueza. Não por acaso, a Igreja Católica tratou de restringir, por mais de mil anos, todos os livros a basicamente um só, a Bíblia, e o acesso à leitura apenas a pessoas de sua confiança. E isso continua, dentro e fora da Igreja.

Como se tem hoje, no Brasil literário, instituído um discurso homogêneo, que reprime e suprime falas alternativas, é inevitável que, assim como se formou uma resistência ao autoritarismo do regime militar, também se formem bolsões alternativos como guerrilha cultural. Caberia, por exemplo, às uniões de escritores – desde que não sejam apenas associações de intelectuais orgânicos da oligarquia autoritária – o papel de, por meio de seus jornais, prêmios e ciclos de debates, criar um espaço mínimo para a consciência crítica. Elas costumam, porém, apenas reproduzir localmente o sistema dominante.

Assim que se superasse a tirania do gosto canônico, as "antenas da raça" poderiam cumprir o papel que se supõe que já desempenharam, por exemplo, na época do Império, quando propuseram temas como a abolição da escravatura, a separação entre Igreja e Estado, a reforma do ensino, a Proclamação da República. A sua força será proporcional à sua capacidade de captar aquilo que está sendo suprimido pelo e no discurso vigente. Quanto maior o poderio daquilo que cala essa fala alternativa, tanto maior a virulência daquilo que ela ousar apreender e afirmar. A verdade sufocada será encarada pelo *establishment* como um "vírus" a ser combatido e aniquilado. O sistema não consegue entender que ele próprio é a doença e que a fala do médico não é a causa de sua doença, mas uma possibilidade de cura.

Norma jurídica e norma estética

Os textos canônicos, escritos todos em língua portuguesa e selecionados por critérios estéticos considerados absolutos (embora sejam limitados a um espaço), funcionam como se fossem o equivalente à constituição literária do país e formam, ao lado da Bíblia, o inconsciente do gosto coletivo mediante a socialização de suas normas estéticas. Não necessariamente precisam ser literatura e nem ser brasileiros, mas eles determinam a estrutura de percepção artística, embora sejam produto de fatores extraliterários, que, uma vez convertidos em intraliterários, passam a funcionar como se fossem autônomos e próprios. São a alienação que funciona como identidade original; são a cultura que funciona como opressão.

Como registrou Paul de Man: "History is therefore not a temporal notion, it has nothing to do with temporality, but it is the emergence of a language of power out of a language of cognition."[1] Nesse sentido, a história da literatura brasileira, além de em geral não ser grande literatura e muitas vezes não ser sequer brasileira, também não tem história. Ela é o eterno retorno da mesma estrutura profunda. Só há uma aparência de história, para que não haja história alguma. Ao ser ela apenas a história da recepção deformadora de modelos estrangeiros, ela própria não tem uma história. Vegeta como reflexo da história alheia, mas faz de conta, para fins de economia interna, que inventou tudo, existindo o mundo apenas como reflexo do seu existir. Quanto mais ela faz de conta que se move no tempo,

---
[1] Paul de Man, *Aesthetic ideology*, p. 133.

mais ela faz emergir a mesma vontade de poder, sob a aparência de ser linguagem do conhecimento.

Os textos canônicos formam a constituição literária do país; os textos não elevados ao cânone, mas escritos por autores canônicos, funcionam como se fossem as leis ordinárias; os textos de autores não-canônicos, mas que imitam o parâmetro dos textos e dos autores canônicos, divulgando e aplicando os seus princípios e os seus dizeres nas diversas regiões, funcionam como se fossem decretos-leis na legislação literária do país. Os textos de crítica literária, de história da literatura, dos livros didáticos, dos programas e assim por diante, ao constituir a exegese canonizadora, funcionam como se fossem decretos normativos, portarias ministeriais, resoluções internas, etc.

Essa legislação literária vigente no país pretende ser a aplicação local de normas da literatura universal, a partir da adoção da Declaração Universal dos Direitos do Homem e do Cidadão sob a forma de escolas, como cláusulas pétreas da Constituição nacional. Então, o romantismo brasileiro, ainda que tenha sido uma redução a sentimentalismo católico, e traído o questionamento filosófico que o propiciou na Alemanha, acaba sendo O Romantismo; o realismo machadiano, ainda que seja uma traição à crítica da cultura dominante e da aristocracia que tanto marcaram o realismo francês e russo, é apresentado como sendo O Realismo; o naturalismo, ainda que se tenha perdido em masturbações juvenis, ataques inconsistentes ao clero e na louvação de herdeiros de grandes latifúndios, e traído a opção revolucionária de Zola pelo proletariado industrial, é apresentado como O Naturalismo; o modernismo paulistano, ainda que tenha sido uma traição ao questionamento radical do dadaísmo e à crítica feroz do expressionismo alemão para se tornar uma louvação do anti-moderno, é apresentado como sendo A Modernidade, e assim por diante. As escolas literárias brasileiras são uma grande mentira institucionalizada. São uma falsificação intencional, destinada a cortar o espírito mais crítico dos originais.

Essa mentira toda não acontece por acaso. Ela representa a versão da oligarquia autoritária – oriunda do latifúndio escravagista, desdobrada em militarismos ditatoriais e formas civis de manutenção dos privilégios de classe à custa da pobreza dos trabalhadores e da miséria do peonato – da grande literatura mundial à sua inconsciente caricatura local. A historiografia literária brasileira calca-se num modelo *a priori*, oriundo da historiografia literária francesa (que também finge ser a história da literatura da França), e supõe que o Brasil se civiliza na medida em que mimetiza, em que vive do reflexo do que supõe ser uma história civilizacional.

Ela é ridícula, mas não sabe que é. Com a maior cara-de-pau, faz de conta que está contando o que realmente se passou em termos de literatura dentro do território do país. Ela poderia até reconhecer que não está tratando da história da leitura no país, nem da história da circulação dos livros, nem da história da circulação de textos fora da forma livresca, nem da história da literatura oral, nem da história da recepção de outras literaturas no território nacional. Insistiria, porém, em afirmar que conta a história das obras que realmente contam. E obriga todos a acreditar que essas obras realmente "contam": são as de melhor qualidade artística, são as que tratam de momentos cruciais da "vida nacional", são as que revelam a vida e a identidade do "povo brasileiro".

Existe repressão e existe punição para quem não cumpre as normas subjacentes ao sistema canônico brasileiro: ele não tira boas notas nas disciplinas que cursa, não é aprovado nos concursos funcionais, não pode ser promovido na universidade, não recebe bolsas de estudos e de pesquisa, não ganha passagem para congressos dentro e fora do país, não é aprovado em concursos públicos para preencher vagas docentes nas escolas e universidades, não recebe prêmios em concursos literários, suas obras não são publicadas pelas grandes editoras comerciais e assim por diante. Se ele recebe alguma coisa, é por engano, pois o sistema não é perfeito. Ao não dizer e não escrever o que o sistema espera, ele não vai para a frente. O preço é, em suma, a morte espiritual (mas, se ele não tivesse essa autonomia, ele já estaria morto, mesmo parecendo ser o mais "vivo" de todos). É como se o sujeito não existisse e não pensasse. O seu espírito reduz-se a um espectro que habita apenas a solitária casa de seus sonhos, na qual ele contempla sozinho a sua própria morte em vida.

Ele somente poderia dizer o que o sistema espera, e o sistema só espera o que já está contido nele próprio. O sujeito só pode dizer o que já foi dito, só pode publicar quando nada novo tem a dizer. Convém apenas que ele apresente uma casca de novidade, uma estrutura de superfície um pouco diferente, para que não apareça logo apenas a mesma antiga estrutura profunda mais uma vez aflorada. Quanto mais ele repete o mesmo, tanto mais convém, que ele pareça novo, inovador. O ponto proibido é reverter a estrutura fundante, virá-la pelo avesso, transtornar o seu paradigma, questionar até o fim as "grandes figuras" institucionalizadas.

Os agentes da repressão não pensam que são agentes da repressão. Eles consideram-se cientistas sérios, professores universitários respeitáveis, pareceristas replenos de probidade, editores competentes, pesquisadores de primeira e assim por diante. Não se consideram hipócritas oportunistas, pois não querem perceber a natureza do sistema a que servem e defendem. Acreditam no que fazem e no que dizem. São mais limitados do que eles próprios conseguiriam acreditar. Mentem sem saber que mentem. Não levam a nada, mas dominam tudo. Estragam tudo, e acham que estão salvando tudo. Não são uma pessoa determinada, ou um grupo: são o *establishment*. Não adianta criticar determinado professor ou crítico, brigar com um grupo, estabelecer uma pequena correção, reparar uma injustiça qualquer. Tudo isso não leva a nada. Também não adianta supor que, ao criticar os fundamentos do sistema, este realmente seja atingido e tenha de se modificar. No máximo ele vai reforçar a si mesmo, com a ajuda dos golpes que testam os seus pontos nevrálgicos. Como quer que se faça, faz-se errado, e reforça-se o erro. Calar também é um erro, pois parece consentir o erro.

Fica, no entanto, o testemunho de uma diferença, a declaração de uma descrença, com a ilusão de que isso tenha uma validade qualquer e que não seja apenas uma ilusão subjetiva (além do fato real e efetivo de provocar ações e reações punitivas). Escreve-se já por não se ter mais a ilusão de poder ensinar qualquer coisa ao presente e que não se converta, a médio prazo, em uma punhalada pelas costas por parte de supostos discípulos. Escreve-se por desilusão com o presente, mas sem a menor esperança de que o futuro possa redimir algo, menos ainda a opção apresentada: a análise feita atesta o passado como uma perene repressão e uma sempre renovada afirmação do mesmo. Não há futuro em que passado e presente são o mesmo.

Há uma dramática e terrífica liberdade que a literatura propicia e que o sistema literário vigente no país não permite. Quem tem o que dizer, não pode fazê-lo; quem não tem o que dizer, domina as universidades, os órgãos de fomento à pesquisa, as editoras, os jornais. Tudo se poderia, e quase nada se pode.

O dono da bola

O inconsciente estético constituído pelo cânone e imposto pela exegese canonizadora expande-se para a leitura de obras de outras literaturas nacionais, a controlar e a limitar o modo habitual de sua leitura, sem que o leitor médio altere o substrato e o horizonte de sua percepção. Há falta de abertura e de tolerância em relação à alteridade. O cânone só quer dizer a si mesmo. Ao ser dono da bola, pretende ser dono da verdade. Sua pretensão é confirmada pela exegese habitual. Essa dupla não sabe dialogar, sabe apenas impor, pois seus argumentos não resistem a um embate igualitário; não sabe refletir, sabe apenas propagar posições. Constitui uma espécie de departamento de agitação e propaganda, em que até a "revolução formal" serve para combater a revolução social.

Tanto no plano interno do país quanto no plano internacional, a dupla age de modo organizado, com suas tropas de choque, em que cada elemento reforça os demais para articular um conjunto doutrinário uno e coerente. A "verdade" é a sua verdade, assim como a beleza é a sua beleza. Dentro do espaço literário nacional, nenhuma outra doutrina é tolerada e aceita, a não ser que sirva para reforçá-la. O aprendizado inovador é apenas uma nova forma de submissão aos países mais avançados. Defeitos são transformados em virtudes. Quando não se sabe fazer bons versos, o conceito de verso é confundido com métrica rígida ou parece de repente superado, ao ser apresentado como impecilho à evolução literária em vez de um refinado instrumento técnico oriundo de longa elaboração. Confunde-se uma nova técnica com qualidade estética automática. Apresenta-se como novidade o que já tinha sido feito antes. Novidade é, então, falta de informação, a ser confundida com qualidade.

Há uma propaganda dogmática, como se fosse a única opção válida, que corresponde à tradição autoritária do país e à prepotência regional como poder econômico interno. Isso não acontece por acaso, e não depende apenas da qualidade artística, crítica ou teórica do texto. Se convém ao momento, os que mais são promovidos pelo *establishment* se apresentam como pobres perseguidos, para que os realmente perseguidos e discriminados não apareçam. Um modo de escamotear o favorecimento pelo poder é apresentar-se como oposição. Quer-se um tipo de novidade que não questione a estrutura ideológica dominante, tendo, no entanto, o carisma da novidade e até da ruptura questionadora.

Isso é interessante para um jornalismo e um didatismo superficiais, os quais respondem à ânsia de parecer bem informado e avançado, sem fazer muito esforço. A técnica artística, tal qual a tecnologia industrial, aparenta ser tudo: não importa como é usada e nem para quê. Desde que se apresentem produtos que repitam o antigo sob a aparência do novo, está tudo bem. Quanto mais arcaico e vazio o conteúdo, tanto mais radicais os manifestos que servem para promover os movimentos. Há uma profundidade aparente, a qual abdica do real rigor da arte e da ciência. O dogmatismo torna-se proporcional à superficialidade. Sob a aparência de internacionalismo e progresso, reproduz-se a postura autoritária, elitista e periférica.

Para a linha da "arte pela arte" (que se autodeclara sublime), os engajados não sabem escrever, já por não entenderem que a obra literária é, sobretudo, uma elaboração da palavra como tal em seus vários níveis e em suas múltiplas relações, dentro de uma mônada que constitui um sistema em si. Para os engajados, o erro dos nefelibatas é o de olvidar o fato de a arte ser um fato social, uma assertiva diante da realidade, com responsabilidade moral e função política. Embora este aspecto tenda a ser ignorado por aquela, ele continua existindo nela também. É, no entanto, um equívoco não ocasional supor que todos os autores engajados são tecnicamente incompetentes, incapazes de trabalhar um texto. Não é, por outro lado, nenhum engano ocasional pensar que a indiferença ante problemas sociais não envolva aspectos morais e políticos: tal posição tende a servir ao conservadorismo, trincheira de intelectuais orgânicos do *status quo*, embora o engajamento também possa servir ao conservadorismo ao se voltar para o secundário e deixar intangido o que determina a estrutura fundante do sistema. Além disso, o cânone é, a seu modo, também engajado.

A arte maior não está, contudo, em um pólo nem em outro, mas na capacidade de superar tal dicotomização. Essa expressa, na esfera artística, a tensão entre o conservadorismo de um lado e a consciência reformista do outro, mas corresponde também ao duplo caráter da obra de arte: mônada e fato social. A própria "arte pela arte" foi, em Baudelaire, uma resposta política, e não um "recuo nefelibata" da arte ante a problemática social. Zola, padroeiro do engajamento, foi capaz de elaborar textos que sobrevivem há mais de um século. Engano grave do obrerismo na arte foi supor que concentrar a atenção na constituição interna da mônada artística fosse por si antiprogressista. O desenvolvimento das formas e dos conteúdos artísticos faz parte do desenvolvimento das forças produtivas: isso deveria ser bem-vindo por parte daqueles que pretendem – mediante uma produtividade maior e repartida de modo mais equânime – melhorar a vida social.

Embora a oligarquia afirme o contrário, a tradição brasileira é sobretudo autoritária, prepotente, intolerante, incapaz de debater e de aceitar diferenças. Quanto mais a brasilidade é totalitária, tanto mais ela diz que o brasileiro é o homem cordial. Não é de admirar que isso se reproduza na literatura. Ser democrata na teoria não é aceitar qualquer palpite como verdade. O totalitário não é a totalidade: apenas pretende ser. Resta buscar territórios, nos quais outras tendências possam ser cultivadas. Em nome do antitotalitarismo pode-se até ser totalitário, no espaço das próprias possibilidades. Em nome do anti-sectarismo pode-se praticar o sectarismo. O período dos governos militares colocou a prova quem se constituía antítese à tradição oligárquica: a quase totalidade dos literatos não teve maiores problemas. Quem não foi perseguido pela ditadura servia a ela, não era problema para ela. Pelo contrário, colaborava em neutralizar a consciência crítica.

Vanguarda em vã guarda

Nem todo aquele que fala em nome da vanguarda constitui progresso; nem tudo aquilo que se proclama vanguarda é progressista. Pelo contrário, geralmente o faz porque é reacionário. Prepondera a vã guarda, a qual existe para que não haja uma real ruptura com a tradição oligárquica. O intelecto orgânico de direita soube passar de serviçal da oligarquia latifundiária a servo da burguesia industrial: esta é sua modernização. O progresso é esotérico. A verdade do seu experimentalismo é a publicidade, da qual o *establishment* se serve abundantemente. Ainda que alguns críticos demonstrem, em bons ensaios, os pontos problemáticos de tais concepções, de nada adianta. Não se pode aniquilar o que tem o poder de aniquilar os críticos e os adversários. É como se não importasse que o produto textual tenha ou não grandeza, mas apenas que pareça ter e que não diga nada que fira interesses dominantes.

A esfera do estético não é uma alternativa ao poder, mas, apesar de ter sido usada por ele para auratizá-lo, acaba sendo um *reservoir*, um espaço de refúgio e que não aceita propriamente imposições vindas de fora. Mesmo quando a obra canônica afirma combater mazelas sociais e até propõe reformas de superfície (não na estrutura da propriedade ou da exploração do trabalho), ela esquece que a grande obra trata, sobretudo, de conflitos existenciais básicos, e supera os limites dos interesses e da consciência de classe. Embora pareça tratar de ambos, a obra canônica participa de um duplo olvido: o social e o existencial. As disputas entre agrupamentos literários têm pouca relevância na vida social, na medida em que são ajustes entre grupos preocupados em saber como melhor servir ao *dominus* de plantão, ao ocupante ocasional da cadeira do poder. Acreditar que se possa, pelo texto, chegar à imortalidade é uma ilusão que não enfrenta e nem afasta a concretude da morte.

A crença iluminista ocidental básica, de que "logos" seja palavra e pensamento, espera, pela expressão do pensamento em palavra pública, ser possível chegar à verdade e, assim, à ação mais correta. Nessa crença baseia-se a democracia: ela é, de certo modo, produto da confusão entre palavra e pensamento. A intuição da verdade dá-se, porém, como um raio, o qual nos deixa de "queixo caído", sem palavras. A real psicanálise dá-se num contato de inconsciente com inconsciente, num *feeling* que prescinde de palavras e pode se afirmar até pelo avesso do sentido literal das palavras. Um poema é feito de palavras; a poesia é aquilo que aflora por meio das palavras, mas vai além delas. As palavras podem servir tanto para mentir como para dizer verdades, tanto para desviar a atenção para banalidades como para buscar o que de fato importa. Por si, elas não garantem nada, nenhum resultado. Mesmo assim, a verdade costuma estar antes longe da vida comum ou, no máximo, esconder-se junto a minorias, encontrar nelas abrigo e espaço de sobrevivência, quando não de manifestação. A doutrina costuma ser, no entanto, uma ficção destinada a manipular vontades e, feita de certezas, não é garantia de verdade.

O cânone faz uma "construção" e sua exegese faz uma "reconstrução" do passado: ele faz de conta que é o próprio passado em seqüência cronológica, enquanto ela faz de conta que apenas reconstrói o que ela mesma construiu. Uma "reconstrução" seria refazer algo como existiu, mas não é isso que aí se faz; também não assume que se trata apenas de uma construção fictícia, pois autores e textos servem para provar que aquilo "realmente existiu". Usam-se peças, pedaços de obras, para remontar ao passado, e remontá-lo segundo as suas próprias conveniências. Dispõem do passado conforme suas necessidades. Fazem uma montagem dele, conforme gostariam que ele tivesse sido ou querem que se creia que ele foi. Ele é um *constructo a posteriori*, para que o presente desemboque num futuro basicamente igual. Não há história nessa história: apenas sombras que perpassam nas paredes da caverna para que nada aconteça fora do parâmetro do estabelecido.

Em nome da ficção, o cânone e a exegese canonizadora não respeitam o fato histórico; manipulam os dados conforme o desejo oligárquico. Inventam uma seqüência histórica de sua conveniência. Sob a aparência de erudição, não respeitam a objetividade dos dados. Selecionam autores e obras conforme as conveniências do oportunismo, mas fazendo de conta que respeitam apenas a qualidade. Fazem com que cada autor diga aquilo que melhor convenha ao sistema: caso não diga sempre o que eles querem que seja dito, selecionam apenas a parcela que lhes seja propícia; e se o autor não diz o que lhes convém, eles o ignoram como se nunca tivesse existido. Reconstroem algo que não foi conforme afirmam ter sido, tomam o que é conveniente, dão um passado mentido como se ele necessariamente tivesse sido, mas que sedimenta a dominação e estrutura presente como sua única prorrogação e sua melhor alternativa. Inventam o que foi, conforme querem que tenha sido. Tem-se aí o gesto do ficcionista como mentiroso (e não o daquele que, pela ficção, procura novos níveis da verdade) enquanto pretendem estar sendo apenas cientista; e pretendem ser cientistas quando são ficcionistas. Tem, portanto, caráter ficcional aquilo que pretende ser ciência histórica.

Costuma-se definir a poesia como plurivocidade ou ambigüidade. Há textos que são plurívocos e ambíguos sem serem poéticos: uma piada, um dicionário, um ato falho, uma propaganda. Ambigüidade, plurivocidade e todas as figuras retóricas e normas métricas não são garantia de qualidade artística, assim como executar a função poética da linguagem não garante poeticidade. O texto literário, ao conjugar singularidade com universalidade de modo concreto, pode fazer da universalidade algo vazio e fazer com que a concretude se esvaia numa singularidade banal. Se a universalidade é vazia, a singularidade pode ser atraente e até engraçada, mas é ordinária. Ela se consome feito um palito de fósforo: uma vez, e *never more*. Como o leitor médio não se detém no texto, este último parece que não deve conter mais do que uma leitura. O leitor brasileiro, treinado no paradigma do cânone, tem horror ao texto que seja mais denso. Para ele, o bom é ruim e, o ruim, bom.

Quando o texto evita um sentido único e definitivo, quando tem complexidade semântica e sutileza sintática e morfológica, o leitor canônico fica horrorizado. Prefere o que não alcança artisticidade. Como é apoiado pela imprensa, pela propaganda editorial e pela escola, pensa que sua limitação é normal, pensa que é certo pensar como ele (que não pensa): é mediano ou medíocre mas julga ser o máximo. Prefere a univocidade e a simplicidade, e confunde literatura com jornalismo, arte com publicidade, grandeza com pedantismo, simplicidade com simploriedade, prazer estético com distração.

Reduzir o conteúdo da obra à sua própria estrutura simplifica a questão artística: é como se um texto se referir a si mesmo fizesse dele um poço profundo, no qual ele mesmo se contemplaria, feito um Narciso. Ora, a figura da paranomásia é apenas uma das figuras retóricas: por si, não garante arte, ainda que receba o nome de "ícone" ou de linguagem dos deuses. A linguagem poética passar a falar também de si mesma enquanto constitui o seu dizer – gesto de uma metalinguagem crítica inserida no texto poético – é um procedimento bastante freqüente em literatura, assim como o é mimetizar obras pretéritas (e que se julga, simploriamente, ser a própria definição de pós-modernidade). Por si só, ainda que amplie o âmbito das significações textuais, nada disso garante poeticidade ou profundidade ao dito.

Comparada à grande obra, que tanto mais diz quanto mais o leitor nela se detém, a obra de parâmetro canônico (que não é apenas a obra que pertence ao cânone, mas também a que repete e mantém a sua diretriz e o seu horizonte) diz tanto menos quanto mais tempo se perde nela e com ela. A sua "força" está na comunicação imediata, simples, direta. Mas, que comunicação é essa, em que nada novo é dito? – Ainda que utilize elementos da função poética da linguagem, esse tipo de texto está mais próximo da publicidade do que da poesia, só que aquela procura veicular um produto, e não apenas a si própria. Sob a aparência de aproximar-se da literatura universal e ainda que tal texto se apresente como herdeiro dela, quanto mais de perto é examinado, tanto mais ele se mostra como seu antípoda. Isso não é, porém, percebido por quem tem seu gosto e sua mentalidade formados segundo as normas do cânone nacional, pois esse leitor reduz tudo ao parâmetro canônico. O que transcende esse âmbito, nas obras de maior peso, parecerá apenas pesado, chato, obscuro, "incompreensível para as massas".

As articulações que o parâmetro canônico permite se esgotam nelas próprias, não constituem uma expressão verbal capaz de apresentar em miniatura a obscura complexidade do mundo e da existência, com a leve chama da intuição iluminadora. Na grande obra, a obscuridade é o máximo de clareza possível para articular aquilo que busca romper a barreira do silêncio. Na obra canônica (ou seja, nas obras canonizadas nacionais e nas obras feitas no parâmetro canônico) a clareza é um *maximum* de obscurantismo diante daquilo que realmente teria de ser articulado no tópico que suas palavras pretendem resolver: redige-se muito para dizer pouco e não enfrentar nada relevante.

Não se deve confundir o cânone com aquilo que a exegese canonizadora diz sobre ele, e tampouco se deve confundir a visão que um grupo procura transmitir de si próprio com a efetiva qualidade e função de seus ideologemas. O *establishment* reage à crítica quando não pode silenciá-la: ele pode querer, defensivamente, que esta seja vista como mera incompetência, banalidade, ressentimento, falta de patriotismo ou inimizade, como se isso fosse uma resposta que compensasse o desequilíbrio. O canônico se vê representado não só pelo acadêmico e jornalístico, mas por toda oponião que o repete onde quer que seja. Ele conseguiu realizar a sua aspiração totalitária. Enquanto isso, fica abandonada e desconsiderada a herança humanística da literatura universal. Há uma inversão e uma perversão geral dos valores. Gasta-se muito tempo com obras de pouco valor e pouco tempo com obras de muito valor. É necessário fazer uma revolução no ensino brasileiro da literatura.

Quem está convencido de que constitui uma vanguarda, portanto parte avançada de um exército, está também disposto a combater "inimigos": vê virtudes no dogmatismo, na intolerância, na prepotência. Isso parece normal, pois corresponde à milenar tradição do luso-nazismo. Incapaz de substituir o pretexto retórico pela argumentação científica ou a ficcionalização da história pela ficção como busca mais profunda da verdade, corresponde no Brasil a uma secular tradição oligárquica: quando a raposa não vê os outros submissos às suas palavras, logo apela para o leão e se torna prepotente, arrogante, intimidadora.

Não se pode, porém, confundir a visão que um determinado grupo trata de transmitir de si com a sua configuração efetiva, assim como não se pode confiar na visão do ressentimento e da inimizade literária para encontrar a resposta ou compensar o desequilíbrio, e ver nisso o justo meio termo. De acordo com o discurso oligárquico, o Brasil sempre recebeu bem a todos (escravos e carcamanos que o digam...) e que é um exemplo de tolerância religiosa e racial (cristãos novos, cultos afros e anabatistas que o digam...). A tese da inclusão universal não reconhece a natureza excludente da cultura nacional e da divisão de classes.

É tolerado apenas o que se submeta e procure se tornar idêntico ao dominante, e abdique de sua diferença e de qualquer senso crítico. Ainda que se fale em nome do novo, do país como "cultura do próximo milênio", a falta de visão crítica da história prejudica não só o diálogo, como a efetiva busca do novo. Apesar de poder contar com a "cabeça feita" de toda a população dentro dos seus estreitos parâmetros, o *establishment* não aceita que sejam questionados os seus frágeis pressupostos; ele apenas quer que os outros sirvam de instrumento para divulgar posições do grupo dominante, o qual se propõe e impõe como guarda e vanguarda da arte nacional: nessa perspectiva, ou se é soldado que perfila caminhos traçados, ou então se é tratado como membro de tropas inimigas (devendo-se esperar, portanto, ser aniquilado como infiel). O resto é, então, apenas o resto.

Como se pode concluir o que conclusão não tem, já que promete continuar nos próximos decênios e séculos? – A conclusão deve permanecer inconclusa. Ela não tem o direito de ser o que ela não pode ser. Paradoxalmente, por ser a "ex-posição" de um sistema cuja estrutura profunda é sempre a mesma, como se o tempo não existisse, a conclusão já está na primeira página do estudo, assim como está na do meio e na última. Antes de tudo começar, tudo já está acabado. Pode continuar a existir, porém, o que acabado está, pois é impotente a análise que revolve as entranhas do sistema canônico, deixando-as expostas à luz da razão, para acabar fortificando o espectro que ela procurava esconjurar.

Referências bibliográficas

AMADO, Jorge. *Os subterrâneos da liberdade*. São Paulo: Martins, 1957, vols. I, II e III.
ANDRADE, Carlos Drummond de. *Poesia e prosa*. Rio de Janeiro: Nova Aguilar, 1983.
_____. *Nova reunião*. Rio de Janeiro: INL e José Olympio, 1983.
ANDRADE, Mário de. *Macunaíma, o herói sem nenhum caráter*. Edição preparada por Telê Ancona Lopez. Rio de Janeiro: LTC, 1978.
_____. *Macunaíma, o herói sem nenhum caráter*. 4. ed. São Paulo: Livraria Martins Editora, 1965.
BAKHTINE, Mikhail. *Esthétique et théorie du roman*. Paris: Gallimard, 1978.
BARRETO, Lima. *Recordações do escrivão Isaías Caminha*. São Paulo: Ática, 1984.
BENJAMIN, Walter. *Angelus novus*. Frankfurt a.M.: Suhrkamp, 1966.
BORGES, Jorge Luis. "El milagro secreto". *Ficciones*. 2ª Barcelona: Seix Barral, 1986.
BOSI, Alfredo. *História concisa da literatura brasileira*. São Paulo: Cultrix, 1970.
BRISEMEISTER, Dietrich. "Der scheiternde Held als Leser". *Wissenschaftliche Zeitschrift der Humboldt-Universität*. Berlin: Humboldt-Univeristät, 39 Jahrgang, Heft 5, 1990.
BRITO, Mário da Silva (org.). *Panorama da poesia brasileira*. Rio de Janeiro: Civilização Brasileira, 1959, v. VI.
CAMPOS, Augusto de, *et alii*. *Teoria da poesia concreta*. São Paulo: Invenção, 1965.
CELAN, Paul. *Poemas*. Trad. de Flávio R. Kothe. Rio de Janeiro: Tempo Brasileiro, 1977.

DARÍO, Rubén. *Obras completas*. Madrid: Afrodísio Aguado, 1950, tomo I.
FARACO e MOURA. *Língua e literatura*. 6. ed. São Paulo: Ática, 1986.
FREUD, Sigmund. "*Der Wahn und die Träume in W. Jensens Gradiva*". *Studienausgabe – Band X – Bildende Kunst und Literatur*. Frankfurt a.M.: Fischer Verlag, 1969.
HABERMAS, Jürgen. *Mudança estrutural da esfera pública*. Trad. de Flávio R. Kothe. Rio de Janeiro: Tempo Brasileiro, 1985.
JAMESON, Fredric. *Fables of agression – Wyndham Lewis, the modernist as fascist*. Los Angeles: University of California Press, 1979.
KAFKA, Franz. *Nas galerias*. Trad. de Flávio R. Kothe. São Paulo: Estação Liberdade, 1989.
KOCH-GRÜNBERG, Theodor. *Vom Roraima zum Orinoco – Ergebnisse einer Reise in Nodbrasilien und Venezuela in den Jahren 1911/1913 im Auftrag des Baessler-Instituts in Berlin*. Berlin: Dietrich Reine, 1917. Band I – *Schilderung der Reise* (27/5/1911 – 14/3/1913). Band II – *Mythen und Legenden der Taulipáng-und Arekuná-Indianer, Stämme in der Gegend des Roroíma, die zur großen Karaibengruppe gehören*.
KOTHE, Flávio R. *A narrativa trivial*. Brasília: Editora Universidade de Brasília, 1994.
_____. "Camões, ainda um clássico?" *Revista Letras*, nº 2, Ano I, Campinas, PUCCAMP, 1982.
_____ (org.). *Walter Benjamin – antologia*. Coleção Grandes Cientistas Sociais. São Paulo: Ática, 1985.
LISPECTOR, Clarice. *A hora da estrela*. 23. ed. Rio de Janeiro: Francisco Alves, 1995.
LLOSA, Mário Vargas. *A guerra do fim do mundo*. 2. ed. Trad. de Remy Gorga Fº. Rio de Janeiro: Francisco Alves, 1981.
MAN, Paul de. *Aesthetic ideology*. 2nd printing. Minneapolis: University of Minnesota Press, 1997.
MASCARENHAS, Mário (org.). *O melhor da música popular brasileira*. 5. ed. São Paulo: Irmãos Vitale, [s. d.], v. 1.
MEIRELES, Cecília. *Obra poética*. Rio de Janeiro: Nova Aguilar, 1983.
MORAES, Vinicius. *Poesia completa e prosa*. 2. ed. Rio de Janeiro: Nova Aguilar, 1986.

NIETZSCHE, Friedrich. *Sämtliche Werke – Kritische Studienausgabe*. Edição de Giorgio Colli e Mazzino Montinari. München und Berlin: DTV & de Gruyter, 1980.

NOGUEIRA, Ataliba. *Antônio Conselheiro e Canudos*. São Paulo: Companhia Editora Nacional, Coleção Brasiliana nº 355, 1974.

PAZ, Octávio. *El laberinto de la soledad*. México: Fondo de Cultura Económica, 1990 (primeira edição de 1950).

RUCKTÄSCHEL, A. e ZIMMERMANN, H. D. (orgs.). *Die Trivialerzählung*. München: Fink Verlag, 1976.

SODRÉ, Nelson Werneck. *A ideologia do colonialismo*. Petrópolis: Vozes, 1984.

STEGAGNO-PICCHIO, Luciana. *História da literatura brasileira*. Rio de Janeiro: Nova Aguilar, 1997.